Meir Barak

L'UOMO CHE SUSSURRA AI MERCATI AZIONARI

Un nuovo approccio al trading azionario

Guida al successo
e al potenziamento economico

PARTE PRIMA

CONTENTO**NOW**

Meir Barak

L'UOMO CHE SUSSURRA AI MERCATI AZIONARI
Un nuovo approccio al trading azionario

Redattori capo e produttori: Contento
Redattore capo: Giuseppina Imbalzano Hershcovich e Laura Roumani
Traduttrice: Giusy Esposto
Redazione: Davide Calcagni
Progettazione: Liliya Lev-Ari
Produzione: Shani Pardo
Fotografia: Peleg Alkalai

ISBN: 978-965-550-465-1
Distributore internazionale esclusivo:
Contento BestSellers Inc.
616 Corporate Way, Suite 2-4182
Valley Cottage, NY 10989
Netanel@contento-publishing.com
www.ContentoNow.com

Nota: Le informazioni riportate in questo libro hanno solo fini didattici. I contenuti non si devono considerare raccomandazioni da seguire alla lettera, ma concetti generali intesi ad ampliare la conoscenza e le abilità personali. L'autore non è responsabile per danni diretti o indiretti che possano derivare da qualsiasi argomento trattato nel libro. Nessuna informazione ivi contenuta deve essere vista come una raccomandazione di investimento o come alternativa a servizi personalizzati di consulenza. Meir Barak non offre consulenza su investimenti o profili d'investimento e può detenere o acquistare azioni menzionate nel libro. In ogni caso, consigliamo di contattare un consulente legale, finanziario o professionalmente qualificato. Il trading azionario non è adatto a tutti ed è considerato un settore complesso.

Dedicato con amore alla mia cara compagna Carina e alle nostre splendide figlie Sharon, Adi e Arielle, che mi supportano sempre e credono sempre in me, qualunque idea mi venga in mente (e ne ho avute tante) o per quanto possa sembrare folle.

E dedicato anche

a tutti voi che desiderate dare una svolta alla vostra vita e avere successo.

INDICE

Parte prima

Parte seconda

Prefazione

Il crack

A 36 anni, padre di tre bambine piccole di cui una di tre mesi, mi ritrovai senza un soldo. Gli affari che avevo curato per tredici anni mi erano scivolati tra le dita. Il mio socio, avendo fiutato prima di me i guai in arrivo, si era appropriato delle ultime migliaia di dollari rimaste sul nostro conto corrente. I nostri dipendenti avevano abbandonato la nave. Mi ritrovai sulle spalle un debito di mezzo milione di dollari nei confronti delle banche e dei fornitori. Cosa mi era rimasto? Solo le lacrime.

Non auguro a nessuno di cadere così in basso. Scoprii presto che i problemi economici minano anche la salute psicofisica, facendo insorgere uno stato depressivo che si manifesta con perdita dell'appetito, mancanza di motivazione al lavoro e insonnia. Non avevo idea di come poter affrontare questi problemi. Tutti i libri di business management che avevo letto parlavano di «come avere successo» e «come guadagnare milioni», ma avete mai visto un libro in cui trovare consigli per chi è pieno di debiti? Di certo non ci si aspetta che i perdenti scrivano libri e che abbiano storie di vita interessanti da raccontare. E comunque, chi vorrebbe leggere la storia di un perdente?

Straordinariamente, tutti i consulenti aziendali, che avevano guadagnato dai miei affari nel corso negli anni, si erano dileguati non appena il fiume di denaro si era interrotto. Speravo almeno che la polizia riuscisse a recuperare i fondi rubati dal mio socio: speranza vana. Con evidente indifferenza compilarono la denuncia, me la fecero firmare e mi lasciarono a cavarmela da solo. Tre anni dopo, quando decisi di presentare un reclamo per il modo in cui la polizia aveva gestito la mia pratica, fui contattato da un investigatore che minacciò di accusarmi di denuncia falsa se non avessi ritirato il reclamo. Ovviamente, tutte le tasse che avevo pagato nel corso degli anni non sarebbero servite a proteggermi.

La spirale discendente continuò. All'inizio le banche mi mandarono cortesi solleciti di pagamento. Poi gli avvocati mi mandarono lettere meno gentili. Volevano i loro soldi e li volevano subito; si fecero minacciose, pignorarono i miei conti correnti, gettando contemporaneamente benzina sul fuoco con sanzioni, commissioni e tassi di interesse da strozzini. In meno di un anno, il mezzo milione di dollari era lievitato a un milione. Cosa fare? Come coprire il debito? Ipotecare la casa? Come potevo coprire gli interessi, se crescevano alla velocità di una Ferrari?

La maggior parte delle persone in una simile situazione dichiara bancarotta, si arrende disperata e sparisce dal mercato. Oggi li capisco. Pochissimi si rimettono in affari. Ma sono sempre stato un outsider. Perciò, mi rivolsi a un avvocato, che mi regalò le migliori e più efficaci perle di saggezza che abbia mai sentito: «Non cercare protezione dai tribunali. Non negare i debiti, ammetti di averli, parla con i debitori, raggiungi un accordo e saldali!».

Seguii il suo consiglio. Le banche mi diedero un po' di respiro, ridussero i debiti e gli interessi, lasciandomi un po' di spazio di manovra. Era ciò di cui avevo bisogno. Invece di piangere per la difficile situazione, la loro flessibilità mi diede la motivazione per rimettermi in affari e riprendere in mano il mio futuro.

Trend al rialzo

Era il 2000, la frenetica corsa tecnologica di preparazione al nuovo millennio era rallentata. Poco prima che esplodesse la bolla delle dot. com, avevo fatto preziose esperienze negli affari e avevo sviluppato tante idee per prodotti Internet innovativi, che avrebbero conquistato il mondo nel periodo in cui milioni di dollari affluivano nelle startup. In men che non si dica avevo avviato una fantastica startup, ingaggiato collaboratori e guadagnato milioni di dollari. I soldi avevano ricominciato a girare.

Il lavoro nell'hi-tech mi stava a pennello. Ma, come per altri del settore, soprattutto dopo l'esplosione della bolla, il mercato era collassato e gli investitori avevano chiuso i rubinetti. Mi sentivo impantanato. Ero stanco di alzarmi presto ogni mattina, arrivare al lavoro prima che il traffico cominciasse, tornare a casa tardi quando il traffico era scemato e trascorrere del tempo con la mia famiglia solo nei fine settimana. Ebbi una piccola crisi il giorno in cui mia moglie mi chiese di accompagnare nostra figlia minore a scuola, cosa che feci con piacere. Ma quando arrivammo, mia figlia mi guardò e disse: «Papà, questa è la scuola che frequentavo due anni fa...».

Cercai un modo per lasciare quella vita frenetica, pagare i debiti e tentare il colpo grosso. Avevo sempre desiderato rallentare i ritmi di lavoro e passare più tempo con la famiglia. In breve, volevo guadagnare milioni senza lavorare troppo.

Sono pochi le vie pochi i metodi legali con cui si può guadagnare tanto e in fretta. Valutai le opzioni e scelsi un settore che avevo sempre amato: il trading azionario. Avevo sentito dire che con il trading a breve termine ci si può arricchire rapidamente.

Mi andò molto bene. Nell'arco di cinque anni fui in grado di lasciare il settore dell'hi-tech, saldare i debiti e vivere agiatamente. Passai da un bilancio in negativo a un surplus di vari milioni di dollari. Cominciai a vivere il sogno americano. Grazie al mercato azionario il mio sogno si era avverato. Come è stato possibile?

È stata più dura di quanto pensassi!

È sorprendente come gli eventi si ripetano ciclicamente. Solo tredici anni fa ero un diligente impiegato nel settore dell'hi-tech, senza la minima conoscenza dei mercati. L'unica cosa che sapevo è che in quel settore gira molto denaro e che ero determinato a ottenere la mia parte.

Mi trovai di fronte al primo problema che tutti incontrano nella ricerca del successo: devo rinunciare allo stipendio da impiegato? Dovrei correre il rischio, lasciare il lavoro e provare una nuova strada? In pochi sono pronti a farlo. Molti di noi hanno troppa paura, e per una buona ragione. Capii che, se volevo realizzare il mio sogno, dovevo correre il rischio.

Allora pensavo che il trading azionario fosse un gioco da ragazzi. Aprii un conto con un broker (in seguito spiegherò come e perché) e ingenuamente mi convinsi che avrei comprato a prezzi bassi e venduto a prezzi alti. Come si è concluso il primo anno? In perdita, ovviamente. Ora, a distanza di dodici anni, so che ero impreparato, senza esperienza e un po' arrogante. In realtà, ero la preda perfetta per i professionisti. Mi ci è voluto molto tempo per scoprire che ogni operazione sul mercato azionario ha due attori: il professionista e l'idiota. Per il primo anno ho interpretato prevalentemente il ruolo del secondo.

Punteggio: 1-0 per il mercato

Ci sono momenti della vita che restano per sempre impressi nella memoria. Vi ricordate dove eravate quando le Torri Gemelle sono crollate? Io sì. Allo stesso modo, ricordo la mia prima transazione.

Un giorno aprii il mio primo conto di trading e mi precipitai a comprare 1.000 azioni della Teva Pharmaceuticals. La mia prima transazione finanziaria! Ero così eccitato! Ricordo che il cuore mi batteva all'impazzata. È stato tutto velocissimo. Ero talmente elettrizzato da non sentire né vedere altro intorno a me, come se tutto il resto fosse scomparso. C'era un cono di silenzio, abitato soltanto da me e dai miei titoli.

IN PILLOLE	*Ogni transazione sul mercato azionario ha due attori: il professionista e l'idiota. Ma a volte l'idiota è fortunato.*

Ero incollato allo schermo, contavo ansiosamente, controllavo il movimento di ogni singolo centesimo. Improvvisamente, quando le azioni salirono a 10 centesimi di dollaro, ebbi paura che potessero scendere di nuovo e premetti il tasto SELL, vendita. Che idiota! Nell'arco di poche ore Teva salì a 1,50 dollari. Un potenziale profitto di 1.500 dollari si era ridotto a soli 100 dollari. Non aveva importanza, non era così male come prima transazione. Mi convinsi che andava bene comunque.

Poi, all'improvviso, un dubbio mi si insinuò in mente: l'ordine di vendita era davvero stato eseguito? Ero certo di aver premuto il pulsate

SELL, allora perché la piattaforma di trading mostrava ancora le 1.000 azioni? Per essere sicuro, premetti di nuovo il tasto. Fiùù! Stavolta era andata a buon fine. Lentamente il mio battito cardiaco tornò regolare e bevvi un sorso di acqua fredda. Avevo guadagnato 100 dollari in tre minuti! Che genio della finanza! Niente male come primo approccio al trading. O almeno così credevo...

Festeggiai il mio successo e un'ora dopo aprii nuovamente la piattaforma di trading. Con orrore, scoprii che il mio conto registrava una perdita di 400 dollari dovuta a una transazione short di 1.000 azioni. Cos'era mai uno *short*? Dal poco che ne sapevo, lo short è un modo di guadagnare da un'azione in ribasso. Non riuscivo a spiegarmi come diavolo avevo fatto a trovarmici coinvolto e mi chiedevo come uscirne. Nel frattempo Teva aveva continuato a salire come un razzo lanciato verso la luna e, per ogni centesimo di aumento, venivano cancellati 10 dollari dal mio conto! Non fu un momento felice.

So che trovarsi in uno short con un'azione che sta salendo non è il massimo, stress, sudore, la paga di un giorno persa in un'ora, Teva che non si fermava un attimo e il mio conto che si azzerava davanti ai miei occhi. Cosa dovevo fare?

Contattai il servizio clienti del broker. Dopo alcuni snervanti minuti di attesa, con sottofondo musicale, ebbi la risposta: sembrava che per uscire da uno short avrei dovuto comprare 1.000 azioni. Feci l'acquisto e chiusi la piattaforma. Che sollievo! In seguito capii la sequenza degli avvenimenti: quando avevo effettuato la vendita la prima volta, la piattaforma di trading non si era aggiornata immediatamente, facendomi credere che la vendita non fosse andata a buon fine. Invece l'aveva fatto. Perciò, quando avevo premuto il tasto per la seconda volta, in realtà avevo detto al sistema: «Ho appena venduto 1.000 azioni che non possiedo» e, così facendo, avevo messo il mio conto in short. Non preoccupatevi, impareremo cosa significa più avanti nel libro.

Il mio primo giorno di trading si concluse con una cocente delusione. Punteggio: 1-0 per il mercato.

La svolta

Chiamatemi cocciuto, ostinato, ma non volevo arrendermi. Continuai a comprare, vendere e perdere per quasi un anno intero. Col passare del tempo, affioravano sempre nuove domande, che non trovavano risposta. Un anno di perdite mi insegnò senza dubbio che il trading è una professione come un'altra e che, come tutte le professioni, deve essere imparata, se si vuole avere successo. Iniziai a cercare aiuto.

Non serve un diploma per operare nel trading azionario. Tutti possono aprire un conto, operare e fare mosse insensate, proprio come avevo fatto io. È questo il motivo per cui molti trader falliscono. Tuttavia, sapevo che qualcuno ce la faceva e credevo di poter trovare un modo per entrare a far parte di quel gruppo. Lo cercai e lo trovai.

Prima dell'era di Internet, le sale di trading erano diffuse in tutti gli Stati Uniti. Era lì che i trader si incontravano e lavoravano insieme da professionisti. Con l'arrivo di Internet, molte hanno chiuso e l'attività si è spostata nelle chat room, accessibili con un abbonamento mensile. Qui si possono incontrare i trader professionisti, che noi della Tradenet chiamiamo analisti, per discutere delle tendenze, ascoltare le loro indicazioni, porre domande e fondamentalmente operare con loro in tempo reale senza uscire di casa. Fui felicissimo di entrare a far parte di una di quelle trading room e capii immediatamente di essere nel posto giusto.

Avevo scoperto un mondo straordinario. Gli analisti compravano e vendevano in tempo reale con successo. Feci amicizia con due dei più famosi, Mark e Chris. Devo a loro gran parte della mia formazione di base. Mi sembrava che la strada fosse spianata. Dovevo soltanto ascoltare gli analisti e imitarne le mosse. Semplicissimo! Allora perché era così difficile?

Cosa può esserci di tanto complicato nel copiare i comportamenti di un trader professionista? La risposta è semplice: ognuno di noi ha un diverso livello di percezione delle situazioni che ci si presentano e ognuno prende decisioni diverse in base alle proprie ragioni. Faccio un esempio: Chris acquista un'azione che oggi sale del 4% e, basandosi sul suo intuito, crede che continuerà a salire, mentre io penso: «È pazzo? Perderà. È già salita parecchio!». Col tempo ho capito che, quando non riuscivo a comprendere le azioni di Chris, non riuscivo nemmeno ad accettarle. In quel periodo le mie operazioni erano più o meno così: Chris acquistava e allora lo facevo anch'io. Ma io acquistavo e fuggivo col mio magro profitto per paura di perdere quello che avevo guadagnato, mentre Chris aspettava e otteneva un fantastico profitto. Oppure, se un'azione aveva una tendenza al ribasso, Chris se ne liberava in fretta, mentre io la tenevo, sperando che ritornasse al prezzo a cui l'avevo comprata. Alla fine ero costretto a lasciare con una spiacevole perdita. Chris guadagnava, io perdevo. Sì, era decisamente arrivata l'ora di imparare.

Le statistiche insistono sul fatto che il 90% dei trader attivi subisce delle perdite. Se siete tra questi, la soluzione è semplice: fate esattamente l'opposto di quello che pensate. All'inizio ebbi problemi a capire la logica inversa insita in questa professione. Scoprii che proprio le operazioni su azioni che consideravo rischiose, o assolutamente pericolose, risultavano essere le più proficue, mentre quelle che avrei scelto, e che mi sembravano meno preoccupanti e più affidabili, avevano meno successo. Ovviamente, all'inizio della mia attività di trading, sceglievo solo quelle che perdevano.

Ma col tempo scoprii che non ero l'unico a comportarmi così. È naturale per un investitore esperto guardare al mercato in modo totalmente diverso rispetto a un principiante. Per avere successo, un principiante deve imparare le basi e passare attraverso una graduale rivoluzione psicologica. Poiché avevo saltato la fase di apprendimento delle basi buttandomi direttamente nella mischia, conclusi che avevo bisogno di capire il mercato. Era il momento di fare un passo indietro e studiare i principi fondamentali del trading.

Sapevo cosa dovevo fare. Contattai Chris, l'analista tecnico principale della sala di trading room, prima mi presentai come membro e poi gli chiesi di diventare il mio tutor personale. Con mia grande gioia accettò e concordammo un prezzo. Feci i bagagli e presi il primo volo per Phoenix, Arizona, dove Chris viveva.

Mi ricordo il primo incontro come fosse ieri. Fu uno shock trovarmi di fronte a un ragazzo poco più che trentenne, ma con molti anni di esperienza a Wall Street nel ruolo di market maker per una famosa società di trading e, poi, come day trader indipendente di successo.

Due auto Lexus nere, parcheggiate di fronte alla sua lussuosa casa in un quartiere benestante di Phoenix, facevano chiaramente capire con chi avevo a che fare. Chris proveniva da una famiglia di ceto medio e si era arricchito con il day trading. Come molti altri che ho conosciuto negli anni, Chris aveva lasciato un ottimo lavoro da centinaia di migliaia di dollari all'anno per farsi strada in questa professione!

IN PILLOLE	*Il mercato segue le proprie regole intrinseche. Non serve inventare nuovi metodi per guadagnare, basta adottare quelli esistenti.*

A Phoenix il mercato apre alle 6:30 del mattino. Iniziammo la nostra giornata di studio alle 6:00 e alle 13:00, quando si chiusero le negoziazioni, uscimmo giocare a golf. Ero colpito dalla giornata di lavoro di Chris, ero stupito dal suo autocontrollo e intimorito dalla sua familiarità con il mercato. Ero completamente ammaliato dal potenziale intrinseco del trading: la reale possibilità di guadagnare molto denaro.

Con mia sorpresa, scoprii che il mercato azionario opera in base a regole ben chiare, conosciute principalmente dai professionisti che si guadagnano da vivere con il trading. Così, da quel giorno, la mia vita cambiò radicalmente.

Successo!

Ritornato a casa, nel giro di pochi mesi passai dalla perdita al pareggio e dal pareggio al profitto. Circa due anni dopo la mia prima transazione, riuscii a generare un guadagno mensile che mi permise di lasciare il lavoro. In pochi anni passai dall'impiego nell'hi-tech alla libertà di una casa al mare, di giocare a golf, di nuotare nella mia piscina privata, lavorando con il trading non più di due o tre piacevoli ore al giorno. Vivevo il sogno americano.

Ero orgoglioso dei miei successi e amavo fare trading, ma soprattutto mi piaceva insegnare ai nuovi investitori quello che avevo imparato. All'inizio diedi gratuitamente lezioni agli amici a casa mia, con lo stesso metodo che Chris aveva usato con me. In seguito gli amici ne portarono altri, che mi pagavano. Alcuni provenivano dal settore hi-tech e volevano esattamente quello che avevo voluto io: cambiare il corso della propria vita.

Studiarono, operarono nel trading e presero parte alla trading room insieme a Chris e Mark e così arrivò quel memorabile momento in cui la maggior parte dei membri erano… miei allievi! A quel punto mi fu riconosciuta la posizione di analista tecnico, insieme a Chris e Mark.

Contemporaneamente, per non tenere più lezioni a casa mia, fondai la Tradenet, una scuola di day trading che col tempo è diventata uno dei maggiori centri per il trading a livello mondiale, con filiali in molti paesi, trading room in diverse lingue, che vanta un'esperienza di insegnamento a decine di migliaia di studenti. In contemporanea al progetto Tradenet, ho continuato, con poche eccezioni, a fare trading quotidianamente e da casa. Non sono pronto a rinunciare al comfort di lavorare da casa. La vita è breve e ogni istante va goduto!

Dal punto di vista economico, ho raggiunto ormai da tempo una posizione agiata. Non avrei bisogno di vendere libri, insegnare e neanche di operare nel trading per guadagnarmi da vivere. Ma scrivo questo libro perché amo la mia professione e amo insegnare. Nel profondo della mia anima, sono un vero insegnante. È da questa professione che traggo la maggiore soddisfazione. Adesso che ho cambiato la mia vita e quella di molti altri, sento il dovere di scrivere questo libro, che può contribuire a cambiare anche le vostre vite.

Sono arrivato a un punto in cui sento di dover condividere i miei segreti e la mia esperienza, nella speranza che anche voi possiate fare un passo avanti sulla strada dell'indipendenza economica e vivere la bella vita che meritate. Posso insegnarvi a diventare professionisti e a guadagnare molto, ma voglio anche mettervi in guardia: se non siete determinati e convinti di voler raggiungere il successo, perderete parte dei vostri soldi. Dovete desiderare il successo, dovete avere voglia di imparare ed essere pronti a sbagliare lungo il percorso.

A chi è rivolto questo libro?

Questo libro è rivolto a tutti coloro che vogliono dare una svolta alla propria vita, che vogliono aumentare i propri guadagni, godendosi l'esperienza avvincente del trading azionario.

Il libro è stato scritto per chiunque non ha conoscenza, formazione o esperienza nel campo del trading o della finanza, come me più di un decennio fa. Anche i trader con una minima esperienza del mercato finanziario troveranno utili regole sul trading, diverse da quelle che già conoscono.

Questo libro è dedicato in particolare a chi ha una laurea in economia. Voi siete in una posizione peggiore degli altri, quindi, dimenticate la laurea! Scoprirete che il comportamento del mercato azionario non ha niente a che fare con quanto descritto nei libri che avete studiato!

Introduzione

Il mercato azionario è per i professionisti

Siate sempre consapevoli del fatto che, quando acquistate delle azioni, qualcuno ve le sta vendendo. Si tende a pensare che il venditore sia la banca o il broker.

Ma non è così. La persona che sta vendendo le azioni ritiene di vendere a un prezzo vantaggioso per lei, nello stesso momento in cui voi pensate di acquistare a un prezzo conveniente. In altre parole, se comprate a un prezzo che il venditore ritiene alto, che opinione credete si farà di voi?

Con molta probabilità, il venditore penserà che siate degli ingenui. E se lui è un professionista e voi no, potrebbe avere ragione.

IN PILLOLE	*Un trader professionista una volta mi disse che il suo lavoro consiste nel trovare persone ingenue desiderose di comprare da lui...*

Il mercato azionario è il mio luogo di lavoro. Sono un professionista e guadagno dalle persone che credono di potermi sottrarre del denaro. Il flusso di cassa sul mio conto di trading cresce solo se faccio diminuire il conto di qualcun altro. Guadagno dalle perdite degli investitori, del pubblico o della massa che non capisce le regole del gioco. Solo pochi fortunati, con coraggio e determinazione, riescono a guadagnare e a guidare il resto della massa.

Mercato azionario o casinò?

La definizione di *mercato azionario* sul vocabolario è la seguente: «Un mercato organizzato in cui uomini d'affari si incontrano per comprare e vendere azioni o beni come diamanti, cotone, caffè e zucchero».

Come suona bene! Che luogo di lavoro meraviglioso e rispettabile deve essere! Uomini d'affari che s'incontrano e producono profitti. Quello che ogni madre sogna per il figlio!

Adesso vi darò la mia definizione, che è più corretta e realistica di quelle fornite da qualsiasi vocabolario: «Il mercato azionario è un club di gioco d'azzardo i cui membri (professionisti, trader istituzionali, lo Stato) approfittano dell'avidità del pubblico per guadagnare dai suoi errori».

Avete capito bene, ho detto esattamente: «Approfittano». Parole come equity, azioni, obbligazioni, opzioni e futures nascondono una realtà molto più ampia, conosciuta dagli operatori professionisti del mercato dei capitali: «Trarre profitto a spese del pubblico». Che si tratti di commissioni, costi di gestione, imposte sui redditi finanziari o quello che volete, l'obiettivo dei professionisti o dello Stato che li applicano è quello di sottrarvi del denaro. Con grande stupore e immensa gioia dei professionisti, questa verità resta nascosta al principale operatore sul mercato azionario: il pubblico dei non professionisti. Come ho già detto più volte, se non siete professionisti, state alla larga dal mercato azionario. Ogni volta che lo ripeto, vengo preso per matto. Il risultato è il seguente: se l'ossessione del pubblico per il gioco d'azzardo non può essere domata, allora l'unica cosa da fare è trarre profitto dai suoi soldi.

Chi può prevedere come si muoverà il mercato?

Non è ancora nata la persona in grado di prevedere sistematicamente e con esattezza gli sviluppi del mercato o i movimenti di una determinata azione. Esiste tuttavia una miriade di analisti tecnici e di gestori di fondi che dichiarano di esserne capaci e che cercano di giustificare gli investimenti con intellettualismo accademico, con l'unico scopo di preservare la loro fonte di guadagno.

Il ben oliato sistema accademico e il mercato azionario devono autoalimentarsi e trovare una giustificazione alla propria ragion d'essere. Non ce l'ho con il sistema, perché non si può contrastare la natura umana. È abbastanza comprensibile che gli operatori cerchino di legittimare la propria professionalità e di preservare la propria fonte di guadagno. In privato, molti professionisti del settore ammetterebbero di non essere capaci di prevedere gli andamenti futuri, ma non lo dichiarerebbero mai in pubblico, perché una simile ammissione equivarrebbe ad annunciare il fallimento dell'intero sistema. Non si fanno scrupoli ad assecondare il sistema e continuano a rassicurare il pubblico con promesse vuote, sperando in un colpo di fortuna che li aiuti a mantenerle.

Cercare di prevedere il futuro è come viaggiare nella nebbia: da lontano sembra fitta, ma si dirada man mano che ci si avvicina. Lo stesso vale per il mercato dei capitali: quanto più a breve termine è la nostra previsione, tanto più le cose ci appaiono chiare, benché non perfettamente nitide. Se vi domandassi dove sarete fra sei mesi esatti, sareste in grado di darmi una risposta precisa? Se invece vi domandassi dove sarete domani, riuscireste con maggiore probabilità a darmi una risposta giusta.

Anch'io sono così. Non so prevedere i movimenti futuri del mercato, ma, in certi momenti, quando la nebbia si dirada un po', riesco a intuire la direzione in cui si muove oppure che direzione una determinata azione prenderà nell'arco di alcuni minuti, qualche ora o perfino qualche giorno. Nei rari casi in cui la nebbia si dissolve del tutto, è addirittura possibile fare previsioni per varie settimane a venire.

Il successo richiede un vantaggio competitivo

Per guadagnarsi da vivere è necessario possedere un vantaggio competitivo. Qual è la vostra professione? Offrite qualche tipo di vantaggio competitivo? Ne sono certo, altrimenti i vostri clienti si rivolgerebbero alla concorrenza. La stessa cosa vale per il trading azionario: un vantaggio competitivo è indispensabile!

Fare trading equivale a gestire un'attività economica; in caso di fallimento, dovete chiudere l'attività, licenziare il manager (in questo caso il manager siete voi stessi) e trovare un'altra fonte di sostentamento.

Prima di investire in qualsiasi attività economica, dovete valutare chi sono i concorrenti e come potete batterli.

Per evitare il fallimento, dovete identificare con chiarezza il vostro vantaggio competitivo, che può consistere nella qualità, nel servizio, nella sede e nei prodotti.

Un'azione è un prodotto come un altro. Non acquistate azioni se non avete un chiaro vantaggio competitivo da offrire. Se avete deciso di diventare trader finanziari, dovete essere in grado di identificare chiaramente il vostro vantaggio competitivo e di usarlo al meglio, come fareste in qualsiasi altro tipo di attività.

Il pubblico è composto in gran parte da investitori a lungo termine, fiduciosi nelle proprie capacità di identificare le società il cui valore dovrebbe salire nel lungo termine di mesi o addirittura di anni. I media pubblicano svariati conteggi che mostrano quanti milioni avreste potuto guadagnare se aveste acquistato 1.000 azioni Microsoft nel 1980. Warren Buffet è famoso per aver guadagnato milioni con investimenti a lungo termine. Generazioni di investitori si sono nutrite con questi racconti di immense fortune, cercando di replicarle.

Svegliatevi! Il fatto che qualcuno abbia avuto fortuna non significa che la maggior parte delle persone si possa arricchire con investimenti a lungo termine!

La storia ignora la grande maggioranza degli investitori, cioè quel famoso 90% che perde i propri soldi. Molti investitori, che avevano ottenuto grandi profitti negli anni Ottanta e Novanta del secolo scorso, hanno perso tutto nel decennio tra il 2000 e il 2010.

Esempio

Esaminiamo cosa sarebbe successo se aveste acquistato i fondi di investimento ETF (*Exchange Traded Fund*) della S&P 500, conosciuti come SPY, nel gennaio 1999 e li aveste venduti nell'agosto 2011.

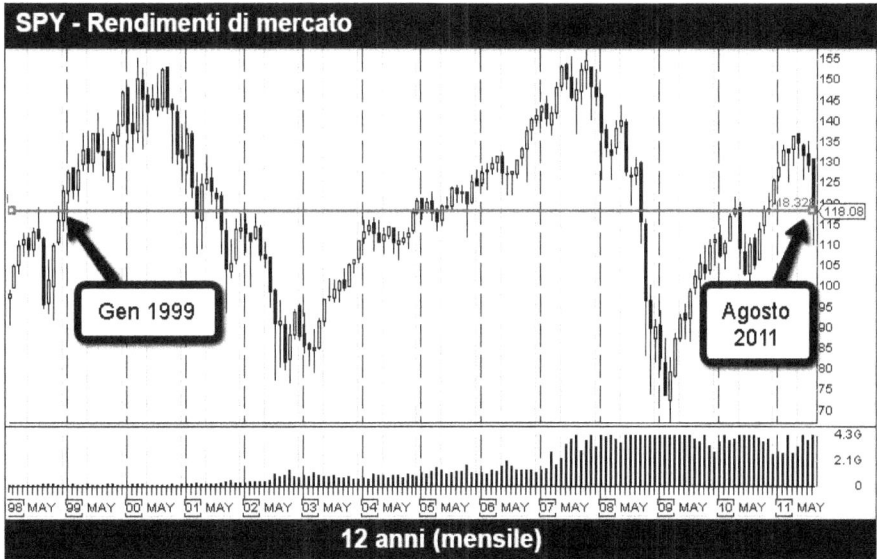

Nell'agosto 2011 avreste venduto gli SPY esattamente allo stesso prezzo a cui li avevate comprati nel gennaio 1999, mentre, in quello stesso arco di tempo, avreste potuto ottenere da qualsiasi banca un rendimento senza rischio di almeno il 50%, in base ai tassi di interesse del periodo.

Il lungo termine

Supponiamo che stiate leggendo un articolo su una società con ottime prospettive. Supponiamo che anche agli analisti tecnici piaccia questa società. Avete qualche vantaggio competitivo? Oltre a voi, un altro mezzo milione di persone ha sentito parlare della stessa società e ha letto lo stesso articolo. Che vantaggio competitivo avete rispetto agli altri lettori? L'operatore della società quotata, che per uno stipendio minimo ha trascritto il rapporto trimestrale, ne sa molto più di voi. Lui ha un vantaggio competitivo, voi no.

- Nessuno può prevedere le oscillazioni dei prezzi a lungo termine. Nessuno è in grado di farlo, neanche il miglior analista tecnico al mondo. Dubitate di chiunque dichiari il contrario.

- Ricordate sempre che, da ogni consiglio di un analista tecnico, c'è chi trae profitto e chi perde denaro.

- Ricordate che dietro a ogni transazione finanziaria c'è un acquirente o un venditore che si ritiene più furbo di voi.
- Ricordate che i grandi profitti non si ottengono là dove l'informazione è alla portata di tutti. Se il 90% degli investitori perde il proprio denaro, non c'è alcun dubbio che stia sbagliando qualcosa!

Il medio termine

Il vantaggio competitivo dei fondi speculativi è la loro durata, che va da qualche settimana a qualche mese. Questi fondi operano con grandi capitali, la loro gestione a breve termine risulta difficile, mentre sono cauti in quella a lungo termine. Il capitale che detengono consente loro di mantenere stabile il prezzo delle azioni per determinati periodi di tempo, aumentando le possibilità di guadagno. Il loro vantaggio competitivo consiste nell'abilità di far muovere grandi capitali, sapendo identificare la direzione presa dal denaro. I fondi speculativi non sono comunque esenti dal rischio di perdita.

Il breve termine

Il brevissimo termine, misurato in secondi o in minuti, rappresenta il vantaggio competitivo dei market maker e degli specialisti. Ne riparleremo più avanti nel libro. Diversamente dal resto del pubblico, queste figure non pagano commissioni, ma, al contrario, le riscuotono! Poiché il loro ruolo consiste nel coordinare in tempo reale gli ordini di acquisto e di vendita, sanno molto meglio di tutti in che direzione soffia il vento e traggono vantaggio dal brevissimo termine. Per loro, l'acquisto di azioni non sarà mai determinato dalla fiducia nel prodotto di una società o nel suo management!

Un esempio di vantaggio competitivo

Quando gli investitori a lungo termine vogliono proteggere il proprio investimento in un titolo, ricorrono a uno *stop order*, un sistema che permette di eseguire una vendita automatica se la quotazione del titolo scende al di sotto di una soglia stabilita. Le ore di attività del mercato azionario si sovrappongono alle ore lavorative dell'investitore medio, che pertanto non ha la possibilità di seguire costantemente, in tempo reale, le fluttuazioni dei prezzi. Si affida perciò al broker per l'esecuzione dello stop order automatico.

Qual è il vantaggio competitivo? Alla fine della settimana l'investitore medio, che chiameremo *investitore al dettaglio,* controlla i propri investimenti e inserisce nel sistema gli stop order protettivi in base alle fluttuazioni dei prezzi nella settimana appena trascorsa. Questi stop order vengono eseguiti automaticamente, al presentarsi delle condizioni stabilite, mentre gli investitori al dettaglio sono impegnati nella loro attività lavorativa quotidiana.

Il nostro vantaggio competitivo

- Osservando il diagramma del titolo, si può facilmente determinare in quale punto verrà eseguito lo stop order automatico. Si può trarre vantaggio da questa informazione? Certamente!

- Supponiamo che, in relazione a un certo prezzo, riusciamo a individuare il punto in cui si potrebbe concentrare la maggior parte degli stop order.

- In altre parole, se la quotazione dovesse scendere alla soglia stabilita, si attiverebbe un gran numero di stop order, contribuendo al ribasso della quotazione.

- Possiamo trarre profitto dal ribasso previsto? Senza dubbio! Possiamo vendere allo scoperto (più avanti impareremo cosa significa) e guadagnare dal prezzo in ribasso. Ecco come si può ottenere un vantaggio competitivo dalle informazioni.

Io mi pongo nei confronti del trading azionario come faccio con qualsiasi altra attività economica. Non farei mai trading senza avere un vantaggio competitivo. Sono consapevole del fatto che i miei concorrenti operano in competizione con me e mirano ad appropriarsi dei miei soldi, esattamente come faccio io con i loro. Sono consapevole del fatto che per sopravvivere e guadagnare devo individuare il mio vantaggio competitivo e massimizzarlo. Consiglio anche a voi di porvi con rispetto nei confronti del vostro denaro e di trattarlo di conseguenza.

Sapere o arte?

Il day trading è una professione indipendente in cui si acquista a prezzo basso e si vende a prezzo alto, traendo profitto dagli altri operatori. Come trader, l'obiettivo è avere successo nel 65% delle transazioni. Il day trading è una professione semplice da osservare, ma difficile da praticare. È semplice perché le regole sono semplici, ma è difficile a causa dei freni inibitori piscologici, che, da un lato, sono la manifestazione delle nostre paure e, dall'altro, manifestano la nostra avidità.

IN PILLOLE	*Il day trading è un'arte integrata con il sapere. Le regole possono essere imparate, ma l'arte deve essere sviluppata.*

Il day trading è per metà sapere e per metà arte. Se fosse basato soltanto sull'analisi tecnica, si ridurrebbe a mera contabilità e non avrebbe successo. Un trader vincente sa coniugare sapere e talento. Questo libro intende fornirvi soprattutto la preparazione e poi un tocco di talento. Sta a voi acquisire il talento, lavorando duramente e accumulando esperienza.

Si può insegnare a qualcuno a dipingere, ma solo in pochi riusciranno a realizzare capolavori apprezzati dal pubblico e considerati di valore. Lo stesso vale per il trading.

La differenza fra trading e investimento

Vi sarà ormai chiaro che questo libro non tratta di azioni in termini di investimento, ma di trading azionario, cioè della negoziazione di titoli azionari, che è un'attività economica come le altre. Per farvi un esempio, un mercante d'arte è molto diverso da un collezionista d'arte: non acquista quadri famosi per conservarli al sicuro per decenni, sperando che il loro valore aumenti, ma li acquista solo se pensa di poter ricavare un certo margine di profitto da una vendita a breve termine. Come tutti noi, il mercante d'arte ha bisogno di far fronte alle spese quotidiane, come pagare il mutuo o comprare da mangiare.

Il trader è paragonabile al mercante d'arte: entrambi acquistano e vendono per ricavare un profitto con cui vivere. I trader professionisti acquistano azioni a un prezzo che ritengono basso, con l'intenzione di rivenderle a un prezzo che ritengono alto. Anche loro possono sbagliare. Ma un trader che conta più successi che errori può mantenersi con questa professione. Diversamente dai trader, gli investitori non cercano di guadagnarsi da vivere con il mercato, ma lasciano ad altri la gestione dei propri fondi o li gestiscono da soli, nella speranza di ottenere rendimenti positivi. Gli investitori possono migliorare o peggiorare la propria situazione finanziaria nel lungo termine, ma non possono garantirsi di poterci pagare i debiti a fine mese. Un trader pianifica in anticipo quanti soldi rischiare in ogni transazione, mentre un investitore, nei periodi difficili, può scoprire che il suo denaro è evaporato. Il trader può dormire sonni tranquilli sapendo che la maggior parte del suo patrimonio è in contanti, mentre un investitore è esposto alle fluttuazioni del mercato.

I trader operano con il *fast money*, il denaro rapido, gli investitori con lo *slow money*, il denaro lento. 100 dollari in mano a un trader hanno lo stesso valore di 100 dollari in mano a un investitore? Assolutamente no! Quando il mercato azionario chiude l'anno con aumenti del 6%, i fondi dell'investitore si conformano al trend annuale e per questo sono detti slow money. I trader invece entrano ed escono dal mercato continuamente durante le operazioni di trading quotidiano. Una variazione annuale complessiva del 6% è il risultato di centinaia di giorni e decine di settimane di trading, durante le quali si verificano aumenti e ribassi in percentuali variabili. I trader seguono queste fluttuazioni e, diversamente dagli investitori, usano i 100 dollari più e più volte. Il denaro dei trader è *fast*, perché entra ed esce incessantemente dal mercato. Si potrebbe dire che il denaro di un trader lavora più intensamente. Il denaro dell'investitore è *slow*. Il fast money del trader cavalca lo slow money dell'investitore.

Fare trading è il mio mestiere, investire non lo è. Non nego la validità degli investimenti, specialmente se si ha esperienza nel settore, ma non ho conferma che ci si possa ricavare un reddito mensile. Credo che sia saggio investire denaro se non sul mercato azionario, quanto meno nel settore immobiliare. Ma è un campo di cui non ho esperienza.

Cosa sapevo del mercato azionario quando ho cominciato?

Non avevo alcuna preparazione. Poco più di dieci anni fa ho iniziato dal nulla. Non sapevo niente sulla compravendita di azioni e non conoscevo i concetti di base. Però avevo ben chiara una regola: nel mercato azionario, come in ogni altro settore, si guadagna comprando a un prezzo basso e vendendo a un prezzo più alto. In fin dei conti, non c'è una sostanziale differenza tra vendere verdure al mercato e operare nel trading azionario a Wall Street, tranne che sono stati scritti più libri su Wall Street. Aggiungete al trading azionario la comodità di lavorare da casa e i profitti potenzialmente alti e avrete la migliore ricetta per un lavoro autonomo.

Il trading azionario è una professione semplice; sono le persone che rendono complicate le cose semplici. Sono convinto che tutto ciò che serve per avere successo sia l'assoluta volontà di farcela. Non lasciatevi intimorire dalla mancanza di conoscenza ed esperienza: state partendo esattamente dallo stesso punto da cui sono partito io.

Questo libro è dedicato a voi e vi guiderà passo dopo passo, secondo il vostro ritmo, verso una maggiore consapevolezza. Per avere successo, dovete prendere una decisione netta. Perciò, per essere certi che non permetterete che niente vi ostacoli lungo il cammino verso il successo, chiudete la porta della stanza, fate un respiro profondo e gridate con tutto il fiato che avete: «Ce la farò!».

Cosa imparerete da questo libro?

- I fondamenti del trading
- La scelta del giusto broker e della giusta piattaforma di trading
- La scelta delle azioni vincenti
- Il metodo di guadagnare con i mercati in rialzo e in ribasso
- L'analisi tecnica
- I metodi base e avanzati di trading
- La gestione finanziaria e la gestione dei rischi
- La psicologia del trading
- L'autopotenziamento

Grazie alla mia esperienza nell'insegnamento a centinaia di trader, so perfettamente quali sono gli strumenti necessari per conquistare il mercato, so su cosa dovete focalizzare la vostra attenzione e su cosa invece è necessario mettervi in guardia.

Questo libro ha un taglio pratico e professionale, è scritto da un trader esperto, che opera quotidianamente nel trading con il proprio denaro.

È l'unico libro di cui avrete bisogno per avere successo nel day trading.

Chi ha paura dell'indipendenza economica?

Il trading azionario è un'attività economica indipendente. Quando si negoziano azioni, ci si espone a rischi finanziari, come in ogni altra attività economica. Se un impiegato commette un errore, non deve restituire lo stipendio al datore di lavoro, anche se questi subisce una perdita, ma rischia al massimo di essere licenziato. Invece, se un lavoratore autonomo commette un errore, lo pagherà col proprio denaro, ma se ha successo, guadagnerà molto di più di quanto l'impiegato possa sperare nei suoi sogni più rosei.

Avete la stoffa per diventare lavoratori autonomi? Siete preparati a lavorare senza uno stipendio e a rischiare il vostro denaro? Siete psicologicamente pronti ad assumervi il rischio? Incontro studenti di ogni genere e capita che un nuovo studente mi chieda: «Meir, capisco che all'inizio non otterrò grandi guadagni, ma posso almeno essere certo di guadagnare l'equivalente di un salario medio nei primi mesi?». Oops! Una domanda da impiegato, che un lavoratore autonomo non farebbe mai. Avere uno stipendio non è un male, ma per essere indipendenti bisogna avere una fibra più robusta. Un trader autonomo può lavorare meno, divertirsi di più e guadagnare dieci volte tanto rispetto a un impiegato stipendiato, ma deve essere disposto ad assumersi il rischio. Vi avverto: senza la volontà di rischiare i vostri soldi, non farete progressi nel campo del trading.

Supponiamo che siate pronti ad assumervi il rischio e siate determinati a diventare economicamente indipendenti. Potreste comunque avere interesse per attività economiche alternative al trading azionario. È il momento di fare alcuni confronti.

Impegno. La maggior parte delle attività economiche richiede un ufficio tradizionale, che spesso è in affitto. L'affitto è un impegno a lungo termine: pagamenti mensili, spese di gestione, tasse municipali, elettricità, acqua, manutenzione e altro. Un trader invece lavora da casa propria, le sue spese possono leggermente aumentare, ma non ha impegni a lungo termine.

Responsabilità. Un'attività economica necessita di impiegati, consulenti, ragionieri, consulenza legale... che sono causa di tanti grattacapi e di pesanti responsabilità. Ho passato tante notti insonni negli anni in cui sapevo di avere la responsabilità di pagare gli stipendi ai dipendenti. Un trader finanziario non ha bisogno di dipendenti. Tutto ciò che gli serve è un computer, una connessione Internet e se stesso. Un grandissimo vantaggio!

Investimento. Ogni attività economica richiede investimenti: veicoli, attrezzature e forniture per ufficio, pubblicità, stampe, ristrutturazione di immobili e altro. Oltre a un significativo investimento minimo, servirà un capitale operativo che permetta di aprire il conto dell'attività economica e di avere i fondi per esercitare. È questa la realtà!

Rischi. Difficilmente la chiusura di un'attività economica non lascia strascichi dolorosi. Le aziende chiudono nei periodi difficili, i debiti si accumulano, la pressione sui dipendenti aumenta, le banche improvvisamente chiudono le linee di credito, togliendo ossigeno all'attività. Beni e azioni, che in altre circostanze valgono il relativo prezzo di acquisto, perdono valore. Un trader finanziario che negozia azioni può limitare le perdite a una specifica sezione del proprio investimento. Vi sfido a nominare una qualsiasi altra attività economica in cui sia possibile limitare le perdite!

Opportunità. In molte attività economiche non c'è spazio per la creatività e, sfortunatamente, la maggior parte dei lavoratori autonomi guadagna meno di un impiegato. Il trader finanziario professionista non opera in un settore competitivo che ne limita le possibilità. Il cielo è il suo unico limite!

Non tutti sono predisposti per diventare trader finanziario, esattamente come non tutti sono predisposti al lavoro autonomo. Avviare un'attività economica richiede impegno, responsabilità, investimento e rischio. Se dovessi scegliere un settore in cui lavorare come professionista autonomo, sarebbe sicuramente un settore che presenti pochi rischi e tante opportunità.

L'esperienza mi ha insegnato che le probabilità di successo di un trader principiante che deve vivere di trading sono significativamente più basse rispetto a quelle di chi mantiene la fonte di reddito originaria. Vorrei che iniziaste con poco, mantenendo allo stesso tempo la vostra fonte primaria di reddito. Desidero che arriviate al successo lentamente e in modo sicuro, sapendo di poter contare su un reddito che vi permetta di limitare lo stress e di iniziare a guadagnare da subito. Se avete lasciato il vecchio lavoro o svolgete due lavori, non fate affidamento sul trading per sostentarvi. Otterrete un profitto solo se non riporrete tutte le vostre speranze nel trading. Se al contrario sentite la pressione di dover guadagnare, finirete col fallire.

Cosa serve per avere successo?

Un trader azionario di successo ha bisogno di tre elementi principali:

- Istruzione e supervisione nella fase iniziale.

- Le giuste attrezzature per fare trading: cioè un computer di qualità e una connessione Internet ad alta velocità.

- Un conto presso un broker professionista da cui ottenere rapidamente grafici ed esecuzioni efficaci.

Analizzeremo questi tre elementi nel corso del libro.

La solidità della catena si misura dal suo anello più debole. Ognuno di questi elementi è importante per la vostra catena, vale a dire per la vostra attività economica. Se volete raggiungere il successo, investite in ciascuno di essi, dalla fase di arricchimento (apprendimento) agli strumenti quotidiani (sistema di trading).

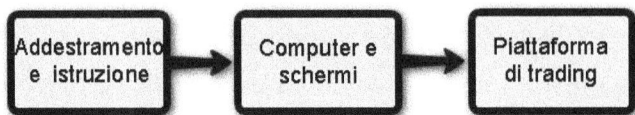

```
┌──────────────┐      ┌──────────────┐      ┌──────────────┐
│ Addestramento│ ───▶ │  Computer e  │ ───▶ │  Piattaforma │
│  e istruzione│      │    schermi   │      │  di trading  │
└──────────────┘      └──────────────┘      └──────────────┘
```

Quanto posso guadagnare?

Dopo la fase di apprendimento, arriva il momento di stabilire gli obiettivi di guadagno. Un target realistico per un day trader di successo è duplicare il proprio denaro ogni anno, ciò significa che un capitale iniziale di 10.000 dollari non vi permetterà di condurre uno stile di vita adeguato, a meno che viviate in un villaggio vietnamita. Un trader che vuole un tenore di vita accettabile, dovrà operare con 30.000 dollari o più. Se siete cittadini americani, sappiate che le regole per il margine sul day trading richiedono un deposito minimo di 25.000 dollari.

Se il vostro reddito annuale dipende dalla somma di denaro sul vostro conto trading, perché non depositare di più e guadagnare di più? Potrebbe essere la mossa giusta, ma non all'inizio della vostra carriera, per due motivi: primo, perché non tutti hanno a disposizione il capitale necessario, e secondo, perché, finché non diventerete esperti, sarete soggetti ad alcune limitazioni psicologiche. Operare nel trading con somme elevate significa essere psicologicamente pronti a gestire fluttuazioni più ampie di profitti e perdite. L'abilità mentale di gestire queste fluttuazioni si acquisisce solo dopo anni di trading. Provo emozioni nei confronti dei grandi guadagni o delle perdite? Raramente. Ogni mio giorno di trading si può concludere con grandi profitti o grandi perdite di migliaia di dollari. Sono abituato a questo genere di oscillazioni e, poiché la maggior parte delle mie operazioni di trading si conclude con un profitto, sono in grado di gestire psicologicamente le perdite a un livello che anni fa mi avrebbe causato notti insonni. Ciascuno di noi ha il proprio limite psicologico: perciò iniziare troppo presto a operare nel trading con somme troppo alte può portare a subire delle perdite. Ogni trader deve trovare la propria soglia, sulla base della propria personalità più che su quella delle proprie abilità finanziarie. Col passare del tempo e con l'esperienza, la vostra resilienza psicologica aumenterà e potrete probabilmente operare con un conto più ingente.

Quanti di voi ce la faranno?

Pochissimi, purtroppo. Quante attività economiche hanno successo? Secondo le statistiche, solo 1 su 5. È una buona ragione per non avviare un'attività economica? Certamente no! È una buona ragione per avviare cinque attività, sperando che almeno una abbia successo! Se siete persone ragionevoli con un alto livello di determinazione, perseveranza, autocontrollo, voglia di imparare e un capitale accettabile, avrete successo dove altri hanno fallito. Dipende da voi. Non fatevi scoraggiare dalle statistiche! L'evoluzione umana non sarebbe arrivata così lontano, se nessuno avesse avuto voglia di correre rischi.

Perché ho scritto questo libro?

Credo che questo libro possa contribuire a migliorare la qualità di vita di molti suoi lettori, anche se non operano nel trading professionale. Credo che tutti dovrebbero prendere confidenza con il mercato azionario e approfittare dei vantaggi che offre, al meglio delle proprie possibilità. Credo che, anche se non fate trading, siate in grado di imparare e di evitare i pericoli che il mercato dei capitali può presentare. Nell'attuale situazione economica, ogni persona dovrebbe avere una professionalità aggiuntiva, a cui poter ricorrere in caso di necessità. Credo inoltre che sia nostro dovere fare buon uso dei vantaggi di cui disponiamo sugli investitori medi, che cercano di ricavare un profitto dal mercato azionario senza conoscenza o esperienza.

Credo che tutti meritino di vivere al meglio la breve vita che ci è concessa su questa terra. Provo grande soddisfazione dopo una giornata di trading di successo e credo di poter aiutare gli altri a provare la stessa sensazione. Mi dà grande gioia e gratificazione ascoltare i racconti di successo di chi si è diplomato alla mia scuola. È la mia realizzazione, la mia gratificazione e la mia orgogliosa firma nella storia del trading. Il mio premio sono la soddisfazione e il piacere che ricavate dal vostro successo. Quando ce l'avrete fatta, mandatemi un'email e date un senso alla mia giornata!

Benvenuti!

... nell'affascinante mondo del trading azionario! È la realtà virtuale più realistica al mondo, una realtà in cui chiunque può guadagnarsi da vivere con un computer e una connessione Internet in qualunque parte del mondo. È la professione più equa del mondo, in cui tutti hanno l'opportunità di diventare milionari grazie alle proprie capacità, indipendentemente dall'etnia, sesso, età, nazionalità o lingua. **In bocca al lupo!**

PARTE PRIMA

1

Permettetemi di presentarvi... il mercato azionario

Il mercato azionario.
Il mio luogo di lavoro

Un ammiratore devoto

Siamo veramente delle creature strane: ci identifichiamo con la nostra città, siamo fedeli alla nostra squadra di calcio preferita e siamo perfino orgogliosi del nostro lavoro, fintanto che ne ricaviamo una retribuzione. Il mercato azionario è il mio luogo di lavoro e ne sono orgoglioso. È grazie a trader come me che continua a esistere e prosperare. Contribuisco alla sua esistenza aumentando il volume di trading e ne ricavo in cambio la possibilità di sostentarmi. Come futuri ammiratori, eccovi la storia del vostro prossimo luogo di lavoro.

A chi serve il mercato azionario?

Alle aziende serve denaro per far crescere la propria attività e lo possono ottenere dai propri azionisti oppure possono chiederlo in prestito alle banche. Come tutti sanno però, i prestiti bancari sfortunatamente devono essere restituiti; è questo il loro svantaggio. Inoltre non basta restituire la somma iniziale, le banche infatti hanno anche la spiacevole abitudine di addebitare degli interessi. In altre parole, un'azienda che si rivolge a una banca non si accolla soltanto il peso della restituzione del capitale iniziale, ma anche quello degli interessi aggiuntivi, e tutto ciò ne rallenta la crescita. Per questo motivo è stata inventata una brillante alternativa:

il denaro che non deve essere restituito! È conosciuta con il nome di IPO (*Initial Public Offering*) o offerta pubblica iniziale.

Cos'è un'azione?

Con l'IPO una società decide di offrire al pubblico i propri titoli azionari, cioè di quotarsi in borsa per guadagnare denaro. Cos'è un'azione? È un titolo che dà al possessore il diritto a una quota della società. All'atto della fondazione, i titolari di una società stabiliscono la quantità di azioni di cui è costituita. Se si tratta di una nuova società, senza precedente attività, il valore delle azioni sarà presumibilmente pari a zero e aumenterà proporzionalmente con il progredire del lavoro e con l'accumulo di contratti, brevetti, utili e profitti.

Il valore di un'azione però è un concetto astratto. Le transazioni di una società sono soggette a frequenti fluttuazioni, rendendo difficile determinare il reale valore delle sue azioni. Quando una società offre le proprie quote al pubblico, vende una parte delle sue azioni e lo fa per ricavare denaro che non dovrà restituire. Gli acquirenti credono di comprare a un prezzo vantaggioso e sperano di vendere in futuro a un prezzo più alto. Le azioni vengono negoziate tra acquirenti e venditori, che in genere non sono gli originari proprietari della società. Per proteggere gli interessi dei soggetti coinvolti, aumentare l'affidabilità e creare una maggiore fluidità, è stato stabilito che il trading azionario abbia luogo nell'ambiente controllato della borsa valori.

Tutte le società possono quotarsi in borsa e diventare società per azioni? No. Una società che desidera guadagnare denaro tramite il mercato azionario deve soddisfare criteri rigorosi relativamente a fatturato, profitti e stabilità finanziaria. Non tutte le aziende che necessitano di denaro desiderano quotarsi in borsa, perché sarebbero obbligate a rispettare standard normativi rigorosi, che potrebbero limitarne la crescita. Dovrebbero diventare trasparenti, esponendo così i propri segreti al pubblico e alla concorrenza, con i rischi che ciò comporta, e sarebbero obbligate a includere i propri azionisti nei processi decisionali. In sintesi, tutto ha un prezzo.

Gli esordi del mercato azionario

Si hanno notizie di compravendita di azioni già in documenti risalenti al 400 a.C., ma la prima significativa vendita di azioni al pubblico ha avuto luogo ad Amsterdam nel 1602, con la fondazione della Compagnia Olandese delle Indie Orientali per il commercio internazionale delle spezie.

In Olanda

In quel caso la differenza principale consisteva nel fatto che, fin dall'inizio, c'era l'intenzione di vendere al pubblico le azioni della Compagnia. In realtà il pubblico ebbe un impatto poco significativo sulla gestione della Compagnia, che rimase sotto il controllo dei dirigenti. La Compagnia Olandese delle Indie Orientali ebbe ampio successo e per decenni, dalla sua nascita fino al 1650, versò agli azionisti un dividendo medio annuo del 16%. Nel corso degli anni furono fondate altre compagnie pubbliche ad Amsterdam e il mercato azionario assunse una natura organizzativa. Nel 1688 venne pubblicato il primo libro di storia dedicato al trading azionario, scritto da Yosef de la Vega, un trader ebreo spagnolo di successo. Il libro fu scritto in forma di dialogo tra un azionista, un trader e un filosofo e descriveva dettagliatamente l'ingegnoso funzionamento della Borsa di Amsterdam, dispensando inoltre preziosi consigli ai lettori.

A Londra

Qualche anno più tardi a Londra, nel 1693, prese avvio la negoziazione delle prime obbligazioni. In poco tempo varie compagnie pubbliche britanniche iniziarono a fare trading. I primi trader finanziari londinesi operavano nei caffè di Change Street, una via adiacente al Royal Exchange, il centro per il commercio in cui i trader non erano autorizzati a entrare a causa delle loro "cattive abitudini". Nel 1698, un certo John Casting, il cui posto preferito era il Jonathan's Coffee House, iniziò ad appendere fuori dal caffè una lista di azioni con il relativo valore. Questa lista è considerata la pietra miliare nella fondazione della Borsa di Londra.

La prima bolla

Negli anni successivi, molte compagnie nacquero e morirono, ma il caso più famoso rimase quello della Compagnia dei Mari del Sud, fondata nel 1711 con l'intento di commerciare con il Sud America. Le sue azioni andarono a ruba e il loro prezzo salì come un missile. In pochi anni però divenne chiaro che le possibilità di successo del commercio con il Nuovo Mondo erano state sopravvalutate e nel 1720 i prezzi subirono un crollo improvviso, causando la prima bolla finanziaria della storia. Il Parlamento inglese reagì emanando una legge conosciuta come *Bubble Act*. L'entusiasmo per la borsa si dissolse per molti decenni a venire. Nel 1789 azioni e obbligazioni iniziarono a essere negoziate negli Stati Uniti, come vedremo più avanti.

Wall Street.
Il muro e il denaro

Dal giorno della sua prima transazione, Wall Street ha subito molti cambiamenti, soprattutto a causa della continua lotta tra due gruppi estremamente potenti: le società di investimento e il Governo. Le prime hanno sempre aspirato a operare senza supervisione, cogliendo ogni occasione per infilare le proprie avide mani nelle tasche del pubblico. Non si sono mai fatte scrupoli di giocare sporco: fare trading in base a informazioni privilegiate, disinformare e divulgare dati errati tramite i media oppure organizzare un raid ribassista su specifiche azioni sono solo alcuni esempi delle ben note strategie di manipolazione che hanno reso i professionisti di Wall Street odiosi al pubblico. A poco più di due secoli di distanza dalla fondazione di Wall Street, la crisi finanziaria del 2008 ha dimostrato che niente è cambiato.

IN PILLOLE | *Wall Street non si è mai fatta scrupolo di giocare sporco per raggirare il pubblico. I trucchi diventano sempre più raffinati, come la loro regolamentazione. È un gioco senza fine.*

Sull'altro versante, il Governo ha sempre cercato di emanare leggi e regolamenti per contenere l'insaziabile avidità dei trader di Wall Street. In poche parole: il Governo detta le regole. Spesso i divieti legali non sono efficaci e le operazioni vietate vengono comunque messe in atto.

Ad esempio, invece di pagare un quotidiano per divulgare informazioni false, le società si facevano appoggiare da agenzie di rating per valutare le performance di altre società, influenzando così l'opinione pubblica, che le considerava affidabili. Ma le agenzie spesso erano stipendiate dalle società valutate. A quanto pare il conflitto di interesse non infastidiva nessuno.

Il crollo del 1929, che ha avuto drastiche ripercussioni su tutto il sistema finanziario degli Stati Uniti, ha causato un'inversione nel rapporto tra Wall Street e il Governo. La conseguenza del crollo è stata una pesante depressione economica di proporzioni epiche durata molti anni, conosciuta come la Grande Depressione.

Nonostante i vari cambiamenti, Wall Street è sostanzialmente rimasta la stessa. Jesse Livermore ha operato a Wall Street dalla fine del XIX all'inizio del XX secolo, il suo libro *How to Trade in Stocks* e la biografia scritta da Lefèvre, *Reminiscences of a Stock Operator*, mostrano che, se fosse ancora vivo, Livermore non avrebbe problemi a fare trading con successo anche al giorno d'oggi.

Sono passati ottant'anni dal crollo del 1929 e sembra che la lezione di quel devastante evento sia stata dimenticata. Mentre scrivo questo libro, si sta aprendo un nuovo capitolo nella storia di Wall Street, che è stata investita dalla cosiddetta Crisi dei Subprime, una contrazione del credito giunta come un fulmine a ciel sereno. Malgrado una ripresa abbastanza rapida nei due anni che seguirono il momento peggiore, non è ancora chiaro quale insegnamento se ne debba trarre. La crisi ha colpito con forza l'intero sistema finanziario degli Stati Uniti, prima di tutto Wall Street, tanto da far pensare che quest'ultima stia perdendo preminenza sui mercati finanziari internazionali. Prima di piangere per Wall Street, occorre esaminare come tutto è cominciato.

Wall Street è situata a New York, nel Lower Manhattan, e deve il nome a un muro fatto costruire nel 1653 da Peter Stuyvesant, il governatore olandese della città, che allora si chiamava New Amsterdam, per proteggere gli abitanti della città dagli Indiani, così erano chiamati i nativi americani, e da una possibile invasione inglese. Il muro non fu mai utilizzato, ma diede il nome alla strada che lo costeggiava.

| **IN PILLOLE** | *La regolamentazione, come il mercato azionario, si sviluppa come conseguenza delle crisi che generano le bolle, ma, diversamente da una bolla, non esplode mai. La sua natura la porta a progredire costantemente e mai a regredire.* |

Nel 1789 il primo Congresso degli Stati Uniti d'America, per saldare i debiti del governo e delle colonie, emise tramite la Banca Centrale dei buoni del tesoro, conosciuti come *treasury bonds,* per un valore di ottanta milioni di dollari, che furono venduti al pubblico. La popolazione di Manhattan ammontava allora a circa 34.000 abitanti e Wall Street era ancora una via sterrata e polverosa su cui si affacciavano molte *trading houses* attive nel commercio internazionale di beni. Ben presto le trading houses iniziarono a vendere anche biglietti della lotteria, azioni e obbligazioni. Le obbligazioni erano l'articolo più richiesto ed è proprio attorno ad esse che si sviluppò il trading speculativo. In quel periodo, per effettuare una compravendita di azioni o di obbligazioni era necessario emettere un avviso pubblico oppure si doveva vendere ad amici. Con l'aumento della domanda, due famose trading houses dell'epoca, la Leonard Bleecker e la Sutton & Harry, con sede rispettivamente al n. 16 e al n. 20 di Wall Street, iniziarono a tenere scorte di obbligazioni e azioni.

Si sviluppò così il trading azionario. Gli investitori contribuirono alla fondazione e allo sviluppo delle aziende investendo il loro denaro in cambio di *deed of shares*, atti giuridici in forma scritta che certificavano il possesso delle azioni e le garantivano presso l'azienda. Questi atti furono chiamati anche *securities* (a indicare che il loro possesso rappresentava una sicurezza per il proprietario) ed *equities* (a indicare il diritto su parte del capitale aziendale).

Nel marzo del 1792 William Duer, un trader di New York che fungeva anche da vicesegretario del Tesoro americano, investì in un piano per rilevare dalla Francia il debito degli Stati Uniti a una somma ridotta. Il piano fallì e non solo Duer perse l'intero patrimonio, ma le ramificazioni dei suoi investimenti fallimentari contribuirono al Panico del 1792, quando Duer fece bancarotta. Si usò la parola *crack* per descrivere quegli eventi, una parte soltanto dei tanti che avrebbero punteggiato la storia di Wall Street. Dopo questo crack, i trader decisero di istituzionalizzare le proprie attività e di creare un luogo in cui poter controllare e documentare tutte le transazioni. Nel maggio del 1792 i trader e i market maker siglarono l'accordo cosiddetto *Buttonwood Agreement,* dall'albero sotto cui avvenne la firma, al n. 68 di Wall Street. L'accordo rappresentò l'atto costitutivo della Borsa di New York e l'istituzione di commissioni standardizzate per il commercio.

Il famoso edificio del NYSE (la Borsa di New York) fu costruito nel 1872 all'angolo tra Wall Street e Hanover Street. Nel 1842 fu fondata una borsa concorrente chiamata AMEX, la Borsa Americana. Con l'aumentare della prosperità economica mondiale, Wall Street assunse il ruolo di maggiore centro finanziario mondiale.

Tra l'ultimo decennio dell'Ottocento e i primi del Novecento si diffuse in tutti gli Stati Uniti il fenomeno dei punti vendita di azioni, noti come *stock shops* o anche *bucket shops*, un termine importato dall'Inghilterra che richiamava chiaramente l'idea di attività illegali. I clienti di queste attività negoziavano le azioni per scopi speculativi, senza effettuare vere e proprie transazioni di borsa: in realtà, giocavano d'azzardo. I trader "giocavano" con il prezzo delle azioni senza comprarle veramente. Quando guadagnavano, il negozio perdeva e viceversa: un casinò a tutti gli effetti. I prezzi delle azioni venivano costantemente telegrafati da New York durante tutta la giornata di trading. Un impiegato li leggeva ad alta voce e un altro contemporaneamente li trascriveva su una grande lavagna posta di fronte al pubblico. Gli interessi dei negozi erano diametralmente opposti a quelli dei trader, perciò le truffe erano all'ordine del giorno e i negozi venivano considerati inaffidabili. Il libro *Reminiscences of a Stock Operator* di Lefèvre, la già citata biografia di Jesse Livermore, uno dei maggiori trader, fornisce un resoconto dettagliato di questo tipo di attività. Nel 1930, durante la Grande Depressione, questi negozi furono dichiarati illegali e il divertimento finì.

Fondazione della SEC, la Commissione per i Titoli e gli Scambi

Nel 1934, memore della lezione della Grande Depressione e intenzionato a prevenire il ripetersi degli avvenimenti che portarono al crollo del 1929, il Congresso americano istituì il primo organo di vigilanza dei mercati di capitali statunitensi, che prese il nome di SEC, la Commissione per i Titoli e gli Scambi. La SEC stabilì gli standard per prevenire il determinarsi dei fattori che avevano portato al crollo finanziario, in particolar modo la manipolazione dei prezzi e l'uso di informazioni riservate. Con l'andar del tempo la SEC introdusse modifiche normative che continuano tutt'oggi a infondere fiducia nel mercato dei capitali.

La crescente fiducia del pubblico comporta l'espansione del mercato e riduce il rischio di crolli finanziari come quello del 1929. Decreti governativi che oggi appaiono scontati non lo erano in passato. Ad esempio, attualmente le società per azioni sono tenute a trasmettere le notifiche importanti prima al pubblico, tramite teleconferenza, e solo in seguito ai propri affiliati. Sembra una cosa normale? È una delle regole stabilite dalla SEC pochi anni fa. Il compito della SEC non è ancora esaurito e probabilmente non lo sarà mai. Le informazioni riservate sono ancora un mezzo, illegale e scorretto, per guadagnare piccole fortune dal mercato. Ovunque ci siano tanti soldi ci sarà sempre qualcuno che cerca scorciatoie per arricchirsi rapidamente. Persino oggi solo una ristretta minoranza di chi approfitta di informazioni riservate ne paga le conseguenze.

Vi presento i mercati azionari

I mercati azionari sono composti da diverse borse valori. Una borsa è un business come tutti gli altri: trae profitto da commissioni e servizi, fa concorrenza alle altre borse facendo appello a varie nicchie commerciali. Ogni borsa ha la propria unicità, la propria tecnologia, i propri vantaggi e, naturalmente, i propri svantaggi.

La Borsa di New York (NYSE)

Il NYSE (www.nyse.com), che ha sede all'angolo tra Wall Street e Broad Street, è la borsa più grande al mondo in termini di valore delle società che vi operano. Il valore di mercato di una società, noto come *capitalizzazione di mercato,* si determina moltiplicando il numero delle sue azioni in circolazione per il loro prezzo di mercato. Calcolando la capitalizzazione di mercato delle azioni negoziate al NYSE si ottiene un valore combinato superiore ai diecimila miliardi di dollari nel periodo di picco. La lista del NYSE conta più di tremila società.

Prima degli attacchi dell'11 settembre 2001 si poteva assistere alle attività di borsa da una galleria vetrata. Adesso per accedervi è necessario uno speciale permesso oppure si deve essere fotografi della CNBC, di Bloomberg o di altri media o, infine, avere amici in posizioni importanti che possano richiedere il permesso per voi. Una volta dentro, però, si può assistere a uno spettacolo straordinario che appartiene a un mondo che sta scomparendo: trader che si muovono frenetici tra decine di postazioni di lavoro, dando ordini con strani segni delle mani e facendosi strada tra montagne di annotazioni scambiate tra acquirenti e venditori e lasciate cadere con noncuranza nella sala delle contrattazioni.

Essendo amico del famoso commentatore televisivo Dr. J, ho avuto la straordinaria, fortunata possibilità di partecipare a un servizio fotografico della CNBC sui trader di opzioni binarie sull'indice S&P 500 nella Borsa di Chicago. Osservavo affascinato decine di trader che gridavano e si facevano largo come in una partita di football americano. In seguito ho saputo da Dr. J, che è un ex giocatore professionista di football americano, che una delle condizioni per essere ammesso a lavorare nella sala delle contrattazioni, conosciuta come *the pit*, è quella di avere il peso, l'altezza e la capacità fisica per spingere da parte i trader avversari.

Anche nella più grande borsa mondiale sta succedendo l'inevitabile: i computer stanno lentamente subentrando in tutte le operazioni, malgrado l'opposizione dei trader. Il trading informatizzato determina maggiore competizione, minori commissioni, maggiore trasparenza nei confronti del pubblico e maggiore velocità di esecuzione: esattamente quello che vuole il pubblico ed esattamente il contrario di quello che vogliono le società che assumono gli operatori di borsa. Il cambiamento è partito lentamente, prendendo esempio dal NASDAQ, la prima borsa informatizzata degli Stati Uniti. In risposta alle pressioni del pubblico, il NYSE ha dovuto adottare sistemi automatici a cui inizialmente è stata affidata solo la gestione di una piccola parte del fatturato degli elevati volumi di compravendita delle azioni. Per anni è bastato per mettere a tacere il pubblico. Le pressioni politiche sono state gestite in sordina, attraverso telefonate tra i direttori generali delle mega-corporazioni e il politico giusto. Malgrado l'opposizione, la rivoluzione si è effettivamente conclusa nel corso degli ultimi anni e attualmente la maggior parte delle operazioni del NYSE è informatizzata. Adesso, quando acquisto e vendo titoli alla velocità di un nanosecondo, ripenso a un vecchio incubo, lontano nel tempo, quando insegnavo agli studenti della Tradenet che il tempo di esecuzione di un'operazione sul NYSE poteva richiedere fino a due minuti dalla pressione del tasto!

La Borsa AMEX

La Borsa AMEX (www.amex.com) è stata fondata a New York nel 1842 ed è la terza per importanza negli Stati Uniti, dopo il NYSE e il NASDAQ. Vi si negoziano soprattutto azioni di società medio-piccole e una gamma di fondi ETF (*Exchange Traded Funds*), di cui parleremo più avanti. L'AMEX opera in maniera simile al NYSE, usando il metodo di offerta dei market maker (dei quali riparleremo più avanti), appartiene al NASDAQ e il suo volume di attività è relativamente limitato. Anche l'AMEX, come il NYSE, adotta una rapida ed efficace gestione informatizzata dei suoi processi.

La creazione del NASDAQ

Un importante cambiamento ha avuto luogo nel 1971: è stata fondata la Borsa NASDAQ, che, diversamente dal NYSE, ha informatizzato tutta la propria attività di trading. I computer NASDAQ si trovano in Connecticut e sono collegati a più di cinquecento computer dei market maker, rendendo possibile il commercio elettronico con un solo click. Da quel momento in poi i market maker non hanno avuto più bisogno di competere a suon di grida nella sala delle contrattazioni: tutto si poteva fare semplicemente premendo un tasto.

Di conseguenza le commissioni si sono ridotte, la qualità del servizio è migliorata, la competizione è aumentata e aziende di nuovo tipo hanno emesso azioni e guadagnato trilioni di dollari. Nell'arco di vent'anni, grazie alla diffusione di Internet, il NASDAQ è divenuto accessibile dalle case di ogni trader, aprendo per la prima volta le porte al trading privato. Si può dire infatti che la professione di day trading, così come la conosciamo, sia nata con la fondazione del NASDAQ.

Le crisi

Facendo una statistica del periodo di tempo che intercorre in media tra una crisi e l'altra nella storia del mercato azionario, si scopre che nell'arco della nostra vita adulta assisteremo ad almeno tre crisi. In altre parole, se siete investitori a breve termine, c'è una ragionevole probabilità che presto o tardi perdiate una cospicua parte del vostro capitale. È uno dei rischi del mercato dei capitali. Se avete la fortuna di essere colpiti dalla crisi a quarant'anni, avrete buone chance di sopravvivenza, ma se vi colpisce a sessantacinque anni, non sono sicuro che riuscirete a salvare la pensione. Fa eccezione il decennio 2000-2010, che ha visto due delle maggiori crisi nella storia del mercato azionario: quella delle dot.com e la crisi dei subprime.

La Grande Depressione.
Lunedì nero e Martedì nero, 1929

Il crollo del Lunedì nero del 28 ottobre 1929, con un calo del 12%, seguito il giorno dopo dal Martedì nero, con un calo dell'11,73%, sono conosciuti come il Grande Crollo e hanno provocato la crisi economica decennale conosciuta a livello mondiale con il nome di Grande Depressione. La crisi si verificò a ridosso dell'epoca passata alla storia come i Ruggenti Anni Venti, un decennio contrastante, durante il quale l'America celebrò smoderatamente la vittoria della Prima Guerra Mondiale, vivendo con un debito infinito e con i prezzi degli immobili che salivano alle stelle.

A differenza di altre crisi, la Grande Depressione durò parecchi anni, raggiungendo il punto più basso nel luglio 1932, il peggiore per il mercato dei capitali nell'arco dell'intero XX secolo. Il mercato ritornò al livello pre-crisi solo nel novembre 1954. In pratica, i giovani che possedevano azioni prima della crisi hanno trascorso gran parte della loro vita adulta in attesa del recupero.

Lunedì nero, 1987

Come succede in tutte le crisi, il 19 ottobre 1987 il panico si diffuse tra il pubblico. Nel 1929 la folla aveva invaso le strade e distrutto gli uffici dei broker, nel 1987 ne intasò le linee telefoniche. In tutti gli Stati Uniti vennero impartiti ordini isterici del tipo: «Vendere a qualsiasi prezzo» e «Tiratemene fuori». A un certo punto i broker e i market maker smisero di rispondere al telefono e il mercato, senza più controllo, collassò. La crisi scoppiò a Hong Kong, si diffuse in Europa e colpì gli Stati Uniti causando in un solo giorno il calo dell'indice del 22,8%, segnando il record di calo in un solo giorno. Nonostante questo evento e non senza sorpresa, il 1987 si chiuse con gli utili in attivo.

Come sempre dopo lo scoppio di una bolla, furono introdotte nuove regole e fissati nuovi standard. Nel momento di follia generato dalla bolla, la SEC emanò nuove regole per proteggere gli investitori privati ed evitare il ripetersi dell'evento e introdusse cambiamenti nel ruolo dei market maker. Fu stabilito che, per salvaguardare il mercato dal panico creato dai crolli e per evitare situazioni favorevoli solo ai venditori, i market maker avrebbero dovuto acquistare una certa quantità di azioni dal pubblico in caso di calo dei prezzi. La legge fu approvata poco dopo la fine della crisi e la coscienza dei legislatori per un po' si calmò.

La Crisi delle Dot.com

La bolla delle dot.com esplose lunedì 13 marzo 2000, dopo cinque anni di aumenti dei prezzi. Quel lunedì, all'inizio della settimana di trading, il mercato aprì con un gap del 4% rispetto al NASDAQ, come risultato del pessimo tempismo di diversi gruppi che avevano venduto contemporaneamente azioni di Cisco, IBM e Dell per un valore di miliardi di dollari. Il calo scatenò la corsa alla vendita, portando alla fine a una perdita del 9% nel corso dei successivi sei giorni di negoziazione.

IN PILLOLE | *I trader guadagnano dalle crisi! Alte fluttuazioni, panico del pubblico e capacità di operare con gli short sono strumenti importanti nelle mani di un trader esperto.*

La bolla era stata costruita intorno all'euforia che aveva raggiunto il culmine con l'invenzione di nuovi modelli economici senza precedenti, basati sulla penetrazione nel mercato invece che sui profitti, sui costi non pubblicizzati e su altre innovazioni che rispondevano allo spirito del periodo. Finché il denaro veniva fatto fluire verso il settore hi-tech, in particolare alla luce dei bassi tassi d'interesse del 1998 e del 1999, il boom continuò a progredire. Tra il 1999 e l'inizio del 2000, quando il governo aumentò i tassi di interesse per sei volte consecutive, il denaro divenne più costoso e i nuovi modelli economici cominciarono a crollare come un castello di carte.

Al culmine della crisi, l'indice NASDAQ dei titoli tecnologici perse circa l'80% del valore e l'indice S&P 500 circa il 46%. Come imprenditore nel settore hi-tech e trader principiante, vissi in prima persona quella crisi. Ottenni milioni di dollari dagli investitori per delle startup che fondai e cavalcai gli alti e bassi di quel periodo da ogni possibile angolazione. Furono anche gli anni in cui iniziai la mia attività di trader. Di certo devo l'occasione della mia vita alla crisi delle dot.com, che mi lasciò senza lavoro, come molti altri, e mi obbligò a cercare un'alternativa nel mondo del trading azionario.

La Crisi dei Subprime. La contrazione del credito

La contrazione del credito, comunemente nota come la Crisi dei Subprime, esplose nel mercato americano durante l'estate del 2007 e si sviluppò in un clima di crisi mondiale. La sua battuta d'inizio si ebbe nel settembre 2008, con il crack della banca di investimento Lehman Brothers e la nazionalizzazione della società di assicurazioni AIG. Il panico raggiunse il culmine in ottobre e novembre, quando il mercato perse circa il 30% del valore (ottobre, ancora una volta...). I prezzi crollarono fino a toccare il punto più basso nel marzo del 2009. Nella fase finale, a soli diciotto mesi dal picco nell'ottobre 2007, il mercato aveva perso il 57,4% del valore.

A causare la crisi, come nel 1929, furono il credito quasi illimitato concesso con bassi tassi d'interesse a chiunque ne facesse richiesta e il mercato immobiliare, che, dopo il boom, esplose, trascinando con sé le banche di credito.

Le crisi della scorsa decade (indice S&P 500)

La crisi delle dot.com iniziò nel marzo 2000 [1], continuò fino a settembre 2002 [2] e causò una perdita complessiva del 46% del valore. Da questo punto in poi il mercato risalì, raggiungendo il culmine nell'ottobre 2007 [3]. La crisi dei subprime iniziò in ottobre-novembre 2008 [4], toccando il punto più basso nel marzo 2009 [5].

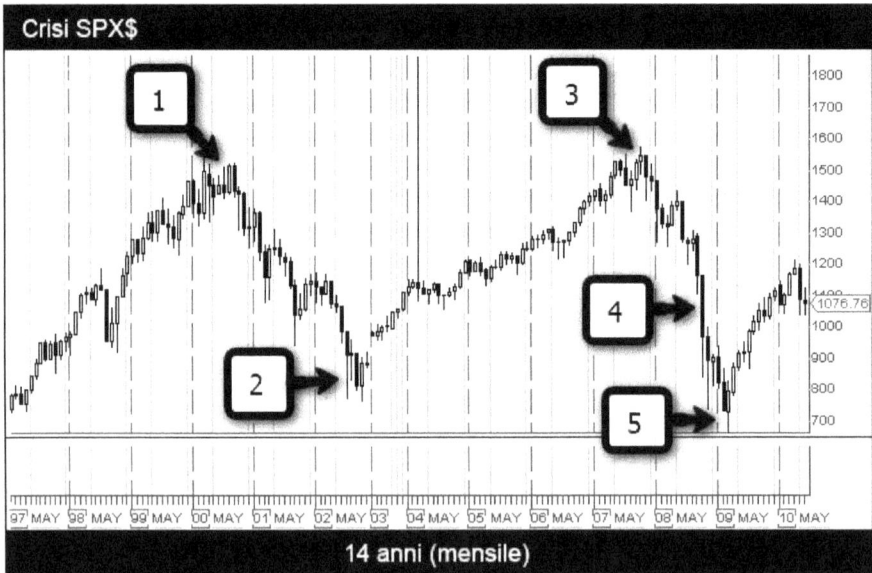

Crisi SPX$

14 anni (mensile)

Crisi e trader

Durante le crisi, le fluttuazioni del mercato e il volume degli scambi aumentano. È il motivo per cui noi trader prosperiamo in momenti del genere! A differenza della maggior parte del pubblico, sappiamo come trarre profitto anche dai ribassi: più avanti impareremo i principi dello *shorting*, cioè della vendita allo scoperto. La prima crisi che ho vissuto come trader è stata quella delle dot.com dal 2000 al 2002. Purtroppo, come trader principiante non avevo sufficiente esperienza per trarre profitto dagli eventi, ma ho guadagnato con gli aumenti successivi. In confronto, la crisi dei subprime è stata una vera e propria festa. Nell'ottobre 2008, ho triplicato il mio conto di trading in un solo mese!

Da chi state acquistando?

Quando comprate o vendete un titolo, c'è qualcuno dall'altra parte che ve lo sta vendendo o lo sta acquistando da voi. Chi è questa persona? Qual è il suo ruolo? E cosa la guida?

I market maker

Per acquistare o vendere un'azione avete bisogno di qualcuno con cui fare la transazione. Vi siete mai chiesti cosa succederebbe se voleste vendere, ma non ci fosse chi compra? A quale prezzo verrebbe eseguito l'ordine di vendita? La mancanza di compratori, per un breve periodo, può causare il crollo di un'azione? I market maker sono persone sempre disponibili a trovarsi dall'altra parte, anche se non comprano e vendono nel modo in cui lo fate voi. Dietro ogni azione ci sono i market maker, il cui ruolo consiste nel piazzare ordini di acquisto e di vendita in anticipo, con spread fisso, per "creare il mercato" di un'azione.

Da dove ricavano il profitto? Dallo *spread* (la differenza) tra il prezzo di vendita e quello di acquisto. Per una società con un volume di milioni di azioni al giorno, un profitto di 1 centesimo di dollaro ad azione può significare un profitto giornaliero complessivo di 10.000 dollari per ogni milione di azioni negoziate. Un guadagno niente male!

Il mondo dei market maker non è sempre facile. I rischi che si assumono sono alti, in quanto l'azione si muove in una direzione opposta alle loro operazioni. Sul NASDAQ, per garantire la competitività del mercato e mantenere gli spread stabiliti dai market maker quanto più limitati possibile, la borsa incoraggia un gran numero di market maker a operare su una singola azione, dando così al singolo investitore la garanzia di alti volumi e spread competitivi.

Gli specialisti

Gli specialisti sono la versione NYSE dei market maker che operano sul NASDAQ. Diversamente dal NASDAQ, sul NYSE ogni azione è gestita da un unico specialista che può operare su svariate azioni simultaneamente, ma ognuna sarà negoziata soltanto da quel determinato specialista.

Gli specialisti hanno un duplice ruolo. Innanzitutto, nei periodi in cui mancano acquirenti e venditori per un'azione, devono generare sufficiente liquidità, acquistando e vendendo con il proprio denaro, per evitare fluttuazioni. In secondo luogo, fungono da broker per i broker, piazzando ordini di acquisto e di vendita e negoziandoli al miglior prezzo possibile, la cosiddetta *migliore esecuzione*. Ad esempio: se un broker avesse interesse a eseguire un ordine di acquisto di una certa azione del valore di 50 dollari per un cliente, che invece ha dato ordine di acquistarla a 49 dollari, sperando che il titolo scenda a quel livello, lo specialista tiene l'ordine nel suo registro, cioè prenota l'ordine e lo esegue quando il prezzo soddisfa l'indicazione del cliente. Per legge, lo specialista deve far prevalere l'interesse del cliente sul suo. Fino a pochi anni fa, prima dell'informatizzazione, ogni ordine di vendita e di acquisto passava attraverso uno specialista. Al momento, sul NYSE la maggior parte delle esecuzioni viene fatta tramite il trading automatizzato, con lo stesso modello del NASDAQ.

La rivoluzione ECN

Il ruolo dei market maker e degli specialisti è importante, ma non lavorano gratuitamente. Ricavano infatti i loro profitti dallo spread tra la domanda e l'offerta, il che significa che siamo noi a pagarli.

Una ECN (*Electronic Communication Network*) ci permette di fare a meno dei loro servizi di intermediazione. L'ECN è una rete informatica che consente ad acquirenti e venditori di connettersi e impartire ordini di compravendita senza la mediazione dei market maker. L'ECN ha iniziato la sua attività nel 1969, con il primo sistema noto come *Instinet*, che inizialmente è stato utilizzato solo dai market maker per le transazioni tra di loro.

La mancanza di liquidità, che ha portato al crollo del 1987, ha determinato l'approvazione di leggi che obbligano i market maker a rispettare gli ordini elettronici e favoriscono l'utilizzo delle reti ECN da parte del pubblico. La maggior parte degli ordini che si eseguono ora sono piazzati tramite le ECN.

Diversamente dagli investitori, i trader utilizzano i programmi di trading *direct access*, che studieremo in seguito. I programmi ad accesso diretto ci consentono di inviare gli ordini di acquisto o vendita direttamente ai market maker o alla gamma di reti ECN. Un'altra opzione popolare è quella di utilizzare i servizi di un broker, che sceglierà il canale di accesso diretto più adatto alle vostre esigenze di velocità di esecuzione e costi.

Come può riguardarvi tutto ciò?

Fondamentalmente quanto detto finora potrebbe non interessarvi. Potreste limitarvi ad aprire un conto con un broker, fare un deposito e imparare a comprare e vendere azioni. Finché negozierete solo in piccole quantità di diverse centinaia di azioni per click, vi basterà utilizzare il routing automatico del vostro broker ignorando tutta l'attività di fondo. Ma quando diventerete trader più capaci e aumenterete le quantità, le cosiddette *posizioni*, a migliaia di azioni per click, vi troverete in situazioni in cui riceverete solo una parte dei quantitativi richiesti (esecuzioni parziali), spesso a prezzi superiori di quanto volevate. Per le grandi posizioni vale la pena indirizzare i vostri ordini verso destinazioni diverse per guadagnare velocità e liquidità. Ma ci vorrà del tempo per arrivare a quella fase e per allora avrete acquisito più familiarità con le opzioni di routing aggiuntive e ne comprenderete meglio il significato.

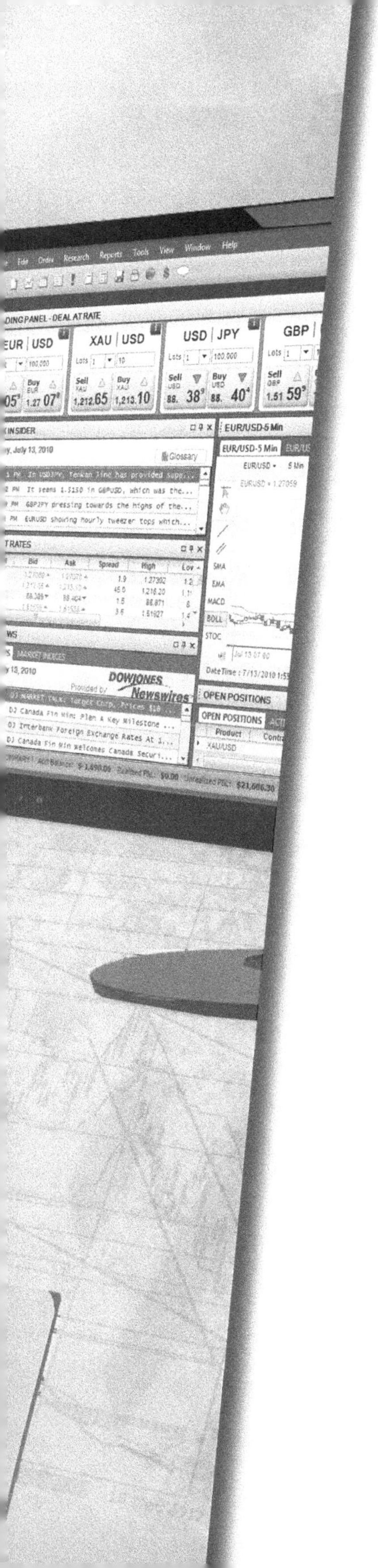

2

Introduzione al day trading

Passo dopo passo sulla strada del successo

Sapete mantenere l'autocontrollo?

In questa fase è necessario mantenere l'autocontrollo. Le regole del trading azionario sono semplici, ma certe personali fissazioni ci portano a non seguirle. Il comportamento psicologico del soggetto medio non corrisponde a quello del mercato. Avidità da un lato e paura dall'altro ci fanno adottare comportamenti opposti a quelli più opportuni. D'ora in poi dovrete accettare e rispettare le regole, senza eccezioni.

Otto tappe sulla strada del successo

1. Non leggete troppi manuali. Questo sarà l'unico libro di cui avrete bisogno. Un eccesso di informazioni vi farà perdere di vista l'obiettivo e vi confonderà le idee. Solo dopo aver praticato il trading per qualche mese, aver acquisito esperienza e aver assimilato i principi di base, potrete leggere altro materiale.

2. Trovate un esperto che vi guidi nei primi passi oppure seguite un corso. L'autoapprendimento non è una soluzione sufficiente. Non si può imparare a guidare solo leggendo un manuale di guida, lo stesso vale per il trading.

3. Prima di iniziare a negoziare con denaro vero, esercitatevi con un programma demo che potrete chiedere al vostro broker; *ma imponetevi di usarlo solo per qualche giorno*. Un uso prolungato potrebbe illudervi

di essere immuni dagli effetti psicologici derivanti dalla pressione di negoziare con denaro vero. Fidatevi di me: non lo siete affatto!

4. Aprite un conto presso un broker e depositate una somma di denaro in base alle vostre possibilità finanziarie. Evitate assolutamente di depositare un importo che possa mettere in crisi le vostre finanze; una cifra troppo alta vi esporrà a pesanti pressioni psicologiche che vi porteranno a non mantenere la disciplina, con risultati disastrosi.

5. Non fate trading da soli, non siete ancora pronti! Assicuratevi di essere seguiti costantemente, in tempo reale. Partecipate a una sala di trading online, ascoltate i consigli dei trader esperti e provate a imitarne i comportamenti.

6. Non siete immuni dagli errori, perciò iniziate con poco. Il vostro obiettivo iniziale è conquistare il mercato attraverso negoziazioni di ridotta entità, con profitti o perdite contenute. Tutto ciò serve a farvi apprendere, non a farvi arricchire velocemente. Solo quando avrete maggiore controllo e maggiore redditività, potrete aumentare l'importo.

7. Tenete un diario della vostra attività di trading, con commenti e conclusioni (da rivedere in seguito), perché si dimentica facilmente ciò che non si scrive.

8. Quando avrete accumulato un po' di esperienza, rileggete questo libro per la seconda volta. Solo a una seconda lettura e solo dopo aver negoziato con denaro vero, potrete cogliere il valore della guida che questo libro vi offre. Rileggetelo una terza volta a distanza di un anno.

Non provate a imparare da soli. Non si ottengono mai buoni risultati.

Qual è la vostra professione? Lavorate nel campo dell'ingegneria, in campo giuridico, dell'assistenza informatica? Qualunque sia, sono sicuro che avete seriamente speso un certo tempo per apprenderla, che si sia trattato di un corso professionale o di anni di studio accademico. Sono certo che non avete mai pensato di avere successo nella vostra professione senza studiare e senza poi dedicare tempo all'apprendistato.

Trovo sorprendente che la gente pensi di poter avere successo nel trading azionario senza investire nello studio! Ed è sorprendente scoprire che molti broker indipendenti non si sono mai presi la briga di compiere studi formali. Molti praticanti di una delle professioni più complesse si affidano soltanto al proprio istinto e alla fortuna.

IN PILLOLE	*Per gestire i soldi di altre persone, ci sentiamo in dovere di studiare. Quando invece gestiamo il nostro denaro, agiamo sconsideratamente e perfino con negligenza.*

Per gestire il denaro di altre persone, riteniamo doveroso studiare, ma se si tratta del nostro denaro ci comportiamo in modo irrazionale e ci affidiamo al sesto senso per operare nel modo giusto. È curioso come perdiamo fiducia nell'istruzione quando ci sono in ballo le nostre finanze; è certamente uno dei fenomeni più singolari del comportamento umano. Il trading azionario è una professione come le altre ed è una delle poche che possa portarvi rapidamente a un successo soddisfacente. Tuttavia, quando c'è in ballo il vostro denaro, non dovreste pensare alle possibilità, bensì ai rischi! Ricordate sempre che ogni volta che acquistate un'azione, qualcuno ve la sta vendendo. A volte il venditore sono io. I compratori inesperti dall'altro lato della transazione sono proprio sicuri di riuscire a battermi prendendo denaro a me e ad altri professionisti? I professionisti come me hanno investito tempo e risorse per istruirsi e far esperienza. E sarò sincero: non abbiamo nessuna intenzione di permettere che qualcuno ci batta!

Ricordate quella statistica secondo cui il 90% dei trader fallisce? È vera al 100%! Anzi, secondo me, il numero è addirittura superiore. La stragrande maggioranza dei trader che fallisce è composta da persone che pensano di poter operare nel trading senza imparare a farlo. Non serve nessuna licenza o diploma, le condizioni per entrare sono semplici e chiunque le può apprendere, anche se completamente privo di esperienza: aprire un conto trading, depositare dei fondi, comprare e vendere. Chiunque faccia questi passaggi può essere definito un *day trader*. Ci si deve stupire che le probabilità di successo siano così scarse? Anch'io sono stato uno di loro, ho commesso gli stessi errori e ho fallito innumerevoli volte. Sarei potuto entrare di diritto nella triste classifica dei perdenti. Nel mio caso sono sopravvissuto, ma non più del 10% dei nuovi trader è abbastanza tenace per farlo. Quelli che ci riescono, accumulando esperienza e conoscenza, guadagnano denaro da chi non investe in formazione. Il mio compito è di assicurarmi che impariate, per entrare a far parte del gruppo dei vincenti. Più imparerete, maggiori saranno le vostre chance di farcela.

Quel che potete imparare dai libri non basta, dovete seguire un corso. I corsi hanno un costo, ma vi faranno risparmiare di più di quanto spenderete. A volte, il consiglio di un insegnante esperto vale molto di più della spesa sostenuta. Anche se credete di possedere già una formazione di base e di avere un'esperienza abbastanza ampia nel mercato dei capitali, vale la pena seguire un corso per ampliare la vostra conoscenza. Senza una solida preparazione, non vi resterà che affidarvi alla vostra buona sorte. Se le cose stanno così, perché non lasciate perdere il trading e non fate un giro a Las Vegas? Lì almeno perderete sorridendo, mentre bevete un drink.

Hardware, Software e Internet

È essenziale poter contare su un hardware affidabile. Vale la pena fare una netta distinzione tra il vostro vecchio computer di casa, pieno di decine di programmi e probabilmente anche di virus latenti, e il computer che usate per il trading, anche se all'inizio non è indispensabile.

IN PILLOLE	*Qualche schermo e un computer efficiente sono gli strumenti principali per il trading.*

All'inizio, può bastare il vostro computer di casa con un solo schermo. Man mano che farete progressi, vi consiglio di passare a un computer di alta qualità collegato a quattro schermi, da 21, o meglio, 23 pollici ciascuno. Più avanti vi mostrerò la mia postazione e vi spiegherò in dettaglio la funzione di ogni schermo.

Una connessione Internet ad alta velocità è essenziale per eseguire rapidamente gli ordini. L'affidabilità della connessione Internet è fondamentale. Sappiate che interruzioni di comunicazione sono parte integrante del day trading, ma si possono ridurre notevolmente con una connessione affidabile ad alta velocità.

Il vantaggio del gruppo. Usare le sale di trading

È più facile operare nel trading facendo parte di un gruppo. Per un trader principiante è difficile individuare i titoli giusti, prendere le migliori decisioni e mantenere un alto livello di autodisciplina. In una sala di trading online in cui operano molti altri trader, il trader principiante troverà le soluzioni a tutti questi problemi.

Le sale di trading non sono un'invenzione recente, anche se lo è la loro versione online; vengono citate nella letteratura professionale da almeno centocinquant'anni. Sono da sempre un luogo in cui i trader si scambiano opinioni, trovano aiuto, indicazioni e consigli sui titoli più richiesti. Far parte di una sala di trading aiuta a superare uno degli ostacoli maggiori che i day trader incontrano: l'autodisciplina. Una decisione unanime presa da un grande gruppo è in genere più corretta di una decisione presa da un singolo trader principiante.

Sono entrato a far parte di una sala di trading nel mio primo anno di attività. Ricordo che ascoltavo l'analista tecnico (così vengono chiamati gli insegnanti in quelle sale) e pendevo da ogni singola parola che pronunciava. Col passare del tempo sono diventato anch'io un analista tecnico della stessa sala di trading e in seguito analista capo della sala Tradenet.

Vi ho già detto che non c'è bisogno di uscire di casa per partecipare a una sala di trading? Molto tempo fa, le sale di trading erano luoghi fisici affollati, rumorosi e pieni del fumo di decine di sigari e sigarette. Col tempo si sono trasformate in affollate sale di computer, altrettanto rumorose e piene di fumo. Adesso esistono su Internet e si può entrare in contatto con un gran numero di trader standosene comodamente a casa. Si può godere di tutti i vantaggi del trading in tempo reale, senza il fumo e il rumore. Molti anni fa stavo descrivendo a un gruppo di trader le meraviglie della sala di trading online, quando uno si voltò a guardarmi, dicendosi interessato a farne parte, purché potessi assicurargli che «lì è vietato fumare!».

Cosa deve fare un trader principiante in una sala di trading? Molto semplicemente: ascoltare, imparare e imitare il più possibile i professionisti. Semplice e lineare. Il principiante potrà incontrare trader esperti, ascoltarne le conversazioni mentre negoziano, imparare dalle loro azioni e ottenere supporto in tempo reale. Anche i professionisti incontrano difficoltà a negoziare senza una sala di trading. Circa la metà delle azioni che compio ogni giorno è ispirata dalle idee di altri trader della sala. Anche chi fa trading da poco tempo può proporre idee efficaci.

IN PILLOLE	*La sala di trading online è una chat room collegata ai luoghi di lavoro di altri trader azionari. È un luogo in cui ascoltare, imparare ed effettuare transazioni insieme ai professionisti.*

Le sale di trading hanno anche qualche svantaggio. I diversi metodi di negoziazione e il gergo professionale possono disorientare un principiante. La prima cosa che dovete fare è imparare il gergo e, solo in seguito, provare a focalizzarvi sui metodi che meglio vi si addicono. Col tempo riuscirete a trovare e ad adottare il sistema più adatto. Se proverete a imitare troppi dei metodi usati dai vari analisti tecnici, non andrete da nessuna parte. La morale è che all'inizio dovrete trovare e concentrarvi sulla nicchia che si sposa meglio con la vostra natura, ignorando il rumore di fondo dei trader e degli analisti che non sentite affini.

La stessa cosa dovreste fare nei confronti delle informazioni di questo libro. Se cercate di applicarle tutte, andrà a finire che non ne userete nessuna. La focalizzazione è un aspetto importante. Potrete espandere la vostra conoscenza sul lungo termine, man mano che accumulerete esperienza e sicurezza. Sottolineate questa frase e rileggetela fra un anno. Al momento non ha significato, tra un anno la capirete.

Tradenet gestisce sale di trading online di vari livelli, per principianti e avanzati, in varie lingue e in vari paesi. Le sale di trading sono un servizio e quindi sono a pagamento. Per un trader professionista, che si guadagna da vivere dal mercato, il servizio è fondamentale e il costo è marginale, ma per un principiante può sembrare alto. Consideratelo come parte della vostra formazione.

Guida all'apertura di un conto di trading

Per ragioni normative e tecnologiche, per acquistare azioni dovete usare i servizi di un agente, il cosiddetto broker, che fa da mediatore tra voi e il mercato azionario. Dopo aver depositato il denaro presso la società di brokeraggio che avete scelto, riceverete (in genere gratuitamente) il software di trading che connette i vostri ordini di acquisto e vendita ai vari computer del mercato azionario.

Il broker può essere una banca, che vi permette di effettuare la compravendita di azioni in aggiunta ai tradizionali servizi bancari, o una società indipendente specializzata esclusivamente in servizi di brokeraggio. In genere un broker specializzato è più conveniente ed efficace di una banca.

Nel recente passato, chi voleva acquistare e vendere azioni doveva recarsi di persona presso l'ufficio del broker, aspettare in fila e pagare una commissione salata. In pratica, una perdita di soldi già prima che il titolo salisse anche di un solo centesimo. I trader attivi effettuavano la compravendita di azioni a prezzi inferiori telefonando alla sala di contrattazione del broker, mentre i trader maggiormente attivi avevano installato un costoso sistema di comunicazione con cui si connettevano direttamente con i vari broker. Quei giorni sono finiti. La rivoluzione di Internet ha portato il mercato azionario nei computer di ogni singola persona nel mondo che voglia comprare e vendere azioni. Di fatto, adesso il pubblico ha accesso ai sistemi di trading più avanzati di cui, fino a non molto tempo fa, usufruivano soltanto i professionisti; informazioni a cui prima accedevano soltanto pochi privilegiati adesso sono disponibili al pubblico.

Come Internet, anche i programmi di trading si sono sviluppati, le procedure sono state informatizzate e le commissioni sono scese. Quando ho iniziato l'attività di trader le commissioni ammontavano a 15 dollari, al momento sono di 1,5 dollari e c'è ampio spazio per un ulteriore ribasso. Più le commissioni scendevano, più inutile diventava il telefono nelle sale di contrattazione dei broker. Sale un tempo popolate da decine o addirittura centinaia di impiegati, si erano trasformate in deserti di schermi e computer, utilizzati soltanto da un ristretto numero di trader che non avevano ancora interiorizzato la rivoluzione di Internet e preferivano pagare esorbitanti commissioni per una telefonata non necessaria. L'abbassamento delle commissioni e la diffusione di Internet, uniti a nuovi sviluppi tecnologici, come le applicazioni per telefoni cellulari che consentono le transazioni, hanno messo il mondo del trading a disposizione di ulteriori strati della popolazione.

Come aprire un conto con un broker

Aprire un conto di trading è una procedura semplice: basta compilare una serie di moduli e allegare la scansione a colori di un documento d'identità valido e una bolletta della luce o un documento bancario con il vostro indirizzo attuale. Il broker sarà lieto di assistervi per telefono durante la procedura. Dopo aver verificato e certificato i dati riportati sui moduli, il broker vi comunicherà gli estremi del conto corrente bancario a cui inviare il denaro. In 24 o 48 ore il vostro conto presso il broker sarà accreditato. Il broker vi invierà un'email con le istruzioni per installare la piattaforma di trading e con la password iniziale, che potrete modificare in seguito. Entrando nel vostro conto con la password dedicata, potrete vedere la somma depositata, in attesa del vostro ordine. Navigando sul sito del broker, potrete usare la stessa password per vedere lo storico dei movimenti. L'intero processo può richiedere da uno a cinque giorni per essere completato.

Una banca può fare da broker?

In teoria sì, in pratica no. Sì, perché le banche sono anche broker che possono permettervi di acquistare su ogni mercato azionario, e perché la banca ha già il vostro denaro, quindi non è necessario trasferirlo su un conto separato del broker. Ciononostante sorgono vari problemi: le banche in genere applicano commissioni da cinque a dieci volte superiori a quelle applicate dai broker specialisti e forniscono una piattaforma di trading scomoda e limitata, che non mostra i dati in tempo reale ed è utile soltanto per investitori a lungo termine, certamente non per i day trader. In seguito vedremo i requisiti delle piattaforme di trading. In conclusione, non mi sono mai imbattuto in una banca capace di fornire gli strumenti necessari.

Come scegliere un broker

Molti broker saranno lieti di fornirvi una piattaforma di trading, ma non tutte sono adatte a un trader professionista. Dovete distinguere tra i broker che servono il pubblico degli investitori a lungo termine, che sono la maggior parte, e quelli che forniscono piattaforme *web based*, i cosiddetti *online broker*. I broker professionisti forniscono un accesso diretto alle piattaforme, garantendo una trasmissione veloce degli ordini diretti per la negoziazione degli strumenti finanziari. In genere forniscono piattaforme che non sono web based, ma richiedono di scaricare e installare un software e permettono al trader di inviare ordini direttamente ai computer del mercato azionario, senza usare un metodo lento e costoso. Questi sono i cosiddetti *broker ad accesso diretto* ed è con loro che dovete lavorare per diventare day trader di successo.

Come scegliere una piattaforma di trading

La piattaforma di trading è l'anello più importante del sistema che connette trader e broker. Conosco qualche trader con un volume di attività tale, da consentirgli di ridurre significativamente le commissioni che paga semplicemente cambiando broker, ma che preferisce rimanere con quello più costoso perché soddisfatto della sua piattaforma di trading.

Le piattaforme consentono ai trader di inviare gli ordini di acquisto e vendita direttamente ai computer del mercato azionario.

IN PILLOLE	*Le commissioni non sono l'unica discriminante quando si sceglie una piattaforma di trading: velocità di esecuzione e affidabilità contano molto di più per un trader rispetto alle commissioni applicate.*

Proprio come un bravo carpentiere non risparmierebbe mai sulla qualità di un attrezzo, così un day trader professionista non scenderebbe mai a compromessi sulla qualità della piattaforma di trading, perché potrebbe rivelarsi molto costoso. Pensate un attimo a cosa potrebbe succedere se un trader volesse acquistare un'azione con il prezzo in fase di breakout, ma l'ordine venisse ritardato e la transazione saltasse perché la quotazione dell'azione è salita oltre il prezzo richiesto. La frustrazione del trader sarebbe enorme e anche il danno finanziario a lungo termine.

Il sistema ad accesso diretto consente al trader di comprare e vendere azioni da qualsiasi destinazione con liquidità al momento dell'esecuzione: l'ordine può essere trasmesso direttamente alla rete elettronica che fornisce liquidità al mercato azionario oppure, in alternativa, ai market maker. L'invio diretto a qualsiasi destinazione, in base alla quantità di azioni necessarie e alla velocità di esecuzione, comporta vantaggi e svantaggi, ma il sistema lascia al trader la libertà di scelta, come dovrebbe essere. Il trader perlopiù preferisce operazioni nell'ordine di varie migliaia di azioni, che sono ritenute una quantità rilevante, trasmettendo gli ordini tramite il sistema automatizzato del broker, che troverà in automatico il canale più rapido ed economico molto più velocemente del trader. Per un trader professionista, un ritardo di uno o due secondi in certi casi può fare la differenza tra perdita e guadagno. Nei casi in cui le quantità sono elevate e le commissioni più importanti della velocità di esecuzione (un metodo che impareremo in seguito), il trader può scegliere di trasmettere l'ordine direttamente al market maker.

È evidente che un sistema di trading che supporta un accesso diretto è notevolmente migliore e più efficace. Se le cose stanno così, perché la maggior parte dei broker non concede un accesso diretto? Lo vedremo in seguito.

Con quali broker non dovreste mai lavorare?

Diversamente dal broker ad accesso diretto, il broker online ha interesse a ritardare l'esecuzione delle transazioni, perché in questo caso entrano più soldi nelle sue tasche al di là della normale commissione. Immaginate ad esempio una situazione in cui un cliente vende 1.000 azioni Microsoft che un altro cliente del broker allo stesso tempo vuole comprare. Il broker preferirà eseguire l'ordine tra i due clienti senza appoggiarsi al computer del mercato azionario. Chiudendo una transazione internamente risparmia sui costi e ricava un guadagno aggiuntivo dallo spread (la differenza) tra il prezzo dell'offerta (l'acquisto) e quello della domanda (la vendita). Uno spread dell'1% su 1.000 azioni significa un profitto aggiuntivo di 10 dollari, oltre alla commissione che il broker riceve dai due clienti coinvolti nella transazione. Per creare l'occasione di gestire internamente gli ordini, il broker potrebbe essere tentato di ritardare l'esecuzione di vari secondi. Non fa differenza per l'investitore a lungo termine, mentre è intollerabile per il day trader. Inoltre, quando i broker online trasmettono il vostro ordine al mercato, scelgono la destinazione meno costosa per loro; in genere si tratta di market maker che dividono i profitti con i broker. La destinazione meno costosa non è necessariamente un male per voi e a volte può essere il canale più veloce, ma le vostre preferenze come trader sono diverse da quelle dei broker: voi volete velocità e liquidità, loro vogliono guadagnare.

IN PILLOLE | *I broker online ottengono sconti sull'esecuzione di un ordine, perciò guadagnano se la ritardano e se indirizzano gli ordini su destinazioni che gli costano meno.*

È consigliabile negoziare a margine?

Un margine è un prestito che i broker fanno ai trader. Come per ogni prestito, un margine comporta degli interessi, a meno che il trader non ne faccia uso solo nell'arco della giornata di negoziazione; in questo caso non si applica nessun interesse.

Quando un cliente apre un conto con un broker, può scegliere tra un *conto a margine* o un *conto cash*. Il primo consente di comprare azioni per un multiplo di quattro volte il valore della somma depositata: ad esempio, se depositate 30.000 dollari sul vostro conto, nell'arco di una giornata di negoziazione, in gergo *intraday*, potrete negoziare azioni per un valore di 120.000 dollari. In altre parole, il margine ha un rapporto di 4:1.

Invece, se volete tenere le azioni *overnight* (oltre la giornata di negoziazione), perché temete che il loro prezzo cambi nell'arco di due giorni di negoziazione, dovrete accontentarvi del margine di 2:1 e di un potere d'acquisto di 60.000 dollari. Se usufruite di questo potenziale di acquisto raddoppiato, dovrete pagare gli interessi. Ovviamente conviene usare il margine intraday, che non prevede interessi. Personalmente sono favorevole all'uso di margini oltre la giornata di negoziazione, malgrado gli interessi addebitati, perché il metodo di negoziazione su più giorni si basa su obiettivi aggressivi di profitto di varie percentuali, ovvero l'interesse annuo applicato consente profitti più elevati. Il margine vi consente di lavorare con importi maggiori rispetto al normale saldo di cassa.

IN PILLOLE	*I margini sono pericolosi se non siete in grado di usarli, ma sono preziosi se gestiti correttamente.*

I margini hanno anche qualche svantaggio: immaginiamo che abbiate depositato 10.000 dollari sul vostro conto e abbiate comprato 1.000 azioni per 10 dollari ciascuna, usando il vostro deposito. In altre parole, avete usato il deposito senza usare alcun margine. Un ribasso del 25% sul prezzo delle azioni da 10 dollari a 7,5 dollari significherebbe per voi una perdita di 2.500 dollari ovvero del 25% del vostro denaro. Al contrario, se usaste un margine di 4:1, comprando 4.000 azioni per 40.000 dollari, un ribasso del prezzo del 25% significherebbe per voi una perdita di 10.000 dollari e spazzerebbe via il vostro conto! E cosa sarebbe successo se aveste tenuto le azioni della Lehman Brothers dopo la crisi dei subprime, quando sono precipitate a 3 dollari e il giorno seguente valevano pochi centesimi? Se tenete le azioni con un margine di 2:1 e il loro prezzo scende del 50%, entrate in una fase in cui non state perdendo soltanto il vostro denaro, ma anche quello del broker. Ovviamente il compito del broker è di prevenire simili situazioni; per questo ogni broker ha un reparto per la gestione del rischio, che tiene sotto controllo il vostro conto e vi avverte in caso di situazioni potenzialmente pericolose. In pratica, succede raramente che un cliente perda una somma maggiore di quella che ha sul conto.

I margini vi sembrano rischiosi? Non per i professionisti esperti, che rischierebbero al massimo una somma prestabilita che sentono di poter mettere in gioco e che non ha niente a che vedere con il margine. Come impareremo più avanti, usano gli *stop order* preventivi e pianificano in anticipo la perdita massima che vogliono accollarsi. Non si accollano mai perdite del 10% e non mettono mai a rischio il proprio conto di trading. Se mantenete la disciplina e operate secondo le regole, imparerete, man mano che progrediamo, che un margine diventerà un dono al vostro servizio, se usato saggiamente. Fate attenzione, invece, se non siete abbastanza autodisciplinati e tendete a giocare d'azzardo!

I broker corrono rischi e non guadagnano dai profitti che fate con i margini: allora perché dovrebbero disturbarsi a fornirvi dei margini? Per due motivi principali: il primo è che l'interesse è un profitto. Quando comprate con margine oltre la giornata di negoziazione in cui avete acquistato il titolo, pagate gli interessi, da cui i broker traggono profitto. Il secondo motivo è che maggiore è la somma di denaro a cui avete accesso, maggiore è la probabilità che eseguiate più transazioni con grandi volumi. Perché vi dovreste accontentare di comprare 200 azioni se potete guadagnare comprandone 800? In breve, i margini fanno guadagnare entrambi le parti: il trader può contribuire con solo un quarto dell'importo richiesto e potenzialmente raddoppiare o quadruplicare il suo profitto in ogni negoziazione, mentre il broker beneficia dal maggior volume di attività, che genera maggiori commissioni.

Come day trader, sono molto attivo durante l'orario di negoziazione e utilizzo spesso l'intero potenziale di margine che ho a disposizione. Tendo a non usare tutto il margine per un'unica azione, ma per l'acquisto contemporaneo di svariate azioni: ad esempio, potrei comprare l'azione A senza margine, se la ritengo una buona occasione, l'azione B con margine e magari anche le azioni C e D, fino a massimizzare l'intero margine del mio denaro.

Generalmente tengo un'azione per un certo numero di giorni solo se prima ho ottenuto un profitto parziale su almeno il 75% della quantità di azioni che avevo comprato. Lo stesso varrebbe se tenessi quattro azioni diverse: non userei nessun margine.

Ricapitoliamo: lo svantaggio del margine è che comporta degli interessi se si va oltre la giornata di negoziazione e il rischio di perdere quattro volte di più rispetto a una negoziazione senza margine. Di fatto, il rischio è contenuto, come impareremo in seguito, perché la somma con cui negoziate ha poca importanza, se usate gli stop order per limitare la potenziale perdita durante la transazione. Il vantaggio del margine è che non dovete depositare ulteriore denaro per negoziare con somme più alte. Alla luce dei pericoli insiti nell'uso del margine, le regole per il day trading vietano ai broker sottoposti alle norme americane di fornire un margine con rapporto superiore a 4:1 in un'unica giornata di negoziazione e a 2:1 per più giornate. Di fatto, il margine può essere usato a condizione di depositare l'importo minimo di 25.000 dollari sul proprio conto. In ogni caso, anche se trovaste un modo per ottenere un margine superiore, essendo voi trader principianti, vi suggerisco vivamente di non superare la proporzione 4:1. Un margine troppo elevato potrebbe portarvi fuori controllo in situazioni altamente rischiose, come ad esempio quando volete acquistare un'azione a tutti i costi. È esattamente il momento in cui dovreste fare un respiro profondo e minimizzare il rischio. Un margine ragionevole evita simili inconvenienti. In breve, accontentatevi di poco e risparmierete molto.

Quanto depositare sul conto di trading?

Come osservato, le norme degli Stati Uniti proibiscono di fare *day trading* a persone che hanno meno di 25.000 dollari sul proprio conto. Per *day trading* si intende l'esecuzione di più di quattro transazioni nell'arco di cinque giorni consecutivi di negoziazione. I cittadini americani che vogliono operare come day trader devono depositare l'importo sopracitato. In realtà il deposito deve essere più alto, perché, se in caso di perdita l'importo scende sotto i 25.000 dollari, il trader vedrà le proprie transazioni limitate a non più di quattro nell'arco di cinque giorni consecutivi. Questa regola non si applica ai cittadini di altri paesi, a patto che lavorino con un broker che non abbia il proprio centro di attività negli Stati Uniti e che operi seguendo la normativa di un altro paese.

I broker statunitensi offrono i propri servizi principalmente a clienti statunitensi e non sono perciò in sintonia con i comportamenti dei cittadini di altre nazioni. In altre parole, anche se non siete residenti negli Stati Uniti, subirete comunque le limitazioni riservate ai cittadini statunitensi e dovrete depositare un minimo di 25.000 dollari per poter fare day trading. Quindi, se decidete di aprire un conto con un broker statunitense, vi consiglio di depositare almeno 30.000 dollari per evitare che eventuali perdite possano limitare le vostre attività.

IN PILLOLE | *Maggiore è la somma che depositate sul vostro conto trading, maggiori sono le chance di successo; "maggiore" è un valore relativo basato sulle vostre abilità finanziarie e sul livello di rischio a cui siete abituati.*

Trading con i CFD

Cos'è un CFD? Un CFD (*Contract for Differences*) è un contratto tra un compratore e un venditore che certifica che il venditore pagherà al compratore la differenza tra il prezzo di un'azione al momento dell'acquisto e quello al momento della vendita. In altre parole, acquistare un CFD permette all'acquirente di guadagnare (o perdere) dalla differenza di prezzo dell'azione senza effettivamente comprarla.

In determinate condizioni, come descritto di seguito, se il vostro broker vi permette di scegliere tra una negoziazione con le azioni o una con i CFD, scegliete quest'ultima senza esitazione! Il trading con i CFD si svolge esattamente allo stesso modo del trading azionario. In effetti, se il vostro broker non specificasse con cosa state negoziando, sarei pronto a scommettere che non notereste la differenza.

Allora qual è la differenza tra negoziare con i CFD e negoziare con le azioni? Quando comprate delle azioni, lo fate tramite il mercato azionario da una persona che ha deciso di venderle nello stesso momento in cui avete deciso di comprare. Uno dei maggiori problemi del mercato azionario è l'estensione della domanda e dell'offerta. Non sempre però si riesce a trovare il compratore o il venditore con l'importo richiesto, perciò spesso è necessario "dare la caccia alle azioni" con i relativi costi di tempo e salute. Invece, quando acquistate CFD, non state comprando azioni dal mercato, ma un contratto equivalente a un'azione dal vostro broker.

Il vantaggio consiste nel fatto che il vostro broker può consentirvi di comprare o vendere qualsiasi quantità, indipendentemente dalla liquidità del mercato azionario.

Considerate quanto segue: immaginiamo che vogliate comprare 1.000 azioni e che i venditori al momento ne offrano soltanto 100. Dovreste aspettare altri venditori o pagare un prezzo più alto per le ulteriori azioni. La negoziazione di CFD non ha limiti di quantità e nell'istante in cui premete il tasto *acquisto* (BUY), ricevete tutta la quantità desiderata anche se non è disponibile in quel momento sul mercato azionario. Allo stesso modo, quando volete vendere 1.000 azioni, non dovrete aspettare dei compratori che le acquistino tutte. È sufficiente vendere premendo il tasto *vendita* (SELL). Se siete esperti del mercato, come lo sono io, sarete d'accordo che questo metodo si può solo definire straordinario!

Avete mai sentito parlare del fatto che gli studenti dei corsi di trading che usano i demo (per fare pratica senza usare denaro vero) guadagnano quasi sempre? È vero. Uno dei motivi è che i programmi di training, come le piattaforme di trading di CFD, non limitano il trader alla liquidità del mercato. Premi il tasto: hai comprato! Premi il tasto: hai venduto.

Qualunque quantità e alla velocità della luce. I trader che operano sul vero mercato azionario possono soltanto sognare tanta immediatezza. Chiedete a qualsiasi trader professionista qual è il suo maggior problema e, probabilmente, in cima alla lista troverete la velocità di esecuzione e la liquidità.

Ulteriori vantaggi di negoziare i CFD

Nessun limite negli short – Nel mercato azionario alcune azioni pongono limiti negli short. Ciò non vale per i CFD, che non hanno neanche quelle limitazioni che, nel mercato azionario reale, restringono la capacità del broker di eseguire short a meno che l'azione salga di un centesimo.

Esecuzione ad alta velocità – L'acquisto e la vendita delle normali azioni attraversa un lungo processo in cui l'ordine viene trasmesso al broker, che lo trasmette al mercato azionario e viceversa. La negoziazione di CFD avviene esclusivamente tra voi e il broker, rendendo l'esecuzione estremamente veloce.

Alto livello di margine – I broker di CFD non sono limitati al normale ambito di leva sulle azioni, perciò possono concedervi fino a un margine di 20:1. Cosa significa? Vuol dire che se depositate sul vostro conto un importo di 10.000 dollari, potete negoziare fino a un totale di 200.000 dollari. Ma fate attenzione: una leva alta è una benedizione per i trader molto esperti, ma può essere pericolosa per i principianti.

Cosa valutare prima di scegliere un broker di CFD

Spread acquisto/vendita – Verificate se il broker vi consente di negoziare con gli spread del mercato normale. In altre parole, verificate che non "apra" lo spread tra il prezzo del venditore e quello dell'acquirente oltre quanto mostrato sul mercato azionario in cui la vera azione è negoziata. Conosco broker di CFD che, invece di prendere commissioni sull'esecuzione, aprono gli spread da tre a dieci centesimi o più. A questo proposito, posso dire che il mio broker, COLMEX, mi permette di negoziare con gli spread del mercato reale.

Varietà delle azioni – Sui mercati azionari americani vengono negoziati circa 10.000 titoli di aziende. Per varie ragioni, come per esempio il volume di attività, solo 2.000 sono adatti alla negoziazione di CFD. Verificate quanti ne offre il vostro broker; alcuni broker ne offrono una gamma limitata, altri decine o poche centinaia, altri ancora, come COLMEX, alcune migliaia, che è tutto ciò che serve per negoziare.

Riassumendo, vorrei far notare che la negoziazione di CFD è legale, accettata e regolamentata dalle autorità competenti in molti paesi del mondo, fatta eccezione per gli Stati Uniti. Se la negoziazione di CFD è così vantaggiosa per i trader, perché viene impedita ai trader americani? Semplicemente perché, come ho spiegato in precedenza, un CFD non negozia realmente un'azione. Se tutta l'attività del mercato fosse focalizzata sui CFD invece che sulla negoziazione di azioni, il mercato azionario perderebbe la sua ragion d'essere: trovare capitale per le società.

In breve, se vivete fuori dagli Stati Uniti, potete aprire un conto CFD con un broker, assicurandovi che offra degli spread uguali a quelli del mercato reale, delle commissioni ragionevoli e una buona gamma di azioni. Se vivete negli Stati Uniti, l'unico modo per negoziare con i CFD è unirsi a un gruppo di trader proprietari che operino fuori dall'America, che possano essere in cerca di trader, anche statunitensi, per ampliare la loro base di trading.

Un avvertimento

C'è una buona ragione per cui gli Stati Uniti hanno stabilito per legge un minimo di 25.000 dollari. In passato, quando si è stabilito lo standard, le commissioni erano molto più alte; quando la commissione minima era di qualche decina di dollari, il trader non aveva altra scelta se non operare con grandi somme di denaro per compensare l'impatto della commissione. Se il trader non disponeva di un deposito di una certa entità sul conto, le commissioni avrebbero intaccato il suo profitto. Ora, con le commissioni di gran lunga inferiori e il minimo attualmente a circa 1,50 dollari, il trader può comprare e vendere piccole quantità, senza diminuire le proprie possibilità di successo. In qualche paese in cui è attivo Tradenet, come le aree dell'Europa orientale, l'obiettivo di profitto mensile è di 1.000 dollari, il che equivale al doppio della retribuzione mensile media. In breve: l'America non è il mondo intero e non tutto il mondo è americano.

Tuttavia, rispetto ai livelli di profitto e al costo della vita, anni di esperienza mi hanno insegnato che maggiore è il deposito iniziale, maggiore è la probabilità di sopravvivere e di arrivare al successo.

Conoscete di persona il vostro broker?

È assolutamente naturale essere cauti quando si depositano soldi sul conto bancario di un broker che non si conosce. Se volete dormire sonni tranquilli, sapendo che il vostro denaro è al sicuro, controllate se il broker che avete scelto opera secondo le normative. Questo significa che il vostro denaro, e quello degli altri, è controllato, separato dall'attività personale del broker e assicurato. L'assicurazione non dovrebbe essere quella del broker, ma quella di un'affidabile organizzazione esterna. I clienti dei broker statunitensi devono essere assicurati da un'assicurazione federale fino a un importo di 100.000 dollari nei loro conti, mentre i clienti dei broker dell'Unione Europea godono della copertura automatica dell'ICF (*Investor Compensation Fund*) fino a un deposito di 20.000 euro. L'ICF copre tutta l'Europa e assicura ogni deposito fino a questa cifra in ogni organizzazione finanziaria europea.

Il supporto di un broker: cosa riceverete e cosa non avrete

Immaginate questa situazione: la Federal Reserve Bank statunitense diffonde un'importante notizia economica, creando una turbolenza finanziaria. Trader, investitori, istituzioni e market maker riversano un flusso di ordini nei computer del mercato azionario. Il risultato: errore di sistema e enorme difficoltà a eseguire gli ordini. Situazioni del genere non dovrebbero assolutamente preoccuparvi, a meno che non siate day trader con una particolare azione di cui non vedete l'ora di liberarvi.

Ma la sfortuna è in agguato: tutti i sistemi sono bloccati e avete bisogno di chiamare il servizio clienti del broker. A causa del crollo, probabilmente non siete gli unici a telefonare al vostro broker in quel preciso momento: questo vuol dire una lunga attesa al telefono prima di poter parlare con qualcuno. Non sembra un incubo? I trader con esperienza conoscono bene simili scenari.

Bisogna dire che i sistemi ai giorni nostri sono altamente affidabili e situazioni del genere sono rare, ma si possono verificare problemi di comunicazione. Ricordate che guasti e difetti sono parte integrante della vita di un day trader. Cercate di scegliere un broker che risponda rapidamente al costo massimo di una chiamata locale: è questo il tipo di broker che può farvi risparmiare un sacco di soldi e contribuire alla vostra pace mentale.

Riepilogo

Cercate di ridurre l'elenco dei potenziali broker a seconda del punteggio che assegnate a ciascuno in base alla seguenti domande:

1. È un broker conosciuto, con una lunga esperienza e opera secondo le normative?
2. Le normative a cui il broker fa riferimento prevedono un'assicurazione per i vostri soldi? In caso affermativo, fino a quale importo arriva la copertura?
3. Qual è il costo minimo di esecuzione?
4. Quanto pagherete oltre al minimo? (Di solito un prezzo fisso per azione)
5. Il vostro broker vi consente di depositare meno di 25.000 dollari e di fare comunque day trading?
6. Il vostro broker vi consente di negoziare a margine?
7. Il broker richiede un canone mensile fisso per la fornitura della piattaforma di trading? Se sì, quanto?
8. Il broker richiede un canone mensile fisso per la fornitura di informazioni di qualunque tipo?

9. La piattaforma di trading del broker mette a disposizione grafici in tempo reale?

10. La piattaforma di trading del broker consente l'accesso diretto ai mercati azionari?

11. La piattaforma di trading del broker è un'applicazione dedicata che deve essere scaricata e installata o è solo web based?

12. Il vostro broker vi permetterà di fare *paper trading*, ovvero fare pratica su una piattaforma di prova?

Dopo aver trovato un broker di vostro gradimento, cercate sul suo sito web come iniziare il processo di apertura del conto di trading. Appena fatto, depositate i vostri soldi per ricevere la piattaforma di trading. A questo punto potete continuare con il processo di apprendimento descritto in questo libro, mentre imparate a usare la piattaforma che avete scelto.

3

Fondamenti di analisi di mercato

I prezzi si muovono solo in tre direzioni: in alto, in basso e lateralmente

Il prezzo dice tutto!

Il mercato azionario è come un enorme gigante che muta continuamente aspetto. Ogni ora e ogni giornata di negoziazione sono diverse dalle precedenti. Come diceva il filosofo greco Eraclito: «Non si può scendere due volte nello stesso fiume».

Il mercato azionario è il risultato della somma di tutti coloro che vi operano. Ognuno ha le proprie idee e opinioni e ognuno, individualmente, lo spinge nella direzione in cui è capace, che sia un compratore o un venditore.

Si può comunque capire cosa pensa questo insieme di persone che opera sul mercato azionario? Sì, è possibile. Una rapida occhiata alla componente principale dell'informazione ci dà la risposta: il prezzo.

Un mercato dinamico in costante cambiamento è di per se stesso impegnativo. I processi del pensiero umano sono altamente standardizzati; molte persone desiderano delimitare i concetti all'interno di confini, classificare e catalogare le cose, mentre il mercato è dinamico. Per affrontare questa sfida, dovete prendere confidenza con il mercato, con il suo comportamento e con i principi del trading azionario. In questo modo potrete stabilire il vostro programma di lavoro, le vostre regole e i vostri limiti e applicarli quando opererete sul mercato.

Il mercato ha sempre ragione!

Il comportamento del mercato appena descritto ha generato due affermazioni simili: «il mercato ha sempre ragione» e «il prezzo ha sempre ragione». In qualsiasi momento, il mercato e il prezzo incarnano coerentemente tutte le informazioni rilevanti. Non cercate di contraddire il mercato; ci hanno già provato in tanti prima di voi e sono caduti. Ogni tentativo di imporgli la vostra opinione o le vostre speranze è destinato a fallire. Persino i grandi protagonisti del mercato azionario, che sono davvero in grado di cambiarlo leggermente, sono consapevoli delle sue forze e ponderano i propri movimenti con la dovuta cautela.

Col tempo, ho imparato anch'io che contrastare il mercato è inutile. Ad esempio, una delle mie regole (di cui parleremo in seguito) è quella di smettere di negoziare se, nell'arco della giornata, subisco tre perdite consecutive. So per esperienza che se continuassi, continuerei a perdere, perché l'impatto psicologico di tre perdite consecutive mi induce a cercare di impormi sul mercato. E vi assicuro che è una battaglia da cui il mercato esce sempre vincitore.

Le forze del mercato: domanda e offerta

Capire il mercato significa innanzitutto capire le forze che lo controllano: in altre parole, raggiungere una comprensione più profonda degli interessi degli acquirenti, dei venditori e dell'impatto dei loro interessi. Si dice che se gli acquirenti controllano il mercato, il prezzo delle azioni sale, se invece lo controllano i venditori, il prezzo scende. Questo è vero in generale, ma è anche semplificato e ridotto a misura di un trader principiante o di un investitore dilettante. Sappiamo che gli acquirenti vogliono comprare a prezzo basso e che i venditori vogliono vendere al prezzo più alto possibile. Quel che fanno le banche di investimento, che comprano e vendono per i clienti istituzionali e sono pagate in base al prezzo della domanda e dell'offerta che ottengono per il cliente, è comprare a basso prezzo e rivendere a prezzo più alto. I piccoli trader come noi possono soltanto seguire le loro orme.

Consideriamo quanto segue: una bella mattina, il trader di una grande società di investimento di Wall Street riceve l'ordine di comprare 500.000 azioni della Ditta X. Indubbiamente una grossa quantità di azioni... Quel giorno le azioni della Ditta X apriranno con un tasso in rialzo o in ribasso? La risposta dipende da molti fattori, ma, poiché l'acquirente vuole comprare una grande quantità di azioni al più basso prezzo possibile, cercherà innanzitutto di ottenere un ribasso. L'acquirente potrebbe iniziare la giornata vendendo una grande quantità di azioni all'apertura delle contrattazioni, innescando un'ondata di vendite. Appena il prezzo scende a un livello che considera soddisfacente, inizia a comprare. Per semplificare, il controllo dell'acquirente sulle azioni ne causa il ribasso, invece che il rialzo. Un trader che stia seguendo il movimento di quelle azioni potrebbe erroneamente pensare che stiano vivendo una giornata con il prezzo in una spirale discendente, ma, in realtà, è così solo all'apertura, mentre il prezzo sale nel corso della giornata.

«Avanti! Avanti!»... Quando acquista il pubblico?

I raggi del sole fanno capolino dalla finestra della casa dell'Investitore Medio. Buongiorno! Il sig. Medio va in cucina, prepara il caffè e prende qualche biscotto. Mentre va in soggiorno, il sig. Medio fa una deviazione per prendere il giornale che poco prima gli è stato consegnato sulla soglia di casa e i suoi occhi cadono sul titolo: «Mercato azionario bollente: le cinque azioni top». In realtà questa è un'ottima ragione per stare alla larga da quelle azioni, ma lo spiegheremo in seguito. Per il momento, il sig. Medio sta bevendo il caffè, accende la televisione e guarda il programma del mattino. Al termine della pubblicità, il presentatore chiede: «E come si è comportato il nostro denaro questa settimana?». Ci viene mostrata una società di investimento; il presentatore riassume gli eventi della settimana, finendo con la frase: «Il mercato azionario è effervescente, il pubblico sta accorrendo». In realtà questo è un altro motivo per fare attenzione, ma lo vedremo in seguito.

IN PILLOLE

Il pubblico acquista le azioni al culmine del prezzo. A volte le azioni continuano a salire, ma spesso il pubblico le tiene troppo a lungo, fino a quando iniziano a scendere, subendo così una perdita.

Le ore passano. Un pensiero fastidioso si insinua nella mente del sig. Medio: tutti sono in campo e guadagnano milioni e lui è l'unico sfigato rimasto fuori. Ed è qui che prende una decisione: «È ora che anch'io guadagni qualcosa!», si dice il sig. Medio e decide di comprare. Lascia perdere i biscotti e chiama il consulente di investimento.

Perché il sig. Investitore Medio sta comprando? Qualcuno gli ha raccomandato quelle azioni o lo fa perché «sono sui giornali»? Il sig. Medio sa cosa comprare? Quando vendere? Di quali azioni dubitare? Comprereste un frigorifero o una macchina con la stessa superficialità? Il vostro consulente d'investimento sa forse cosa e quando comprare? Dalla mia esperienza con i consulenti d'investimento, direi che il 99% non ne ha idea. In effetti, deve ancora nascere la persona in grado di sapere se un'azione salirà o scenderà nel lungo termine. Non lo so neanch'io.

Il pubblico tende a comprare spinto dalla pressione sociale: perché gli altri stanno comprando, perché un amico gliel'ha suggerito o per paura di essere l'unico rimasto fuori. Il pubblico non sarà mai il primo a comprare un'azione che ha appena cominciato a salire; solo i professionisti sono in grado di intuire se un'azione ha potenzialità di salire nel lungo termine. Il pubblico osserva l'azione quando è già salita e si ripropone di acquistarla se essa dimostra di essere forte e continua a salire. Di solito il pubblico si convince solo quando l'azione è già salita troppo, proclamandola vincitrice. A quel punto interviene e compra. Secondo voi, chi è che sta vendendo al pubblico a prezzo alto? Esatto: i professionisti. Anche se il prezzo dell'azione tenderà a salire ulteriormente, il pubblico si fermerà troppo a lungo, l'azione inizierà a scendere e il pubblico subirà la perdita.

Il ruolo del professionista

Il ruolo dei professionisti è chiaro: prendono il denaro del pubblico in molti modi creativi. Il loro principale vantaggio consiste nell'essere dei professionisti: è il loro lavoro. Il pubblico, generalmente, arriva al lavoro la mattina, risponde alle telefonate, invia email e crede che il proprio denaro stia lavorando sodo. Il pubblico si guadagna da vivere perché ha una professione, in cui ciascuno detiene un vantaggio che non ha nulla a che vedere con il mercato dei capitali.

Lo stesso vale per i professionisti: conoscono il comportamento del pubblico che subisce la pressione e vende istericamente quando il mercato si avvicina a un ribasso e compra con entusiasmo quando il movimento in rialzo è ormai consolidato e in procinto di cambiare.

Negoziare nel mercato azionario è la mia professione. È una professione che non richiede conoscenze di economia, anzi meno ne sai meglio è, ma piuttosto di psicologia. Come psicologo dilettante, so prevedere il comportamento del pubblico, perciò se entrambi investiamo sul mercato, è altamente probabile che sia io a uscirne vincitore. Esattamente come non potrei fare il lavoro di un altro professionista, così altri professionisti non potrebbero prendere il mio posto e il mio denaro.

I professionisti non sono semplici negoziatori di azioni, ma anche gestori di fondi, banchieri d'investimento e qualsiasi altra figura in grado di guadagnarsi da vivere col mercato dei capitali. Conoscono modi creativi di prendere il denaro del pubblico, che amministrano in cambio di spese di gestione, commissioni e altri tipi di guadagni, senza mai promettere risultati! Guardando al passato, possiamo vedere che negli ultimi vent'anni l'80% dei fondi gestiti a livello mondiale ha fruttato ai clienti meno dei rendimenti dell'indice di mercato: in altre parole, i gestori di fondi sanno che stanno prendendo invano denaro dal pubblico, ma con ogni mezzo continuano a promettere: «Dateci i soldi e tutto andrà bene».

Se ne può trarre una semplice conclusione, valida per qualsiasi professione al mondo: il dilettantismo fa perdere soldi, la professionalità li fa guadagnare. Il sogno che il denaro lavori per voi non è realistico e, nel migliore dei casi, lo fa soltanto occasionalmente, in momenti che si possono individuare solo a posteriori.

In breve: *nessuno lavora al vostro posto!* Se volete guadagnare, dovete farlo da soli. L'apprendimento è la chiave per il successo. Questo libro è solamente una parte del processo.

Arte o scienza?

Ci sono quattro modi per prendere una decisione riguardo le transazioni azionarie:

- **Analisi tecnica**, ed è con essa che operano i trader.
- **Analisi fondamentale**, il metodo degli investitori a lungo termine.
- **Random Walk** (in italiano «cammino casuale»), la modalità operativa di chi è convinto che non esista un metodo.
- **Giocare d'azzardo**, il metodo usato dal pubblico che crede di aver trovato la formula per guadagnare.

Il trading azionario non è una scienza esatta. Se lo fosse, sarebbe gestito da ragionieri. Non esiste un metodo esaustivo. Vi assicuro che, anche imparando a memoria un libro di analisi tecnica di trecento pagine, perdereste comunque del denaro. La ricetta vincente è una combinazione di ingredienti vincenti. Perciò la domanda è: come dosare i vari ingredienti? Le proporzioni variano da un'esecuzione all'altra, da un'azione all'altra, da una serie di condizioni di mercato all'altra. Trovare il giusto equilibrio è di fatto l'arte di operare nel trading. Il trading azionario è un misto di scienza esatta e arte.

Chi ha paura dell'analisi tecnica?

A volte il nome stesso di un settore specifico induce la gente a temerlo e a sentirsene alienata, senza nemmeno conoscerne il contenuto. Questo è il tipo di reazione troppo spesso suscitata dall'espressione *analisi tecnica*.

IN PILLOLE	*L'analisi tecnica si basa sull'osservazione di comportamenti passati per poter predire il futuro. Si basa sui risultati e non sulle cause.*

Il termine *analisi* indica un processo di revisione che studia da vicino i particolari e spesso evoca l'immagine di qualcuno profondamente assorto nell'esaminare meticolosamente cumuli di libri, articoli e documenti. L'aggettivo *tecnica* si riferisce generalmente a un ambito pratico e meccanico ed evoca immagini di ingegneri in camice bianco, chini su progetti o su apparecchiature complesse. Le due parole combinate sembrano indurre una forte ansia.

In realtà, l'analisi tecnica è lontana da queste immagini. È vero che deve essere appresa, come lo deve essere ogni professione, ma in realtà è semplice da capire e facile da applicare, in particolare nel campo del day trading, che necessita soltanto dello strumento fondamentale che offre. Un elemento ancora più importante è che l'analisi tecnica non riguarda soltanto l'analisi e la comprensione, ma offre effettivamente un metodo pratico per il trading azionario.

Cos'è l'analisi tecnica?

- L'analisi tecnica consiste nell'esame di grafici che mostrano il comportamento di un prodotto finanziario per poter prevedere i futuri trend del suo prezzo.

- L'analisi tecnica si focalizza sul prezzo, cioè il risultato della somma delle intuizioni di tutti i fattori che operano sul mercato.

- L'analisi tecnica non si occupa delle cause di un determinato prezzo.

Sono tre le premesse su cui si basa un trader tecnico:

1. **La variazione di prezzo incorpora tutte le forze di mercato.** In altre parole, il prezzo delle azioni esprime tutto ciò che può influenzarlo in termini di economia, psicologia, politica, ecc. Pertanto è sufficiente seguire il prezzo, che riflette i cambiamenti della domanda e dell'offerta.

2. **I prezzi si muovono in base a trend ciclici**, che, in quanto tali, consentono di prevedere la direzione che prenderanno.

3. **La storia si ripete.** Per più di un secolo, gli analisti tecnici hanno usato i grafici per misurare l'andamento dei titoli, identificando con quest'informazione modelli di comportamento ricorrenti. Gli analisti tecnici ritengono prevedibile il tipo di reazione emotiva del pubblico in certe situazioni e presumono che, basandosi sulla storia passata, si possano prevedere i movimenti futuri.

La sola analisi tecnica vi porterà al fallimento. Anche se studiaste a memoria tutti i libri scritti sull'argomento, riuscendo ad applicarne gli insegnamenti in un software, fallireste comunque.

Non più del 10% dei componenti dell'analisi tecnica funziona davvero, ma non nel vuoto. Se sapete quali componenti isolare tra tutti quelli disponibili e come integrarli con gli altri che non c'entrano con l'analisi tecnica, avete una buona chance di successo. Ma ricordate: la ricetta per il successo è un misto di esperienza e arte.

Analisi fondamentale: cosa comprende?

Un investitore fondamentale è chi acquista le azioni di una società, convinto che la fonte principale della variazione del prezzo sia la performance della società stessa, che comprende i cambiamenti di fatturato, la redditività, la domanda dei prodotti, il management, i flussi di cassa e altro. Gli strumenti principali usati da questi analisti sono il bilancio della società, le raccomandazioni degli analisti, le informazioni raccolte dai media e il sentito dire. Un analista fondamentale è interessato anche allo stato economico e allo stato del settore a cui l'azione appartiene, come gli sviluppatori di software, i semiconduttori e simili. Gli investitori fondamentali analizzano i tassi di interesse del mercato e cercano di prevederne la direzione e la portata del cambiamento. Per farlo, valutano tutte le informazioni e traggono delle conclusioni.

In genere si tratta di investitori a lungo termine, che non si aspettano di vedere le proprie previsioni realizzate nel breve termine. Perciò mantengono le proprie posizioni nella speranza di vederle avverate nel lungo termine. Per quel che mi riguarda, uso l'analisi fondamentale allo stesso modo delle notizie dei media: non ci credo, ma penso che il pubblico e i fondi lo facciano, quindi mi rapporto a questo tipo di analisi con il dovuto rispetto e le attribuisco un certo peso nel mio processo decisionale. Ad esempio: supponiamo che il pubblico creda che le azioni di una certa azienda nel campo della biotecnologia si rafforzeranno per una serie di fattori. Si tratta di un'ottima informazione che mi permette di intuire che devo focalizzarmi sulle opportunità del trading tecnico con azioni biotecnologiche. In realtà, sto combinando analisi tecnica e analisi fondamentale.

Il Random Walk

La teoria del Random Walk nega qualunque tipo di analisi, che sia tecnica o fondamentale. Questa teoria, sviluppata in ambito universitario, ritiene che i prezzi cambino in modo del tutto casuale e imprevedibile e, quindi, non si può imparare niente dalla storia dei titoli per predirne il trend futuro. Si basa su un'altra teoria, chiamata *ipotesi dei mercati efficienti*, secondo cui i prezzi incorporano tutte le informazioni disponibili sul mercato. Non esistono azioni a buon prezzo o costose, perché il mercato calcola tutti i rischi e le opportunità e il prezzo lo dimostra. La teoria del Random Walk sostiene che, poiché i mercati sono casuali, li si dovrebbe attraversare in modo "casuale" [d'ora in avanti] e che il modo migliore per guadagnare da un'azione sia con il metodo "compra e tieni".

Esiste di sicuro un certo grado di casualità nel mercato finanziario, ma affermare che tutti i trend dei prezzi siano casuali è impensabile. La teoria del Random Walk afferma che non è possibile dominare gli indici di mercato e che avremmo qualche difficoltà a spiegare il successo di investitori famosi come Warren Buffet e Peter Lynch. La loro affermazione quindi riguarda anche me e i miei colleghi trader di successo. Una famosa barzelletta, che circola ancora, sulle ipotesi del mercato efficiente punta al loro intrinseco tallone d'Achille.

Due docenti di economia vedono una banconota da cento dollari sul marciapiede: mentre uno di loro si abbassa a raccoglierla, l'altro gli dice:

«È assurdo. La banconota da cento dollari non può essere lì, altrimenti l'avrebbe già presa qualcun altro!».

Secondo l'ipotesi del mercato efficiente, qualcuno avrebbe certamente dovuto prendere la banconota prima, ma eccola lì! Ricordate che alla base di entrambe le teorie, del Random Walk e dell'analisi tecnica, c'è la premessa che il mercato renda palesi tutti i suoi fattori. La differenza tra i due approcci è che i sostenitori del Random Walk credono che il mercato assorba tutte le informazioni in modo estremamente rapido, quindi nessuno ha un vantaggio competitivo in quest'ambito; invece l'analisi tecnica afferma che le informazioni importanti appaiono sul mercato molto prima di quanto lo sappia il grande pubblico.

Qualcuno vuole giocare d'azzardo?

Beh, non è esattamente un metodo. È più che altro il comportamento del pubblico, che si fionda sul mercato azionario quando è al culmine e fugge quando è in calo. È lo standard comportamentale del pubblico che in genere perde denaro e, a volte, è anche l'attitudine dei trader inesperti che non operano secondo le regole basilari del trading e non credono nei principi che si sono fissati. Osservandoli da lontano, potrebbero sembrare veri professionisti, ma il loro conto che si assottiglia racconta un'altra storia. Anche se siete trader principianti, siate trader e non giocatori d'azzardo! Una pecora vestita da lupo resta comunque una pecora.

Analisi fondamentale contro analisi tecnica

Quest'annosa disputa è iniziata quando un analista ha tracciato la prima linea tra i due punti dei cambiamenti di prezzo di un'azione sull'asse del tempo, creando così il primo grafico dei prezzi.

L'essenza del contendere è se comprare un titolo in base alla performance della società e del mercato, come ad esempio il bilancio della società, o in base al comportamento del titolo, facendo riferimento soltanto al grafico.

Entrambi i metodi cercano di prevedere le tendenze dei prezzi. Come già osservato, l'investitore fondamentale, esaminando il valore del titolo secondo la performance aziendale e l'andamento del mercato, decide se il prezzo è al di sopra o al di sotto del valore reale. Se, nel suo giudizio a lungo termine, il prezzo è attualmente al di sotto del valore reale, comprerà o viceversa. Il trader tecnico non cerca la causa, ma di prevedere l'andamento dei prezzi in base ai grafici, cioè ai risultati in tempo reale.

IN PILLOLE	*Integrare analisi fondamentale e analisi tecnica è una combinazione vincente. Nessun metodo può funzionare da solo, ignorando l'esistenza e la logica dell'altro.*

A questo punto, smetterò di essere obiettivo e affermerò con chiarezza che non credo nell'efficacia esclusiva di uno solo dei due metodi. Credo che la soluzione vincente sia la loro integrazione. In realtà, per quel che mi riguarda, scelgo di essere tecnico all'80% e fondamentale al 20%. La maggior parte degli analisti tecnici è arrivata alla stessa scelta attraverso l'analisi fondamentale. Vi garantisco che, se cercate di guadagnare leggendo i rapporti finanziari sui giornali e guardandoli nei programmi televisivi, presto o tardi scoprirete che state perdendo tempo.

Perché la maggior parte delle persone crede nell'analisi fondamentale? Perché siamo stati istruiti a investire a lungo termine. E perché questo avviene? Molto probabilmente perché c'è chi deve guadagnarsi lo stipendio insegnando economia nelle università; perché i fondi devono trovare delle giustificazioni legittime per gli acquisti sbagliati; perché le scuole di trading sul mercato azionario vogliono continuare a esistere; perché gli esseri umani sentono il bisogno di catalogare tutto in schemi matematici organizzati e perché nessun educatore vuole ammettere che, in fondo, non sa niente, nemmeno quando la storia dimostra, senz'ombra di dubbio, che ha sempre sbagliato! I metodi di insegnamento e gli approcci sono rimasti immutati da decenni e, in certi casi, addirittura da secoli.

Molte figure coinvolte nel mercato azionario si descrivono come puramente fondamentali o puramente tecniche. In realtà i due metodi spesso si sovrappongono, ma il problema nasce quando si pongono in contrasto tra loro. La storia dimostra che il metodo tecnico precede sempre quello economico. Molti dei più importanti trend di mercato verificatisi nella storia sono stati scarsamente spiegati in base ai dati economici, eppure sono stati previsti con un approccio tecnico. Col tempo, i trader tecnici esperti imparano a fidarsi delle proprie valutazioni, che spesso contrastano con quelle proposte dagli analisti fondamentali. I trader tecnici godranno i benefici dei cambiamenti quando gli investitori fondamentali avranno da tempo perso l'occasione.

Volete un esempio? Si poteva guadagnare dalle società hi-tech alla fine degli anni Novanta? Certamente, e in abbondanza! Esiste un solo investitore fondamentale in grado di giustificare l'acquisto di azioni di società hi-tech che non hanno guadagni, ma solo spese e sogni? Ovviamente no! I trader tecnici sapevano dove le emozioni del pubblico avrebbero condotto il mercato, mentre gli investitori fondamentali avevano scelto di ignorare l'atteso cambiamento.

A un certo punto, riuscirono comunque a giustificare la loro entrata in quel mercato. Ricordate l'affermazione «profitto senza costi di pubblicità?». Durante tutta la durata della bolla hi-tech, furono elaborati molti famosi concetti economici per giustificare l'ingresso ritardato in un mercato brulicante. I fondi non potevano semplicemente limitarsi a dire ai clienti che non stavano comprando, mentre invece tutti i concorrenti ottenevano profitti astronomici, quindi s'inventarono una giustificazione finanziaria e cominciarono allegramente a far scorta. Chi perse tempo analizzando le relazioni finanziarie delle imprese hi-tech prima e durante la corsa consentì agli analisti tecnici di essere i soli a cogliere le opportunità. Chi continuò a giustificare le proprie convinzioni fondamentali errate, perse quando il mercato azionario cambiò direzione e crollò.

Col tempo, quando il mercato aveva ormai assorbito queste ampie fluttuazioni, i due metodi si integrarono e ancora una volta fecero fronte unico. Allora ci chiedemmo se non si dovesse trovare un compromesso. Come principiante, pensai che la risposta fosse no. Ora, dopo anni di esperienza, credo di avere avuto torto. Come ho già detto, attualmente opero con un mix di 80% di analisi tecnica e 20% di analisi fondamentale. Mi sono leggermente spostato dall'altra parte della barricata perché ho scoperto che, adottando un solo approccio, spesso sembra che il mercato operi come se avesse una mente propria. Ho scoperto che basarmi soltanto su dati tecnici non mi dava il vantaggio competitivo che cercavo. D'altro canto, mi pare evidente che basarsi solo su dati economici equivale a giocare d'azzardo. Se avete provato a studiare il comportamento di un titolo dopo la pubblicazione dei suoi rapporti finanziari, buoni o cattivi che siano, capirete esattamente a cosa mi riferisco.

Notate che uso i termini specifici *investitore fondamentale* e *trader tecnico*. In passato, quando il mondo era prevalentemente industriale, si poteva fare affidamento su dati economici a lungo termine. Allora, non si potevano cambiare le regole del gioco da un giorno all'altro. Quando un'enorme società per azioni, come General Motors o IBM, presentava un bilancio in attivo, era ovvio che non poteva spuntare nessun concorrente a toglierle il primato da un giorno all'altro. Quindi i dati erano affidabili nel lungo termine. Per competere con GM o IBM si sarebbero dovuti fare investimenti inimmaginabili, perciò non ci si poteva aspettare un cambiamento a breve termine che avrebbe messo in difficoltà gli investitori.

Nella realtà tecnologica attuale, qualsiasi giovane imprenditore che vive in un alloggio per studenti può scalzare dalla vetta un gruppo come IBM. Ricordate che IBM preferiva sviluppare hardware e un giovane di nome Bill Gates sviluppò per loro il DOS? Date un'occhiata al capitale di Microsoft rispetto a quello di IBM per capire com'è cambiato il mondo. E chi ha usato l'innovazione tecnologica per scalzare Microsoft dalla sua posizione dominante come società col maggior valore di mercato? Apple, che è rimasta dormiente per anni, ma ha raggiunto la vetta con l'iPhone e l'iPad, facendo mangiare la polvere a Microsoft. E che dire di Google che sta balzando in testa? Passerà in vantaggio Facebook, che ha il fiato sul collo di Google? Nell'attuale mondo degli affari qualsiasi innovazione tecnologica o biologica può, da un giorno all'altro, modificare la struttura del mercato. I giorni in cui i nostri genitori potevano comprare un'azione, mettere la ricevuta cartacea sotto il cuscino (sì, una volta veniva rilasciata una ricevuta cartacea al proprietario) e andare a dormire sapendo che era tutto a posto, sono finiti da tempo. E non abbiamo ancora iniziato a parlare dell'impatto delle guerre e degli attacchi terroristici...

Credo che il sistema di investimento a lungo termine sia morto, insieme al mondo del controllo assoluto e al metodo dell'analisi fondamentale. Bisogna guardare al breve termine, per questo motivo il metodo dell'analisi tecnica è quello attualmente dominante. Viviamo in un periodo in cui è necessario fare i conti con cambiamenti rapidi e sospettare degli investimenti a lungo termine. Il trader tecnico che compra azioni che sfortunatamente si muovono nella direzione sbagliata (può capitare anche questo) capisce di aver commesso un errore, le vende e passa all'operazione successiva. Quando gli investitori fondamentali acquistano un'azione, la tengono finché non hanno prova che i dati fondamentali sono cambiati. Tali investitori pensano che il valore delle azioni sia in realtà più alto del loro valore di mercato e che, se il prezzo scende, possono incrementare il proprio pacchetto azionario. È vero che fino a pochi anni fa questo metodo funzionava. Ricordate la bolla delle dot. com del 2000? È da lì che il sistema ha smesso di funzionare ed è qui che il trader tecnico ha guadagnato dagli short, mentre l'investitore fondamentale deve ancora riprendersi del tutto. È stata un'occasione per il trader, non per il giocatore d'azzardo.

Se non siete ancora convinti, lasciate che vi ponga un'altra domanda: c'è qualche collegamento tra il bilancio di una società e la realtà? I lettori maturi possono certamente ricordare Enron, una delle più grandi multinazionali nel settore dell'energia. Enron è collassata quando l'amministratore delegato decise di presentare il bilancio in maniera "creativa" assicurandosi di non essere contrastato dai contabili. Ammettiamo che il bilancio fosse valido, era comunque riferito al trimestre precedente, che era iniziato tre mesi prima. A chi interessa oggi? Sono sicuro che molti bilanci che ci vengono presentati siano validi e corretti, ma ci scommetteremmo i nostri soldi?

Come trader, ci affidiamo principalmente a dati tecnici chiari. In passato abbiamo visto che un'azione è salita di vari punti percentuali in un solo giorno di negoziazione, ma soltanto il giorno dopo si è chiarito il dato economico che aveva causato il rialzo. Non significa che non dobbiamo fidarci dei dati economici, abbiamo solo la sensazione che siano già inclusi nel grafico dell'azione.

Se questo non bastasse, c'è un'altra differenza importante: l'analisi tecnica è applicabile a qualsiasi titolo, settore o mercato. Datemi un grafico annuale del Nikkei giapponese e in pochi secondi potrò analizzare il mercato giapponese; mostratemi il grafico annuale dell'indice DAX e analizzerò all'istante il mercato tedesco. Gli analisti fondamentali, che sono costretti a leggere montagne di materiale prima di comprare un'azione, ci riuscirebbero? No! Non possono specializzarsi in ogni mercato, settore e azione, ma si limitano a un settore specifico e addirittura in certi casi a un'azienda specifica. Non potranno mai analizzare l'intero mercato, ma soltanto alcuni segmenti ristretti.

Perché uso l'analisi fondamentale?

Innanzitutto perché lo fa il pubblico. Non serve chiedersi se l'analisi fondamentale abbia senso oppure no e lo stesso vale per l'analisi tecnica. Se moltissime persone penseranno che abbia senso operare in base ai dati economici con esiti prevedibili, il trader esperto saprà come trarne vantaggio e profitto. Negli anni ho imparato ad apprezzare il potere della massa e a controllarla a mio vantaggio. Prendo un certo numero di decisioni tecniche anche in base ai soli fattori economici. Ad esempio: mi concentro molto sulle azioni influenzate dall'analisi economica estrema, come ad esempio l'upgrade di un analista, ma alla fine scelgo un punto tecnico di ingresso e di uscita. Il fatto che usi l'analisi fondamentale non significa che creda in quel metodo, ma credo fermamente nei comportamenti prevedibili di chi la usa. Non devo negare nessuna previsione, devo piuttosto valutare se si realizzerà.

Analista tecnico o lettore di fondi di caffè

L'analisi tecnica è un'arte o una scienza esatta? Io credo che la verità stia nel mezzo. Gli analisti senior della sala di trading di Tradenet spesso mi chiedono se valga la pena comprare questa o quella azione, ma spesso rispondo che in realtà è meglio venderla. Se l'analisi tecnica fosse una scienza esatta, non esisterebbero due opinioni diverse sullo stesso titolo.

A proposito, anche in economia le dispute non mancano e quella che un economista considera un'azienda solida, può essere instabile per un altro.

Se è così che funzionano le cose, certamente vi chiederete che funzione abbia l'analisi tecnica. All'inizio del capitolo, ho puntualizzato che il mercato è come un gigante di enormi proporzioni, in costante mutamento. L'analisi tecnica aiuta a mettere ordine nel caos e permette al trader di leggere il mercato attraverso i prezzi delle azioni e i grafici. Inoltre, dal momento in cui il trader impara a leggere il mercato, non ha più bisogno di esaminarlo costantemente dal punto di vista tecnico per capire quel che vede; semplicemente lo capisce (anziché leggerlo). L'analisi tecnica è quindi uno strumento che matura nella consapevolezza del trader: la usiamo per imparare a leggere il mercato e, una volta che sappiamo farlo, non ci serve più, tranne nei casi in cui la lettura è difficile. I trader che capiscono il mercato sono in grado di identificarne la direzione nelle fasi iniziali, molto prima dei normali segnali tecnici, e negoziano di conseguenza. Ovviamente, una volta che il quadro tecnico è del tutto chiaro, lo è per tutti e a quel punto non avete più alcun vantaggio competitivo.

Dato che l'analisi tecnica non è una scienza esatta, ci sono analisti, alcuni famosi, che spesso sbagliano le analisi. I giovani professionisti che vogliono imporre i metodi tecnici al mercato falliranno sempre. Quando il mercato sta crollando, i livelli di supporto tecnico non hanno senso; quando è euforico, i livelli tecnici di resistenza sono infranti senza sforzo.

Qualche analista tecnico ha dato cattiva fama al settore, rubando il pane ad astrologi e lettori di fondi di caffè. Analisti del genere producono grafici con così tanti indici, linee e numeri che non saprete più se state guardando un grafico o una mappa delle costellazioni. Gli analisti tecnici che fanno previsioni per diversi mesi a venire non sono professionisti, ma ciarlatani.

Uscite dalla scatola

Le regole del trading tecnico sono note a chiunque vi opera. Gli specialisti e i market maker della Borsa di New York conoscono il punto in cui posizionerete i vostri stop order e i vostri entry order e spesso traggono vantaggio da questa informazione. Tenetelo in considerazione, quando negoziate. La linea di resistenza non è un muro solido e la linea di supporto non è un terreno stabile. Per questo parliamo di *livelli di supporto* e *livelli di resistenza* piuttosto che di una scienza esatta. I giovani trader nella sala di trading spesso mi dicono di avere venduto un'azione perché aveva infranto il livello di supporto, mentre i trader esperti, me compreso, hanno tenuto le azioni e alla fine hanno guadagnato. Non usate il mouse con troppa facilità. Ricordate che il trading è una guerra psicologica in cui sono coinvolte due parti: il compratore e il venditore.

Per questo motivo insegno ai miei trader di non piazzare stop order, ma di aspettare il momento in cui l'azione raggiunge lo stop e quindi uscire manualmente. Gli specialisti e i market maker sanno dov'è posizionata la maggior parte degli stop order e li usano a proprio vantaggio.

Il guru dei guru

I guru come Jim Rogers rendono piuttosto frizzante il mondo della finanza. Rogers credeva con tutto il cuore che la Cina sarebbe stata la nuova frontiera, tanto da trasferirsi a Singapore, dove la figlia minore imparò a parlare un fluente mandarino, lasciando a bocca aperta gli interlocutori cinesi. Ma quanti guru hanno previsto la crisi dei subprime del 2008? Poco prima del crollo, mi invitarono a partecipare a un incontro di economisti in una famosa università.

IN PILLOLE	*Nessuno può prevedere il futuro del mercato o delle azioni. Per ogni opinione espressa da un rinomato analista, esiste un'opinione contraria di un altro analista ancora più famoso.*

L'economista capo di una grande banca parlò per primo, seguito dal direttore finanziario di un'altra banca. Entrambi presentarono solide previsioni: la crisi del settore immobiliare non era che un episodio passeggero, l'economia era forte, non c'era alcun pericolo di una crisi nel mercato dei capitali. In breve il messaggio era: «Non preoccupatevi, va tutto bene!».

Sono abituato all'idea che una persona stipendiata da una banca non spaventerebbe mai il pubblico e non farebbe fuggire gli investitori, ma questo superava il limite. Quando venne il mio turno di parlare, dissi semplicemente: «Non so cosa succederà». Il moderatore insistette, con un tono di monito nella voce: «L'abbiamo invitata qui per dire ai presenti cosa fare». Così dissi la verità, una di quelle affermazioni per cui quell'università mai più mi inviterà a tenervi una conferenza. Ecco cosa dissi: «Non date ascolto agli analisti, perché non sanno niente del futuro».

A giudicare dalla reazione del moderatore e del pubblico, avevo proprio toccato un nervo scoperto. Al pubblico piace sentirsi dire cosa fare, ama essere guidato per mano, non importa se al macello o in paradiso, ma non vuole assumersi il peso di una decisione. Nel mezzo di quell'atmosfera esplosiva dissi: «Non permettete ai banchieri e ai fondi di gestire il vostro denaro, di applicare spese di gestione e commissioni e poi di dirvi: "Andrà tutto bene". La verità è che loro, proprio come me, non hanno idea di cosa riserverà il futuro».

Non importa quali sembianze abbia il guru, che sia un consulente d'investimenti o un analista: ogni volta che sentite una qualsiasi raccomandazione sui media, non pendete avidamente da ogni singola parola. Ponderatela con spirito critico e tenete conto che, anche se fosse vera, sarebbe nota a milioni di persone e non avreste nessun vantaggio competitivo.

Il punto d'Archimede

Il filosofo greco Archimede è famoso soprattutto per l'esclamazione «Eureka!», che significa «Ho trovato!», pronunciata dopo aver scoperto che il volume degli oggetti può essere misurato immergendoli in acqua. Un altro suo principio, forse meno noto, è il *Punctum Archimedis*, il punto di Archimede, con il quale affermò che, se gli avessero dato un punto d'appoggio, avrebbe potuto sollevare il mondo.

Alcuni trader cercano il loro punto di Archimede nei libri; vanno alla ricerca del libro o del metodo che permetterà loro di conquistare il mercato. Vogliono qualcuno che li conduca per mano finché non raggiungeranno il successo. Mi spiace deludervi, ma non esiste una ricetta vincente o una parola magica che vi permetta di guadagnare da ogni singola transazione. Lo strumento che più si avvicina al punto di Archimede è il trend, che esamineremo in dettaglio nel quinto capitolo. Per poter identificare e trarre vantaggio dai trend, dobbiamo prima imparare, nel quarto capitolo, come usare i grafici.

4

Il grafico.
Le orme del denaro

Il grafico di un'azione racconta la sua storia e ne anticipa il futuro

Come leggere il pensiero di milioni di persone

Il grafico è il principale strumento di lavoro di un trader. La sua funzione è quella di presentare la storia del prezzo di un'azione e di indicarne la direzione futura, grazie alle conclusioni basate sul passato: una sorta di sfera di cristallo finanziaria in cui non c'è il presente, ma solo il passato. Un nanosecondo prima siamo nel passato, un secondo dopo siamo nel futuro. Per decidere se comprare o vendere un'azione, non possiamo accontentarci del prezzo attuale, ma dobbiamo esaminare da dove deriva quel prezzo e prevedere quale direzione prenderà. Dobbiamo indagare qual è stato il punto in cui i venditori hanno arrestato la sua corsa nel passato (linee di resistenza) e quando gli acquirenti lo hanno salvato dal crollo (linee di supporto). Con questa e altre informazioni, dobbiamo intuire il suo comportamento futuro e a quali livelli di prezzo si potranno verificare determinate azioni. Per seguire le varie azioni e i principali indici di mercato, faremo uso di tutti i grafici che gli schermi del nostro computer possono supportare. Attualmente uso nove schermi e sto valutando di aggiungerne un altro, soprattutto per vedere l'espressione di sorpresa sulla faccia delle persone che visitano il mio ufficio.

IN PILLOLE	*Il grafico di un'azione è un'integrazione di conoscenze fondamentali con l'aggiunta di un sano pizzico di psicologia umana.*

I grafici possono essere settimanali, che mostrano le informazioni di varie settimane; giornalieri, che presentano vari giorni, o del giorno corrente, che indicano i dati a intervalli regolari come un minuto o quindici minuti durante la giornata. Grazie a loro, il trader può osservare il mercato in profondità e seguire le fluttuazioni dei prezzi, che sono il risultato di un continuo tiro alla fune tra acquirenti e venditori. I prezzi delle azioni non salgono o scendono simultaneamente. Come trader, mi diverto molto a osservare i grafici che mostrano le fluttuazioni in tempo reale, immaginando tutte le persone sedute alla propria scrivania in tutto il mondo che acquistano, vendono e influenzano il prezzo nel momento stesso in cui sto guardando. È una "guerra" per il controllo del denaro e per il potere e vincerà chi prende la decisione migliore in base alle informazioni di cui dispone. Mi piace seguire le trappole che venditori e acquirenti si tendono l'un l'altro, vedo gli errori e i successi e cerco di immaginare cosa farei al loro posto. Anche una persona con una solida esperienza nel mercato dei capitali, ma nessuna nel trading azionario intraday, avrà difficoltà a capire la logica che regola quest'ultimo. Le persone inesperte potrebbero accontentarsi di provare a capire e analizzare il grafico settimanale o giornaliero. In realtà il trading intraday ha una sua logica, e in abbondanza. Più farete pratica con l'osservazione dei grafici, più capirete cosa muove gli "orsi" e i "tori" che influenzano un'azione, più prenderete confidenza con la logica dell'intraday e più aumenterà la fiducia in voi stessi, al punto che vorreste scendere anche voi sul campo di battaglia. Ogni mossa del day trader, che sia un acquisto o una vendita, si basa sui modelli di grafico che impareremo e sui risultati, che rappresentano le valutazioni del trader sugli esiti della guerra mostrati dal grafico.

Usare i grafici per me è diventata la cosa più ovvia e naturale. Come faremmo senza di loro? Ma non era così in passato: fino a cento anni fa non si faceva uso di quasi nessun grafico. I prezzi delle azioni venivano telegrafati alla sala delle contrattazioni, dove un addetto li copiava su una grande lavagna, cancellando il prezzo precedente. I trader che avevano successo erano quelli dotati di un'ottima memoria. Col passare del tempo, diventò chiaro che esiste una connessione tra il comportamento passato e futuro del prezzo di un'azione. Alcuni trader cominciarono a tradurre le informazioni in grafici, alla ricerca di risultati ricorrenti. L'uso dei grafici aumentò notevolmente con la diffusione di famose teorie che ne facevano uso, come la teoria di Dow e la teoria delle Onde di Elliot, fino a diventare sempre più dominanti negli anni Sessanta con l'introduzione dei primi computer industriali.

Sono molte le norme accettate per presentare i prezzi sui grafici e ogni trader sceglie la propria, ma il metodo che va per la maggiore, soprattutto fra i day trader, è quello a candele giapponesi, che presenterò in seguito. Qui troverete un'introduzione ai vari metodi.

Il grafico a linea

È il grafico più semplice, comunemente riconosciuto dal pubblico e usato dalla maggior parte dei media che trattano di finanza. Un grafico a linea si crea riportando i prezzi, di chiusura (l'ultimo prezzo di un'azione alla fine della giornata di trading) in un determinato periodo e collegandoli con una linea. Questo è il modo più semplice per presentare i prezzi, ma, come vedremo in seguito, non è esaustivo, perché le informazioni che fornisce riguardano soltanto il prezzo di chiusura di un'azione. Mancano informazioni indispensabili per un trader, come il prezzo di apertura, il prezzo intraday massimo (il culmine raggiunto dal prezzo in ogni giornata) e il prezzo intraday minimo.

Apple Inc., AAPL – Grafico a linea semestrale

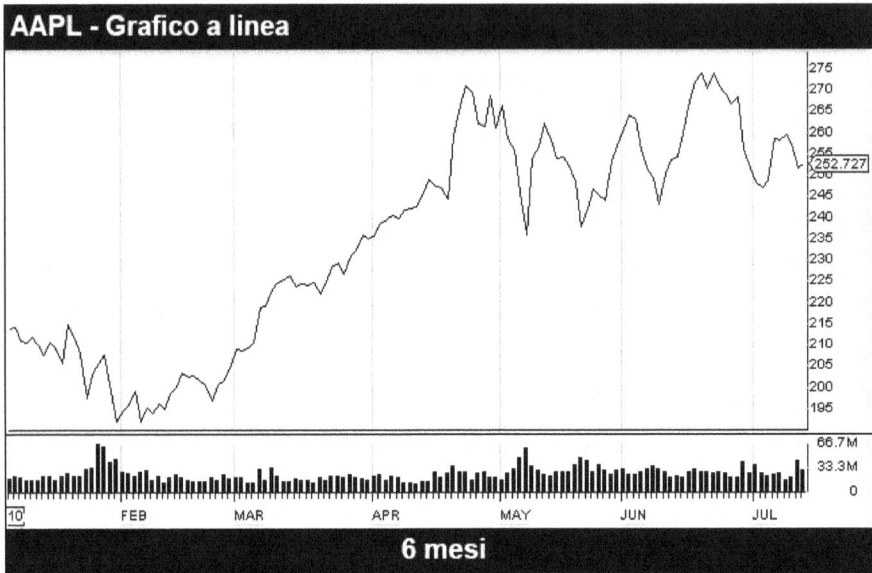

Il grafico a linea ha una sua utilità ed è il più usato dai media. Serve soprattutto a confrontare i prezzi di varie azioni o a confrontare un'azione e l'indice del settore di riferimento. Se ad esempio vogliamo esaminare il grafico di un'azione Apple (AAPL) e confrontarlo con il comportamento delle azioni del settore hi-tech, un grafico a linea ci facilita le cose e ci permette di determinare se una certa azione sia più forte o più debole del suo settore.

Riepilogo

Si tratta di un buon grafico, ma del tutto inutile per un trader. Personalmente uso questo tipo di grafico quando scrivo articoli per i quotidiani o se, prima di andare in onda, il produttore di un programma televisivo mi chiede un grafico semplice che i telespettatori possano comprendere. Bene, adesso che ne avete fatto la conoscenza, potete anche dimenticarvene.

Il grafico Point and Figure

Il grafico point and figure (a X e O) è un metodo molto antico, risalente al 1898, la cui popolarità crebbe negli anni Quaranta del Novecento grazie alla pubblicazione della guida di A.W. Cohen del 1947 sulla percezione del mercato dell'azione (*market timing*) con point and figure. Rispetto ad altri metodi di presentazione dei prezzi, in cui il prezzo dipende dal tempo, questo indica il prezzo in rialzo con una X e quello in ribasso con una O. È un metodo utile soprattutto per gli investitori a lungo termine, in quanto presenta i prezzi in un solo *timeframe*, o arco temporale (ad esempio, il prezzo di chiusura in determinati giorni di trading). Perciò, non prende in considerazione le fluttuazioni del trading intraday, in base alla premessa che non siano altro che "rumori" fastidiosi che portano l'investitore ad aumentare inutilmente l'attività. Ecco un esempio del grafico point and figure:

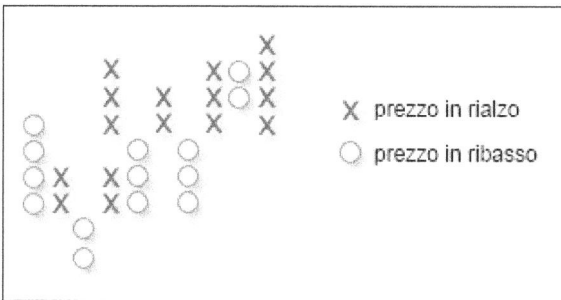

Riepilogo

Se volete davvero farmi arrabbiare, leggetevi il libro di Cohen del 1947, che può essere ordinato su Internet, e provate ad applicare questo metodo nel trading intraday. Ci sono ottime probabilità che invece di fare soldi, finiate in lacrime. Se vi interessano gli investimenti a lungo termine, potreste trovare qualcosa di utile nel libro di Cohen, ma per quel che mi riguarda non mi interessa il lungo termine e non ce ne occuperemo in questo libro, perciò non ritorneremo più sull'argomento.

Il grafico a barre

E adesso saliamo di livello! Diversamente dal grafico a linea, il grafico a barre mostra un buon numero di informazioni utili ed è il più diffuso tra gli investitori. Notate che ho usato la parola "investitori" e non "trader". In un grafico a barre, le barre verticali indicano il comportamento del prezzo in uno specifico timeframe, come segue: il punto superiore della barra verticale indica il prezzo più alto in un momento specifico (MASSIMO) e il punto inferiore indica il prezzo più basso (MINIMO). Il piccolo segno orizzontale sulla sinistra mostra il prezzo di partenza (APERTURA) e quello orizzontale sulla destra il prezzo finale (CHIUSURA).

```
          MASSIMO

                 ┤ CHIUSURA



APERTURA ─┤

          MINIMO
```

Supponiamo che il grafico a barre sopra riportato indichi le fluttuazioni del prezzo di un'azione nell'arco di una giornata: l'apertura, il punto massimo, il punto minimo e il prezzo di chiusura. Il fatto che il prezzo di chiusura sia più alto di quello di apertura, ci fa intuire che stiamo osservando il grafico di una giornata in cui il prezzo è salito.

Che aspetto pensate che abbia un grafico che mostra un ribasso complessivo del prezzo? Eccolo:

```
           MASSIMO

APERTURA ─┤



                 ┤ CHIUSURA

           MINIMO
```

Una giornata senza fluttuazioni apparirebbe così:

```
           MASSIMO



APERTURA ─┼─ CHIUSURA



           MINIMO
```

Apple Inc., AAPL – Grafico di sedici giorni di trading

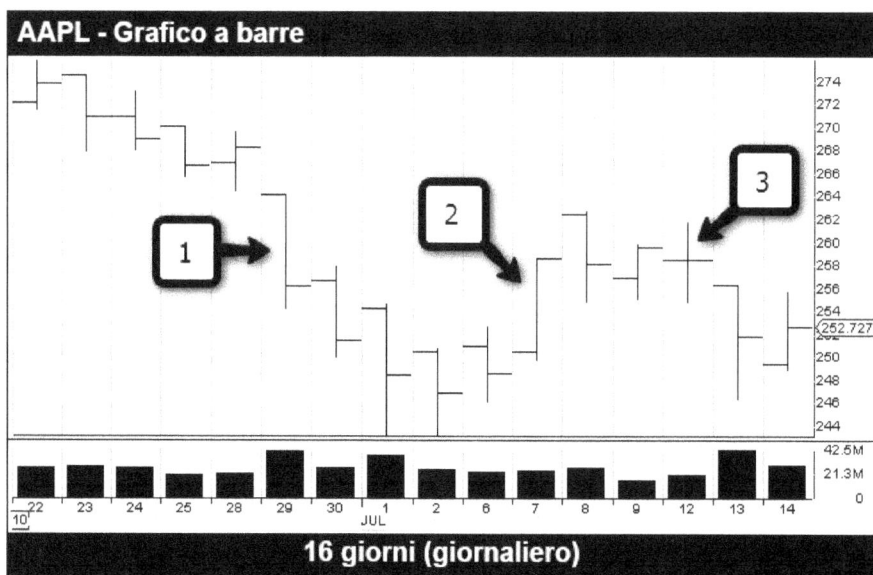

AAPL - Grafico a barre

16 giorni (giornaliero)

[1] mostra il prezzo del titolo il 29 luglio al suo massimo (picco) in apertura, poi in caduta e leggermente al di sopra del minimo in chiusura.

[2] mostra il prezzo delle AAPL il 7 luglio leggermente al di sopra del suo minimo in apertura, poi in caduta e al massimo in chiusura.

[3] mostra che il prezzo delle AAPL il 12 luglio non subisce variazioni. Apertura e chiusura sono identiche.

Una barra può indicare un qualsiasi arco temporale, che può essere un singolo giorno, come nel grafico precedente, oppure una settimana, un mese e naturalmente anche periodi più brevi del trading intraday di cinque minuti, quindici minuti, mezz'ora o un'ora intera. I trader intraday sceglieranno grafici che mostrano da due a trenta minuti. Invece, un investitore intenzionato a esaminare il comportamento a lungo termine di un'azione probabilmente sceglierà barre che mostrano giorni o settimane.

Osservate la differenza tra il prezzo di apertura e quello di chiusura delle AAPL nel precedente grafico a barre. Notate inoltre come, da un giorno all'altro, il prezzo di partenza sia diverso dal prezzo di chiusura del giorno precedente; ad esempio, nel giorno indicato come [1], potete vedere che il prezzo di apertura è inferiore a quello di chiusura del giorno precedente.

Com'è possibile? Si tratta di un fenomeno chiamato *price gap* o più comunemente *gap*, ben conosciuto e di estrema importanza per i trader, di cui tratteremo più avanti. Ricordate che uno svantaggio del grafico a linea rispetto a quello a barre è la mancanza di questa informazione!

Perché i trader non usano il grafico a barre? Perché, pur essendo chiaro e dettagliato, è difficile da leggere. Le piccole barre orizzontali a destra e a sinistra dopo un po' mi fanno impazzire e sono certo che avvicinano l'inevitabile momento in cui diventa obbligatoria una visita dall'oculista (non è ancora ora per me...). I grafici a barre sono, in genere, adatti agli investitori più anziani che non hanno voglia di imparare nuovi trucchi, ma per i giovani come me non sono abbastanza *cool*.

Il grafico a candele giapponesi

Finalmente siamo giunti alla meta. Finora ho rispettato i miei obblighi professionali e vi ho presentato i vari metodi usati dal pubblico generico e dagli investitori esperti. Ma, dopo questi metodi inutili per i nostri scopi, ora arriviamo alla Terra Promessa. Preparatevi alla sorpresa, perché è proprio il metodo a candele giapponesi a essere veramente retrò ed eccezionale, con il suo esordio... nel XVIII secolo!

Il metodo fu sviluppato da Munehisa Homma, un commerciante di riso giapponese (1724-1803) che fu tra i primi a servirsi dei prezzi passati del riso per prevedere quelli futuri. E il metodo funzionò davvero! Munehisa si arricchì con il commercio del riso e ottenne il titolo di Samurai Onorario. I suoi profitti annuali, calcolati in termini moderni, ammontavano a dieci miliardi di dollari, per un capitale totale di cento miliardi di dollari! I principi di questo metodo sono stati studiati negli anni Settanta del Novecento da vari analisti tecnici, primo tra tutti Steve Nison, che scrisse un bestseller sull'argomento. Il risultato è che adesso il metodo a candele giapponesi ci è molto utile.

Il metodo di Munehisa Homma mi permette di capire le fluttuazioni dei prezzi in un certo arco temporale. Notate che ho usato la parola "capire", piuttosto che semplicemente "osservare" o "vedere". Negli anni ho sperimentato un fenomeno strabiliante: se anche voi, come me, trascorrerete molti anni a osservare il metodo delle candele giapponesi, forse subirete la mia stessa trasformazione. A un certo punto, anche se non saprei dire esattamente quando, sono riuscito a capire il *matrix* (avete visto il film, vero?). Adesso, quando guardo il complesso grafico a candele giapponesi, inizio a parlare fluentemente giapponese. Capisco l'azione senza bisogno di analizzare il grafico. Riesco a guardarlo esattamente come fa un chirurgo con una radiografia del cervello o un musicista quando ascolta la musica e vede le note. Sono nel mondo del supporto, della resistenza, dei breakout e dei breakdown, degli orsi e dei tori. In questo mondo virtuale di prezzi che salgono e scendono, alcuni di essi rispondono: «Comprami, vendimi... Ho voglia di continuare a salire fino al prezzo di...».

Probabilmente penserete che, dopo tutti questi anni di candele giapponesi, abbia perso la ragione. Può esserci del vero, ma chi tra voi sa suonare uno strumento ed è riuscito (diversamente da me, che sono stato obbligato a studiare pianoforte e tutto ciò che so fare è «do, re, mi») a passare dalla lettura delle note alla loro comprensione, all'ascolto, può capire benissimo cosa intendo. Per un musicista, rappresenta la fase in cui vive nel corpo delle note. Per un trader azionario, rappresenta la fase in cui "sente" l'azione, annusa la paura e l'avidità dei venditori e dei compratori e sa come trarne profitto a proprio vantaggio. Quando ero un trader principiante, impiegavo dieci minuti per analizzare un grafico a candele giapponesi; adesso mi bastano pochi secondi.

Quel che segue è il tipico grafico a candele giapponesi che mostra le fluttuazioni giornaliere del prezzo in un periodo di sedici giorni di trading. Ogni candela rappresenta un giorno di trading. Vi sembra familiare? Ciò è dovuto al fatto che fornisce le stesse informazioni del grafico a barre mostrato due pagine fa. A colpo d'occhio sembra un po' più complicato, ma, come ho già detto, vi prometto che diventerà più facile.

Apple Inc., AAPL – Grafico a candele giapponesi in un periodo di sedici giorni

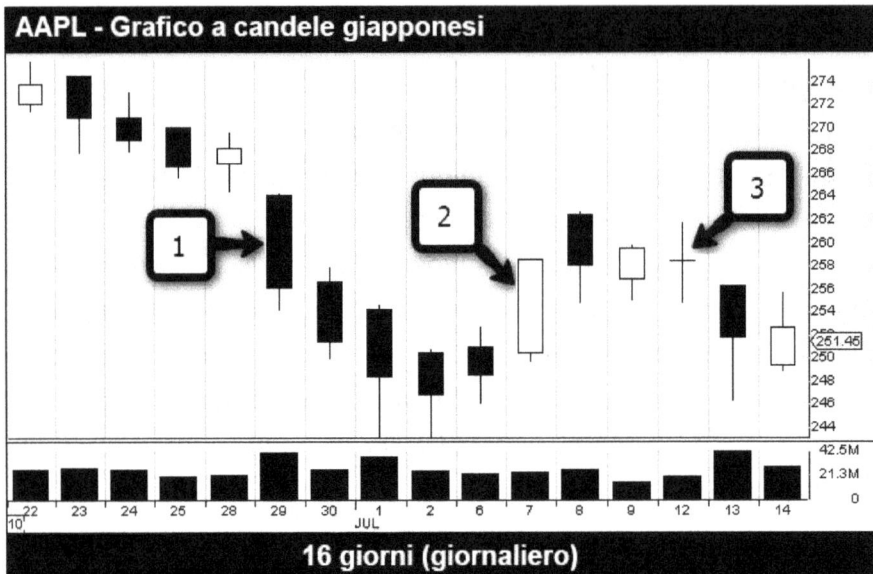

Anche qui ogni candela rappresenta un giorno di trading: [1] una giornata con prezzi in ribasso, [2] una giornata con prezzi in rialzo, [3] una giornata senza variazioni. Dedicate un paio di minuti a confrontare questo grafico con quello a barre e cercate di capire come vengono presentati i prezzi nell'uno e nell'altro. Vi garantisco che, in poco tempo, afferrerete il concetto senza bisogno di leggere alcuna spiegazione. È molto importante. Adesso smettete di leggere e fate il confronto.

Avete continuato a leggere senza fermarvi? Se lo avete fatto, avete appena fallito un test importante per qualsiasi trader: l'autodisciplina. Per questa volta vi perdono, ma siamo d'accordo che questa sia l'ultima in cui siete stati indisciplinati. Senza una rigida disciplina, pagherete un prezzo salato.

Dunque, come si legge un grafico a candele giapponesi? Come il grafico a barre, quello a candele giapponesi mostra le fluttuazioni di un prezzo in un determinato periodo scelto dal trader, che può essere di un minuto, un mese e perfino di un anno. Ma al posto di una linea verticale con due barre orizzontali, il grafico a candele ha un *corpo*.

- La parte inferiore e quella superiore del corpo mostrano i prezzi di apertura e chiusura.

- Se una candela è di colore chiaro, in genere verde, bianco o trasparente (ma esistono altre opzioni), il prezzo di chiusura era più alto di quello di apertura. In altre parole, il prezzo nel periodo rappresentato è salito.

- Se la candela è rossa, nera o di qualsiasi altro colore scuro, significa che il prezzo di chiusura era più basso di quello di apertura. In altre parole, il prezzo è sceso.

La maggior parte delle candele ha una *coda*, che a volte è anche detta *ombra*.

- All'estremità superiore, detta coda superiore, indica il prezzo massimo per il periodo rappresentato dalla candela (ad esempio, il massimo della giornata).

- All'estremità inferiore, detta coda inferiore, indica il prezzo minimo del periodo specifico.

In seguito vedremo che la lunghezza della coda è molto importante per analizzare la fluttuazione del prezzo prevista.

Candela giapponese che mostra il rialzo del prezzo

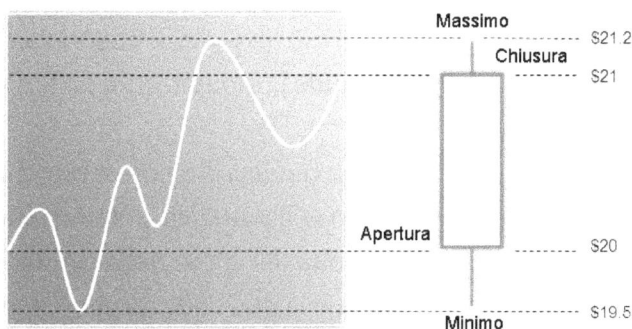

Supponiamo che questa candela rappresenti una giornata di trading. Sulla sinistra potete vedere un semplice grafico a linea che descrive il comportamento di un'azione nell'arco della giornata: l'azione apre al prezzo di 20 dollari, scende a 19,5 dollari, sale fino al suo massimo di 21,20 dollari e chiude la giornata a 21 dollari.

A destra del grafico potete vedere una candela di colore chiaro: significa che il prezzo è salito. Il prezzo di apertura è la base del corpo della candela, la chiusura è il picco superiore e le code superiore e inferiore indicano il massimo e il minimo della giornata. Semplice, non trovate?

Candela giapponese che mostra il ribasso del prezzo

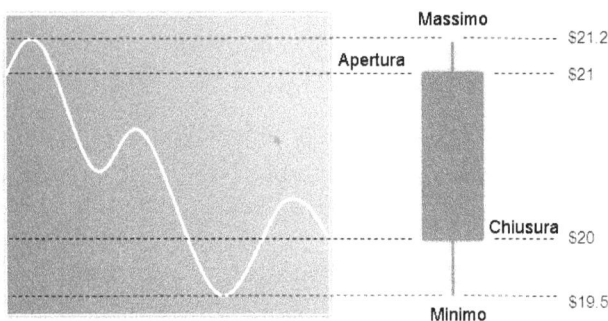

Supponiamo che anche questa candela giapponese rappresenti una giornata di trading. Osservate che è di colore scuro. Guardando il grafico a barre, potete capire subito che mostra una giornata in cui il prezzo è sceso. A sinistra della candela potete vedere il semplice grafico a linea, che descrive il comportamento dell'azione in tutto l'arco della giornata di trading: l'azione apre a 21 dollari, raggiunge il suo massimo di 21,20 dollari, scende al suo minimo di 19,50 dollari e chiude la giornata a 20 dollari.

A destra del grafico a barre potete vedere una candela di colore scuro, che indica che il prezzo è sceso. Dal colore scuro della candela, potete capire subito che il prezzo di apertura è la parte alta del corpo della candela, quello di chiusura è il corpo della candela e le due code, superiore ed inferiore, mostrano il massimo e il minimo della giornata.

IN PILLOLE | *Ricordate che in una candela di colore chiaro il prezzo di apertura si trova alla base, mentre in una candela di colore scuro il prezzo di apertura si trova in cima.*

Potreste sostenere che una candela giapponese dia esattamente le stesse informazioni di un grafico a barre: il prezzo di apertura, il prezzo di chiusura, i prezzi massimi e minimi. È vero, tuttavia ci sono due differenze:

- Grazie al diverso colore, basta un secondo per capire se il prezzo è salito o sceso. Paragonatelo nuovamente al grafico AAPL e capirete in quale sia più facile capire la fluttuazione del prezzo.

- La seconda e più essenziale differenza è data dal fatto che, nel tempo, si sono sviluppate ulteriori tecniche per aggiungere un'altra dimensione al metodo delle candele giapponesi.

C'è anche una terza ragione per usare le candele giapponesi: molti professionisti usano questo metodo ed è utile guardare al mercato esattamente come loro, per poter operare allo stesso modo. Se negoziate prima di loro, non compreranno con voi e i vostri rischi aumenteranno. Se comprate dopo di loro, comprerete a un prezzo troppo alto.

Non c'è dubbio sul fatto che le candele giapponesi illuminino la strada dei trader che le sanno usare efficacemente. Ecco un altro esempio:

Candela giapponese che mostra un prezzo senza variazioni

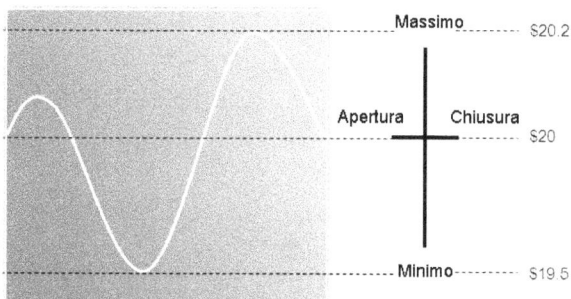

Quando i prezzi di apertura e di chiusura di un'azione sono identici, la candela non sarà né verde né rossa né di nessun altro colore chiaro o scuro e il suo corpo sarà "ristretto" a una linea orizzontale, come potete vedere. Questo tipo di candela è detta *doji* e indica un'indecisione: l'equilibrio perfetto tra compratori e venditori. Nel grafico vedete che il prezzo di apertura e quello di chiusura sono identici: 20 dollari. L'azione ha avuto piccole fluttuazioni, dal minimo di 19,50 dollari al massimo di 20,20, ma ha chiuso, per finire, senza variazioni.

Presentazione delle candele su periodi di tempo variabili

I trader operano entro timeframe diversi da quelli usati dagli investitori, ma, ciononostante, esaminano tutti i grafici delle azioni sul lungo e sul breve termine, come spiegherò. Se voglio un quadro completo di un'azione che intendo negoziare, modifico la presentazione e le candele per visualizzare diversi timeframe, come vedremo più avanti.

Una delle azioni che sto analizzando attualmente per un eventuale acquisto è la Altria, con il simbolo MO. Altria è il primo produttore di sigarette al mondo, conosciuto con brand come Marlboro, Parliament, Virginia e altri. Le possibilità di trading si possono identificare facilmente in base a un grafico giornaliero, in cui ogni candela rappresenta una giornata di trading.

Altria Group, MO – Grafico a candele giapponesi giornaliere in un periodo di tre mesi

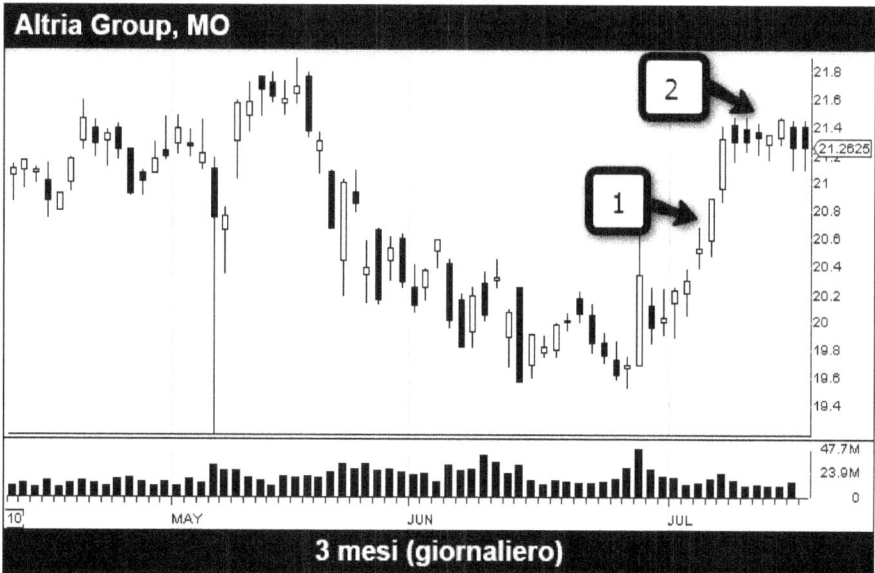

Come osservato, in questo grafico ogni candela rappresenta una giornata di trading. La dimensione del grafico in rapporto alla dimensione della pagina di questo libro è ciò che mi frena dal mostrare un periodo più lungo. Comunque, quando visualizzo la piattaforma di trading sullo schermo del mio computer, il grafico copre una superficie maggiore e mi consente di distinguere chiaramente le candele per almeno nove mesi. È proprio quello che voglio che facciate voi quando esaminate un'azione. Riguardo ad Altria, ho notato un netto rialzo del prezzo negli ultimi otto giorni di trading [1] e molti giorni di consolidamento [2] intorno alla zona del picco.

Questa è una delle configurazioni tecniche preferite dai trader ed è chiamata *bull flag* o bandiera rialzista. Il termine dipende dal fatto che il rialzo del prezzo [1] assomiglia all'asta di una bandiera e il suo stato di stabilità, il consolidamento, ricorda una bandiera. Il termine *bull*, toro, indica un rialzo. Quando le persone sono *bullish* verso un'azione, vuol dire che prevedono un suo rialzo.

In questo caso, vorremo comprare le azioni Altria se saliranno oltre la metà della bull flag: questo rialzo è detto *breakout*. In altre parole, compreremo le azioni Altria se supereranno i 21,50 dollari. Il modo standard in cui viene presentata questa negoziazione pianificata è il seguente:

MO>$21,5

Uno dei motivi per cui la configurazione di Altria è allettante per me è il fatto che, nel trading di ieri, il mercato ha subito un netto ribasso del 3%, mentre Altria, come potete vedere dal consolidamento intorno alla bandiera [2], ha mantenuto bene il suo livello di prezzo e non è stata trascinata nel crollo della maggior parte del mercato.

Prima di decidere se comprare o meno, voglio sapere qualcosa della storia di Altria, perciò imposterò il grafico su "settimanale". Adesso ciascuna candela presenta una settimana di trading e osserverò il comportamento dell'azione in un biennio.

Altria Group, MO – Grafico a candele giapponesi settimanali in un biennio

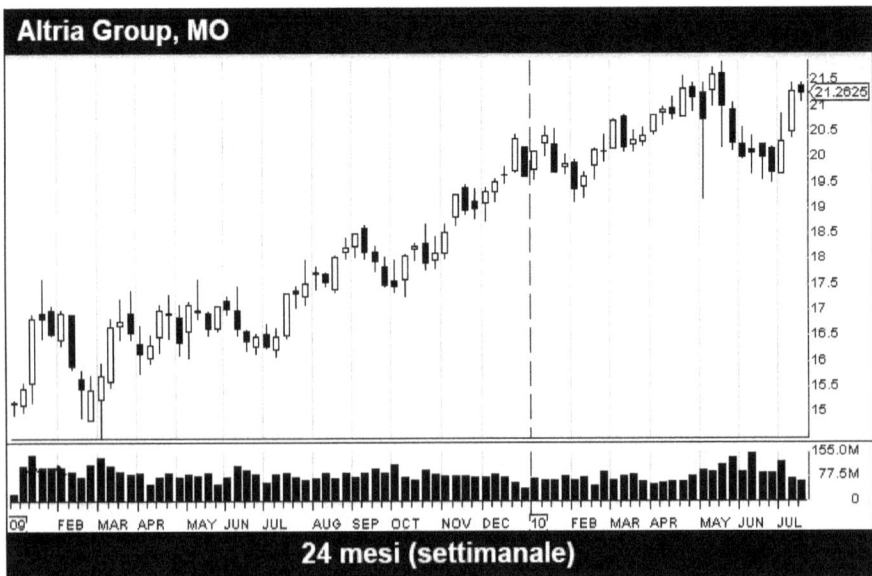

Anche in questo caso, se il vostro schermo lo consente, visualizzate un periodo anche più lungo, preferibilmente di cinque anni. Cosa vediamo? Indubbiamente Altria ha mantenuto un buon trend in rialzo nell'ultimo biennio. Sì, sono ancora interessato!

Ora che ho visto cose piacevoli in due timeframe, giornaliero e settimanale, voglio valutare il suo comportamento più da vicino. Perciò scelgo di visionare gli ultimi dieci giorni di negoziazione e le candele che mostrano timeframe di trenta minuti.

Altria Group, MO – Grafico a candele giapponesi di trenta minuti in un periodo di dieci giorni

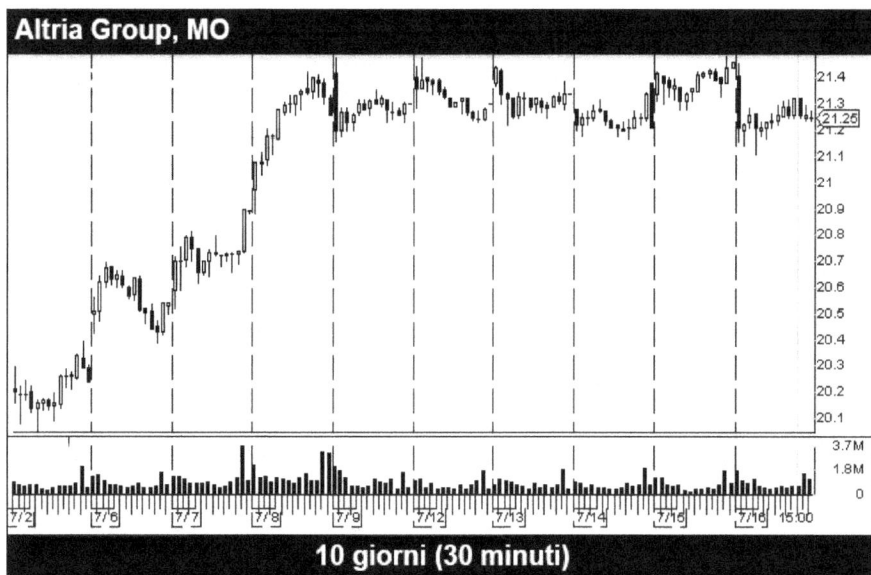

Guardando più da vicino, vediamo chiaramente il consolidamento in cima alla bandiera. Immaginate una situazione in cui l'azione superi il picco della bandiera e raggiunga il suo massimo a 21,50 dollari. Sarebbe molto interessante!

Per completare la mia indagine, verifico il comportamento di Altria nell'ultima giornata di trading con candele di cinque minuti. Per avere un'immagine ancora più chiara, preferisco valutare sempre gli ultimi due giorni di trading.

Altria Group, MO – Grafico a candele giapponesi di cinque minuti in un periodo di due giorni

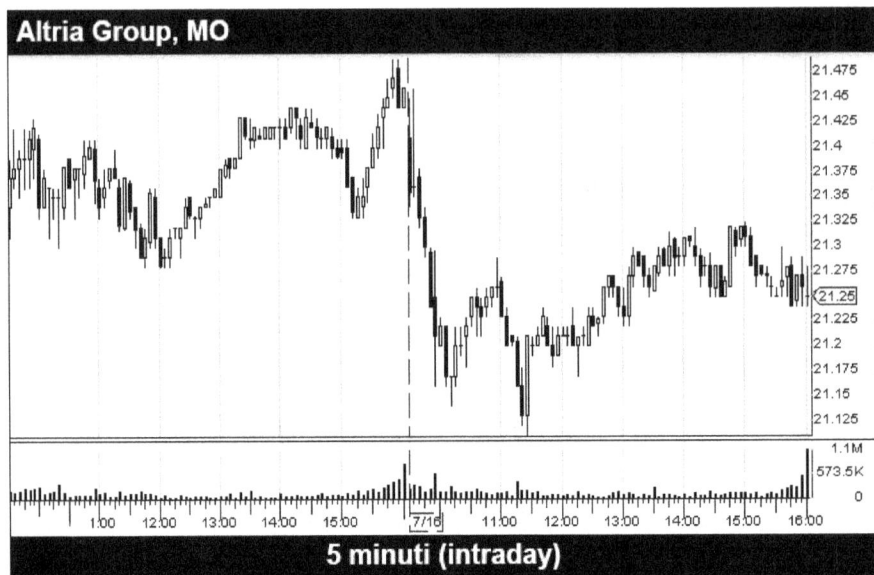

Se avessi esaminato soltanto gli ultimi due giorni di trading, non sono certo che avrei desiderato comprare queste azioni. Ma avendo già esaminato i dieci giorni anteriori, i due giorni precedenti appaiono più chiari entro timeframe più ampi. Inoltre, tengo presente che gli ultimi due giorni di trading si sono conclusi con un netto ribasso dei prezzi in tutti i mercati e ciò ha avuto una leggera ripercussione anche su Altria. A questo punto sono molto interessato. Valutando le candele nell'arco di giorni, settimane e periodi più lunghi, vedo chiaramente che mi piace la storia di Altria e posso prevedere un trend positivo per il suo futuro, finché non si muove sopra a 21,50 dollari.

IN PILLOLE	*Prima di decidere se comprare un'azione, analizzatene il comportamento nell'arco di cinque minuti, trenta minuti, giornalmente e settimanalmente.*

Riepilogo

Per decidere se comprare un'azione e qual è il miglior punto di ingresso, professionalmente conosciuto col nome di *trigger*, è fondamentale alternare tra diversi timeframe, esaminare il comportamento del titolo usando le candele giapponesi con diversi intervalli e valutare l'attività del mercato negli stessi timeframe. Nelle candele settimanali trovo meno "rumore" rispetto a quelle giornaliere e in queste ultime ne trovo di meno rispetto a quelle intraday di trenta minuti, e così via. Come trader intraday, prenderò la mia decisione nella giornata di trading in base a candele con intervalli di cinque minuti e saltuariamente in base a candele con intervalli di due minuti.

Gli *swing trader* acquistano azioni per intervalli di vari giorni o diverse settimane e basano la propria decisione su grafici giornalieri. Gli investitori a lungo termine, conosciuti come *core trader*, tengono un'azione per mesi e addirittura anni e basano la propria decisione su grafici settimanali.

Risultato

Non ho potuto resistere. Sono trascorsi tre mesi da quando ho scritto questa sezione e adesso, mentre apporto le ultime modifiche al testo, ho deciso di completare il quadro con i risultati. Ovviamente, non ve li avrei mostrati, se avessi fallito....

Altria Group, MO – 13% sopra la Bull Flag

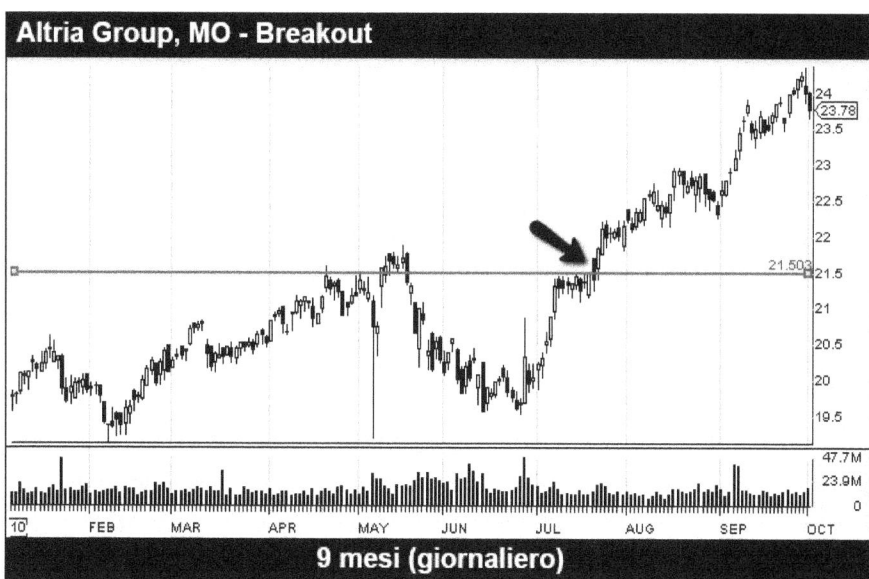

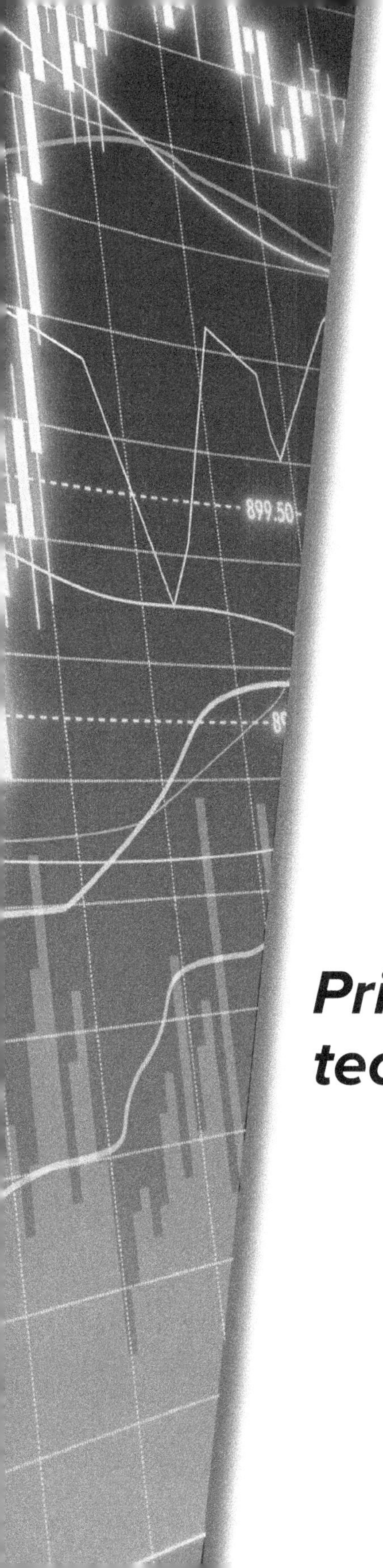

5

Principi di analisi tecnica

Formazioni di grafici.
Specchi di paura e avidità

Le basi

L'analisi tecnica è una disciplina semplice, a patto che non cerchiamo di complicarla. Diversamente dall'analisi fondamentale, ignora il valore di una società e si concentra esclusivamente e totalmente sulle fluttuazioni del prezzo, che è il risultato della domanda e dell'offerta. Ciò che maggiormente influenza la domanda e l'offerta sono le emozioni umane di paura e avidità, e i protagonisti del mercato approfittano di entrambi.

Le emozioni umane possono essere analizzate psicologicamente; l'analisi tecnica non è altro che uno specchio della psicologia umana. Se usata in modo intelligente, permette al trader di prevedere le mosse di venditori e acquirenti e di fare una previsione basata sulla direzione del prezzo relativamente al suo comportamento passato.

Il trend

Abbiamo già detto che i prezzi si muovono in tre direzioni: verso il basso, verso l'alto, lateralmente. Il mercato non si muove mai all'indietro, perché non lo fa il tempo. La sua direzione è detta *trend*. Se il mercato si muove al rialzo in un certo arco di tempo, parliamo di tendenza rialzista; nel caso di un movimento al ribasso in un dato periodo, parliamo di tendenza ribassista e quando il movimento è laterale, con fluttuazioni non significative, parliamo di mercato senza trend. È facile guadagnare quando c'è un trend, mentre è molto difficile farlo quando non c'è. Di solito chi guadagna da un mercato senza trend sono i broker, che beneficiano delle commissioni.

Clichés famosi e negoziazione con i trend

Esistono molti clichés sul mercato dei capitali: Quando piove, tutti si bagnano» e «solo quando la marea si ritira, si scopre chi stava nuotando nudo» e ancora «compra un pettegolezzo, vendi la notizia».

Ma c'è un cliché importante che descrive la regola principale del trading: il trend è tuo amico.

Cosa significa? Significa che dovete negoziare nella direzione del trend e soltanto in quella. Accompagnatelo e concretizzatelo fintantoché non dia segni di finire. Quanta più attenzione metterete nell'integrare i trend, come spiegherò in seguito, tanto meglio sarà per voi. La negoziazione perfetta si ha quando si acquista un'azione con un trend chiaro e il settore in cui opera la società e il mercato globale mostrano un trend identico.

IN PILLOLE

In realtà, tenterete di convincere voi stessi che «solo per stavolta» comprerete in opposizione al trend. Dopo tutto, «è sceso già troppo» e deve salire...

Anche se insegno ai miei studenti a negoziare sempre nella direzione del trend, succede che i nuovi trader nella nostra sala di trading acquistino o vendano in contrasto con il trend. La base del loro suggerimento sembra logica: «l'azione ha subito un ribasso profondo e perciò il trend deve volgere al rialzo» oppure «l'azione ha avuto un rialzo e il trend deve volgere al ribasso». Fatta eccezione per alcuni casi rari, questo modo di pensare è fondamentalmente errato.

Comprare un'azione con un trend ribassista, o viceversa, è come nuotare contro corrente in un fiume dalle acque tumultuose: ci sono scarse probabilità che raggiungiate il vostro obiettivo e, anche se ci riusciste, sareste esausti. Occasionalmente, un trader che ha suggerito di vendere allo scoperto un'azione con trend rialzista mi ha in seguito fatto notare che l'azione ha effettivamente subito un ribasso di molti dollari. Sono lieto di congratularmi per il suo successo, ma aggiungo anche una risposta generica: «Stai certo che se lo farai dieci volte, fallirai almeno sette». Opero da abbastanza tempo e ho sufficiente esperienza per intuire quando un'azione sta per cambiare il suo trend e ora sono in grado di capire perché ho fallito nella maggior parte dei casi. Non ci provate. È uno spreco di tempo e di denaro.

Negoziare secondo il trend mi dà l'opportunità di acquistare azioni solide in rialzo e vendere quelle deboli in ribasso; negoziare contro il trend riduce le chance di successo e fa perdere occasioni su altre azioni che si muovono nella direzione del trend.

Nel libro *Reminiscences of a Stock Operator* il protagonista, Larry Livingston, parla di un anziano di nome Partridge, con molti anni di esperienza nel trading azionario. Quando un trader senza formazione gli chiedeva consiglio su una certa azione, rispondeva autorevolmente: «Lo sai, sei nel mercato in rialzo!». Il vecchio Partridge aveva compreso e interiorizzato qualcosa che perfino i veterani, per non parlare dei giovani trader, avevano difficoltà a comprendere: bisognerebbe approfittare fino in fondo della possibilità di negoziare seguendo il trend. Finché il mercato è in rialzo e le azioni che state comprando mantengono il trend rialzista, o, come spesso si dice nella sala di trading, «non hanno fatto niente di sbagliato», non vendetele! Lo stesso vale per le azioni in ribasso quando il trend di mercato è ribassista.

All'inizio dell'anno scolastico ho partecipato a un incontro con i genitori nella scuola di mia figlia. Prima di uscire di casa, ho negoziato e conversato con i miei colleghi nella sala di trading e, al momento di uscire, ho piazzato nella piattaforma di trading degli stop order protettivi. Al mio ritorno tre ore più tardi, ho notato che il saldo sul mio conto trading era notevolmente aumentato; il trend aveva fatto il proprio lavoro e le azioni avevano continuato a salire. La conclusione è ovvia: finché l'azione «non fa niente di sbagliato», non toccatela. Uscite, andate dove dovete andare e non state incollati allo schermo del computer, così non sarete tentati di vendere. A proposito, la mia esperienza mi ha insegnato che guardare ininterrottamente gli schermi non aiuta il prezzo dell'azione ad andare su o giù.

Un trader principiante può pensare che i trader professionisti abbiano l'abitudine di negoziare durante tutta la giornata. Se così fosse, non significherebbe che comprino e vendano continuamente. Niente affatto! Significa invece che quei trader lasciano che le azioni facciano tranquillamente il proprio lavoro, senza interromperle. Negoziare per un'intera giornata non significa fissare gli schermi per tutto il tempo. In realtà, ho l'abitudine di stare al computer non più di due ore al giorno e di ritornare per brevi visite durante la giornata di trading, per dare un'occhiata agli sviluppi e soprattutto per verificare che non ci siano cambiamenti nel trend.

Agli esordi della mia attività di trader, mi era chiaro che il successo nel trading azionario dipende dall'aumentare le opportunità e dal diminuire i rischi. Per aumentare le mie chance, seguo la massa per quanto riguarda i trend. Come faccio a sapere verso quale strada è indirizzata la massa? Verifico due cose:

- il trend dell'azione (su o giù) e
- il volume dell'azione, cioè il numero di azioni negoziate tra venditori e compratori.

I trader professionisti spesso preferiscono le azioni volatili, che crollano ed escono di frequente, dato che tali azioni si comportano in base all'isteria o all'avidità. Esistono due situazioni nel trading che possono farvi guadagnare tanto, se le sapete riconoscere e se sapete entrare e uscire nei momenti giusti.

Definire il trend

Il trend è la direzione che il mercato sta prendendo. Poiché il mercato, come un serpente, non si muove mai in linea retta, ma a zig zag, il trend è composto da una sequenza di minimi e massimi.

- Una sequenza di minimi e massimi, in cui ogni minimo è superiore al precedente e ogni massimo è superiore al precedente, crea un trend rialzista. Questa sequenza è caratterizzata da *minimi e massimi crescenti*.

- Una sequenza di minimi e massimi, in cui ogni nuovo minimo è inferiore al precedente e ogni nuovo massimo è ugualmente inferiore al precedente, crea un trend ribassista. Questa sequenza è caratterizzata da *minimi e massimi decrescenti*.

Il pubblico in genere sente parlare soltanto di rialzi e ribassi sul mercato, ma, secondo le stime conservative, per circa un terzo del tempo il mercato non si muove né verso l'alto né verso il basso, ma rimane stabile. Questo movimento è dovuto a una sequenza di minimi e massimi simili. Nella sala di trading, descriviamo spesso questa situazione come *movimento nel range market* o *movimento laterale*.

IN PILLOLE

È difficile guadagnare quando il mercato si muove lateralmente. Non si può prevedere se il mercato seguirà un trend oppure no. Se ci accorgiamo che non c'è nessun trend, evitiamo di intraprendere nuove negoziazioni.

Quando una sequenza forma due massimi crescenti e due minimi crescenti, abbiamo un *trend rialzista*. Nel grafico seguente possiamo vedere tre minimi crescenti e quattro massimi crescenti, quindi un chiaro movimento al rialzo. Osservate che il quinto massimo è inferiore al quarto: è indice del fatto che il trend rialzista si è interrotto? No, ma ci porta a tenere d'occhio eventuali cambiamenti.

Trend rialzista

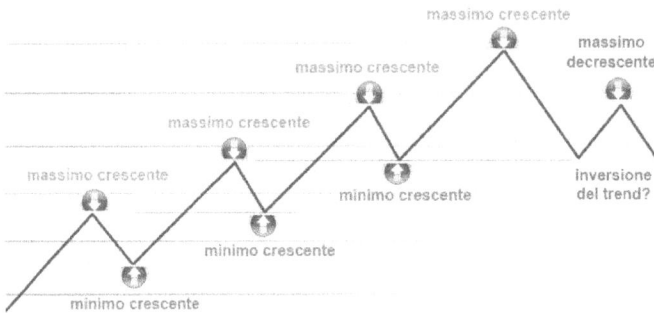

massimo crescente

massimo
decrescente

massimo crescente

massimo crescente

massimo crescente

minimo crescente

inversione
del trend?

minimo crescente

minimo crescente

Gli intervalli di tempo tra minimi e massimi hanno importanza? No. L'intervallo in cui negoziate è il fattore determinante. Se vi siete inseriti per vari giorni, come nello *swing trading*, perché avete identificato un trend rialzista sul grafico giornaliero (in cui ogni candela rappresenta un giorno), è questo il trend che dovete "cavalcare". Gli investitori sul lungo termine di solito cavalcano i trend in base a grafici settimanali (in cui ogni candela rappresenta una settimana) e i trader intraday identificano e acquistano azioni secondo trend intraday, basati su candele con intervalli di cinque minuti.

Quando dovreste acquistare? Se volete correre dei rischi, comprate dopo il primo minimo; se siete tendenzialmente più cauti e volete ottenere almeno un piccolo profitto, comprate dopo il secondo minimo. Ne riparleremo più dettagliatamente in seguito.

Trend ribassista

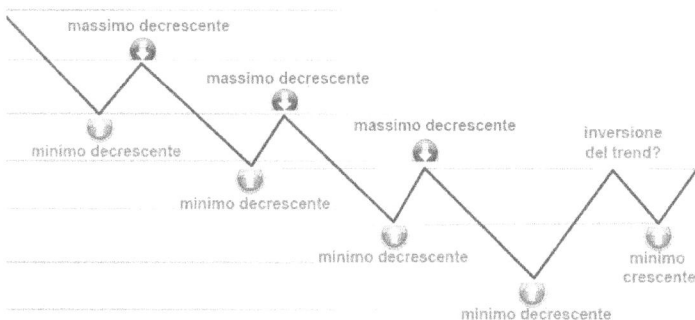

Quando una sequenza forma due minimi decrescenti e due massimi decrescenti, abbiamo un *trend ribassista*. Nel grafico precedente possiamo vedere quattro minimi decrescenti e tre massimi decrescenti: chiaramente un trend ribassista. Osservate che il quinto minimo è superiore al quarto minimo: è indice del fatto che il trend ribassista si è interrotto? No, ma fa sospettare che ci sia un cambiamento in arrivo.

Joy Global Inc., JOYG – Trend rialzista

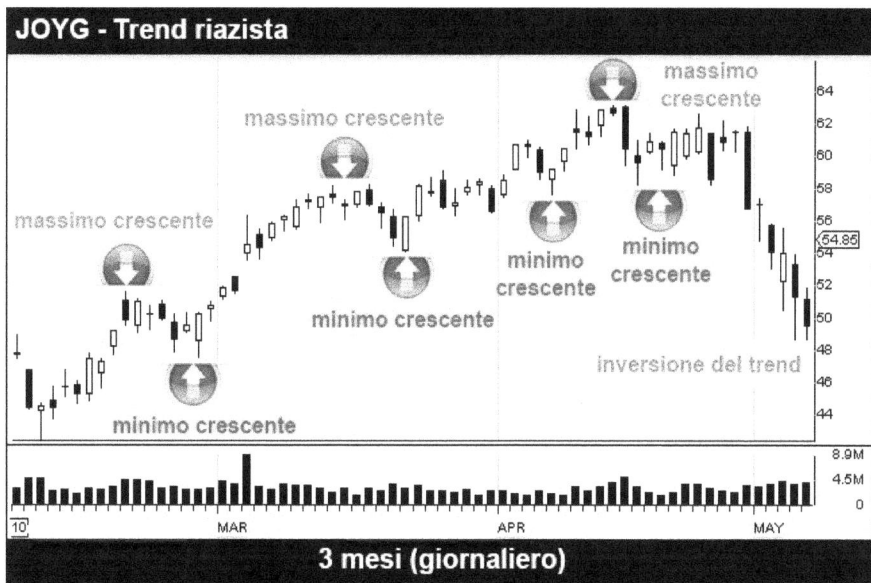

La Joy Global ha mantenuto un trend rialzista per circa tre mesi, salendo da un prezzo di 44 dollari fino al picco di 64 dollari. Osservate i quattro minimi crescenti e i tre massimi crescenti prima che l'azione cambiasse direzione, rompesse il primo minimo e scendesse a un nuovo minimo. Se aveste posseduto questa azione, a che punto pensate che sareste dovuti uscire? La risposta esatta è: al *break point* dell'azione, cioè al punto di ribasso sotto l'ultimo minimo crescente, sotto i 58 dollari.

Finora ho spiegato perché sia così importante negoziare seguendo il trend e utilizzarlo pienamente (non dimenticatelo mai!). Ho anche spiegato i tre trend del mercato, ma non ho ancora spiegato cosa significano dal punto di vista di un trader.

Riflettete un attimo: cosa vuole sempre sapere un trader?

- Un trader vuole sempre conoscere la proporzione tra acquirenti e venditori: in altre parole, quale di questi due gruppi contrapposti stia vincendo l'eterno tiro alla fune.
- Se stanno vincendo gli acquirenti, abbiamo un trend rialzista.
- Se stanno vincendo i venditori, abbiamo un trend ribassista.
- Se le due fazioni sono in equilibrio, l'azione si muove lateralmente, con lievi fluttuazioni verso l'alto e verso il basso, ma senza un vero trend.

Cosa fanno i trader professionisti con questa informazione?

- Vogliono comprare (in rialzo) quando gli acquirenti stanno vincendo, cioè quando l'azione sale.
- Vogliono vendere in ribasso quando i venditori stanno vincendo, cioè quando il prezzo scende.
- Il movimento laterale è pericoloso: da un lato, l'azione si sta muovendo in un range che non permette di ottenere un profitto; dall'altro lato, un piccolo strattone alla fune a vantaggio di una delle due fazioni può causare delle perdite.

È per questo motivo che i trader professionisti non negoziano durante i movimenti laterali, ma aspettano che il trend prenda una direzione chiara. A volte stare fermi è il passo migliore da fare. Col tempo, scoprirete che nei *range market* la cosa migliore è non fare niente! Se le condizioni del mercato non permettono di seguire un trend chiaro, non entrate. In altre parole, non muoversi significa non perdere denaro. Ne riparleremo in seguito.

Supporto e resistenza

Quando nell'analisi tecnica si parla di supporto e resistenza, ci si riferisce alle *linee di supporto e di resistenza*, ma, come mostrerò in seguito, il supporto e la resistenza si possono trovare anche nei punti massimi e minimi, nelle medie mobili e nelle cifre tonde. Inoltre essi sono legati a un'altra fase: i breakout e i breakdown.

- Un forte ribasso di un prezzo può essere un breakdown di supporto.
- Un forte rialzo di un prezzo può essere un breakout di resistenza.

Aree di supporto e di resistenza

All'inizio del XX secolo, molti trader azionari iniziarono a riconoscere che un'azione deve uscire o abbattere anche la più piccola resistenza per poter essere negoziata. In quel periodo non si usavano grafici o strumenti tecnici, ma soltanto il supporto e la resistenza; minimi e massimi venivano ricordati a memoria, trascritti e usati come punti futuri di supporto e di resistenza. Quei trader non si possono accusare di mancanza di professionalità.

Perciò, quando i trader analizzano il trend e determinano i loro punti di entrata e di uscita, è fondamentale che identifichino le aree di supporto e di resistenza di un'azione. Come già enunciato, i trader professionisti sono sempre interessati a conoscere i rapporti di forza tra acquirenti e venditori e queste aree indicano i punti di svolta nell'equilibrio.

<table>
<tr><td>IN
PILLOLE</td><td>Chi supporta un'azione in ribasso? Gli acquirenti convinti che salirà e i grandi scopertisti che realizzano un profitto (cioè riacquistano le proprie posizioni short) durante i trend ribassisti.</td></tr>
</table>

- L'area di supporto è il prezzo a cui l'azione si ferma durante il suo ribasso: in altre parole, il punto in cui gli acquirenti sono più numerosi dei venditori.

- L'area di resistenza è il prezzo a cui l'azione si ferma durante il suo rialzo: in altre parole, il punto in cui i venditori sono più numerosi degli acquirenti.

Riepilogo

Nell'area di supporto la maggioranza pensa che il prezzo dell'azione sia conveniente; nell'area di resistenza la maggioranza pensa che il prezzo dell'azione sia alto.

I trader professionisti cercano di comprare un'azione in rialzo dopo che ha infranto l'area di resistenza e cercheranno di vendere (allo scoperto) quando un'azione infrange l'area di supporto.

Voglio sottolineare che si tratta di *aree*, non di *linee*, di supporto e di resistenza. Il termine linea indica una realtà rigida e irrealizzabile. È ragionevole che tutte le persone attive sul mercato acquistino costantemente allo stesso prezzo di supporto e vendano sempre allo stesso prezzo di resistenza? Ovviamente no. E ciò vale anche per un mercato ampio. Inoltre, come già detto, i principi dell'analisi tecnica sono noti a tutte le persone attive sul mercato e spesso le linee vengono infrante di proposito per eseguire acquisti e ordini di vendita automatici nei computer o per tentare trader ingenui a vendere e comprare un'azione.

Quando il supporto diventa resistenza e viceversa

- Quando un'area di resistenza viene rotta, diventa un'area di supporto.
- Quando un'area di supporto viene rotta, diventa un'area di resistenza.

Cerchiamo di esaminare questa regola e di capire come funziona tramite i grafici seguenti.

Resistenza che diventa supporto

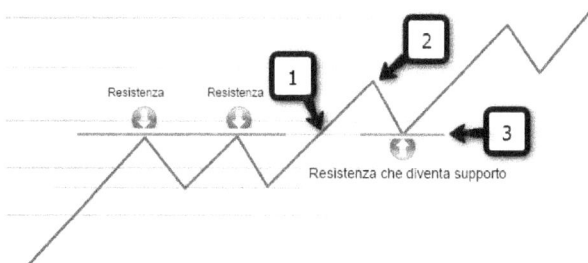

Resistenza che diventa supporto

IN PILLOLE	*Quando un'azione rompe la resistenza [1], sale [2] e poi ritorna al prezzo di rottura [3], parliamo di retest. In altre parole l'azione "testa" la resistenza e certifica che si sia trasformata in supporto.*

Perché la resistenza diventa supporto? Per tre motivi:

1. I trader amano comprare azioni che rompono la resistenza. Quando un'azione rompe la resistenza [1], la comprano, sperando che salga. Se, per la loro gioia, ciò accade e l'azione crea un nuovo massimo [2], si dispiacciono di non averne comprata una quantità maggiore all'inizio... A questo punto l'azione è troppo cara perché un ulteriore acquisto sia conveniente, ma i trader vorrebbero aumentare la quantità in loro possesso se il prezzo dell'azione dovesse scendere alla cifra di rottura [3]. Se ciò succede, acquistano, creando un supporto.

2. Altri trader, che non hanno approfittato della rottura, vedono che l'azione sta salendo e si dispiacciono di non essersi uniti alla festa. Non compreranno l'azione al suo picco [2], perché è troppo costosa, ma saranno lieti di comprarla quando sarà ritornata al prezzo di rottura [3]. Quando succede questo, comprano. Il loro acquisto indica che essi supportano l'azione: in altre parole, creano un supporto [3].

3. Gli ultimi della fila sono gli short seller, che speravano che l'azione non salisse, ma si sono ritrovati con un'azione che ha raggiunto nuovi massimi [1] e sono dispiaciuti di non avere chiuso gli short prima della rottura. Hanno perso soldi, ma psicologicamente hanno difficoltà ad ammettere l'errore di aver chiuso lo short fino al massimo [2]. Certo, sarebbero stati felici se avessero avuto occasione di uscire dalla loro posizione short al prezzo pre-rottura, cioè acquistare a quel prezzo (spiegherò in seguito come chiudere uno short con un acquisto). Quando l'azione subirà un ribasso, si asciugheranno il sudore dalla fronte, acquisteranno e saranno tra coloro che creeranno un supporto [3].

Riepilogo

Se un'azione crolla fino al suo punto di retest [3], tutti i trader avranno un interesse comune: acquistare. È questo interesse comune che trasforma la resistenza in supporto.

Supporto che diventa resistenza

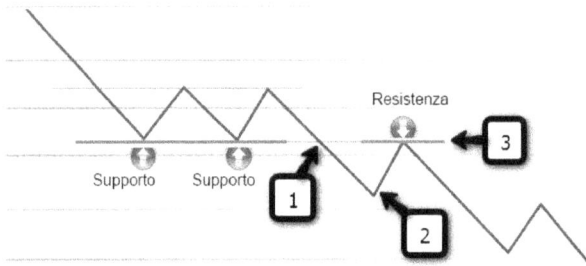

Perché un supporto diventa resistenza? Esattamente per il motivo opposto a quanto descritto sopra:

1. I trader amano vendere azioni short che rompono il supporto. Quando ciò accade [1], eseguono gli short, cioè vendono le azioni (ne riparleremo) e sperano che il prezzo scenda. Se, per il loro piacere, lo fa e raggiunge un nuovo minimo [2], sono dispiaciuti di non aver venduto dall'inizio una quantità maggiore… ma ormai il prezzo è sceso troppo per vendere ancora. Tuttavia, sarebbero felici di aumentare la quantità di vendite se il prezzo ritornasse al punto di breakdown

[3]. Se questo accade, aumentano la quantità di short, cioè, vendono di più e si pongono tra coloro che creano la resistenza [3].

2. Altri trader, che non hanno approfittato della rottura, vedono che l'azione sta scendendo e si dispiacciono di non essersi uniti alla festa. Non eseguiranno vendite con il prezzo al suo minimo [2] perché «è già sceso troppo», ma saranno lieti di effettuarle quando il prezzo sarà tornato al punto di rottura [3]. Se succederà, faranno una vendita e si porranno tra coloro che creano la resistenza [3].

3. L'ultimo gruppo che crea una resistenza sono i *long trader*, cioè i trader che acquistano (in contrasto con gli *short trader* che vendono), i quali credevano nell'azione e l'hanno comprata prima della rottura, pensando che sarebbe salita. Perciò adesso si ritrovano con un'azione perdente: la guardano mentre raggiunge un nuovo minimo e si dispiacciono di non averla venduta prima della rottura. Subiscono forti perdite, non riescono ad ammettere il proprio errore e a vendere se il prezzo dell'azione è basso [2]. Pregano che ritorni al suo punto di rottura [2], a cui potranno felicemente vendere. Se succederà, anche loro si porranno tra i venditori che creano la resistenza [3].

Riepilogo

Se un'azione sale fino al suo punto di retest [3], in genere trova una resistenza creata dall'interesse comune di tutti coloro che operano sul mercato in quel momento: i venditori. È questo comune interesse che trasforma il supporto in resistenza.

Punti minimi e punti massimi

I punti minimi e massimi servono anche come aree di supporto e resistenza, entrambi su grafici intraday e giornalieri.

Massimo che diventa resistenza

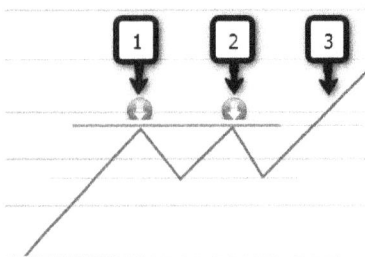

Perché un massimo [1] crea una resistenza quando il prezzo ritorna allo stesso punto [2]?

Per capirlo, dobbiamo penetrare più in profondità nei pensieri degli acquirenti.

Ogni punto nel grafico rappresenta sia i venditori sia gli acquirenti e ciò vale anche per il punto in cui l'azione raggiunge il suo massimo [1]. Certo, in quel momento, gli acquirenti non sanno ancora di aver raggiunto il picco del prezzo e, in un eccesso di entusiasmo per un'azione solida, la comprano al massimo, sperando che salga. In realtà, quando scoprono che sta scendendo, ne restano delusi. Stanno perdendo denaro e sono dispiaciuti di essersi fatti allettare e di aver comprato a prezzo alto. Non vogliono vendere in perdita, perciò si ripromettono che, se l'azione ritornerà al prezzo a cui l'hanno comprata [1], rimedieranno all'errore, sbarazzandosene allo stesso prezzo dell'acquisto.

Questi acquirenti non sono gli unici a essere delusi: ci sono molti altri in attesa di vendere al loro prezzo di ingresso e, se l'azione ritornerà a quel primo massimo [2], li troverà ad aspettarla.

Il prezzo dell'azione può vincere la resistenza dei venditori e raggiungere un nuovo massimo? A volte sì, a volte no. Dipende dall'equilibrio delle forze tra venditori e acquirenti. Nel grafico precedente, vediamo che l'azione ha continuato a salire [3]. In altre parole, stavolta hanno vinto gli acquirenti.

L'arretramento al secondo massimo [2] è detto *double top* (doppio massimo). Quando un'azione sale al double top, in molti casi arretrerà a causa della resistenza e scenderà. In una situazione simile, se avete acquistato un'azione che sta per raggiungere il double top, sarebbe saggio realizzare un po' di profitto prima del punto di resistenza previsto.

IN PILLOLE

> *Quando un'azione scende dal suo massimo e cerca di risalire, incontra la resistenza creata dagli acquirenti delusi, che l'hanno comprata quando era salita e adesso desiderano venderla al loro prezzo di acquisto.*

Minimo che diventa supporto

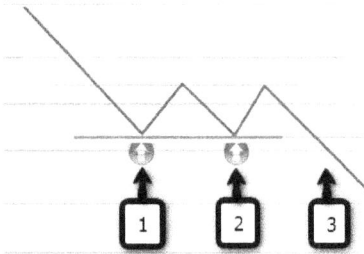

Perché l'ultimo minimo crea un supporto?

Anche in questo caso dobbiamo capire la prospettiva psicologica dei venditori e degli acquirenti. In ogni punto del grafico troverete sia gli uni che gli altri, ma, stavolta, chiameremo i venditori *short seller*. Al minimo di un'azione [1], gli short seller non si rendono conto della situazione e, in un'esplosione di entusiasmo per il prezzo debole dell'azione, vendono, sperando che il prezzo continui a scendere.

In realtà, scoprono che, contrariamente alle loro speranze, l'azione sta salendo e stanno perdendo, rimanendone delusi. Si ripromettono che, se l'azione ritornerà al prezzo pre-vendita (cioè lo stesso prezzo del minimo precedente), rimedieranno all'errore e chiuderanno lo short (cioè, compreranno l'azione).

Se l'azione ritornerà allo stesso minimo [2], incontrerà tutti quegli short seller delusi, entusiasti che l'azione sia ritornata alla posizione di ingresso.

L'azione riuscirà a superare il supporto degli acquirenti e a scendere a un nuovo minimo? Forse sì, forse no... Dipende dall'equilibrio delle forze tra le due fazioni.

Nel grafico precedente vediamo che l'azione ha continuato la sua discesa [3]. In altre parole, stavolta hanno vinto i venditori. Il rialzo da un minimo al punto [2] è detto *double bottom* (doppio minimo). Quando un'azione scende al double bottom, nella maggior parte dei casi risale, grazie al supporto creato dagli acquirenti.

Come si muove un serpente ubriaco?

In linea retta!

Proprio come un serpente, un'azione non si muoverà mai in linea retta, ma sempre tra ribassi e rialzi e tra minimi e massimi.

Ricordatelo, quando un'azione si muove nella direzione opposta a quella che desiderate! In genere lo fa contro i vostri desideri perché è nella sua natura e ciò non implica necessariamente che il trend sia cambiato.

Distinguete tra "rumori" sporadici nel movimento di un'azione e un vero cambiamento del trend. Parleremo in seguito dei rumori dei prezzi delle azioni.

Analisi delle candele giapponesi

Fin qui abbiamo visto come vengono presentati i prezzi con le candele giapponesi; adesso parleremo delle parti di una candela: il corpo e la coda. Ogni candela racchiude informazioni sull'equilibrio delle forze tra acquirenti e venditori.

Candela a range stretto

La candela a range stretto mostra una distanza relativamente breve tra il prezzo di apertura e quello di chiusura.

Relativamente… rispetto a cosa? Rispetto al comportamento comune delle azioni esaminate.

Ogni azione ha la propria "personalità". Una candela può essere definita come *stretta* o *ampia* se si osserva il comportamento dell'azione in un timeframe rappresentativo, che mostra la condotta di varie candele.

Per un'azione come la AAPL, una candela a range stretto intraday di cinque minuti può indicare da dieci a trenta centesimi di dollaro, anche se, di contro, per la maggior parte delle azioni sarebbe considerata ad ampio range.

- Una candela a range stretto indica una bassa volatilità.

- Un cambiamento relativamente piccolo nell'equilibrio tra acquirenti e venditori, in molti casi, anticipa un movimento brusco nel prossimo futuro nell'una o nell'altra direzione.

- Una candela a range stretto indica anche che la forza degli acquirenti e dei venditori si equivale, come succede con la candela doji. Non è un equilibrio perfetto, come rappresentato nella doji, ma il suo significato è chiaro.

Una candela ha scarso significato di per sé, ma acquista importanza se ne osserviamo la posizione in un gruppo di varie candele. Ad esempio, una candela a range stretto ha un certo significato se segue varie candele a range stretto, ma ne ha un altro se segue varie candele ad ampio range. Ne riparleremo più avanti in dettaglio e tratteremo anche delle variazioni del trend. Come la doji, una candela a range stretto suggerisce un'imminente inversione del trend e la rende più affidabile.

Candela ad ampio range

Questi sono alcuni esempi del significato del colore e della lunghezza di una candela:

- Se è di colore chiaro, il controllo è in mano agli acquirenti.

- Se è di colore scuro, il controllo è in mano ai venditori.

- Più è lunga rispetto alle altre candele, maggiore e più solido è il grado di controllo.

Apple Inc., AAPL – Candela a stretto e ampio range con candele di cinque minuti

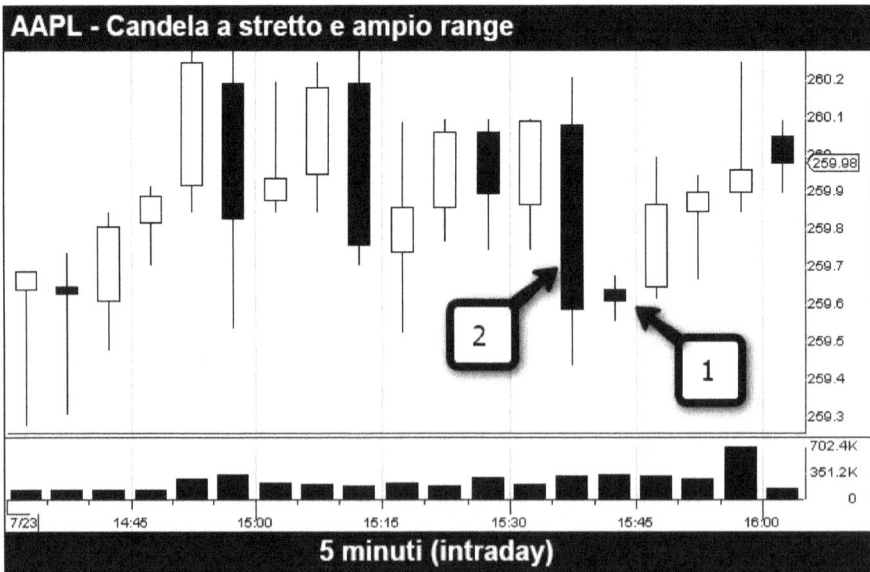

Nella candela a range stretto [1], la distanza tra il prezzo di apertura e quello di chiusura è molto ridotta e quasi insignificante. Come detto, il range stretto è un termine relativo. Per le AAPL, un range di cinque centesimi di dollaro tra il prezzo di apertura e quello di chiusura, come vediamo nella candela, è minuscolo, ma in altre azioni come quelle di Microsoft (MSFT) può essere relativamente ampio.

Se confrontiamo la candela a range stretto [1] con quella ad ampio range [2], il range tra il prezzo di apertura e quello di chiusura è di 50 centesimi di dollaro. Confrontando questa candela relativa con quelle adiacenti, è evidente che, in quel timeframe di cinque minuti, i venditori controllavano saldamente il prezzo. Il fatto che, dopo i cinque minuti di controllo dei venditori, sia stato raggiunto un equilibrio tra loro e gli acquirenti, come mostra la candela a range stretto [1], indica che la lotta per il controllo è al culmine e potrebbe prevalere la fazione opposta. In questo caso, seguendo la candela a range stretto, possiamo vedere che sono subentrati degli acquirenti. Molto spesso, una candela a range stretto indica un cambio di direzione, conosciuto come *inversione di prezzo*.

Qual è il trend dell'azione?

Nel grafico precedente, non possiamo considerare abbastanza candele per determinare il trend, ma supponiamo per il momento che, dall'avvio del trading, le AAPL stiano salendo. Dato che, statisticamente, le chance che il trend in rialzo continui sono maggiori rispetto a un suo possibile cambiamento, è molto probabile che la candela a range stretto [1] sia seguita da un trend rialzista e che il controllo passi agli acquirenti. E così è successo.

La formazione di un cambio di direzione in una candela discendente ad ampio range [2], seguita da una candela a range stretto [1] e da un'altra candela ascendente è detta *inversione* e ne riparleremo in seguito.

IN PILLOLE | *Non prendiamo mai decisioni basandoci su una singola candela. Ogni candela ha senso ed è affidabile solo se è inserita in una formazione di varie candele.*

La coda della candela

La *coda*, detta anche *ombra*, indica un cambiamento nell'equilibrio di potere tra acquirenti e venditori. Per capire come si forma, diamo un'occhiata al grafico seguente, che mostra il comportamento intraday delle AAPL in una giornata.

Apple Inc., AAPL – Candele di quindici minuti

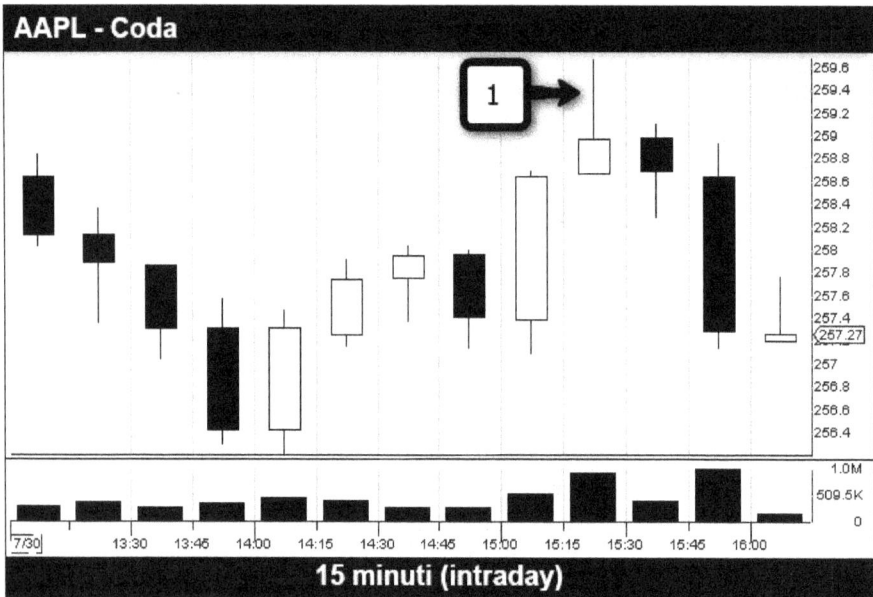

In base al suo colore, la candela [1] indica un rialzo del prezzo: in altre parole, il prezzo di chiusura dell'azione è più alto di quello di apertura. Ma un aumento del prezzo non racconta tutta la storia. Questa candela ha molto altro da dire: infatti ha anche una lunga coda superiore.

Che significato ha una coda? Come ho già detto, la coda indica il picco del prezzo di un'azione in un timeframe di quindici minuti, rappresentato dalla candela. In un certo momento, nell'arco di questi quindici minuti, il prezzo dell'azione ha raggiunto l'apice della coda e gli acquirenti avevano il pieno controllo. La coda indica anche che gli acquirenti non sono riusciti a mantenere il prezzo alto e che i venditori hanno preso il controllo dell'azione! Vediamo che la coda è lunga quasi quanto la candela stessa. Conclusione: un'inversione del prezzo è altamente probabile, cioè un suo ribasso, come indica la candela successiva [1].

Per capire meglio il significato di una coda, ampliamo ora il timeframe di quindici minuti, tra 15:15 e 15:30, in candele lunghe un minuto ed esaminiamo da vicino cosa accade veramente.

Apple Inc., AAPL – Candele di un minuto

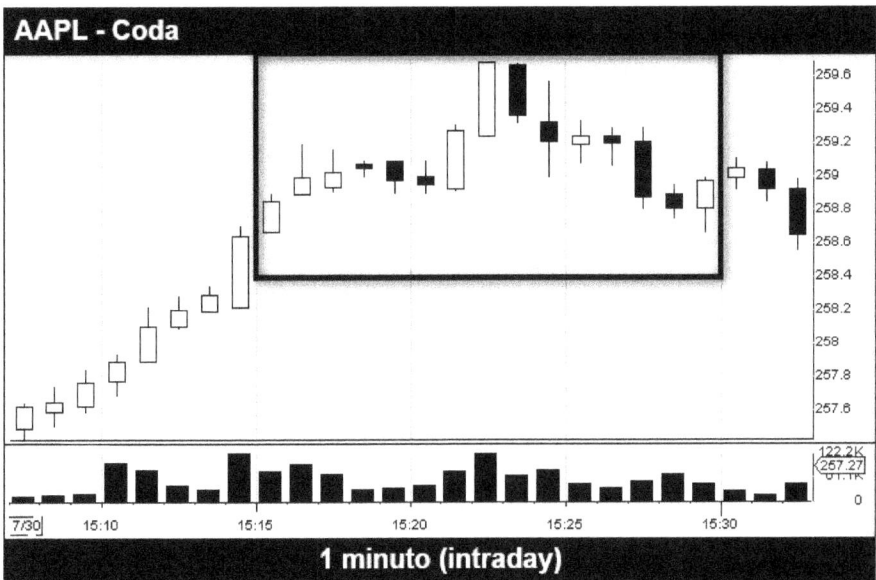

La battaglia per il potere adesso è più evidente. Vediamo un aumento forte e costante di candele di colore chiaro, che indicano il controllo degli acquirenti, e poi una serie di candele nere, che mostrano che i venditori hanno preso il controllo. Anche se alla fine dell'intervallo di quindici minuti il prezzo dell'azione è salito, la formazione della coda mostra uno spostamento del controllo e quindi un cambiamento previsto nella direzione del prezzo dell'azione. Il grafico precedente mostra che così è stato.

IN PILLOLE

Una coda superiore indica che i venditori hanno preso il controllo e una coda inferiore indica che lo hanno preso gli acquirenti. Le code sono uno strumento eccellente per prevedere un'inversione del prezzo.

Il colore di una candela ha un significato corrispondente alla coda? Nel grafico AAPL di quindici minuti, la candela è di colore chiaro: questo significa un rialzo del prezzo. Se fosse stata di colore scuro, indicando il ribasso del prezzo, la coda avrebbe suggerito ancora più chiaramente un cambiamento di prezzo.

La coda superiore mostra che i venditori hanno preso il controllo. Più è lunga, più forte e netto è il controllo. Il colore della candela non fa differenza.

La coda inferiore indica la previsione di un'inversione di tendenza al rialzo. Anche in questo caso la posizione della candela nella formazione attribuisce un significato alla coda. Un coda lunga, che punta verso il basso, ci ricorda che i venditori avevano il controllo completo, ma che adesso il controllo è passato agli acquirenti.

Modelli di inversione

Le candele ci riportano fedelmente le battaglie tra acquirenti e venditori in un determinato timeframe, ma rappresentano solo una parte del quadro completo dei modelli che creano.

Per capire da dove arrivi un'azione e cercare di prevedere dove andrà, dobbiamo valutare molto di più di una singola candela all'interno di un gruppo e cercare di prendere le nostre decisioni in base a modelli inclusi in varie candele. Se impariamo a identificare i modelli, possiamo capire un'azione a colpo d'occhio e prendere le conseguenti decisioni.

- I modelli di inversione sono formazioni grafiche di un gruppo di candele che ci aiutano a identificare i punti minimi e massimi.

- Usiamo i modelli di inversione per capire quando comprare o vendere le azioni che stanno per cambiare (ovvero invertire) la propria direzione. Ad esempio: se abbiamo acquistato un'azione, la vorremmo rivendere a un prezzo quanto più vicino possibile al suo massimo, ma se avessimo operato sull'azione al ribasso (short), la vorremmo ricomprare al prezzo più vicino possibile al suo minimo, esattamente nel punto in cui inizia a salire.

- Se vogliamo guadagnare dalla vendita allo scoperto (short) di un'azione, dovremmo farlo prima che il prezzo salga.

- Se vogliamo vendere allo scoperto, vorremmo farlo quando un'azione ha finito di recuperare ("ritracciare") e sta per subire un nuovo ribasso.

I modelli di inversione generalmente si formano dopo un significativo rialzo o ribasso del prezzo. I modelli sono divisi in *bullish*, se implicano una direzione al rialzo, e *bearish*, se implicano una direzione al ribasso.

I modelli che spiegherò sono comuni e accettati dai trader professionisti; ciascuno è valido per ogni timeframe o periodo. Possono essere applicati a un gruppo di candele settimanali, giornaliere o intraday, in base ai vostri obiettivi e al range su cui pianificate di tenere un'azione.

Modelli di inversione standard

Doji	Un modello bullish, che si forma alla base del movimento quando, dopo varie candele con trend discendente, appare una candela che mostra un identico prezzo di apertura e di chiusura. Doji indica l'equilibrio perfetto tra acquirenti e venditori: in altre parole, indecisione, e in genere indica anche una possibile inversione di modello.	
Dragonfly Doji	Un modello bullish, che si forma alla base del movimento, simile al doji, ma con l'aggiunta di una coda inferiore ad ampio range, che indica che il controllo è in mano agli acquirenti.	
Gravestone Doji	Un modello bearish, che si forma alla sommità del movimento, simile al doji, ma con l'aggiunta di una coda superiore, che indica che il controllo è in mano ai venditori.	
Abandoned Baby	Un modello bullish giornaliero alla base del movimento, la cui unicità sta nel fatto che il prezzo di chiusura del giorno precedente a questo doji è superiore al prezzo massimo della coda del doji e che il prezzo di apertura del successivo giorno di trading è superiore al prezzo massimo della coda del doji.	
Dark Cloud Cover	Un modello bearish, in cui la candela nera copre più della metà del movimento della candela di colore chiaro, nella direzione opposta al movimento globale dell'azione.	
Engulfing	Un modello bullish, in cui la candela di colore chiaro è più lunga di quella di colore scuro, nella direzione opposta al trend globale dell'azione (la candela di colore scuro è completamente messa in ombra da quella di colore chiaro).	

Evening Doji Star	Un modello bearish, in cui il doji, che rappresenta la tendenza, indica un'inversione di modello e la successiva candela di colore scuro si muove verso il basso, almeno oltre la metà del corpo della candela di colore chiaro che la precede.	
Evening Star	Un modello bearish. All'apice del trend c'è una candela a range stretto che indica un'inversione di modello. La candela seguente scende almeno sotto la metà della candela di colore chiaro, prima della candela a range stretto.	
Morning Doji Star	Un modello bullish opposto a quello della Evening Star. Qui il doji indica un modello di inversione dopo una candela di colore scuro, che è seguita da una candela di colore chiaro, che sale almeno fino alla metà del corpo di quella di colore scuro che precede il doji.	
Morning Star	Un modello bullish, alla cui base c'è una candela a range stretto, che indica un'inversione di modello, seguita da una candela di colore chiaro che sale almeno fino alla metà di quella di colore scuro, che precede la candela a range stretto. La candela più bassa può essere chiara o scura.	
Long Lower Shadow	Un modello bullish, alla cui base c'è una coda inferiore lunga, seguita da una candela di colore chiaro che sale almeno fino alla metà di quella di colore scuro che la precede.	
Long Upper Shadow	Un modello bearish, il cui movimento raggiunge il picco con una candela dotata di una lunga coda superiore, seguita da una candela di colore scuro che scende almeno fino alla metà di quella di colore chiaro, che precede la candela con il picco.	
Piercing Line	Un modello bullish. Dopo una candela ad ampio range di colore scuro, si forma una candela bianca, che penetra oltre la metà del corpo di quella scura.	

Hammer	Un modello bullish, che si crea quando il prezzo di un'azione subisce un ribasso significativo, ma risale fortemente durante il timeframe della candela e chiude con un prezzo notevolmente più alto del prezzo minimo.	
Hanging Man	Un modello bearish, che si forma quando il prezzo di un'azione scende all'inizio del timeframe della candela, ma riprende a salire significativamente in chiusura con un prezzo alto. Le numerose vendite all'apertura indicano l'inizio della fine del controllo degli acquirenti.	
Inverted Hammer	Un modello bullish, che si crea quando un'azione discendente inverte il suo modello in breve tempo e sale, ma alla fine del timeframe della candela ritorna in basso e lascia una coda superiore. La forte presenza di acquisti all'apertura indica l'inizio della fine del controllo dei venditori.	
Spinning Top	Un modello bearish, al cui apice c'è una candela a range stretto con due code, seguita da una candela di colore scuro che scende almeno sotto la metà della candela che precede quella con il picco.	

Riepilogo

I modelli sono specchi che riflettono la guerra tra acquirenti e venditori e servono a prevederne i risultati, in modo che il trader possa scegliere il lato vincente.

Provate a esaminare ciascun modello e immaginatevi la guerra. Quando avrete imparato questi modelli, potrete prendere parte al gioco vero. Aprite il grafico del prezzo di un'azione volatile, come AAPL, e cercate di indovinare, in tempo reale, in base ai modelli di candela di cinque minuti, quale sarà la prossima mossa dell'azione. Sono certo che presto sarete sorpresi dalla vostra capacità di previsione.

Compiti a casa

Qui di seguito trovate la giornata di trading di AAPL, rappresentata in candele di cinque minuti. Nominate ciascun modello indicato nel grafico.

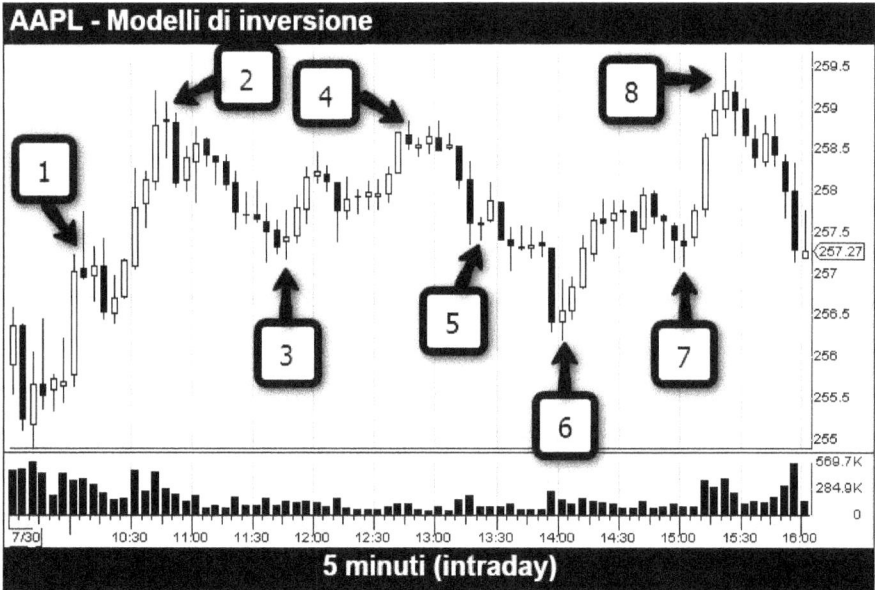

Non è così difficile, vero? Allora che problema c'è? Potete guadagnare milioni in questo modo! Ma... sfortunatamente, non è proprio così semplice. Il punto non è se siete in grado di identificare i modelli di inversione, ma piuttosto quanto l'inversione durerà. Ad esempio: se identificate correttamente un modello di inversione [1] ed effettuate una vendita senza però ottenere un rapido profitto, vi troverete in perdita quando l'azione invertirà la sua tendenza al rialzo. [2]. Identificare il modello è la base, ma non tutto il quadro. In seguito impareremo anche che il modello deve integrare il trend dell'azione. In altre parole, non venderemmo al punto [1], perché all'inizio della giornata l'azione sta salendo velocemente e c'è quindi un'alta probabilità che l'inversione al ribasso sia relativamente breve in confronto alla successiva inversione al rialzo (con il trend), che segue subito dopo [1] e prima di [2].

Di fatto, l'esempio che ho scelto è un campione spiacevole di un'azione che ha fatto trading per tutto il giorno senza un trend. Se provate a guadagnare dai risultati di queste inversioni in una giornata simile, siete destinati a fallire! In breve, non cercate di fare soldi facili! Credetemi, ci sono passato, ci ho provato e ho perso abbastanza, finché ho imparato a non farmi mai coinvolgere nelle azioni senza trend.

Per avere successo è necessario identificare i risultati di vari modelli di inversione in azioni con un trend chiaro. Un buon guadagno da un'azione con un chiaro trend rialzista o ribassista può bastarvi per ottenere il profitto giornaliero.

Sears Holding Corp., SHLD – Modello di inversione intraday

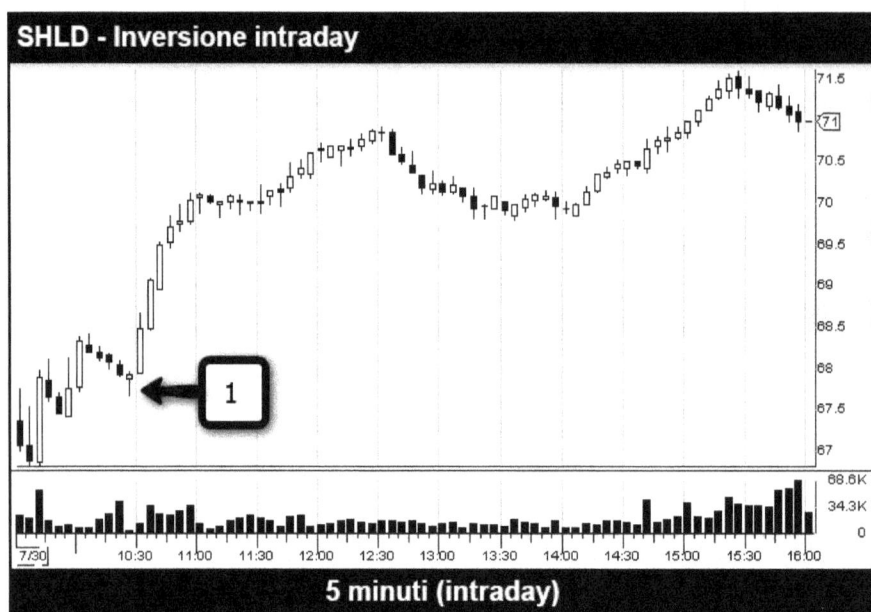

Un giorno in cui Apple non concludeva niente, Sears iniziò la prima ora di negoziazione con un chiaro trend rialzista. La giornata, in realtà, iniziò con due candele di colore scuro, ma i trader esperti sanno che nei primi dieci minuti di contrattazione (le prime due candele), il trend di un'azione non è ancora definito e deriva principalmente da ordini automatici dati al pubblico dai broker prima dell'apertura della giornata di trading. Se una candela sale oltre l'altezza delle due candele di colore scuro, possiamo dedurre che da lì in poi l'azione salirà.

Si è già stabilito un trend rialzista? Assolutamente no! Aspettiamo. Dopo la prima candela crescente, ci sono due candele correttive di colore scuro, seguite da un nuovo massimo, così adesso abbiamo due massimi superiori. Ora possiamo vedere il trend. Aspettiamone la correzione e acquistiamo alla prima inversione che si manifesta su [1]. A questo punto l'azione mostra il classico modello di inversione con una coda inferiore lunga e ci sta implorando di comprarla. Sears chiude la giornata di trading con un massimo del 4,4% sul dato di apertura!

Riepilogo

Una negoziazione con un trend vale mille tentativi intraday falliti di trovare il modello di inversione di un'azione senza trend.

IN PILLOLE	*Si dovrebbe cercare un modello di inversione solo nell'ambito del trend di un'azione. In un'azione con trend rialzista, cercheremo il modello bullish e in una con un trend ribassista, cercheremo quello bearish.*

Più avanti nel libro useremo il nome più comune per questi cambi di modello: *inversioni*.

- Un'inversione che porta l'azione indietro verso un trend rialzista è detta *roll-up*.
- Un'inversione che porta l'azione indietro verso un trend ribassista è detta *roll-over*.

Compiti a casa

Per evitare che il rumore influenzi le decisioni, i trader usano spesso candele di quindici minuti. Prendete un foglio bianco e disegnate una candela di quindici minuti che sostituisca le prime tre candele di cinque minuti di Sears. Avete afferrato il concetto?

Quando premere il tasto

Non serve a molto imparare i modelli, se non si sa quando premere il tasto. Nel grafico che segue ho segnato le entrate di acquisto e vendita nelle formazioni di inversione accettate.

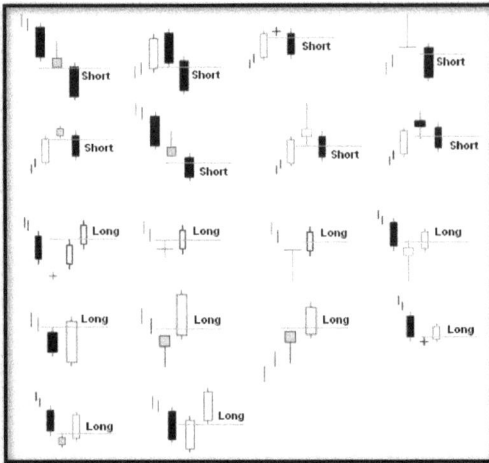

Ovviamente non dovete dimenticare che non si tratta di una scienza esatta. Il punto d'ingresso è più che altro una sensazione fatta di molte sfaccettature, legate, tra l'altro, alla direzione generale del mercato, alla forza del trend, al comportamento dell'azione e a un gran numero di altri fattori che impareremo in seguito. Nel momento in cui dovrete premere il tasto, dovrete valutare vari fattori che possono portarvi a premerlo prima o dopo, in base a quello che vedete e sentite.

Come vedete nel grafico, nella maggior parte dei casi ho cercato di anteporre il punto d'ingresso rispetto al punto in cui il modello classico si realizza. Quando vedo un'inversione in atto proprio davanti ai miei occhi, cerco di focalizzarmi sul pensiero: «Quali sono le probabilità che il modello si completi?». Se la risposta è: «Il 90%», premo il tasto prima che il modello si sia completamente sviluppato. Quando decido di premerlo in questa fase, mi baso su un ampio bagaglio di esperienza, ma la vostra attuale situazione non è come la mia. Suggerisco ai trader principianti di aspettare finché l'inversione non si sia sviluppata chiaramente. Solo in seguito potrete acquisire la componente "artistica" nel trading.

I punti di ingresso mostrati in questo grafico sono posti un po' prima dello sviluppo finale del modello, ma credo che possiate già iniziare a implementarli come indicato.

Uno dei maggiori vantaggi della sala di trading online, in cui negozio quotidianamente con centinaia di altri trader, è che posso farmi sentire in tempo reale mentre effettuo le mie operazioni anticipate. Se mi sentite applicare questa strategia per cinquanta volte, è molto probabile che alla cinquantunesima siate in grado di farlo anche voi.

Osservate che fino ad ora abbiamo imparato quando entrare, ma non quando uscire. In uno dei prossimi capitoli parleremo dei metodi di trading, approfondiremo le inversioni e completeremo la nostra conoscenza della gestione del denaro, ovvero impareremo quando vendere.

Modelli di Breakout e Breakdown

Come per i modelli di inversione, la funzione dei modelli di breakout è quella di identificare un punto d'ingresso su un'azione che sta per fare una netta inversione rialzista, tuttavia, diversamente dai primi, i modelli di breakout non sono fatti per identificare il punto di inversione, bensì la continuità.

I modelli di breakout funzionano meglio quando il mercato è più forte e il volume è alto. È possibile negoziare in questo modo per tutta la giornata di trading, ma il momento migliore è nei primi novanta minuti della sessione di trading. In seguito, negozieremo con breakout intraday, sempre che sembrino particolarmente buoni o siano basati su un grafico giornaliero e che puntino a un'oscillazione di diversi giorni.

Il contrario dei modelli di breakout è noto come modelli di breakdown. Tutto ciò che è stato detto rispetto alle azioni che salgono con movimento ascendente, è vero per le azioni che scendono con movimento discendente.

I modelli di breakout e di breakdown si basano sulle componenti psicologiche di acquirenti e venditori, sulla paura o sull'avidità. Ogni volta che identificate un modello, immaginate la gente che possiede di fatto l'azione o sta per venderla. Pensate alla mentalità dei trader che comprano e a quelli che vendono, alla delusione di quelli che non sono riusciti a comprare o vendere o di quelli che, come voi, stanno tentando di entrare. Con il tempo raggiungerete uno stato in cui capirete l'azione e i modelli saranno ben assimilati nella vostra mente.

Bull Flag

Una bull flag è un modello bullish che include una o più candele forti, che formano "l'asta" della bandiera, e varie candele (in genere da tre a cinque) che si consolidano intorno alla testa del modello e comprendono la bandiera stessa. L'entrata in acquisto sarà effettuata quando il prezzo sale oltre la punta della bandiera. La forza di questo modello deriva dal prezzo dell'azione, che sale velocemente fino al massimo. Invece di fare una correzione, come ci si aspetterebbe da un'azione che ha compiuto un netto rialzo, l'azione si consolida intorno all'apice e, in poco tempo, va oltre, continuando a salire senza guardarsi indietro. Il rialzo verso un nuovo massimo significa inequivocabilmente la vittoria degli acquirenti sui venditori. Gli acquirenti non aspettano l'inversione e vogliono comprare a qualunque prezzo. Dall'altra parte, i venditori allo scoperto, delusi dal rialzo dell'azione, sperando che corregga il movimento al ribasso dopo il massimo, sono obbligati a chiudere i propri short (cioè a comprare) quando l'azione raggiunge un massimo superiore, generando così ulteriori massimi.

La bull flag è una formazione forte che in genere ci consente di effettuare uno scalping. Il termine *scalping* si riferisce a un metodo di trading in cui il trader effettua rapide entrate e uscite da un'azione, nell'arco di alcuni secondi e alcuni minuti. Acquistiamo durante un breakout, vendiamo tre quarti del totale al primo segnale di debolezza e teniamo il resto nella speranza che continui a salire. Eseguiamo lo scalping velocemente perché il prezzo dell'azione precedente al breakout era già salito e temiamo che il breakout fallisca.

Philip Morris International Inc., PM – Formazione Bull Flag

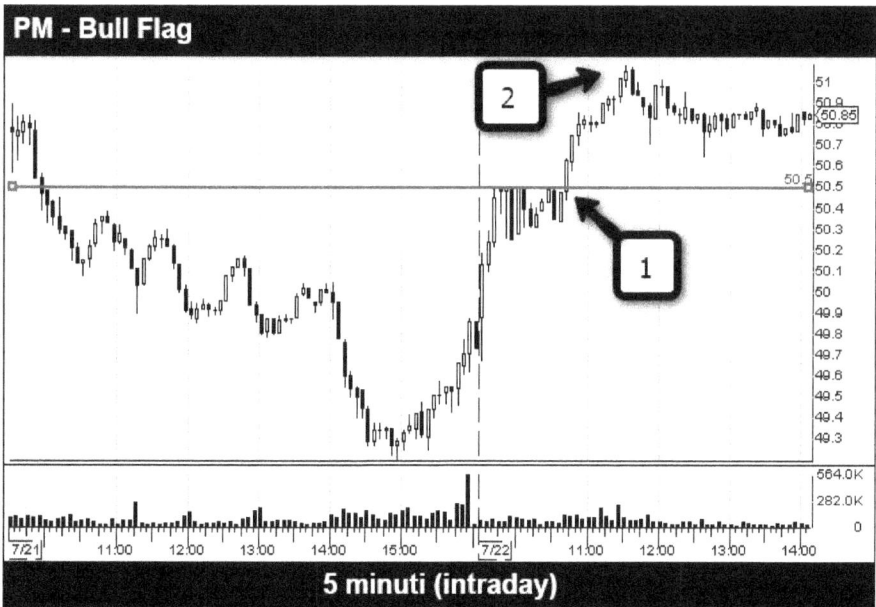

In questo grafico intraday che mostra due giornate di trading, vediamo che Philip Morris sale nettamente all'apertura della negoziazione da 49,70 dollari a 50,50 dollari, il che rappresenta un aumento netto del 2% della durata di soli quindici minuti. Questa è la zona che forma l'asta della bandiera. Adesso si consolida intorno al massimo e completa la formazione bull flag. Osservate che in questo caso possiamo chiaramente vedere come, nel tempo, le candele intorno al consolidamento diventino sempre più corte, cioè il prezzo si sta consolidando verso un probabile breakout. Questa è l'area della bandiera.

Un altro punto interessante è che l'azione si consolida sotto il prezzo di 50,50 dollari, che viene detto *numero semitondo*. Come vedremo in seguito, in corrispondenza dei numeri tondi e a volte anche di quelli semitondi, molti venditori bloccano un ulteriore aumento dell'azione. L'azione va oltre [1] la testa della bull flag (resistenza) e sale un po' più dell' 1% [2] senza guardarsi indietro.

Bear Flag

La bear flag è il modello opposto della bull flag e include una o più candele con trend ribassista, che formano l'asta della bandiera, e varie candele (generalmente da tre a cinque) che si consolidano intorno alla base del modello per creare la forma della bandiera. Un'azione viene venduta quando il prezzo scende sotto il minimo della bandiera. La forza del modello deriva dal prezzo dell'azione che scende sotto il minimo. Invece di fare un'inversione al rialzo, come ci si aspetterebbe da un'azione che ha completato una netta serie di cadute, il titolo crolla sotto il minimo. Il nuovo minimo rivela inequivocabilmente la vittoria dei venditori sugli acquirenti. Questi ultimi sono sotto molta pressione, non aspettano la correzione e vogliono vendere a qualsiasi prezzo. Dall'altro lato, gli acquirenti che speravano in una correzione per salvarsi sono delusi dall'ulteriore ribasso dell'azione al minimo inferiore e vendono sotto pressione, causando così un ulteriore ribasso dell'azione. La formazione bear flag ci consente di vendere con la tecnica dello scalping (entrare e uscire rapidamente), perché il prezzo dell'azione è indirizzato al ribasso anche prima del breakdown e temiamo che scenda a un nuovo minimo, per poi fare immediatamente un'inversione rialzista.

Genzyme Corp., GENZ – Bear Flag Breakdown

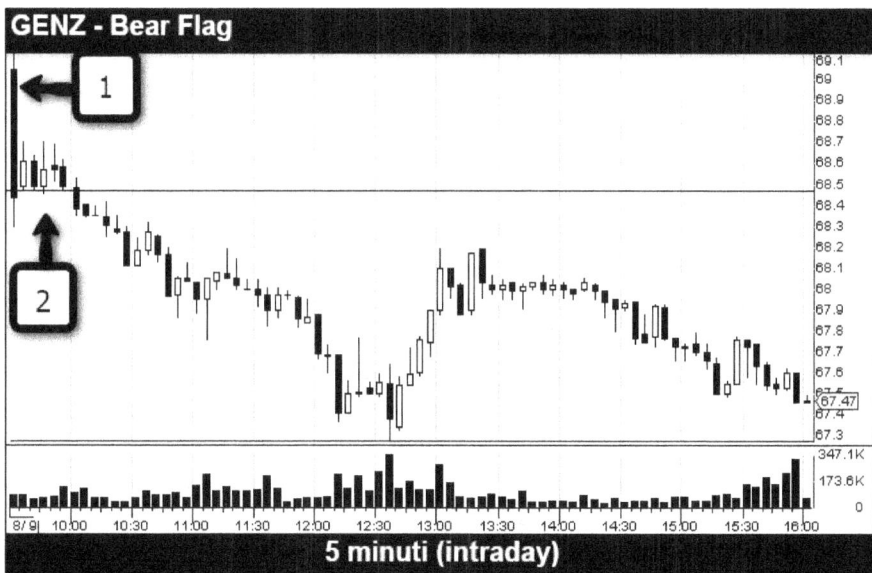

Nell' esempio precedente il prezzo dell'azione della società biotecnologica Genzyme scende all'inizio della giornata di trading e forma l'asta di una bear flag con una candela di cinque minuti [1]. Nelle due candele successive, si consolida intorno al minimo intraday, suggerendo che, nonostante il ribasso del prezzo, non ha alcuna intenzione di fare una correzione al rialzo del prezzo, come accade normalmente dopo un ribasso netto. Il consolidamento intorno alla base dell'asta della bandiera crea la bandiera stessa. Come prevedibile, il ribasso al di sotto della base della bandiera causa ribassi continui.

Cup and Handle

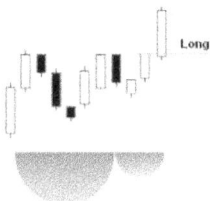

La formazione cup and handle è un modello bullish che ricorda la forma di una tazza con manico, come dice il nome. Questo modello include un'azione che raggiunge il picco, incontra una resistenza, corregge la direzione al ribasso e ritorna al massimo, creando così la forma di una tazza. Al suo massimo, l'azione incontra di nuovo una resistenza (ricordate quando abbiamo imparato il termine double top?) e corregge di nuovo la direzione al ribasso, creando così la forma di un manico. Questa volta, quando ritorna al massimo per la terza volta, rompe la resistenza e sale a un nuovo massimo. Il punto di breakout è quello in cui dovremmo acquistare l'azione.

Cosa abbiamo imparato sul comportamento di un'azione prima del suo breakout? L'azione ha raggiunto un massimo, ciò significa che è forte; ha corretto la direzione al ribasso, ma è tornata al massimo precedente e da ciò capiamo che il controllo è ancora in mano agli acquirenti; ha subito un altro ribasso, ma adesso è scesa meno della precedente e per un periodo più breve; la terza volta è tornata al massimo.

Conclusione. Gli acquirenti hanno il controllo e sono più aggressivi: acquistano dopo ogni minimo e lo fanno in fretta; stanno surclassando i venditori. Capiamo che l'azione si sta rinforzando e che potrebbe rompere presto la resistenza.

United States Steel Corp., X – Formazione Cup and Handle

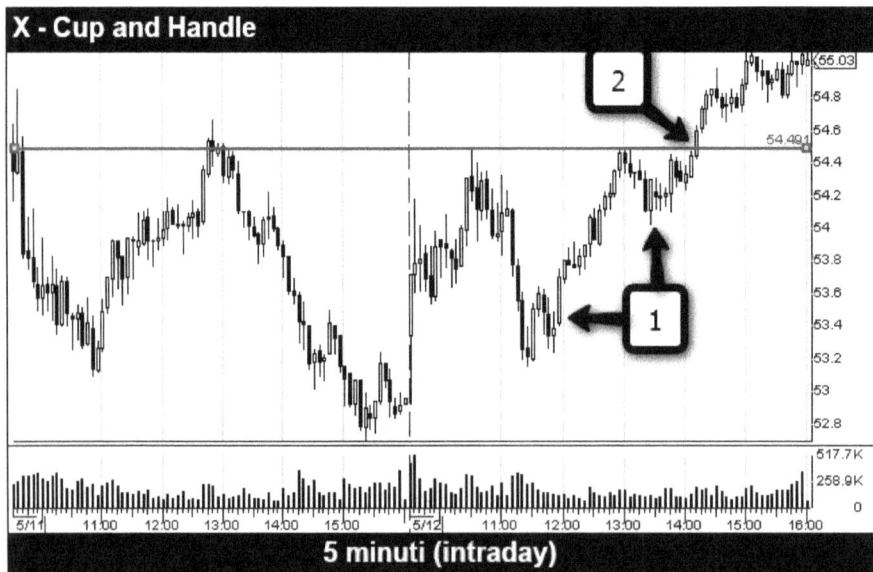

5 minuti (intraday)

Nel grafico intraday per X, vediamo che l'azione sta salendo fortemente all'inizio del trading e incontra una resistenza al prezzo di 54,49 dollari; si ritira, scende [1], ma ritorna di nuovo al punto di resistenza, formando così una tazza; poi scende a un nuovo minimo [1], che forma il manico, ma questa volta il minimo è superiore al precedente, perché gli acquirenti stanno diventando più aggressivi; ritorna di nuovo al suo massimo in un timeframe più breve rispetto a quando ha formato la tazza; rompe la resistenza [2] e sale a un nuovo massimo.

Curiosamente, se ritornate alla giornata di trading precedente, vedrete che la zona di resistenza è stata creata quel giorno. Potete inoltre vedere che, collegando la formazione del giorno precedente a quella del giorno del breakout, si otterrà una formazione più complessa chiamata head and shoulders (in italiano "testa e spalle"), che studieremo in seguito. Osservate che, dal punto di vista del grafico, non occorre che la formazione sia perfetta. Ad esempio, la linea di resistenza non deve passare esattamente attraverso i precedenti punti massimi.

| **IN PILLOLE** | *I modelli non devono essere "belli" o "perfetti" dal punto di vista del grafico. Un modello è valido anche se presenta deviazioni dalle aree esatte di supporto o resistenza.* |

Cup and Handle rovesciata

La cup and handle rovesciata è una formazione bearish, l'opposto della cup and handle descritta prima. Il modello mostra un'azione che sta scendendo al minimo, trova supporto, corregge la direzione al rialzo e poi ritorna al minimo, creando la forma di una tazza rovesciata; trova nuovamente supporto al minimo e corregge nuovamente la direzione in rialzo, formando la silhouette di un manico inverso. La forma del piccolo manico e la quantità di tempo impiegato a crearla sono inferiori al tempo che occorre per creare la forma della tazza, ovvero i venditori sono più aggressivi. A questo punto, l'azione ritorna al minimo per la terza volta, rompe il supporto e continua a scendere. Il punto di breakdown è quello in cui dovremmo vendere allo scoperto.

Cosa abbiamo imparato prima riguardo al breakdown? L'azione è scesa e questo ci fa capire che è debole; ha corretto la propria direzione al rialzo, ma è scesa di nuovo e da ciò capiamo che il controllo è ancora in mano ai venditori; è salita nuovamente, ma meno del massimo precedente (questo è il manico) ed è tornata al minimo in un timeframe inferiore a quello con cui aveva raggiunto il minimo precedente.

Conclusione. I venditori mantengono il controllo e cominciano a vendere prima e a prezzo inferiore rispetto al massimo precedente (la forma della tazza). Il fatto che l'azione ritorni più in fretta al minimo, e da un prezzo inferiore, ci indica che si sta indebolendo e che probabilmente romperà presto la linea di supporto.

Myriad Genetics Inc., MYGN – Breakdown della Cup and Handle

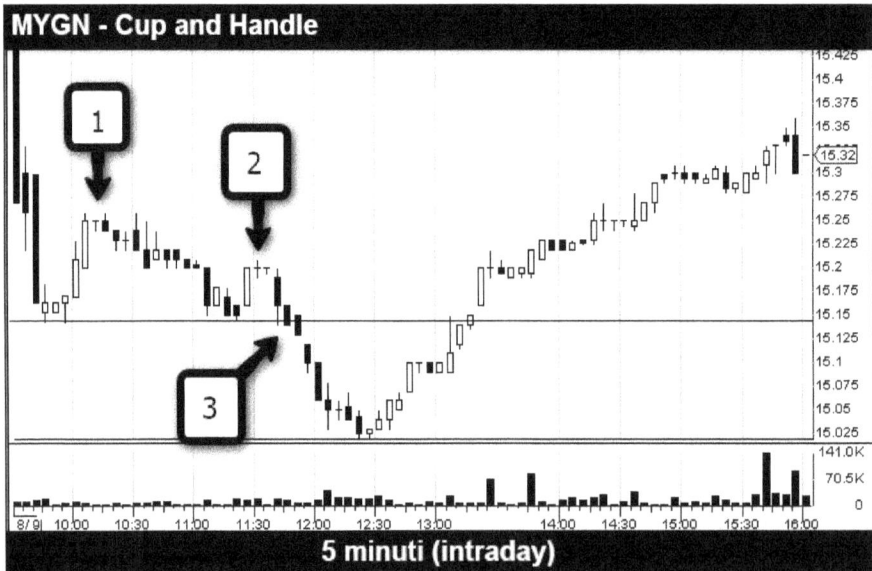

Myriad Genetics inizia la giornata di trading con quindici minuti di ribassi netti, trova supporto, corregge la direzione al rialzo, ritorna al minimo e crea una tazza rovesciata [1]; sale nuovamente, scende al minimo e forma il manico rovesciato [2]; rompe il supporto [3] e continua a scendere; in seguito inverte la direzione al rialzo. Il fatto che l'azione salga dopo una formazione breakdown non ha importanza per noi: il breakdown ha avuto successo e con un'adeguata gestione del denaro, come impareremo in seguito, possiamo guadagnare bene anche da questo comportamento.

IN PILLOLE	*Il successo di un modello nel condurre il breakdown o il breakout si misura in base alla distanza a cui si muove il prezzo dopo il breakout. Non ci sono garanzie che il successo del modello determinerà una continuazione del trend nel breve range.*

Head and Shoulders

La formazione head and shoulders è considerata una delle formazioni bearish più forti. Come nella cup and handle rovesciata, anche qui la struttura include candele di consolidamento sopra la linea di supporto in attesa del breakdown.

Grazie alla sua potenza, la formazione head and shoulders è una delle preferite dai trader e attira perciò l'attenzione di venditori e acquirenti più di altre formazioni.

È composta da una spalla sinistra, che indica il primo minimo, una testa, che mostra la correzione al rialzo e un ritorno al minimo, e una spalla destra, che rivela un'ulteriore correzione seguita dal ritorno dell'azione al minimo, al punto di supporto. Il breakdown del minimo è il punto in cui il supporto viene rotto ed è anche quello in cui entra la vendita.

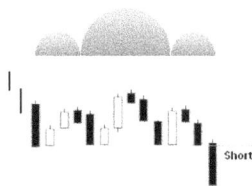

Il produttore di trattori AGCO scende subito all'apertura della sessione di trading, corregge un po' al rialzo e forma la spalla sinistra [1], corregge e forma la testa [2], ritorna alla linea di supporto, corregge di nuovo e forma la spalla destra [3] e alla fine rompe la linea di supporto.

AGCO Corp., AGCO – Formazione Head and Shoulders

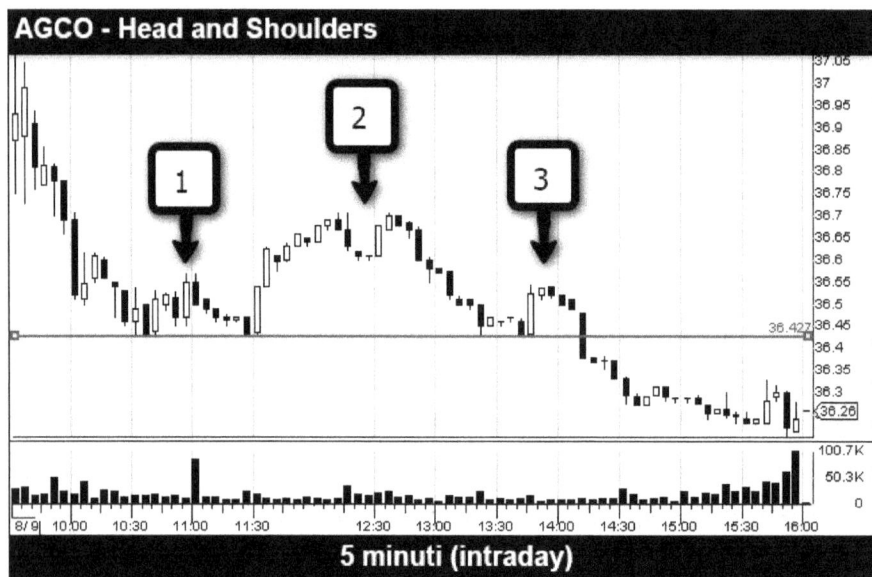

Head and Shoulders rovesciata

La head and shoulders rovesciata è una formazione bullish, l'opposto della head and shoulders. Come per la cup and handle, anche qui la struttura mostra candele di consolidamento oltre la linea di resistenza in previsione del suo breakout.

È anch'essa una formazione forte, tra le preferite dai trader, e attira l'attenzione degli acquirenti più di altre formazioni.

La struttura è composta da una spalla sinistra, che indica il prezzo alto, una testa, che indica la correzione al ribasso e il ritorno al rialzo verso la linea di resistenza, e da una spalla destra, che indica un'ulteriore correzione e il ritorno al prezzo della linea di resistenza. Il breakout attraverso la resistenza è anche il punto d'ingresso dell'acquisto.

Long

| IN PILLOLE | *Le formazioni head and shoulders sono formazioni a lungo range, composte da varie candele e perciò valide anche se operano in opposizione al trend originale dell'azione.* |

ATP Oil & Gas Corp., ATPG – Head and Shoulders rovesciata

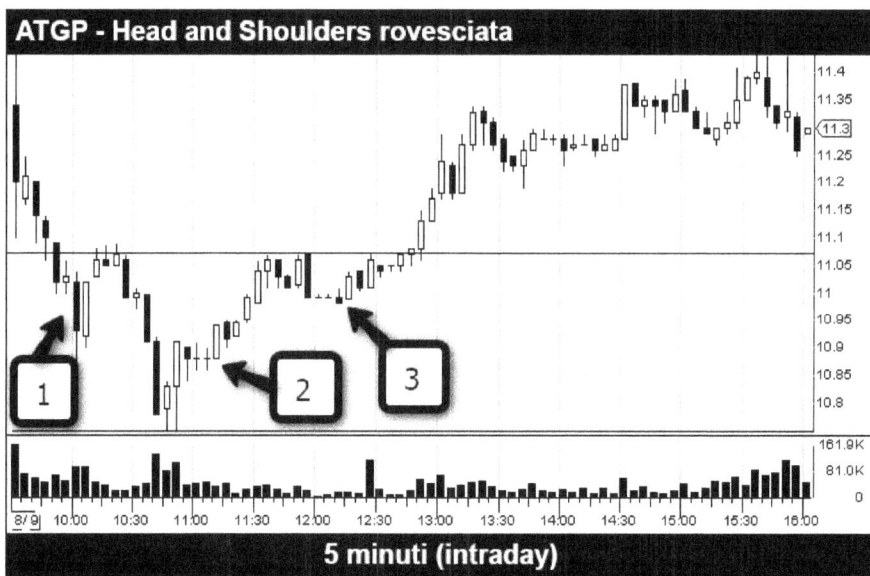

La ATPG scende nettamente all'apertura della sessione di trading, corregge in rialzo e forma la spalla sinistra [1], quindi scende a un nuovo minimo, ma ritorna nell'area di resistenza della spalla sinistra, formando così la testa [2], corregge di nuovo e forma la spalla sinistra[3]. A questo punto dovrebbe essere chiaro che il prezzo sta cambiando direzione. La spalla destra [3], in confronto alla testa [2], indica che gli acquirenti non sono più nel panico e che il breakout della linea di resistenza dovrebbe condurre a un massimo.

Pennant o pennello

Una formazione pennant può essere sia bullish che bearish. In questo caso il prezzo si consolida con movimenti a forma di pennello, come si vede dal grafico. Visualizzate un pennello nella vostra mente e poi aspettate che esca oltre i suoi confini, come mostra il grafico.

La premessa tecnica è che, alla fine del consolidamento, a circa l'80% dell'estensione prevista del pennello, dovrebbe verificarsi un cambio brusco di movimento. In genere l'uscita da un pennant segue il trend originale. In altre parole: se l'azione mostrava un trend rialzista prima del consolidamento nella formazione a pennello, è ragionevole supporre che il prezzo romperà al rialzo, in accordo al trend originale, come nella bull flag, ma senza l'asta della bandiera. Di contro, se il prezzo si consolida nel pennant mentre viene negoziato al ribasso, è ragionevole supporre che si verificherà un breakdown con un movimento al ribasso, come nella bear flag, ma senza l'asta della bandiera.

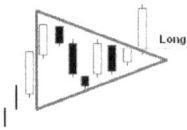

San Disk Corp., SNDK – Breakout Pennant

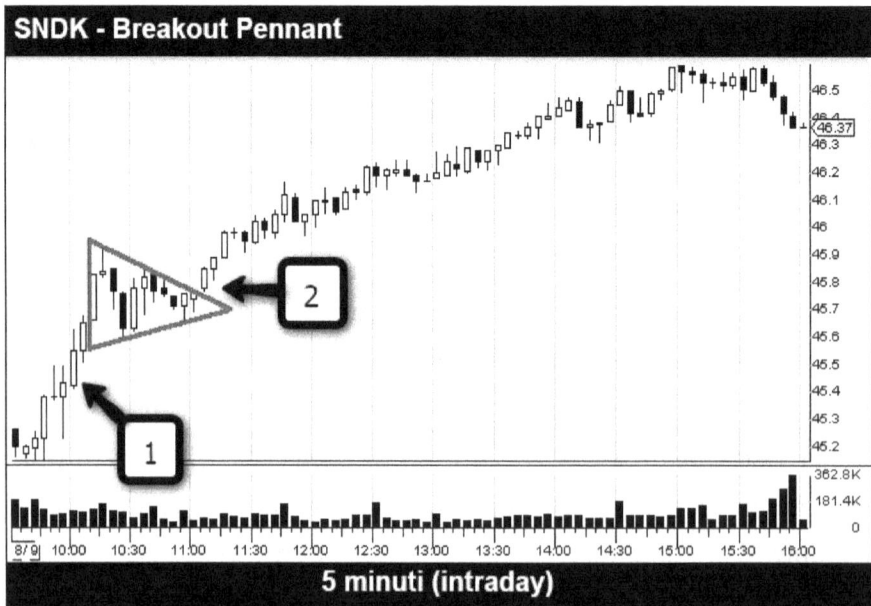

La SanDisk sale immediatamente all'apertura della sessione di trading [1], incontra una resistenza e si consolida a forma di pennello, il pennant rompe [2] e la SanDisk continua a salire. La posizione di acquisto potrebbe essere all'uscita del pennant o nella transizione sopra la zona della bandiera. Come vedete, questa formazione di breakout assomiglia molto alla bull flag, ma, piuttosto che consolidarsi sotto la linea di resistenza superiore, il prezzo si stabilizza a forma di pennello. Personalmente, preferisco negoziare con la formazione bull flag: è più chiara e le posizioni di ingresso sono più facilmente identificabili.

PARTE
SECONDA

6

Indici, settori e sfere di cristallo

Anticipare i trend delle azioni in base all'andamento del mercato e del settore di un'azienda

Prevedere l'andamento

La prestazione del mercato si misura con gli indici di mercato, ognuno dei quali rappresenta un diverso gruppo di aziende e include vari settori. Gli indici vengono rappresentati in un grafico a candele giapponesi che ne traccia l'andamento. Ogni indice e settore ha un significato diverso: qualcuno è più importante, qualcun altro lo è meno, ma tutti sono importanti. Un indice di mercato non serve soltanto a mostrare cosa ha fatto il mercato, ma soprattutto a prevedere qual è il suo trend. Il mercato e i settori sono responsabili al 90% dell'andamento dei prezzi delle azioni con cui operiamo; di conseguenza, se sappiamo prevedere l'andamento degli indici, saremo anche in grado di prevedere quello dei prezzi delle azioni che ci interessano.

Fermatevi un istante a riflettere. Vi è chiaro il significato di quel che avete appena letto? Ok, continuiamo.

IN PILLOLE | *L'indice di mercato altro non è che la sfera di cristallo del trader. Un buon 90% dell'andamento dei prezzi inizia e finisce con l'andamento anticipato dell'indice di mercato.*

Dobbiamo conoscere l'ordine di importanza degli indici e imparare a usarli. Per ampliare la nostra conoscenza presteremo anche attenzione ad alcuni indici meno utili; in tal modo, in veste di futuri professionisti, non vi sentirete a disagio per mancanza di dimestichezza.

Di regola non ci fidiamo di un solo indice, ma ne monitoriamo diversi e confrontiamo le diverse informazioni. Una volta acquisita dimestichezza con gli indici principali, impareremo a conoscere anche i settori che includono. Data la grande importanza del loro andamento per le azioni con cui operiamo, dedicheremo agli indici e ai settori un intero schermo e li terremo maggiormente d'occhio rispetto ai prezzi delle azioni che ci interessano.

S&P 500. Il più importante indice di mercato

Lo S&P 500 (SPX) è il più importante indice al mondo e per un trader è senza alcun dubbio la sua corona e il suo scettro, l'indice principale. Sviluppato dalla società di servizi finanziari Standard & Poor's, dalle cui iniziali prende il nome, questo indice mostra i prezzi delle cinquecento maggiori società statunitensi e utilizza una formula che calcola l'importanza e l'influenza di queste società in base alle valutazioni degli specialisti di S&P. Grazie al suo ampio raggio lo Standard & Poor's è considerato un indice di altissima qualità e serve come punto di riferimento per misurare l'andamento dell'intero mercato. Naturalmente lo S&P serve i manager di portfolio, i fondi d'investimento, i fondi speculativi e altro ancora, in tutti i mercati azionari del mondo.

Facciamo un esempio: un fondo d'investimento che è riuscito ad assicurare ai suoi investitori un rendimento positivo dell'8%, quando lo S&P è salito solo del 6%, potrà dichiarare con orgoglio di aver battuto il mercato. Permettetemi di dire al riguardo che la ricerca rivela costantemente la terribile realtà per cui l'80% dei fondi mondiali d'investimento non riesce a vincere il mercato. Perciò la prossima volta che riceverete il report annuale del vostro fondo d'investimento, che mette in risalto un rendiconto annuale positivo, scoprite la verità paragonando i risultati con quelli del mercato: in molti casi resterete amaramente delusi. Di fatto non ho mai visto un fondo in grado di battere il mercato nel lungo termine.

IN PILLOLE | *Volete battere l'80% dei fondi? Allora comprate un paniere di titoli ETF. Un'indagine su un periodo di venti anni mostra che l'80% dei fondi mondiali non riesce a battere l'indice di mercato.*

Nota. Da qui in avanti, quando parlerò di *mercato* o di *indice in mercato*, farò riferimento all'indice S&P 500.

Le variazioni degli indici si misurano in percentuali, ma gli specialisti azionari dei canali televisivi, come CNBC o Bloomberg, pronunciano spesso frasi come questa: «Lo S&P oggi è salito di 18 punti».

Gli specialisti si aspettano che conosciate in qualunque momento il valore in punti dell'indice. Attualmente, ad esempio, il mercato è intorno ai 1.800 punti, quindi dovrete dedurre che un rialzo di 18 punti in una giornata equivale a un aumento dell'1%. Il valore dell'indice in punti corrisponde al prezzo normalizzato di cinquecento diverse azioni, ma non è un valore su cui fare trading; infatti l'indice di per sé non può essere né comprato né venduto. Per negoziare con valori legati all'indice, è stato creato l'*Exchange Traded Fund* (ETF), che spiegherò in seguito.

Prima ho sottolineato che lo S&P 500 è l'indice più importante per il trader intraday. Perché? Il motivo sta nel fatto che il 60% del comportamento delle azioni è dettato dal suo movimento. Perciò l'azione che avete comprato salirà o scenderà *dopo* che lo S&P sarà salito o sceso e voi perderete o guadagnerete in base alla direzione del mercato.

Volete una prova? Osservate l'indice nel grafico seguente che mostra il legame tra lo S&P e l'azione.

Apple Inc., AAPL e S&P, SPX – Confronto del comportamento intraday

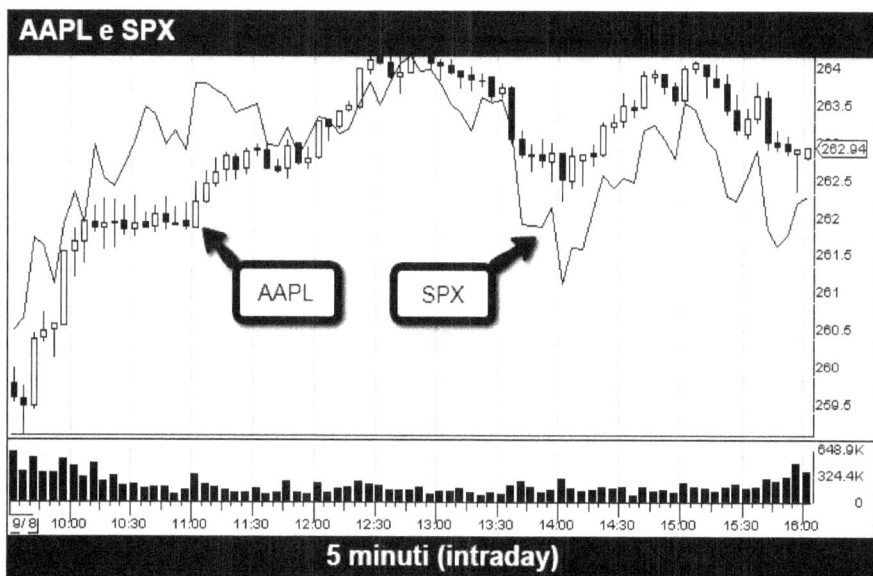

Il grafico qui sopra mostra il movimento intraday di Apple in candele di cinque minuti. Se credevate che Apple avesse una vita propria, vi sbagliavate! Tutti i movimenti intraday sono determinati fin dall'inizio dal movimento del mercato, che si muove per primo, seguito poi dalle azioni delle società private.

Ovviamente un titolo importante come quello di Apple ha un peso notevole sull'indice di mercato, ma si tratta comunque di un peso relativo rispetto alle altre 499 società incluse in quell'indice. Altrimenti detto, Apple da solo non ha il potere di muovere l'indice. Ciò non vale per l'indice NASDAQ 100, di cui Apple costituisce attualmente il 20%.

Posso facilmente immaginare che stiate facendo un respiro profondo e stiate dicendo: «Cosa vuole dire esattamente? Dovrei sapere in anticipo quando un'azione sta per salire, anche se non l'ha ancora fatto?».

La risposta è: «Sì!».

È facile guadagnare così?

La risposta è: «No!».

Apple dovrebbe seguire l'andamento del mercato, ma non si può mai sapere quanto si muoverà, in che misura lo seguirà Apple e quando il mercato invertirà la tendenza.

Come possiamo comunque trarre vantaggio da questa informazione? In vari modi.

Comprare

Supponiamo che Apple stia per infrangere la resistenza intraday e stiate valutando il rischio di comprare al punto di rottura. Supponiamo ora che, poco prima della rottura di Apple, anche il mercato rompa verso un nuovo massimo. Il breakout del mercato vi aiuta a decidere se comprare Apple al breakout? Certamente! Immaginiamo che anche il mercato abbia mostrato un forte breakout: valutereste di comprare una quantità maggiore di quella inizialmente prevista? Sì! Potreste aver valutato di comprare Apple in base a una buona formazione tecnica, ma è in base al supporto del mercato che avete preso quella decisione e avete scelto la quantità. Pensate alla situazione opposta: state pensando di comprare Apple al breakout, ma, poco prima che avvenga, il mercato crolla. Cosa fareste? Esatto, dovreste rinunciare a comprare.

Trarre profitto

Supponiamo che abbiate comprato Apple in concomitanza con il rialzo del mercato, il titolo sia salito, abbia raggiunto l'area di profitto che avete impostato e adesso stiate cercando di ricavare una frazione aggiuntiva di profitto dal trend rialzista. La vostra mano è sul mouse e vi state chiedendo se premere il tasto di vendita.

Il mercato si ferma e, improvvisamente, inverte il movimento al ribasso. Usualmente accade prima che anche Apple corregga la direzione. È arrivato il momento di vendere e trarre profitto? Lo è sicuramente, perché abbiamo già imparato che il 60% del movimento di Apple è legato a quello del mercato e che seguirà quasi sicuramente il suo ribasso. È vero che le azioni hanno occasionalmente "una vita propria" e che Apple potrebbe salire anche se il mercato sta scendendo, ma il rischio di effettuare una negoziazione sarebbe molto più alto.

IN PILLOLE

Non lottate contro il mercato; non comprate azioni che si muovono contro il mercato, perché perdereste quasi sempre del denaro; seguitene invece l'orientamento. Non farlo è impegnativo e rischiate di attraversare un terreno su cui soltanto i trader con grandissima esperienza osano avventurarsi, e in ogni modo raramente hanno successo.

Movimento laterale

Supponiamo che siate interessati all'acquisto di un'azione che è sul punto di rottura quando il mercato inizia a muoversi lateralmente. Dovreste comprare quando l'azione arriva alla rottura? Non esiste la risposta giusta, ma, se manca il supporto del mercato, la rottura sarà molto più debole e il rischio sarà alto o altissimo. La decisione più saggia, in questo caso, è di comprare quantità inferiori di azioni.

Trend

Immaginiamo che vogliate comprare un titolo che ha un trend rialzista, mentre il movimento del mercato è ribassista. Dovreste farlo? Molto probabilmente no. L'eventualità più verosimile è che il mercato mantenga il trend ribassista e che prima o poi la vostra azione segua la stessa direzione. Gli investitori istituzionali acquistano soltanto in accordo con la direzione del mercato e, se non vi aiutano, è meglio che non compriate.

Eccezioni

A volte infrango di proposito le mie regole. Se, ad esempio, credo che stia succedendo qualcosa di speciale a un'azione e che le sue chance di salire siano molto alte, potrei comprarla anche durante il trend ribassista del mercato. Ovviamente il rischio di comprare in contrasto con la direzione del mercato è alto, perciò piazzerò una misura protettiva, lo stop order, il più vicino possibile al mio prezzo di acquisto e, ovviamente, ne comprerò una quantità inferiore.

Titoli indipendenti

Sono poche le azioni che, come si dice in gergo professionale, hanno "vita propria", per indicare che non sono influenzate dall'andamento del mercato. Si tratta in genere di azioni con un volume basso, in cui i fondi istituzionali non investono, e sono perciò meno sensibili agli umori dei trader istituzionali che influenzano la direzione del mercato. Generalmente il prezzo di queste azioni è inferiore a 10 dollari. Ne riparleremo meglio in seguito. A meno che non abbiate accumulato molta esperienza, diffidate di questo tipo di azioni.

Un'azione avrà "vita propria" nei casi in cui vengano fatti annunci speciali, come ad esempio la diffusione di un annuncio televisivo importante da parte di un analista che raccomanda un titolo o ne dà una diversa valutazione, oppure la pubblicazione di report trimestrali e così via. In casi simili l'azione potrebbe muoversi indipendentemente dal movimento del mercato, pur subendone comunque gli effetti. Ad esempio, il mercato potrebbe essere in discesa mentre una certa azione sta salendo.

Tuttavia, se paragonate il movimento di un'azione a quello del mercato, vedrete che le inversioni intraday dell'azione sono sempre strettamente sincronizzate con quelle del mercato. Per dirla con altre parole: quando il mercato corregge al ribasso durante un trend ribassista, lo farà anche l'azione indipendente, nonostante il suo trend rialzista. Ciò significa che, quando negoziate un'azione che si muove contro il mercato, dovrete sempre tenere d'occhio i movimenti di quest'ultimo.

Nota. I principi espressi prima si applicano in modo contrario per le azioni con trend ribassista, cioè per le vendite invece che per gli acquisti. Se, ad esempio, il mercato sale e nello stesso giorno una certa azione che vogliamo vendere sta scendendo, si sta comunque muovendo in accordo con l'andamento del mercato. Mentre è in ribasso, nonostante segua una direzione opposta a quella del mercato, l'azione correggerà al rialzo ogni volta che l'indice di mercato salirà e tornerà a scendere ogni volta che lo farà l'indice di mercato. Alla fine della giornata il mercato potrebbe chiudere con dei massimi e l'azione con dei minimi, ma il suo movimento intraday sarà fortemente influenzato da quello del mercato.

Il simbolo dell'indice

Piattaforme di trading diverse potrebbero presentare lo stesso indice con nomi diversi, ma con la stessa base. Se cercate l'indice SPX, potreste dover cercare simboli simili: SPX, $SPX o SPX$, con il simbolo del dollaro prima o dopo. Se non trovate nessuno di questi simboli nel software dei grafici, inserite nel campo di ricerca la dicitura: «S&P 500».

Riepilogo

L'indice di mercato conosciuto come S&P 500 rappresenta sia l'andamento del mercato che gli umori degli investitori privati e istituzionali, nonché dei trader. I trader istituzionali non comprano azioni quando l'indice di mercato scende, ma aspettano pazientemente che il trend ribassista causi il ribasso dell'azione che gli interessa, per poterla comprare a un prezzo inferiore dopo la correzione. Quando comprate un'azione, dovreste cercare il supporto degli investitori istituzionali. Volete che il loro umore sia il migliore possibile e che investano denaro nell'azione che avete appena comprato.

Non aspettatevi che accada quando l'indice di mercato è in ribasso. Non lottate contro la tendenza del mercato!

ETF S&P 500 (SPY)

Come sappiamo, l'indice di mercato S&P 500 (SPX) non è un indice negoziabile, ma esprime in punti lo stato delle azioni che include. Poiché molti investitori, specialmente quelli delusi dai fondi, vogliono trovare un modo semplice per legare il proprio denaro ai rendimenti di mercato (cioè vogliono "comprare il mercato"), la soluzione adatta a loro sono gli ETF S&P 500, che seguono il mercato e sono conosciuti come SPYDERS, con il simbolo distintivo di SPY.

Gli ETF sono strumenti finanziari negoziabili come le azioni che vengono identificati tramite simboli. Il prezzo degli SPY è molto simile al loro valore in punti, eliminando uno zero. Perciò se l'SPX è a 1.500 punti, il prezzo degli SPY si aggirerà attorno ai 150 dollari. Gli ETF sono più sensibili alle fluttuazioni della domanda e dell'offerta.

Diversamente dall'indice SPX, che non ha volume, gli SPY possono essere tradotti in un grafico per mostrarne il volume.

Futures S&P 500 (ES)

Se non sono ancora riuscito a confondervi con la differenza tra l'indice non negoziabile S&P 500 (simbolo SPX) e gli ETF S&P 500 negoziabili (simbolo SPY), forse riuscirò a farlo introducendo la più importante variante dello S&P 500, il cui simbolo è ES.

L'ES è il contratto futures dello S&P 500, conosciuto professionalmente come *E-mini futures S&P 500*.

Senza darvi per il momento una spiegazione dettagliata dei contratti futures, vorrei fare una distinzione tra un contratto futures e un'azione: il primo è un prodotto finanziario che si può comprare e vendere come un'azione, ma con una differenza: scade alla fine di ogni trimestre.

Il prezzo dell'ES rappresenta il "futuro anticipato" dello S&P 500, vale a dire la tendenza prevista del mercato. In realtà l'ES è un contratto negoziabile, su cui opera un folle gruppo di esperti alla Borsa Mercantile di Chicago (CME), che effettua transazioni in volumi giornalieri di miliardi di dollari.

A Wall Street è un dato di fatto che i trader di futures sappiano se il mercato salirà o scenderà meglio di chiunque altro sulla faccia della terra. Se controllate l'ES al termine di una giornata di trading, noterete che precede di qualche secondo l'SPX o lo SPY, permettendovi di capire in anticipo anche la direzione del mercato. Dal momento che abbiamo già capito che lo S&P 500 è l'indice più importante per il day trader e che determina per il 60% la direzione dell'azione che state negoziando, utilizzando anche l'ES saprete sicuramente prima degli altri in quale direzione si sta muovendo il mercato. Questo significa guadagno.

Non tutti i broker o fornitori di grafici vi permettono di vedere l'ES, perché devono pagare l'informazione alla Borsa dei Futures di Chicago. Se il vostro broker vi fornisce l'informazione, probabilmente dovrete pagare 50 dollari al mese per il servizio.

Un altro vantaggio dell'ES è che viene negoziato elettronicamente per quasi ventiquattr'ore al giorno (chiude per un quarto d'ora alle 16:15, ora di New York), ad eccezione del fine settimana, durante il quale va molto oltre il normale orario di trading dei mercati azionari, operando dalle 9:30 alle 16:00 (ora di New York). Questo vuol dire che l'ES viene negoziato prima dell'apertura delle altre sessioni di trading, quindi se controllate il grafico pre-mercato circa un'ora prima dell'inizio del trading come faccio io, saprete se il mercato aprirà in positivo o in negativo rispetto alla chiusura del giorno precedente. Naturalmente non siete gli unici in grado di valutare il grafico pre-mercato: qualsiasi sito di finanza o canale televisivo decente, come la CNBC, vi aggiornerà prima dell'inizio della sessione sul tipo di apertura "segnalata" futures, aggiungendo un avvertimento del tipo: «Non sempre i futures rappresentano la tendenza del mercato».

Dovreste negoziare in futures?

Il trading in futures non è adatto a tutti. I contratti futures si comportano come le azioni, ma con una pesante leva finanziaria di 1:20 che consente una maggiore resa del denaro. Il loro prezzo non è volatile, ma il movimento di denaro nei vostri conti correnti crea l'illusione di una vera volatilità e questo, unito al brivido di vedere i soldi sul conto, attrae i "giocatori d'azzardo" che di solito vanno incontro a rapide perdite. I trader navigati come me negoziano anche (ma non esclusivamente) in futures. Consiglio ai principianti con meno di tre anni di esperienza di non provarci. Ogni cosa a suo tempo, la pazienza ripaga sempre.

Cosa significa il simbolo ES?

I futures scadono ogni tre mesi, il terzo venerdì dell'ultimo mese di ogni trimestre. In concomitanza con la loro scadenza, vengono creati e negoziati nuovi contratti futures, che scadranno il terzo venerdì del trimestre successivo. Diversamente da un'azione, che ha un simbolo fisso, ogni contratto futures ha il proprio. Il vostro broker vi potrà aiutare a identificare il simbolo giusto per ciascuno, ma potete farlo anche da soli, come vi spiegherò.

Un esempio di simbolo con scadenza nel primo trimestre 2013 potrebbe essere /ESH3.

Spiegazione del simbolo

Le lettere ES sono fisse e sono sempre precedute dalla barra o *slash*. La H rappresenta il trimestre, che in questo caso è il primo dell'anno, cioè il contratto futures scade alla fine di marzo. La cifra indica l'anno, cioè il 2013, ed è sempre singola: 3 sta per 2013, 4 per 2014, 5 per 2015, ecc.

I trimestri vengono rappresentati come segue:

H: i contratti futures scadono alla fine di marzo.

M: i contratti futures scadono alla fine di giugno.

U: i contratti futures scadono alla fine di settembre.

Z: i contratti futures scadono alla fine di dicembre.

Ho memorizzato le lettere corrispondenti ai trimestri associandole al nome di uno dei miei piatti preferiti (*hummus*) e ricordando che sono in ordine alfabetico.

Domanda: siamo al 2 settembre 2013 e volete dare un'occhiata ai grafici dei futures di rilievo. Che simbolo avranno?

Risposta: potete già vedere i futures in scadenza a dicembre 2013, ma mostreranno una liquidità inferiore rispetto a quelli in scadenza a settembre, perciò sceglierete questi ultimi. Dopo il terzo venerdì di settembre tutto il volume di trading si sposterà sul contratto di dicembre, anche se molti professionisti passano a quello nuovo più di una settimana prima dalla scadenza.

I simboli saranno:

Futures in scadenza a settembre: /ESU3.

Futures in scadenza a dicembre: /ESZ3.

SPX, SPY, ES

L'indice di mercato è il più importante per i trader intraday. Se sono in vacanza in Tailandia e sono costretto a rinunciare all'arsenale di schermi della mia stanza di trading, accontentandomi di un portatile da dodici pollici, l'unico indice che guarderò, oltre al grafico dell'azione con cui sto operando, sarà il grafico SPY intraday a cinque minuti o quello ES intraday a cinque minuti. Ogni movimento dell'indice di mercato mi aiuterà a decidere sull'acquisto o la vendita di un'azione. Userò l'SPX solo quando avrò bisogno di citare un cambiamento del mercato per un articolo professionale che sto scrivendo per i media.

Ho deciso di non sprecare inchiostro con esempi di grafici dello SPY e dell'ES perché sembrerebbero identici a quelli dell'SPX. Le differenze emergeranno soltanto quando inizierete a monitorarli in tempo reale.

NASDAQ 100. Il secondo indice per importanza

La Borsa NASDAQ occupa buona parte degli schermi del mio computer. Il suo indice, il NASDAQ 100 (simbolo NDX), è il secondo per importanza per un day trader. Creato dalla NASD (*National Association of Securities Dealers*), fondatrice della Borsa NASDAQ, l'indice rappresenta il prezzo delle cento principali società NASDAQ, in gran parte società tecnologiche, di cui riflette lo stato economico. Al giorno d'oggi si tratta di un fenomeno unico, alla luce del netto rialzo del prezzo delle azioni Apple (AAPL), che si è sviluppato quando la società copriva il 20% del movimento dell'indice. Scherziamo spesso sul fatto che, acquistando l'ETF NASDAQ 100, si compra Apple più altre 99 azioni come bonus.

In questa sede non occorre elencare tutte le cento aziende rappresentate dall'indice, che sono facilmente reperibili su qualsiasi sito di finanza, ma avrete certamente capito che, oltre ad Apple, il NASDAQ 100 include nomi famosi come Microsoft (MSFT), Intel (INTC) e Google (GOOG). Come per lo S&P 500 anche in questo caso ogni società ha un peso diverso. Se Apple sale del 3%, avrà un'influenza maggiore sulla prestazione dell'indice rispetto al rialzo di un'azione di minore importanza.

Dato che lo S&P 500 include le cinquecento azioni più importanti del mercato, è chiaro che vi sarà inclusa anche una parte rilevante delle azioni NASDAQ 100. Questo spiega perché lo S&P è considerato più importante e affidabile del NASDAQ 100. Allora perché riservo a questo indice una porzione importante dei miei schermi per il trading? Non basta lo S&P 500?

La risposta è legata alla volatilità del NASDAQ 100, che è composto in larga parte da azioni di aziende tecnologiche notoriamente caratterizzate da una volatilità maggiore rispetto alle azioni "solide" del più ampio indice S&P. Questo dipende dal fatto che la "componente di sogno" insita nel prezzo delle azioni delle società tecnologiche è maggiore rispetto a quella delle azioni di aziende che operano in altri settori. Ad esempio, un nuovo gadget elettronico avrà un impatto più significativo sul prezzo delle azioni della Apple di quello che ha il lancio di un nuovo modello sulle azioni della Ford (F). Non si può sempre fare affidamento su un indice volatile, ed è in virtù di questa sua caratteristica che il NASDAQ 100 si piazza al secondo posto nell'elenco degli indici importanti.

Come sappiamo, il 60% del movimento del mercato è dettato principalmente dallo S&P 500, perciò ritengo importante analizzare la direzione degli indici. Essendo maggiormente volatile, spesso il NASDAQ 100 anticipa la direzione dello S&P. Per fare un esempio, supponiamo che il NASDAQ 100 rompa per primo verso un nuovo massimo. Significa che anche l'azione che ho comprato raggiungerà un nuovo massimo? No. Come abbiamo imparato, il titolo si muoverà principalmente in accordo con lo S&P 500 piuttosto che col NASDAQ 100, ma se quest'ultimo rompe, potrà certamente essere un indizio della direzione che prenderà lo S&P 500. Per ricapitolare: un precoce breakout del NASDAQ 100 mi induce a pensare che lo S&P 500 farà lo stesso. Questa rottura spesso è un campanello d'allarme di quel che succederà allo S&P 500.

NASDAQ 100 (NDX)

Il simbolo del NASDAQ 100 è NDX. Come l'SPX, può presentarsi nei grafici seguito o preceduto dal simbolo del dollaro oppure senza di esso: NDX$, NDX o $NDX. Se non trovate nessuno di questi simboli nella piattaforma di trading, inserite nel campo di ricerca la dicitura: «NASDAQ 100».

Come l'SPX, anche l'NDX non è un indice negoziabile, ovvero non è possibile vederne il volume. Si muove soltanto nelle ore di trading, in quanto è calcolato in base al prezzo delle cento azioni che comprende e viene negoziato in tempo reale.

ETF NASDAQ 100 (QQQ)

L'indice NASDAQ 100 (NDX) non è negoziabile, ma molti hanno interesse a legare il proprio denaro ai suoi rendimenti (ed è una cosa pericolosa!). Così è nato l'ETF (*Exchange Traded Fund*) che traccia il NASDAQ 100, conosciuto come Q oppure attraverso il noto simbolo QQQ.

Come l'EFT degli SPY che traccia lo S&P 500, il QQQ viene negoziato al pari di un'azione: ha il proprio simbolo, i propri acquirenti e i propri venditori. Essendo un ETF negoziabile, molti trader preferiscono monitorare il Q invece dell'NDX, poiché con gli ETF "parla il denaro". Gli ETF sono più sensibili ai cambiamenti della domanda e dell'offerta e generano un volume rappresentabile.

Futures NASDAQ 100 (NQ)

L'NQ è il contratto futures del NASDAQ 100 ed è professionalmente conosciuto come *E-mini futures NASDAQ 100*. Proprio come l'ES rappresenta i futures previsti per lo S&P 500, così l'NQ rappresenta quelli per il NASDAQ 100.

L'NQ è un contratto che viene negoziato sulla Borsa di Chicago (CME). Se lo osservate durante la sessione di trading, vedrete che in realtà precede l'NDX o il QQQ. Il pacchetto ES che pagate al vostro broker dovrebbe includere automaticamente tutti gli indici E-mini, quindi anche l'NQ, che viene negoziato elettronicamente per quasi ventiquattr'ore al giorno. Osservandone il grafico prima dell'apertura della sessione di trading, potrete vedere con largo anticipo sugli altri se il NASDAQ aprirà in rialzo o in ribasso.

Il simbolo NQ

Come con l'ES, i contratti NQ scadono ogni tre mesi, il terzo venerdì dell'ultimo mese di ogni trimestre. Un esempio di un simbolo per futures che scadono alla fine del secondo trimestre potrebbe essere /NQM3.

Lo slash e le lettere NQ sono le parti fisse del simbolo, il resto viene codificato esattamente come nell'ES: M rappresenta i contratti in scadenza nel secondo trimestre e 3 indica l'anno 2013.

Dow Jones. L'indice dimenticato

Il *Dow Jones Industrial Average* (DJI), o semplicemente Dow Jones, è stato sviluppato dalla Dow Jones & Company ed è l'indice più noto e longevo di Wall Street. Comprende trenta delle maggiori società americane di vari settori e segna da che parte tira il vento dell'economia: moltissimi investitori nel mondo lo considerano lo strumento principale per seguire l'umore del mercato statunitense. Viene spesso citato dai media finanziari, ma è l'ultimo indice che può interessarvi come trader. I trader finanziari spesso si compiacciono quando incontrano un investitore che cita il Dow Jones, che chiamano «l'indice dimenticato». L'unico motivo per cui si guadagna il terzo posto (posizione comunque onorevole) è che viene abbondantemente citato, non perché si suppone che lo usiate.

Ricordate che la Dow Jones & Company pubblicizza centinaia di indici diversi collegati a vari settori e vari Stati. Il DJI è sicuramente il più conosciuto, ma è solo uno dei tanti.

Perché non usiamo il DJI? Innanzitutto perché include soltanto trenta azioni e dunque non rappresenta pienamente il mercato; in secondo luogo perché quei trenta titoli sono in gran parte azioni "stanche" di mega società altamente letargiche. Come trader abbiamo bisogno di indici volatili che rappresentino le aspettative future, non le vecchie storie delle grosse corporazioni. Il Dow Jones semplicemente non soddisfa le aspettative.

Com'è rappresentato l'indice?

Il DJI può comparire sulla piattaforma di trading preceduto o seguito dal simbolo $ oppure senza: DJI, DJI o DJI. Se non trovate nessuno di questi simboli nella piattaforma di trading, inserite nel campo di ricerca la dicitura: «Dow Jones Industrial Average».

Come l'SPX e l'NDX, il DJI non è negoziabile, quindi non è possibile visualizzarne il volume di trading, che non esiste. L'indice si muove durante le sessioni di trading ed è calcolato per derivazione dalle trenta azioni negoziate in tempo reale.

ETF Dow Jones (DIA)

L'indice Dow Jones (DJI) è tracciato dal *Diamonds ETF*, con simbolo DIA. Il DIA è pensato per le molte persone nel mondo che vogliono legare il proprio denaro al rendimento di questo indice. Come gli SPY e il QQQ, il DIA viene negoziato come un'azione, cioè ha un simbolo, una domanda e un'offerta.

Futures Dow Jones (YM)

Lo YM è l'indice futures del Dow Jones ed è professionalmente conosciuto col nome di *E-mini futures Dow Jones Industrial Average*. Come per gli altri futures descritti, lo YM rappresenta gli esiti previsti dei futures del Dow Jones. Anch'esso viene negoziato elettronicamente ventiquattr'ore al giorno sulla Borsa di Chicago (CME).

Il simbolo YM

Anche questo simbolo segue il modello dell'ES e dell'NQ. Lo YM scade il terzo venerdì dell'ultimo mese di ogni trimestre. Un esempio di YM del quarto trimestre 2010 è: /YMZ0.

Riequilibrio. Guadagnare dagli update di un indice

Una volta all'anno gli organismi di ricerca Standard & Poor's, Dow Jones e NASDAQ effettuano un controllo congiunto sulla composizione delle società incluse negli indici che gestiscono. Se una società sta incontrando difficoltà e le sue azioni sono crollate, è molto probabile che venga rimossa dalla lista e sostituita con una "nuova stella". Azioni come Apple e Google non hanno sempre fatto parte dell'indice, ma sono state ammesse grazie al loro enorme successo e all'uscita di azioni che avevano una performance deludente o erano del tutto inattive.

Perché dovrebbe interessarvi? Per due motivi: innanzitutto non credete mai a chi vi racconta storie come: «Se trent'anni fa avessi investito 1.000 dollari nel Dow Jones, oggi saresti ricco». Non è altro che una frode usata dai venditori di Wall Street e dai manager di fondi per spingervi verso investimenti a lungo termine. In realtà l'indice cambia annualmente, in quanto azioni più forti vanno a sostituire quelle con rendimenti più bassi. Se aveste investito nell'indice originale, avreste perso un sacco di denaro.

Il secondo motivo si basa sulla conoscenza del metodo di trading: sono molti i fondi legati a un indice. Per esempio, un fondo può promettere a chi aderisce di investire soltanto in azioni che appartengono all'indice S&P 500. Se un'azione viene rimossa dall'indice, il fondo è obbligato a venderla e a comprare l'azione subentrata nella lista.

Fin qui, tutto bene. Devo descrivere in dettaglio come si guadagna da quest'attività? Le informazioni sull'uscita e l'ingresso di titoli dall'indice vengono diffuse molte settimane prima dell'aggiornamento vero e proprio e i fondi sono obbligati a vendere e a comprare in anticipo. In altre parole, un'azione che sta per essere tolta dall'indice subirà un ribasso, perché i fondi sono costretti a venderla; un'azione che entra nell'indice avrà un rialzo, perché i fondi sono obbligati a comprarla. È proprio così. Inserite nel vostro motore di ricerca la dicitura «riequilibrio S&P» e troverete le date e la lista esatta delle azioni che lasciano o entrano nell'indice.

Riepilogo

È arrivato il momento di fare un po' di ordine nelle informazioni riportate finora.

Se state lavorando con un solo schermo (cosa che spero non farete a lungo), il grafico che deve coprire circa un quarto dello schermo è quello dell'ES, se avete accesso ai futures, o quello degli SPY, se non l'avete.

Se usate uno o più schermi, dedicate circa un terzo o metà di uno schermo all'ES e all'NQ (o agli SPY e al QQQ). Personalmente dedico a questi due indici circa tre quarti di uno schermo da ventitré pollici.

Optate per una visualizzazione delle informazioni con candele intraday di cinque minuti. Più grande è il vostro schermo, maggiore sarà il numero di giorni di trading che potrete visualizzare simultaneamente. Vi suggerisco di visualizzarne almeno tre: ripercorrere la storia degli ultimi tre giorni consente di trovare i punti di supporto e di resistenza nel periodo più ravvicinato.

Test di verifica

Le risposte sono riportate di seguito.

1. State per comprare un'azione che è sul punto di rottura, mentre l'indice ES da pochi minuti è salito a un nuovo massimo. Dovreste acquistare?

2. Volete comprare un'azione al rialzo, mentre lo S&P 500 ha una tendenza ribassista. Dovreste comprare l'azione?

3. Volete comprare un'azione e, nello stesso momento, lo S&P 500 sale a un nuovo massimo. Dovreste procedere all'acquisto?

4. Volete vendere un'azione e pensate che lo S&P 500 stia per scendere a un nuovo minimo, mentre il NASDAQ 100 ha un trend rialzista con un modello contrario all'indice di mercato. Cosa dovreste fare?

5. Volete comprare un'azione proprio mentre il NASDAQ 100 è in fase di rottura, ma lo S&P 500 non ha ancora effettuato la rottura. Dovreste acquistare?

Risposte

1. Come sappiamo, il 60% del movimento di un'azione dipende da quel che fa l'indice di mercato. Se l'indice è salito e la vostra azione non ha fatto altrettanto, c'è qualcosa che non va. Forse c'è un venditore di grosse quantità che le sta impedendo di salire? Forse gli altri compratori non sono interessati? È ragionevole supporre che il mercato invertirà direzione almeno per una parte dei massimi e questo significa che, probabilmente, l'azione subirà un ribasso piuttosto che un rialzo.

    Conclusione: non comprate oppure, per proteggervi, comprate solo una piccola quantità con uno stop order brevissimo.

2. Nei primi tre anni di trading non vi permetto di comprare azioni che si muovono nella direzione opposta a quella del mercato. Se lo fate o se vendete azioni che non seguono la tendenza del mercato, avete almeno il 60% di chance di perdere denaro. Quando avrete accumulato esperienza, imparerete come in certi casi si può operare contro il mercato, ma solo in circostanze speciali e per determinate azioni che mostrano un movimento estremo e ignorano le condizioni di mercato. Prima dovrete fare molta più esperienza.

3. Certamente! Se state per premere il tasto d'acquisto proprio quando il mercato sale a un nuovo massimo, comprare è una mossa corretta, che riduce il rischio e aumenta significativamente le opportunità. È ragionevole supporre che il mercato avrà un forte impatto sull'azione e che il prezzo salirà, anche se avete fatto una scelta sbagliata.

4. Il NASDAQ 100 anticipa frequentemente l'indice di mercato. Se sta salendo quando vi sembra che il mercato stia per scendere, è molto probabile che il mercato non crolli e quindi i vostri rischi aumentano.

Premete il tasto di vendita soltanto dopo il verificarsi del breakdown dell'indice. Se l'azione crolla prima che lo faccia il mercato, vendete soltanto una piccola quantità e tenete costantemente d'occhio l'eventuale inversione.

5. Anche in questo caso sembra che il NASDAQ 100 possa anticipare l'indice di mercato, perciò è sicuramente meglio comprare, ma facendo molta attenzione. Per esempio, comprate metà della quantità totale che volete, nella speranza che l'indice di mercato rompa a un nuovo massimo. Se succede, comprate la seconda metà della quantità che volevate, a condizione che il prezzo dell'azione non sia salito troppo.

Settori e industrie

Finora abbiamo imparato che il 60% del movimento del prezzo è influenzato dal movimento dell'indice di mercato (S&P 500). Si tratta però di un'informazione parziale. Per il restante 30% l'influenza sul movimento deriva dal settore a cui l'azione appartiene. Solo nel 10% dei casi un'azione "prende il controllo di se stessa" e si fa strada nel mercato in maniera indipendente.

Le azioni appartengono alle industrie, che insieme formano un settore. Il settore finanziario, conosciuto semplicemente come *finanza*, è diviso in quattro industrie: banche, varie organizzazioni finanziarie, compagnie di assicurazione e società immobiliari.

Supponiamo che vogliate comprare azioni bancarie, come Citigroup (C). Sappiamo già che lo S&P 500 è responsabile del 60% del movimento delle azioni, quindi, prima di premere il tasto d'acquisto, dovreste dare un'occhiata all'indice di mercato per assicurarvi che il trend sia rialzista. A questo punto vi chiederei di controllare il grafico dell'industria a cui appartengono le azioni: in questo caso, quella bancaria. Immagino che non occorra ricordarvi che durante il crack finanziario del 2008 e oltre le banche rappresentavano l'industria più debole. Vale a dire, l'indice di mercato potrebbe essere in fase rialzista, ma le banche potrebbero arrancare molto indietro e addirittura trovarsi in un trend ribassista. Un'azione che appartiene a un'industria che non sta funzionando a dovere si troverà in difficoltà anche quando il mercato è generalmente ottimista.

Quando siete in procinto di comprare un'azione, controllate prima l'industria di appartenenza. Perderete qualche secondo prima di prendere una decisione, ma sarà tempo speso bene. Col tempo sarete in grado di riconoscere gran parte delle azioni e non occorrerà che controlliate ogni singola industria. Per esempio, a quale industria appartiene Teva (TEVA)? Medicinali. Dove si colloca Intel Corporation (INTC)? Semiconduttori. La prossima volta che le incontrerete, dovreste essere in grado di ricordarle. Entro due o tre anni dovreste conoscere bene il 70% delle azioni che negoziate.

IN PILLOLE	*Non sempre verifico il settore o l'industria prima di avviare una negoziazione. Non controllo le azioni di settori marginali.*

Una buona parte delle azioni che negoziamo rientra in uno dei quattro settori principali: bancario, tecnologico, semiconduttori e biotecnologia. Nello schermo che visualizza i due più importanti indici di mercato riservo spazio anche a grafici relativamente piccoli, che mostrano candele di cinque minuti per tre dei seguenti settori: bancario, biotecnologia e semiconduttori. Naturalmente ci sono molti altri settori a cui le azioni possono essere legate, da quello aereonautico al cartario, ma il loro impatto sul mercato è trascurabile, quindi non riservo loro alcuno spazio sullo schermo.

Esercizio di comprensione

Sul grafico giornaliero le azioni Southwest Airlines (LUV) mostrano un buon modello con trend rialzista e volete acquistarle nell'arco di vari giorni (ricordate che un periodo di vari giorni è detto *swing*). State aspettando le migliori condizioni possibili.

All'apertura della sessione di trading notate un forte rialzo del mercato e il settore Gas e Petrolio sta salendo ancora più significativamente degli altri. Ne verificate il motivo e scoprite che il prezzo dei carburanti sta salendo. Una conseguenza immediata è il ribasso delle azioni del settore del trasporto aereo, che dipendono strettamente dal costo del carburante. Conclusione: oggi non è la giornata giusta per comprare azioni del settore aeronautico.

Nei giorni in cui il movimento del mercato è al rialzo, dovete chiedervi quali settori stiano ugualmente salendo, quali lo facciano con più forza del mercato e quali invece stiano scendendo contrariamente all'andamento del mercato. In una giornata caratterizzata dai massimi, possiamo immaginare che circa il 70%-90% dei settori sia ugualmente in rialzo. D'altro canto, come già detto, qualche settore si muoverà quasi sempre in direzione opposta rispetto a un altro, come il movimento contrario del settore aeronautico rispetto a quello dei carburanti a causa del forte impatto del prezzo del carburante sulla redditività del primo. Per esempio, quando l'indice di mercato scende, il prezzo dell'oro quasi sempre sale e se l'oro sale, lo fa anche il settore minerario. Si può notare che il settore dell'oro e quello minerario si muovono spesso in direzione opposta a quella del mercato. In una giornata caratterizzata da un netto movimento rialzista volete seppellire il vostro denaro in un'azione di un settore in ribasso? Certamente no. Perciò verificate la direzione del settore prima di entrare nel mercato.

Elenco dei principali settori e dei loro simboli

Simbolo	Settore/Industria
DJI$	Industriale
BKX$	Bancario
NBI$	Biotecnologico
SOX$	Semiconduttori
MVR$	Distribuzione
NDXT$	Tecnologico
DJUSEN$	Gas e Petrolio
QNET$	Internet
DJT$	Trasporti
DJUSAR$	Aeronautico
DJU$	Servizi
DJUSAP$	Auto
DFX$	Difesa
RXS$	Farmaceutico
IXTC$	Telecomunicazioni

Ricordate che i settori e le industrie tendono a confondersi: le banche, ad esempio, sono un'industria del settore finanziario, ma poiché il loro peso nel settore varia, i trader tendono soprattutto a seguire il settore bancario.

Simboli multipli

Per valutare lo stato delle banche si possono seguire alcuni simboli differenti, provenienti da vari indici sviluppati da diverse società. Dow Jones, per esempio, ha un proprio indice bancario, diverso dall'indice di Merrill Lynch. Questo significa semplicemente che gli analisti di Dow Jones classificano alcune banche in modo diverso dagli analisti di Merrill Lynch. I simboli della tabella qui sopra sono i più comunemente utilizzati dai trader, ma ciascuno può avere preferenze diverse.

Strumenti integrativi

La formula di maggior successo si basa sull'integrazione degli strumenti descritti qui sopra. La negoziazione ideale integrerà l'acquisto al punto d'ingresso tecnicamente corretto per l'azione, mentre si sta monitorando il mercato e l'industria di appartenenza dell'azione. Se scegliete di comprare un'azione che è più forte del mercato e appartiene a un'industria che si rivela solida in una giornata con trend rialzista del mercato, aumenterete notevolmente le vostre chance di successo.

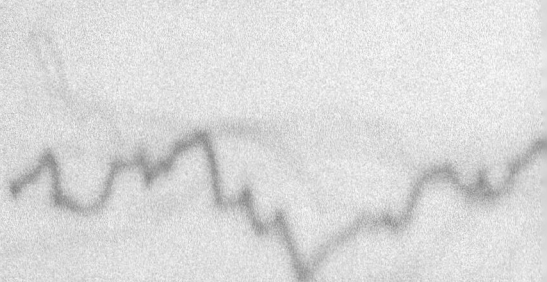

FINANCIAL TIMES All times are Lond

INTERACTIVE CHARTING NIKKEI 225 IN

| 5 Days | 10 Days | 1 Month |

Add Indicators   Add Events

Simple Moving Average (50) Edit | Remove

Price Channel (20) Edit | Remove

19/05/2008 Close 14,269.61 Open 14,294.52

16,000

14,000

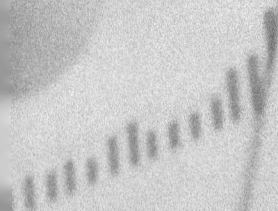

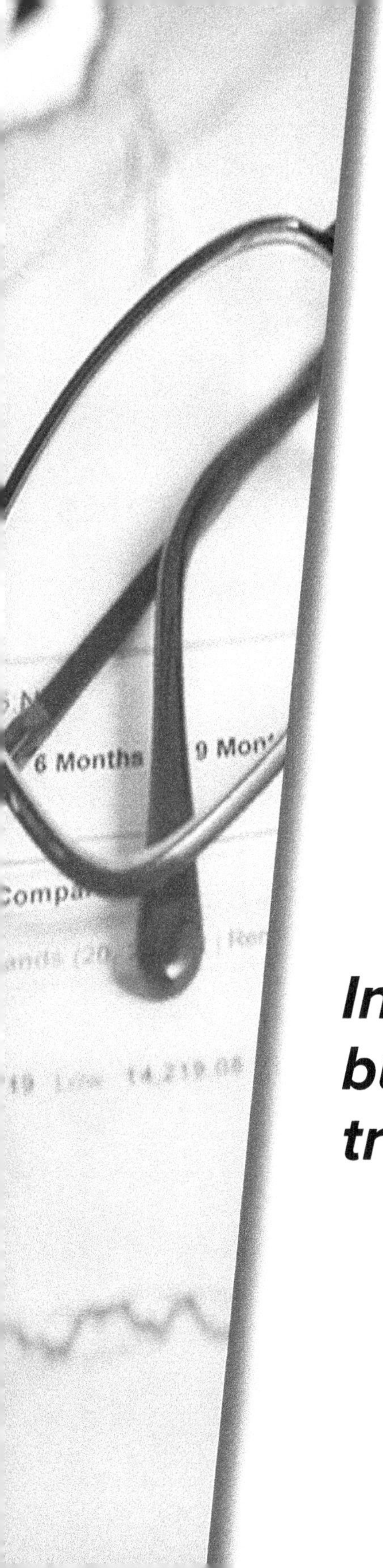

7

Indicatori: la bussola del trader

Come una bussola, gli indicatori indicano la direzione, non la via

Leggere nel pensiero di milioni di persone

Abbiamo imparato i trend, i modelli di grafico e gli indici. Ora parleremo degli indicatori, che generalmente derivano dal movimento del prezzo.

Solitamente gli indicatori non aggiungono nuove informazioni, ma mettono a fuoco e chiariscono quelle contenute nei grafici. Supponiamo, per esempio, che abbiate acquistato un'azione che è in rapido rialzo e che, per venderla, vogliate identificare il punto più vicino possibile al massimo. Come si definisce un massimo? Come si può utilizzare un indice per identificarlo?

IN PILLOLE	*Un indicatore è uno strumento di supporto nel processo decisionale. Gli indicatori non aggiungono informazioni, ma ci aiutano a decidere quand'è il momento di premere il tasto di acquisto o di vendita.*

Molti indicatori hanno la pretesa di potervi fornire una risposta definitiva. Per quel che mi riguarda, direi invece che fanno semplicemente quel che dice il nome: forniscono un orientamento, ma non sono assolutamente il fattore determinante su cui basare le vostre decisioni. Usare gli indicatori è come navigare con una bussola: la bussola mostra la direzione, ma non può spiegarvi come arrivare alla meta. Sta a voi decidere il percorso da seguire, che spesso non sarà quello indicato dalla bussola. Se il trading azionario si riducesse semplicemente all'uso di un indicatore, anch'io potrei essere sostituito efficacemente da un computer!

All'inizio della mia carriera facevo ampio affidamento sugli indicatori. Ora, con molti anni di esperienza alle spalle, sono talmente radicati nel mio subconscio che non li guardo quasi più. Anzi, per risparmiare spazio e "pulire" i grafici delle azioni con cui opero, li ho rimossi tutti dallo schermo. Vi sto dicendo di fare lo stesso? Certamente no. Dopo molti anni di pratica sono arrivato al punto di "capire" i grafici come Neo "vede" il matrix. Se siete agli esordi o avete soltanto pochi anni di esperienza nel trading, gli indicatori vi offriranno la guida di base che vi serve. Sono certo che col tempo anche voi raggiungerete lo stadio avanzato in cui potrete liberarvi dalla dipendenza dagli indicatori, ma fino ad allora usateli, capiteli, non dateli per scontati e non operate meccanicamente come se fossero l'unica fonte di informazioni.

Esistono molti indicatori tecnici, tra cui l'RSI, il MACD, l'ADX e altri. Il numero di indicatori e di strumenti tecnici che vengono sviluppati cresce di pari passo con lo sviluppo dell'analisi tecnica. Tuttavia un trader professionista ne usa solo una piccola parte, perché mentre si opera non c'è tempo di leggere una moltitudine di indicatori e il trader si concentra sul grafico da cui derivano gli indicatori.

Il volume è l'indicatore più importante per analizzare un trend, dato che è uno dei pochi strumenti tecnici non derivanti dal trend stesso e fornisce al trader un'importante prospettiva integrativa sullo stato delle azioni. Il volume di negoziazione è l'unico indicatore a cui non rinuncerei mai.

Volume di negoziazione

Il volume di negoziazione, chiamato semplicemente *volume*, registra il numero di quote che vengono negoziate in uno specifico momento e viene indicato dalle barre alla base del grafico. Sotto ogni candela giapponese c'è la barra del volume relativa a quello specifico timeframe: se si tratta di una candela di cinque minuti, il volume presenta cinque minuti, e se la candela è verde, lo è anche la barra. In alcuni casi, in base alla scelta del trader o alle limitazioni della piattaforma, tutte le barre di volume sono dello stesso colore e non si può distinguere tra volume in ribasso e in rialzo.

Teva Pharmaceutical Industries Ltd., TEVA – Volume in candele di cinque minuti

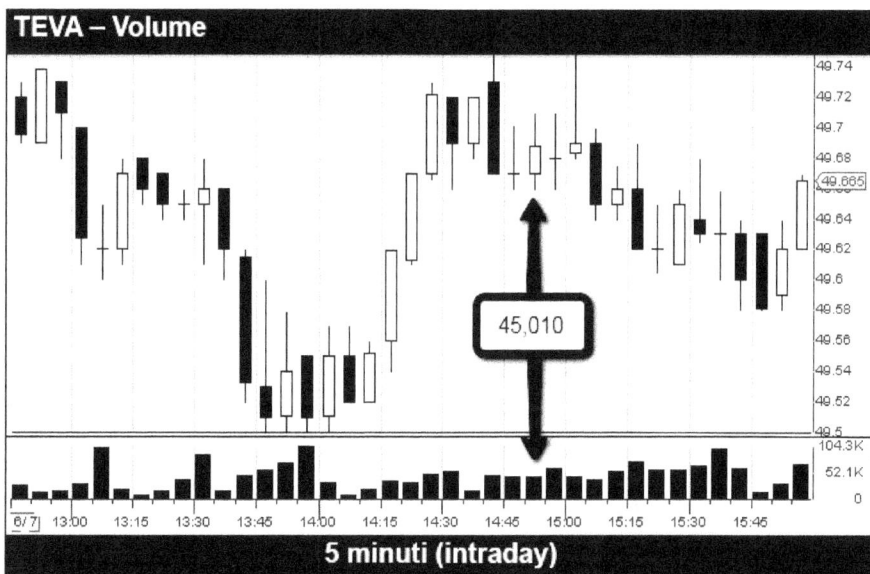

TEVA – Volume

45,010

5 minuti (intraday)

Per la candela di cinque minuti mostrata qui sopra, alle 14:50 il volume mostra 45.010 azioni. Per visualizzare il volume per ogni candela, fate clic sopra col mouse (la procedura può variare in base alla piattaforma).

Il volume indica la forza del trend. Tuttavia, siccome ogni transazione coinvolge un acquirente e un venditore, ovvero qualcuno che trova l'azione conveniente e qualcun altro che la trova costosa, c'è chi sostiene che la somma totale delle opinioni sul mercato sia pari a zero e che il volume non abbia importanza. Esiste un certo grado di verità in quest'affermazione, ma chi la pensa così ignora l'identità degli acquirenti e dei venditori. Poiché gli acquirenti istituzionali sono considerati i più intelligenti sul mercato, la loro opinione ha un peso rilevante ed è quindi difficile dichiarare che la somma di tutte le opinioni sia veramente pari a zero. Di conseguenza, è essenziale identificare le variazioni di volume derivanti dall'attività degli acquirenti istituzionali.

Il volume precede il prezzo

«Il volume precede il prezzo» è uno dei cliché più noti. Perché il volume dovrebbe precedere un rialzo del prezzo? I trader istituzionali, che ricevono indicazioni dai grandi clienti di comprare milioni di azioni di una certa società, non immettono nella loro piattaforma un unico ordine di acquisto per l'intera quantità, altrimenti renderebbero palesi le intenzioni del cliente, provocando un aumento del prezzo e riducendo il bonus che ricevono sugli acquisti a basso prezzo. I trader hanno interesse a comprare a prezzo basso per ricevere il loro bonus; più basso sarà il prezzo netto che riusciranno a ottenere per il cliente, più aumenterà il bonus.

Per questo i trader nasconderanno le proprie intenzioni entrando e uscendo ripetutamente dal mercato, comprando ogni volta una quantità limitata allo scopo di preservare il prezzo basso delle azioni. Non riusciranno però a nascondere l'estensione degli acquisti, che si manifesta nel volume. Il volume potrebbe rivelare che le azioni vengono rastrellate prima di un picco del prezzo. Lo stesso vale anche per i ribassi del prezzo. I grandi venditori, generalmente i fondi di investimento, ricevono le informazioni prima del pubblico e iniziano a operare con ampi volumi prima che l'azione si muova.

IN PILLOLE	*Gli ordini di vendita e di acquisto si possono nascondere, mai il volume. C'è sempre una ragione alla base di un aumento di volume: c'è chi sa qualcosa che voi ignorate ancora.*

Volume medio

Prima di negoziare un'azione, è importante verificare il volume medio giornaliero di negoziazione, per due motivi:

1. Identificare un aumento relativo del volume

Un volume intraday decisamente maggiore rispetto al giorno precedente indica che è in corso un'operazione speciale su quell'azione. Dobbiamo identificare e seguire le azioni che mostrano aumenti di volume, soprattutto se si tratta di un raddoppio o di movimenti molto significativi. Usando un software di ricerca oppure osservando il grafico dell'azione, è facile localizzare le azioni con un incremento di volume. La crescita può essere evidenziata confrontando i grafici del volume del giorno corrente con quelli del giorno precedente. Ovviamente la comparazione è possibile soltanto a partire dalla metà della giornata in corso e deve essere fatta nello stesso intervallo di tempo del giorno precedente. Se sto valutando di comprare un'azione e mi accorgo di una crescita rilevante di volume, è più facile prendere una decisione. Potrei addirittura aumentare la quantità che voglio acquistare, supponendo che un incremento di volume indichi un aumento d'interesse e maggiori chance di successo.

2. La possibilità di comprare e vendere in qualunque momento

I trader acquisteranno soltanto le azioni che sanno di poter vendere e comprare in qualunque momento, a qualsiasi prezzo e per l'intera quantità acquistata. Quando il volume medio giornaliero di negoziazione è basso, per esempio di sole 100.000 quote, lo spread tra l'offerta (acquirenti) e la domanda (venditori) sarà in genere superiore a un centesimo di dollaro, il che rende arduo comprare e vendere al prezzo che desiderate. Per esempio: avete comprato delle azioni che volete rivendere subito, ma scoprite che siete costretti a farlo con una perdita considerevole, perché l'offerta migliore è comunque troppo lontana dal vostro prezzo di acquisto.

Inoltre le azioni con volumi bassi non portano "sostanza" e la loro liquidità in acquisto e in vendita, a qualunque prezzo, anche in presenza di compratori, sarà relativamente contenuta. A causa dell'ampio spread tra domanda e offerta e della mancanza di sostanza, anche un'unica transazione importante può avere un impatto enorme sul prezzo dell'azione, che potrebbe salire all'improvviso, a vostro vantaggio se l'avete acquistata. Analogamente potrebbe scendere all'improvviso, senza lasciarvi il tempo di vendere per evitare una perdita minima. Per riassumere: le azioni con volume basso non sono per le persone poco coraggiose o per quelle, come me, che non amano correre rischi eccessivi.

IN PILLOLE

Col tempo sarete in grado di riconoscere la maggior parte delle azioni con cui negoziate e non avrete bisogno di verificare se rispettano i requisiti di volume. Arriverete al punto in cui simili verifiche vi serviranno soltanto per un numero limitato di azioni.

Conclusione

Normalmente un day trader professionista non negozia con azioni che hanno un volume medio inferiore a un milione di quote al giorno. Non vi preoccupate: esistono migliaia di azioni con un volume giornaliero superiore a questa cifra.

In sintesi: un trader professionista cerca azioni che in media negoziano oltre un milione di quote al giorno e che hanno anche un volume più alto del giorno precedente.

Dopo un'ora di trading, come posso sapere se il volume giornaliero supererà il milione? Passate dal grafico con candele di cinque minuti intraday a un grafico giornaliero e controllate il volume di qualche giorno prima. Vi basterà un'occhiata per verificare se il volume consiste in poche migliaia di quote o in più di un milione. Se il volume è al limite, confrontate quello di apertura del giorno corrente con quello del giorno precedente e cercate di valutare il potenziale della giornata in corso.

Prestate attenzione a un altro elemento che potrebbe risultare fuorviante: una parte considerevole del volume potrebbe derivare da svariate negoziazioni oppure da un'unica grossa transazione. In altre parole, potreste pensare che il volume intraday sia abbastanza grande, mentre in realtà deriva per la maggior parte da una singola negoziazione di centinaia di migliaia di quote. Per verificarlo, analizzate l'indicatore di volume e cercate una singola candela che mostri un volume estremamente alto.

Il significato della variazione di volume

Una saggia regola afferma: «Compra un pettegolezzo, vendi una notizia».

A volte gli aumenti di volume aiutano a svelare le voci di corridoio. Se interpretate correttamente, in qualche caso le variazioni di volume possono rappresentare un indice importante per decidere gli acquisti e le vendite. Per esempio: se un'azione sale e rompe la resistenza, il *breakout* (ovvero la rottura) dovrebbe tradursi in una notevole crescita del volume, sintomo di un aumento d'interesse da parte degli acquirenti. Secondo una regola generale, un aumento di volume è considerato significativo se la candela di cinque minuti che mostra la rottura raddoppia rispetto alle precedenti. Più avanti esamineremo qualche regola utile per interpretare i cambiamenti di volume quando un'azione mostra fluttuazioni.

Dobbiamo distinguere tra gli aumenti di volume prima del breakout giornaliero (con candele giornaliere nell'arco di più giorni) e quelli prima del breakout intraday (con candele di cinque minuti nell'ambito di un'unica sessione di trading).

Aumento di volume prima del Breakout giornaliero

L'aumento del volume di attività di un'azione prima di un breakout giornaliero ci fa sospettare che stia succedendo qualcosa di significativo.

C'è sempre una ragione dietro alla crescita del volume giornaliero. In alcuni casi può rivelare l'esistenza di informazioni non ancora divulgate ufficialmente, ma che già circolano tra "i bene informati", oppure può indicare che un grosso acquirente istituzionale ha accumulato quote. Come accade nei fondi, una volta raggiunto il 90% del target, gli acquirenti istituzionali allentano la presa e decidono di lasciar trapelare la propria intenzione di supportare l'azione con acquisti di grande entità. Il trader spera che voi, e molti altri, notiate l'aumento di volume e decidiate di contribuire a far salire il prezzo dell'azione.

Per individuare la crescita nel volume giornaliero si possono usare software di screening scaricabili gratuitamente da Internet, come *Yahoo Screener* e *Stock Fetcher*. Per identificare un cambiamento nel volume intraday potrebbero servire programmi più avanzati, come *Metastock*. Molti nuovi trader non sentono il bisogno di usare i software ed eseguono da soli tutto il lavoro. Il trading dà già abbastanza da fare. Rivolgetevi ai professionisti e seguitene i consigli per trovare le azioni, finché non diventerete abbastanza bravi per provare a identificare da soli i modelli delle azioni che vi consentono di entrare.

Individuare il corretto prezzo d'ingresso è una delle cose che distinguono i trader professionisti dai dilettanti e, in questo senso, la crescita di volume facilita il compito. Un trader dilettante analizzerà svariati indicatori (cosa in genere superflua) e prenderà la decisione in ritardo, solo quando si sentirà abbastanza sicuro. Si sa che nel dilettante la fiducia aumenta proporzionalmente all'aumentare del prezzo, quindi molto spesso aspetterà troppo prima di scegliere il prezzo d'ingresso. Un professionista sa come ignorare gli indicatori superflui, valutando efficacemente il giusto prezzo d'ingresso con l'azione sul punto di rottura. Un aumento di volume un attimo prima della rottura è in molti casi il primo segnale che è imminente. I dilettanti entrano più tardi, quando i trader professionisti stanno già vedendo salire il prezzo. In generale, qui sta la differenza tra guadagno e perdita.

Un grande volume di rottura segna il punto di svolta nel modo in cui il pubblico percepisce il valore di un'azione: nella fase di consolidamento pre-rottura, sono pochi gli acquirenti interessati ad acquistare l'azione, ma il loro numero aumenta man mano che il volume cresce. Maggiore è il numero di acquirenti che credono nel nuovo trend dell'azione, maggiori sono le chance che avvenga la rottura.

Un'azione che rompe con un volume basso non cattura l'attenzione dei trader e ha meno chance di mantenere il nuovo trend. Dopo il breakout gli investitori diventano più scettici e cercano ulteriori "prove" che supportino il movimento. Un grosso volume è decisamente uno dei segnali più importanti per decidere se tenere l'azione. Nell'arco dei tre giorni successivi alla rottura, un'azione che non mostra un volume maggiore incontrerà l'opposizione dei venditori istituzionali intraday. L'attività istituzionale creerà una nuova area di resistenza che l'azione avrà difficoltà a rompere.

Caterpillar Inc., CAT – Aumento del volume di Breakout

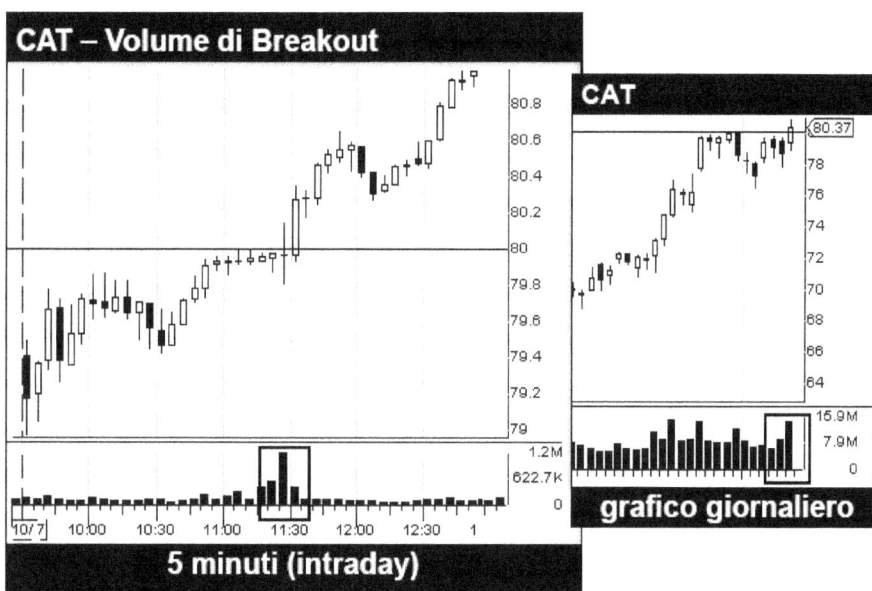

Il grafico giornaliero sulla destra mostra come Caterpillar abbia rotto verso un nuovo massimo giornaliero sopra gli 80 dollari. Alla base del grafico potete vedere che la rottura ha interessato quasi il doppio del volume dei giorni precedenti. Il grafico intraday sulla sinistra mostra il modo in cui l'azione si consolida sotto gli 80 dollari e il fatto che, quando rompe la resistenza, il volume sale a 1,2 milioni di quote nell'arco di una singola candela di cinque minuti! Il fenomeno indica con chiarezza un notevole interesse per l'azione, che ha maggiori chance di mantenere un trend rialzista. Nella sala di trading avevamo identificato la potenziale rottura di Caterpillar molti giorni prima che avvenisse il rialzo e l'abbiamo seguita da vicino nella speranza di acquistare al breakout. Si è trattato, senza alcun dubbio, di una negoziazione di successo.

IN PILLOLE

I fondi tengono le azioni nel lungo termine, perciò non sono esposti alle fluttuazioni del prezzo intraday. I trader che acquistano prima del breakout intraday sono altamente vulnerabili di fronte alla più piccola oscillazione del prezzo.

Aumento di volume prima del Breakout intraday

Come ho detto in precedenza, bisogna distinguere tra l'aumento di volume prima del breakout giornaliero e quello che avviene prima del breakout intraday. Nel caso dell'intraday, le crescite di volume prima della rottura generalmente non sono un buon segno, perché sono spesso causate da trader giornalieri indipendenti e non dai trader istituzionali. Come impareremo in seguito più approfonditamente, i trader che acquistano le azioni prima della rottura intraday potrebbero essere particolarmente vulnerabili persino di fronte a un minimo calo di prezzo.

Un grande volume pre-rottura indica che molte "nuove mani" stanno comprando l'azione. Diversamente dai veterani, che hanno acquistato l'azione quando il prezzo era ancora molto basso, i nuovi trader sono in una posizione pericolosa: non hanno ancora guadagnato e sono perciò molto più esposti. Se l'azione dovesse rompere e correggere anche di poco, sarebbe ragionevole pensare che i nuovi acquirenti abbandonino velocemente il campo, causando un temporaneo ribasso del prezzo. In linea di massima questi ribassi vengono corretti rapidamente e l'azione riprende il trend rialzista. I trader esperti approfitteranno persino di un calo temporaneo per comprare a prezzo ridotto.

Caterpillar Inc., CAT – Acquirenti in fuga

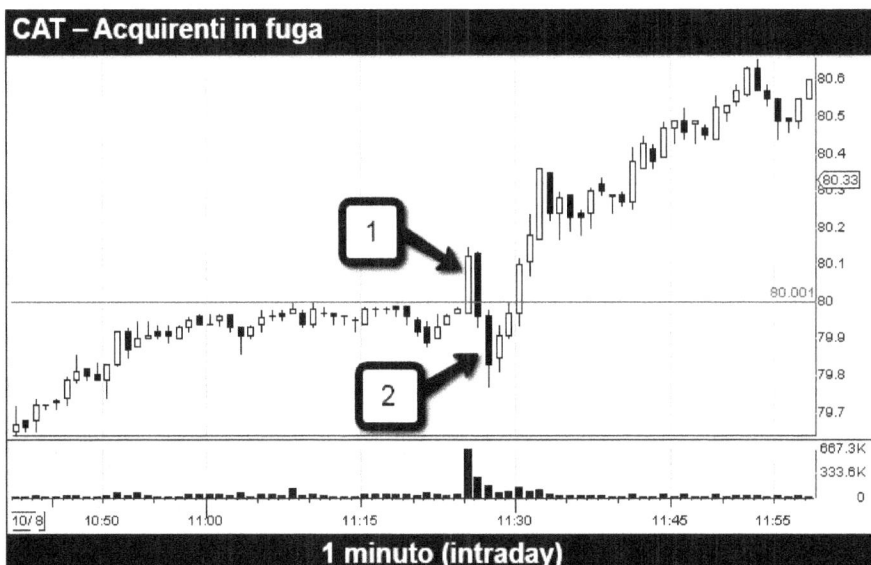

Guardando alla rottura di 88 dollari di Caterpillar attraverso una candela di un minuto, vediamo un ridimensionamento degli acquirenti esattamente nel punto di breakout. Il prezzo ha rotto con un ampio volume di 600.000 quote in un minuto (si tratta in gran parte di nuovi acquirenti, come me) ed è salito di 15 centesimi [1]. Fin qui tutto bene.

Un ampio volume, che integra il breakout sul grafico giornaliero, e una buona rottura tecnica durante la sessione di trading dovrebbero avere successo, ma fate attenzione all'aumento di volume pre-rottura. Il problema si manifesta quando molte "nuove mani" si sentono sotto pressione e iniziano a vendere dopo che il prezzo è salito di soli 15 centesimi, dando il via a una reazione a catena che nel giro di due minuti riporta l'azione indietro di 38 centesimi [2]. Molti anni fa mi sarei trovato anch'io tra quelli sotto pressione, che vendono in perdita e si perdono la fase in cui l'azione ricomincia a salire e raggiunge nuovi massimi. Dopo molti anni di esperienza, conoscendo meglio il comportamento umano, in quell'occasione ho raddoppiato la quantità comprata a 79,89 dollari e mi sono goduto il rialzo costante. Una negoziazione fantastica al posto di una grave perdita!

Volume in un trend al rialzo

Dato che l'aumento di volume indica la forza del trend, vorremmo vederlo crescere ogni volta che l'azione ricomincia a muoversi secondo il trend. Se il volume non cresce quando il trend si sviluppa, forse sta per presentarsi un'inversione, che ne mette in discussione l'affidabilità.

Per decidere se comprare un'azione con un trend rialzista, dobbiamo esaminare il comportamento del volume nei punti in cui il prezzo cambia.

Akamai Technologies Inc., AKAM – Cambiamento di volume intraday

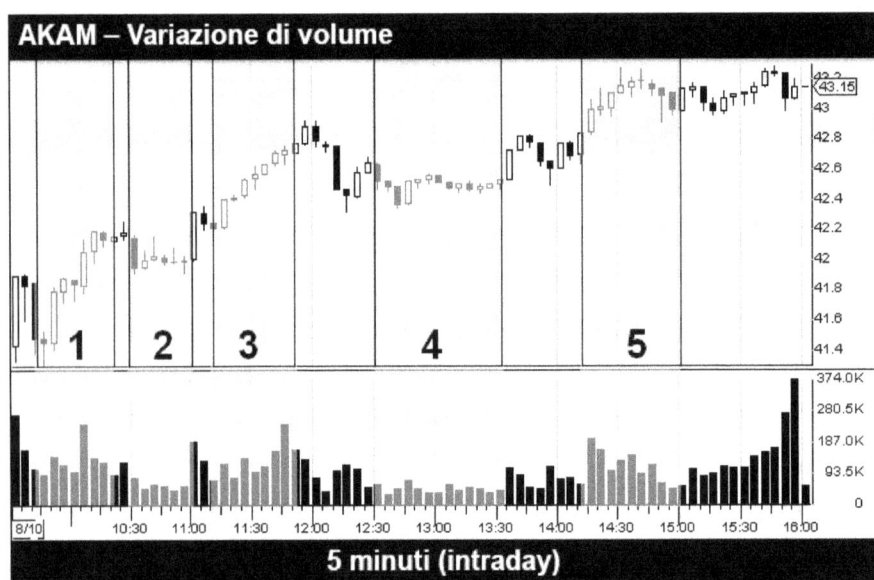

Nel grafico qui sopra potete notare la forte giornata di massimi di Akamai in candele di cinque minuti. Osservate anche che il volume nei primi e ultimi minuti di trading è più alto per via degli ordini automatici di vendita e acquisto dei trader individuali e istituzionali. Questi punti perciò non hanno alcuna rilevanza tecnica. Nell'area indicata con [1], l'azione ha un trend rialzista con un volume (relativamente) elevato. Nell'area indicata con [2], Akamai sta scendendo con un volume contenuto, segno certo di una mancanza di entusiasmo per il ribasso. Al punto [3] sta di nuovo correndo saldamente al rialzo con un grande volume. Al punto [4] tende ancora al ribasso con un volume ridotto e al punto [5] raggiunge un nuovo massimo con un ampio volume. La conclusione è semplice: un entusiasmo maggiore per i rialzi piuttosto che per i ribassi indica che la direzione del trend è più orientata verso i massimi che verso i minimi.

Cosa sarebbe potuto succedere se avessimo visto salire i volumi nelle fasi di ribasso? Avremmo venduto? Non immediatamente, ma avremmo certamente dubitato sul proseguimento del trend e avremmo iniziato a valutare quando uscire, nel caso in cui l'inversione si fosse intensificata. A volte un aumento di volume è semplicemente un "rumore" casuale senza significato.

IN PILLOLE	*Un'azione con un trend rialzista deve mostrare un aumento di volume quando viene negoziata al rialzo (sintomo di entusiasmo) e un volume ridotto quando viene negoziata al ribasso. Per un'azione con un trend ribassista vale il contrario.*

Volume in un trend al ribasso

Il comportamento di un'azione con trend ribassista è leggermente diverso da quello di un'azione in rialzo. In caso di un trend al ribasso è più difficile interpretare il volume. A volte, se l'azione rompe il supporto, il breakout non si traduce in un grande volume, perché molti investitori negano il fallimento e continuano a credere nell'azione, malgrado sia negoziata in perdita.

I dilettanti tendono a rimanere fedeli a un'azione come come fanno i tifosi di una squadra di calcio che incontra una serie di sconfitte. Ne avete mai visto uno abbandonare la propria squadra? I dilettanti daranno le stesse risposte: «È buona, si rifarà», «ha buoni prodotti», «il management è buono». I professionisti, al contrario, sanno quando allontanarsi rapidamente dalle perdite. I dilettanti negheranno la sconfitta e spesso subiranno gravi perdite che indurranno una paralisi emotiva che impedirà loro di ragionare. Paralisi e negazione possono ridurre il volume di un'azione che incontra i primi minimi.

Un'altra causa di volume ridotto è la mancanza di domanda. Un'azione in perdita crolla perché non c'è domanda, quindi i venditori non possono vendere. A uno stadio più avanzato, quando prosegue il crollo dell'azione, la paura prende il sopravvento. Il pubblico viene assalito dal panico e il volume aumenta quando i venditori iniziano a competere sulla domanda, vendendo aggressivamente a qualunque prezzo. D'altronde, è anche la fase in cui qualche trader istituzionale ricomincia ad accumulare azioni.

Di solito, da tre a cinque giorni prima del ribasso, quando il volume cresce, l'azione trova supporto e può riuscire a ritornare al massimo. La correzione del prezzo con un volume contenuto indica principalmente che i giocatori a caccia di affari si sono uniti al trading a breve termine. Solitamente falliscono, dato che il trend al ribasso continuerà, ma ciò non impedirà loro di vantarsi del proprio stupefacente successo. Incontro spesso giocatori simili nelle mie conferenze. Si vantano sempre dell'ultima azione che hanno acquistato, con frasi del tipo: «Ho comprato Citigroup quando era a 2 dollari, mentre adesso è a 11 dollari». Menzionano quasi sempre i rari successi, ma non i molteplici fallimenti. Generalmente dimenticano di aver anche comprato le azioni Lehman Brothers a 3 dollari, scoprendo il giorno dopo che erano crollate a zero, come è successo in altre innumerevoli negoziazioni che hanno eseguito e che hanno portato alla chiusura dei loro conti di trading.

Volume in assenza di fluttuazioni di prezzo

La domanda di un trader istituzionale può generare un grosso volume in assenza di fluttuazioni di prezzo. I processi decisionali dei trader istituzionali sono molto diversi da quelli dei day trader o degli investitori privati. I trader istituzionali valutano per settimane, se non per mesi, l'acquisto di un'azione e, nel frattempo, conducono un approfondito studio economico (noto come *analisi fondamentale*) sulla società, i suoi prodotti, i suoi report finanziari, la sua situazione di mercato e molto altro ancora. Dato che i trader istituzionali muovono grosse somme di denaro, hanno bisogno di acquistare enormi quantità di azioni, di solito centinaia di migliaia, se non addirittura milioni di quote, per movimentare il denaro. Se i venditori casuali acquistassero quantità del genere sul mercato, si creerebbe una forte domanda, che farebbe impennare il prezzo prima che il fondo riuscisse ad accumulare il quantitativo richiesto.

Ci sono molti modi per trovare la soluzione. Innanzitutto, il fondo cercherà di individuare i venditori in possesso di grandi quantità per comprarle direttamente in transazioni fuori dalla borsa, ciascuna delle quali, di solito, è nell'ordine di centinaia di migliaia di azioni. Chi acquista grandi quantitativi è disposto a pagare un prezzo leggermente superiore, partendo dal presupposto che, se cercherà di comprare all'interno del mercato, il prezzo sarà spinto verso l'alto. Un venditore avvicinato da un operatore istituzionale sa che, se cercherà di vendere un'ingente quantità nell'ambito delle contrattazioni di borsa, il prezzo sarà forzato verso il basso e otterrà molto meno del prezzo offerto dal fondo.

Tuttavia, per legge, queste transazioni fuori borsa devono essere segnalate al mercato azionario, il che significa che il volume degli scambi apparirà sul vostro schermo di trading, senza però influire sull'equilibrio tra acquirenti e venditori e senza incidere, perciò, sul prezzo delle azioni, anche se la negoziazione è stata eseguita a un prezzo superiore o inferiore a quello attualmente negoziato sul mercato. Così facendo, il fondo cercherà di ottenere l'80% della quantità totale prevista, tentando di acquistare il restante 20% lentamente, con attenzione, in silenzio, in piccole quantità per volta, direttamente dai venditori del mercato azionario. Questo processo legato al volume può richiedere da diversi giorni a diverse settimane.

La fase successiva è molto interessante. Il fondo, che possiede già una grande quantità di azioni, intende a questo punto manifestare il proprio interesse per innescare un aumento del prezzo. Si mette quindi a comprare sul mercato, creando volumi e prezzi massimi che attirano attenzione e portano il prezzo delle azioni a massimi superiori. Il trend rialzista del prezzo s'intensifica e altri acquirenti, notando la risonanza, si uniscono alla negoziazione, spingendo a loro volta il prezzo a massimi ancora più elevati. Dal momento che una gran parte della liquidità è già detenuta dal fondo, l'azione ha la via spianata per salire virtualmente senza resistenza.

Vi sembra un po' equivoco? Chi ha detto che la borsa sia un modello di correttezza?

Volume al massimo giornaliero

Quando vediamo sul grafico giornaliero un'azione che rompe verso un massimo, spesso in quel punto notiamo un enorme aumento di volume, conosciuto come *volume crescente*. Usualmente il pubblico impiega un po' di tempo prima di mettersi a comprare, quando si è finalmente convinto che ci sia qualcosa di vero dietro al breakout. È l'entusiasmo del pubblico a innescare il volume crescente. Quando il pubblico acquista in massa, di solito con un certo ritardo, entrano in gioco i "giocatori con grossi capitali", cioè i venditori istituzionali che approfittano dei massimi e dei grandi volumi per liberarsi di blocchi consistenti di azioni mentre il trend rialzista è al suo apice. Il fenomeno è chiamato *vendere in un punto di forza* (*selling into strength*). Quei venditori generano una resistenza ai continui massimi, che determina il volume crescente.

I venditori allo scoperto sono allettati da un'ingente quantità di azioni. Cominciano quindi ad apparire le correzioni del prezzo. L'ultimo gruppo di venditori, il pubblico, è il vero perdente: si sente sotto pressione, vende, l'azione crolla vicino al livello di supporto, dove viene nuovamente accumulata a basso prezzo dai trader istituzionali, e comincia a risalire verso nuovi massimi con grandi volumi.

IN PILLOLE	*Il pubblico non compra un'azione quando inizia a salire, ma sempre in ritardo, dopo che l'azione ha dato prova di essere forte.*

Volume crescente in un massimo intraday

Il volume crescente in un massimo è il campanello d'allarme di una correzione anticipata.

BB&T Corp., BBT – Correzione del volume crescente intraday

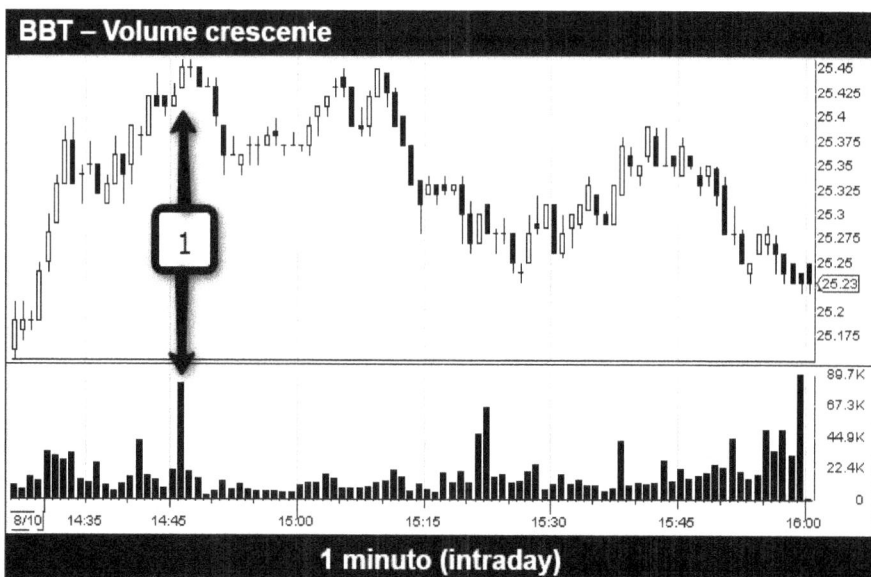

Nella giornata presa ad esempio qui sopra, BBT sta raggiungendo dei massimi all'apertura della sessione di trading. All'approssimarsi del massimo, il volume cresce notevolmente[1]. Come abbiamo imparato, la crescita del volume durante un trend rialzista è un segnale positivo. Questo è vero in linea di massima, ma non se abbiamo una brusca variazione di volume, come nell'esempio precedente che mostra un volume irregolare. Gli acquirenti veterani stanno sfruttando il massimo per realizzare profitti e per vendere da una posizione vantaggiosa, mentre gli acquirenti meno esperti sono a caccia dell'azione e continuano a comprare vicino al massimo. A questo punto, molti nuovi acquirenti entrano nel mercato e, ancor prima di guadagnare un centesimo, si trovano estremamente vulnerabili a ogni minima variazione di prezzo del titolo. Basterà una piccola correzione di soli pochi centesimi per metterli sotto pressione e per far nuovamente e pesantemente precipitare l'azione.

Questo processo è analogo alla prima rottura fallimentare di Caterpillar che abbiamo analizzato in precedenza.

Medie mobili

Come abbiamo imparato, le azioni non salgono in linea retta, ma a zig-zag. Questa è la natura del trend. Una parte del processo naturale di raggiungimento dei massimi comporta dei pullback. Un'azione con una tendenza rialzista e una correzione sta comunque seguendo il proprio trend, ed è così che dovremmo vederla.

Naturalmente non tutti i minimi si dovranno considerare significativi, il che implica che abbiamo bisogno di uno strumento di supporto per definire il trend. Le *medie mobili* (MM) sono strumenti che hanno il ruolo di appiattire il movimento a zig-zag e in questo senso ci aiutano a definire il trend, avvertendoci di possibili inversioni. A differenza degli altri indicatori che descriverò più avanti, le informazioni fornite dalle MM sono inequivocabili e ci consentono di arrivare a delle conclusioni. Le MM si calcolano sulla media dei prezzi di chiusura in un periodo definito e compaiono sul grafico come una linea continua. A titolo di promemoria, il prezzo di chiusura è quello dell'ultima negoziazione nel periodo in esame. Ad esempio, se il timeframe è espresso in giorni, si tratterebbe del prezzo di chiusura della giornata di trading o di quello dell'ultima negoziazione, se il timeframe è composto da candele di cinque minuti.

Si chiama *mobile*, perché la media dei prezzi di chiusura viene ricalcolata ogni volta nell'ambito del periodo considerato. Ad esempio, sul grafico giornaliero esiste una media mobile nota come *MM a dieci giorni* (MM10), che esprime la media dei prezzi di chiusura degli ultimi dieci giorni. In questo modo, la media si muove ogni giorno in base al prezzo di chiusura giornaliero che viene addizionato a quello dei nove giorni precedenti. La base per il calcolo della MM è il prezzo di chiusura, dal momento che è il dato più importante.

Esempio di conteggio

Esercizio. Calcolare la media mobile alla fine di un periodo di dieci giorni (MM10), per un titolo che è passato da 10 a 20 dollari, con un incremento di 1 dollaro al giorno per dieci giorni consecutivi.

Soluzione. Addizioniamo i prezzi di chiusura degli ultimi dieci giorni:
$11 + 12 + 13 + 14 + 15 + 16 + 17 + 18 + 19 + 20 = 155$.
La media per dieci giorni è di $155/10 = 15,5$.
La MM alla fine del decimo giorno è di 15,5 e viene espressa come segue:

$$MM10 = 15,5$$

Se considerassimo anche i dati di negoziazione che precedono di un paio di giorni questo gruppo di dieci, saremmo in grado di calcolare la MM per il nono giorno, per l'ottavo e così via. Collegando tutti questi risultati con una linea continua, potremmo ottenere la MM dei dieci giorni.

F5 Networks Inc., FFIV – Media mobile (MM)

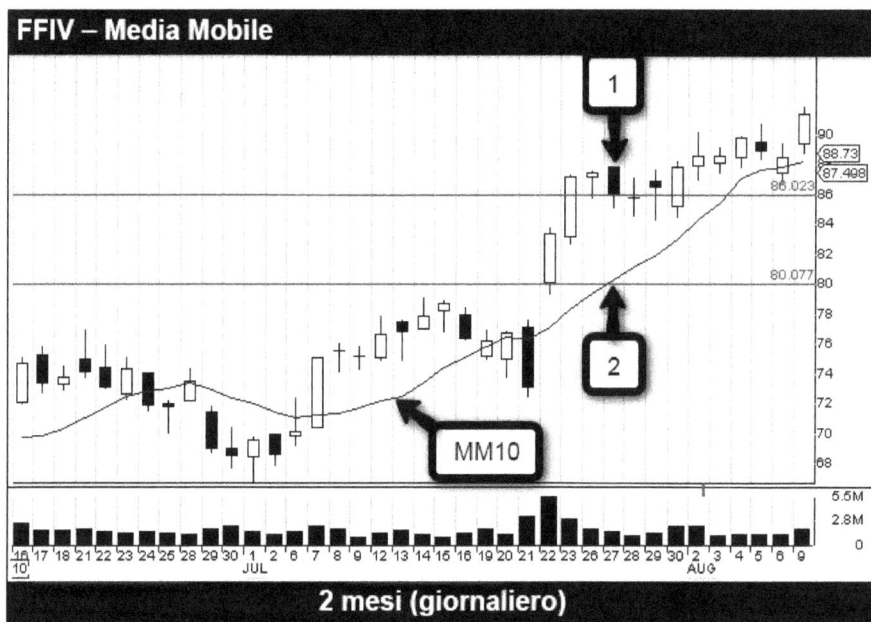

FFIV – Media Mobile

2 mesi (giornaliero)

Ho aggiunto al grafico giornaliero di FFIV la linea delle medie mobili di dieci giorni (MM10). Il 27 luglio 2010 la giornata di trading ha chiuso a 86 dollari [1] e quel giorno la MM10 è stata di 80 dollari [2]. Se aggiungiamo il prezzo di chiusura del 27 luglio [1] a quelli con cui si sono chiusi i nove giorni precedenti e ne calcoliamo la media, otteniamo 80 dollari.

I trader utilizzano in particolare due delle numerose medie mobili: la *media mobile semplice* (SMA) e la *media mobile esponenziale* (EMA). Niente panico! Non è eccessivamente difficile comprendere cosa siano e cosa le differenzia.

IN PILLOLE | *Per il trading intraday con candele di cinque minuti, usate una media mobile di otto o dieci periodi. Per lo swing trading (candele di un giorno), usatene una di 20, 50 o 200.*

Il punto debole delle medie mobili è che i dati sono storici, cioè si riferiscono a informazioni passate, perciò si definiscono come un *indicatore che segue il trend* o come un *indicatore in ritardo*. Più ci allontaniamo sull'asse del tempo, meno rilevanti per il presente sono i dati utilizzati per calcolare la media di inizio periodo. Per questa ragione, invece di usare la media mobile semplice (SMA), che dà lo stesso peso a ogni intervallo temporale, molti trader utilizzano la media mobile esponenziale (EMA), che dà maggior valore all'intervallo temporale più vicino al presente. Il che significa che i prezzi di chiusura dei timeframe più recenti sono considerati più significativi, ma occorre tener presente che lo scopo principale delle MM è quello di agire solamente come un indicatore. È interessante notare che gli operatori che utilizzano la MM semplice giungono alle stesse conclusioni di quelli che utilizzano l'EMA. È più che altro una questione di abitudine, preferenza ed esperienza, quindi continuate a usare il tipo di MM che preferite. I nuovi trader in genere preferiscono la EMA, ma anche loro tendono a usare la SMA quando si riferiscono a 200 timeframe. Perché? Questa è la norma ed è quello che anche voi dovreste fare.

Medie veloci e medie lente

Una media a lungo raggio, come una MM200, è meno sensibile alle recenti differenze del prezzo di chiusura, perché il peso di ciascun timeframe è relativamente piccolo e quindi le variazioni saranno lente. Una media mobile a corto raggio, come ad esempio una MM20, si mostra maggiormente vulnerabile di fronte ai prezzi di chiusura recenti, perciò le variazioni saranno più veloci. Come vedremo, integrare una MM lenta e una veloce può essere un buon indicatore della direzione del trend.

Nell'ambito della sessione di trading e utilizzando candele di cinque minuti, sarebbe da preferire l'uso delle MM8 o MM10. Per il trading a lungo termine, come quando si analizza la tabella per entrare in uno swing di diversi giorni, useremo le MM20, MM50 e MM200. In seguito, ci eserciteremo sulla loro corretta applicazione.

Uso delle medie mobili

Come ho già detto, la MM ci aiuta a leggere il trend. Per farlo e per identificarne le inversioni, esistono due metodi: esaminare le connessioni tra la MM e il grafico a candele giapponesi e analizzare le connessioni tra le MM. Oltre all'analisi della tendenza, la MM serve anche a definire i punti di entrata e di uscita, come vedremo più avanti.

Quando analizzate il significato delle MM per un titolo con un trend rialzista, ricordatevi che vale il contrario nel caso di un'azione con trend ribassista.

- **Regola n. 1**: la corsa di un'azione oltre la MM è sintomo di un trend continuativo; un ribasso sotto la MM può indicare la fine del trend.

Akamai Technologies Inc., AKAM – Grafico giornaliero dello sviluppo del trend

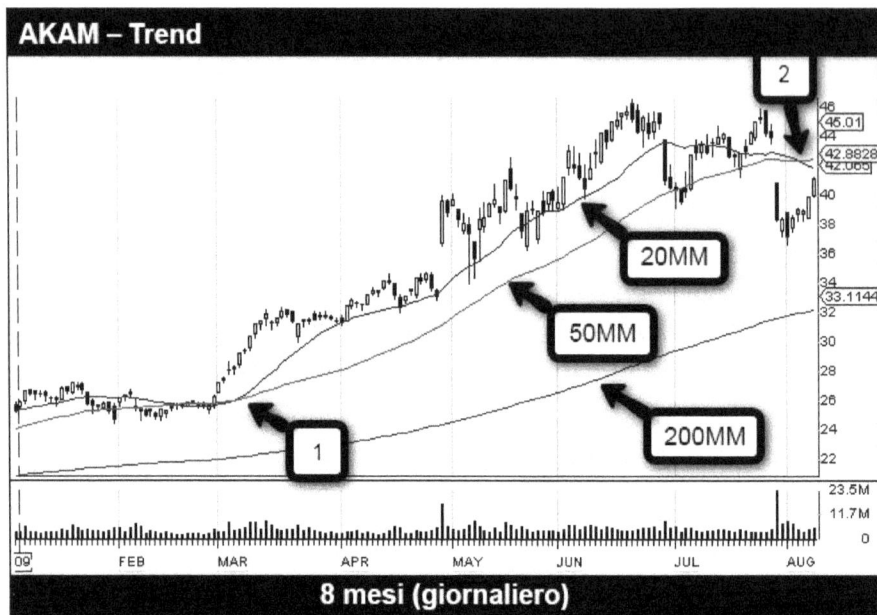

A marzo, Akamai esce da un lungo periodo di movimenti laterali e comincia a salire [1]. Notate come il titolo "cavalca" la MM20. In alcuni momenti potete vedere che l'azione scende sotto la linea MM20, ma si tratta di minimi intraday che iniziano e finiscono nella stessa giornata di trading. Il primo segnale di un'inversione di tendenza si verifica al rialzo, quando l'azione rompe la MM20, ma trova sostegno nella MM50. Alla fine rompe [2] e abbandona il trend rialzista.

Cosa aspettarsi

Innanzitutto vi dovreste aspettare che un'azione con un trend rialzista cavalchi la MM20 per diversi mesi, esattamente come fa Akamai a partire da [1] e fino alla rottura della media mobile. Cavalcare sopra la MM20 è considerato un classico trend rialzista.

La linea MM20 è quindi la linea di supporto. Quando cerco un punto d'ingresso su un'azione in rialzo, ho bisogno di trovarlo quando l'azione è vicina alla MM20. Questo presuppone che un'azione forte si stacchi dalla MM20, ma che vi ritorni mentre continua a salire.

Quando il titolo scende nettamente al di sotto della linea della MM20, ci aspettiamo che sia supportato dalla linea MM50, ma questa è anche la fase in cui cominciamo a sospettare una possibile inversione. Un ribasso sotto la linea dei cinquanta giorni significa quasi sempre un'inversione di tendenza. Un ulteriore sostegno dovrebbe venire dalla linea MM200.

Per le azioni rialziste, se il grafico scende sotto la linea MM20 significa che il trend rialzista potrebbe essere sul punto di inversione. Allo stesso modo, per le azioni ribassiste, se il grafico sale sopra la linea MM20, significa che la tendenza al ribasso sta per invertire il suo corso.

Quando le linee delle medie mobili veloci e lente convergono, si può parlare di un'inversione formale: per esempio, nel grafico di Akamai vediamo che le linee a cinquanta e venti giorni convergono al punto [2]. Il significato dell'inversione è che nel breve raggio di venti giorni l'azione è scesa, mentre nel lungo raggio di cinquanta giorni l'azione mantiene un trend rialzista. Alcuni trader aspettano questo punto di convergenza per vendere, ma, a mio parere, è già troppo tardi. Analizzando il grafico Akamai, si vede chiaramente che si "potrebbe" o "dovrebbe" decidere di uscire molto prima.

Le medie mobili che corrono parallele tra di loro sono note come *binari* e indicano un lungo trend continuativo. Quando le linee MM si allontanano l'una dall'altra, si manifesta una tendenza al rafforzamento, mentre quando si avvicinano esiste una tendenza all'indebolimento. Al punto [1] vediamo l'inizio della divergenza e vicino al punto [2] osserviamo i segni di un avvicinamento che si conclude con la convergenza delle linee.

IN PILLOLE	*I binari divergenti indicano una tendenza al rafforzamento, quelli che iniziano a convergere mostrano il potenziale pericolo di un'inversione del trend.*

Perché calcolare una linea di venti giorni?

Per due motivi: primo, perché è diventata normale prassi di mercato; secondo, perché si tratta di una profezia che si autoavvera: molti trader pensano che ci sarà un supporto sulla MM20, perciò comprano azioni sostenute da questa linea, che è considerata il punto di supporto tecnico.

Cosa sale? Cosa scende?

Nel caso di un'azione con trend rialzista, dovrebbe stare sopra la linea dei venti giorni, che è sopra la linea dei cinquanta giorni, che, a sua volta, dovrebbe essere superiore alla linea dei duecento. Questa è la definizione classica di un trend rialzista.

La linea MM200 può trovarsi sopra entrambe le linee MM20 e MM50? Certamente. Immaginate che il titolo si sia mosso al rialzo per cinquanta giorni consecutivi, il che significa che sia la linea MM20 che quella MM50 saranno al di sotto del prezzo dell'azione. Tuttavia, la verifica di 51 o più giorni precedenti rivela che l'azione è precipitata a causa di un massimo eccessivo, e quindi la linea MM200 sarebbe superiore alle linee MM20 e MM50.

Quando acquistare?

Una volta che avrete identificato un'azione rialzista e vorrete inserirvi nel trend continuativo, dovrete acquistare quando il prezzo è in procinto di invertire la rotta, come abbiamo imparato nel capitolo precedente. Il punto d'ingresso (acquisto) deve essere sulla linea MM20 o poco al di sopra, ma non troppo lontano da quella linea.

Quando vendere?

Vendete quando il prezzo di chiusura dell'azione su due giorni consecutivi è inferiore alla linea MM20.

Quando comprare o vendere durante la sessione di trading (intraday)?

Le stesse regole valgono per il trading intraday, ad eccezione del fatto che il periodo seguito è di dieci intervalli temporali con candele di cinque minuti, anche se alcuni trader preferiscono periodi da otto. In realtà, come vedremo in seguito, scoprirete che le vostre decisioni sulle vendite e sugli acquisti intraday non si baseranno soltanto sul comportamento della MM, ma dipenderanno anche da altri fattori.

Il significato univoco della MM200

Si sa che la MM200 agisce sia come una forte zona di supporto che come zona di resistenza, a seconda della provenienza del prezzo del titolo. Un titolo in ribasso troverà un forte sostegno lungo la linea MM200. Al contrario, nei casi in cui la linea MM200 è al di sopra del prezzo delle azioni, un titolo in rialzo farà fatica ad attraversarla. Anche i trader che preferiscono utilizzare la media mobile esponenziale (EMA) utilizzeranno quasi sempre la media mobile semplice (SMA) quando si riferiscono a un periodo di duecento timeframe.

Ricordate che sarebbe meglio anche per voi seguire il comportamento della maggioranza. Se scegliete di operare con una MM diversa da quella utilizzata dalla gran parte dei trader, non potrete ricevere il sostegno del gruppo.

Teva Pharmaceutical Industries Ltd., TEVA – Resistenza MM200

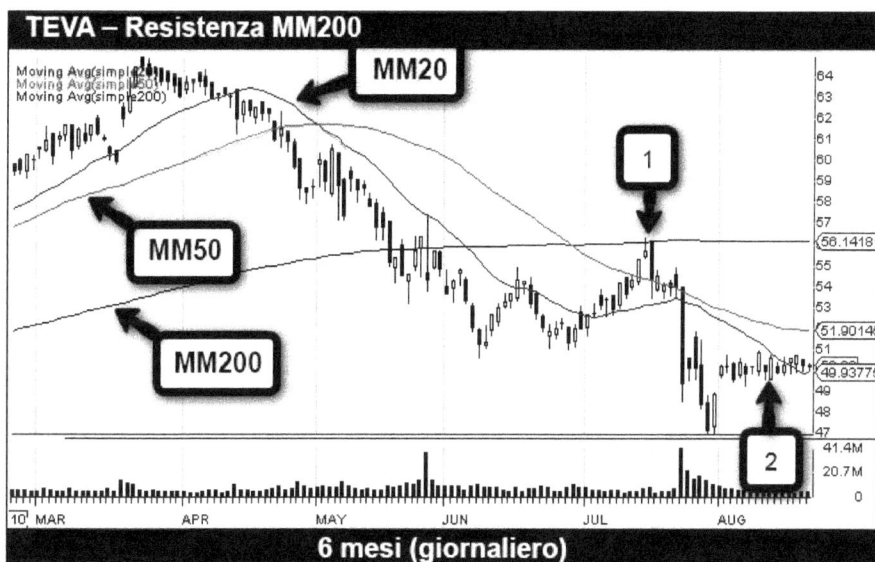

TEVA mantiene una chiara tendenza al ribasso a destra sotto la linea MM20. La linea MM50 è correttamente posizionata sopra la linea MM20 e la MM200 si trova tra di loro. Al punto [1] TEVA cerca di invertire la tendenza, attraversa la linea MM20, poi quella MM50 e infine sfonda il tetto della MM200. La resistenza della linea MM200 è un fenomeno incredibile che si ripete più volte. Cosa significa per voi?

Immaginiamo che vogliate acquistare TEVA perché credete che subirà un rialzo. Non acquistate quando si trova appena sotto la linea MM200, dal momento che l'azione fa fatica ad attraversare quella barriera. Se avete comprato il titolo molto al di sotto della MM200, sarebbe saggio realizzare un po' di profitto mentre si avvicina a quella linea.

Quando osserviamo attentamente l'attuale situazione di TEVA, dovremmo anche notare il fantastico consolidamento al punto [2]. L'azione sale speditamente ed è in procinto di compiere un movimento repentino in una delle due direzioni, verso l'alto o verso il basso. Entrambe le situazioni sono adatte al trading e sono anche dei mezzi per realizzare probabilmente una buona negoziazione. Ho seguito l'azione con l'intento di negoziare se e quando deciderà di lasciare la zona del range breve.

Alla fine, non ho potuto resistere. E questo è il risultato, poche settimane dopo aver scritto i paragrafi precedenti: un salto del 9% nell'arco di svariati giorni. A volte il gioco sembra troppo facile.

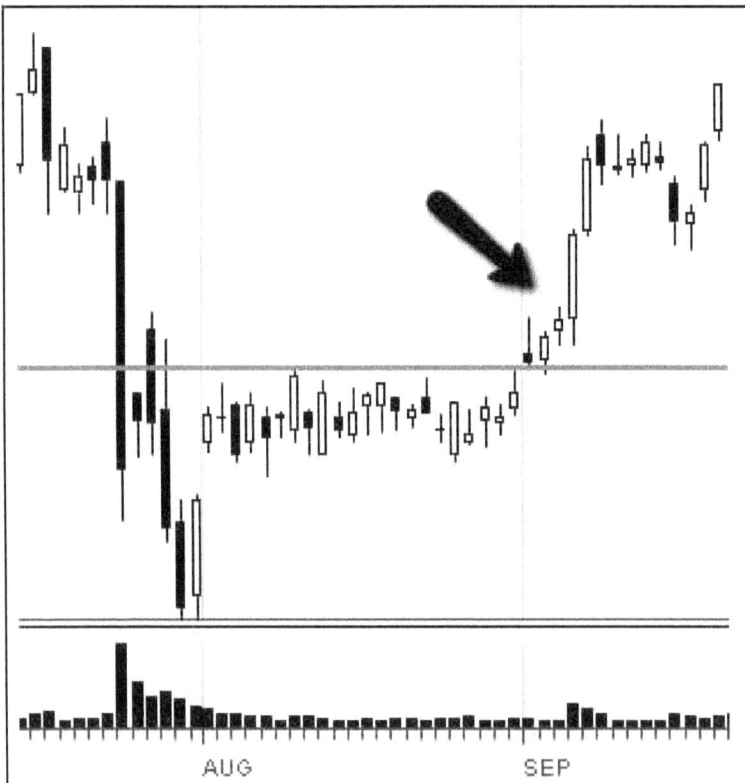

Oscillatori

L'oscillatore è uno strumento tecnico che serve a identificare le situazioni di *iperventuto* e di *ipercomprato*, nonché i segnali che il trend attuale sta per finire prima che si veda il cambiamento nel grafico. Intendo dire che l'oscillatore è una sorta di indicatore che ci aiuta a scoprire che sta entrando nel mercato del denaro "stupido", mentre quello "intelligente" lo sta lasciando e viceversa.

Quando vengono inseriti in un grafico, gli oscillatori sono molto utili per individuare i punti estremi e i prezzi di ipercomprato e iperventuto delle azioni. A volte, però, questi indicatori possono rivelarsi troppo efficaci e indurre un'attività di trading inutile e persino sbagliata. Per questo motivo non basta un segnale iniziale d'ingresso, ma è meglio attenderne un altro di conferma. Quando l'oscillatore non si muove nella stessa direzione del trend, preannuncia l'arrivo di un'inversione di tendenza.

A differenza degli strumenti tecnici di osservazione del trend, gli oscillatori risultano molto efficaci quando l'azione si muove lateralmente. Il loro numero cresce di pari passo con lo sviluppo dell'analisi tecnica. Ribadisco tuttavia che le azioni vanno "comprese", quindi personalmente tendo a non usare gli oscillatori, perché non mi piace che ci sia troppo "rumore" nel grafico in fase di negoziazione, fatto salvo il dato del volume. Agli esordi non "capivo" minimamente le azioni ed ero dunque costretto a usare gli oscillatori, proprio come farete voi nella fase iniziale. Se tutto andrà per il meglio, col tempo non vi serviranno più. Dopo alcuni anni sul campo, quando vi sarete completamente sganciati da questo genere di indicatori, sarete in grado di operare più rapidamente e con maggiore efficacia.

Tuttavia, quando si tratta di analizzare le azioni, niente è meglio degli oscillatori. Per individuare cosa negoziare alla fine di una sessione di trading, prima che quella nuova inizi oppure durante la giornata, gli oscillatori servono, perché vi aiutano a selezionare un'utile lista di azioni.

È arrivato il momento di darvi un avviso importante: talvolta i nuovi trader cercano di usare più oscillatori contemporaneamente, aumentando il "rumore" mentre lavorano. L'esito si può riassumere con la frase: «Non vedono a un palmo dal loro naso».

Indice di Forza Relativa (RSI)

L'*indice di forza relativa* (RSI ovvero *Relative Strenth Index*) è un oscillatore che misura la forza di accelerazione di ciascuna azione, ma non attraverso un confronto tra due o più azioni, come sembrerebbe indicare la parola *relativa*, bensì analizzando la media delle fluttuazioni che si manifestano nei prezzi di chiusura in un determinato timeframe. Questo indicatore è stato sviluppato negli anni Settanta da Welles Wilder al fine di aiutare a determinare i punti di ipervenduto e ipercomprato.

Qualsiasi oscillatore che visualizzerete nel vostro grafico dovrebbe essere impostato per analizzare retroattivamente un determinato periodo. Per lo swing trading il timeframe normalmente accettato per l'RSI è di quattordici giorni. Qualche trader lo imposta per un periodo più breve di nove giorni, altri per periodi più lunghi, come venticinque giorni.

- Più breve sarà il periodo prestabilito, più sensibile, cioè *veloce*, sarà l'oscillatore e maggiore la possibilità di molti falsi segnali.

- Più lungo sarà il periodo prescelto, meno vulnerabile, cioè *lento*, diventerà l'oscillatore, ma a quel punto avrete più possibilità di ricevere segnali di acquisto e di vendita dopo che il movimento sarà iniziato.

Esempio di impostazione di un oscillatore RSI nel mio software di screening

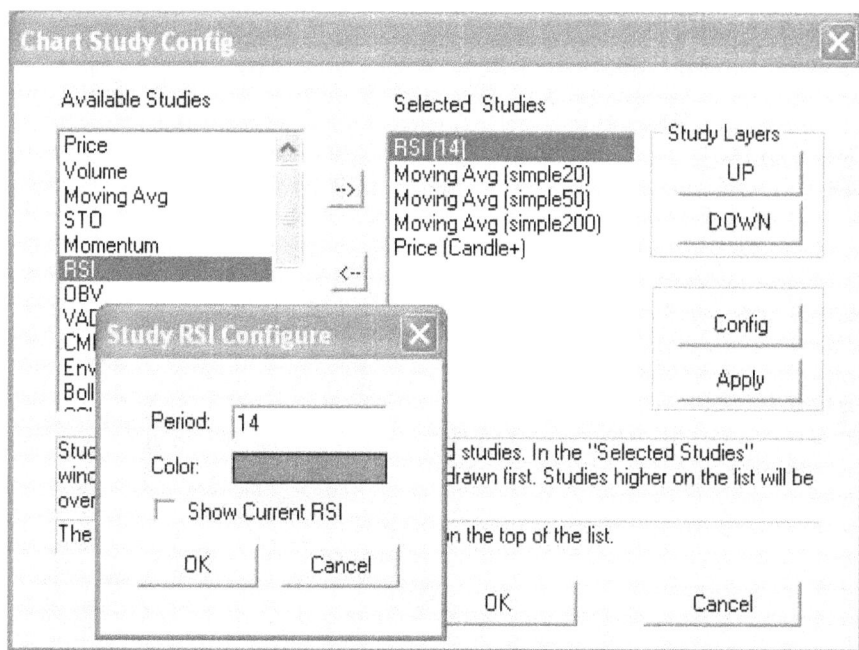

Nella mia piattaforma di trading (COLMEX Pro), come in altri programmi analoghi, devo fare clic sul grafico per scegliere il tipo di oscillatore che voglio aggiungere. Come vedete, ho aggiunto complessivamente cinque caratteristiche: prezzo espresso in candele giapponesi, le tre medie mobili di cui abbiamo parlato precedentemente (MM20, MM50, MM200) e l'RSI per un periodo di quattordici giorni. Facendo doppio clic su qualsiasi indicatore, si apre una finestra in cui posso cambiarne i parametri: per esempio, il timeframe e il colore sul grafico. Niente di più semplice.

L'oscillatore RSI funziona su una scala da 0 a 100.

- Se supera 70, dobbiamo sospettare una possibile situazione di ipercomprato, cioè un segnale che l'azione sta per subire un ribasso.

- Se scende sotto 30, potrebbe indicare uno stato di ipervenduto, vale a dire che l'azione sta per invertire la direzione verso i massimi.

- Oltre a segnalare la zona ottimale per l'acquisto e la vendita, l'oscillatore mostra anche le linee di supporto e di resistenza già prima che appaiano chiaramente sul grafico.

Net Ease Inc., NTES – Trovare il punto estremo nel grafico giornaliero

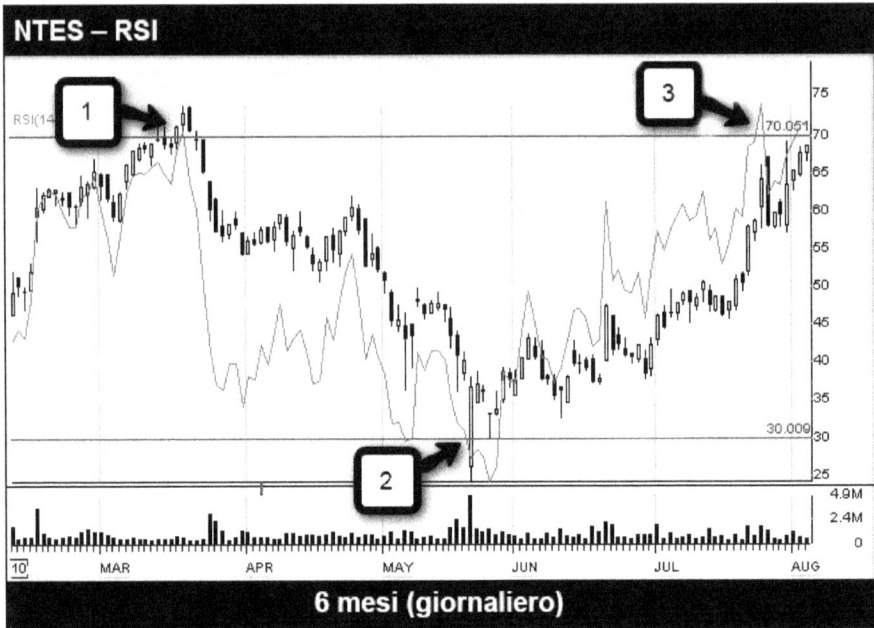

A questo grafico di NTES di candele giornaliere in un periodo di sei mesi, ho aggiunto l'RSI calibrato a quattordici periodi. Le cifre sulla destra rappresentano la lettura dell'indicatore e non il prezzo delle azioni. Ho aggiunto inoltre le linee orizzontali, che sono le due linee degli estremi RSI a 30 e 70. Come si vede, si possono trovare tre punti in cui l'indicatore preannuncia una transizione, sopra o sotto gli estremi: al punto [1] l'indicatore supera di poco 70, cioè indica un picco, ed è giusto; al punto [2] scende sotto 30, preannunciando un minimo previsto, ed è nuovamente giusto; al punto [3] suggerisce nuovamente i previsti ribassi.

È il momento di vendere allo scoperto? Vi posso garantire che non ho alcuna intenzione di farlo con un'azione in rialzo. Allora perché usare l'oscillatore? Lo adoperiamo come un sistema di allarme preventivo. Se possedete un'azione, dovreste preoccuparvi, ma non necessariamente vendere, a meno che altri indicatori, come il trend, il volume, le configurazioni di inversione e altro, non supportino la decisione. In breve, l'RSI è soltanto uno dei tanti strumenti di supporto.

L'indicatore MACD

MACD (acronimo di *Moving Average Convergence-Divergence*) indica la convergenza-divergenza della media mobile. Gli analisti lo hanno soprannominato *Mac-Dee*. Serve sia come indicatore che come oscillatore e appare sul grafico dell'azione sotto forma di due linee adiacenti tra loro, che segnalano gli acquisti o le vendite nei punti in cui si incrociano.

Non è indispensabile leggere quanto segue, ma se volete davvero immergervi in una spiegazione tecnica, tenete duro e leggete il resto del paragrafo. Il MACD è composto da due linee: la prima si ricava sottraendo la media mobile esponenziale a dodici giorni (EMA12) dalla media mobile esponenziale a ventisei giorni (EMA26); la seconda è la media mobile esponenziale per nove giorni (EMA9). Quando la seconda linea attraversa la prima, muovendosi verso l'alto o verso il basso, vengono creati i segnali di acquisto o vendita. Ricordate che abbiamo parlato delle medie mobili che si incrociano e indicano un'inversione di tendenza? Il MACD rappresenta un uso un po' più intelligente di queste medie mobili.

Net Ease Inc., NTES – Analisi del MACD nello stesso grafico

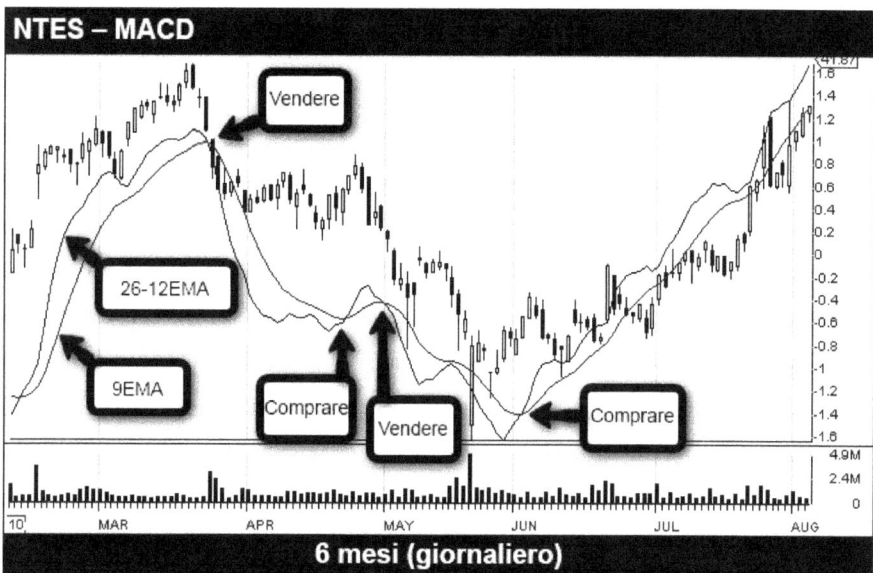

Il risultato è senza dubbio interessante, soprattutto se si confrontano le istruzioni di vendita e di acquisto del MACD ogni volta che l'EMA26-12 supera l'EMA9 con le letture di acquisto e vendita dell'RSI. Un esercizio mentale: il risultato migliorerà integrando i due indicatori?

La sequenza di Fibonacci

Il matematico italiano Leonardo Fibonacci (1170-1250) voleva ottenere una rappresentazione matematica della riproduzione dei conigli. Dai suoi esperimenti ricavò una sequenza matematica che porta il suo nome, che è la seguente: 1, 2, 3, 5, 8, 13, 21, 34 e così via. La sequenza si basa su varie regole interessanti: dal terzo numero in poi, ogni nuovo numero è la somma dei due numeri precedenti; dal quinto numero in poi, il rapporto tra qualsiasi numero e il numero precedente è di circa 1,618 e il rapporto tra qualsiasi numero e quello seguente è 0,618.

Cosa c'è dunque di affascinante nel numero 1,618? È conosciuto come *numero aureo* o *sezione aurea* e ricorre in modo sorprendente in molti ambiti della nostra vita, dai fenomeni naturali alle opere d'arte, fino al comportamento dei prezzi delle azioni.

IN PILLOLE | *Fibonacci ha davvero un impatto sulle vostre azioni? A mio parere, non è altro che una profezia che si autoavvera, ma dal momento che è così, non mi resta che riconoscere all'indicatore il posto che gli spetta.*

I seguaci della teoria della sezione aurea sostengono che il rapporto ricorra frequentemente nell'arte e nell'architettura. In realtà, l'affermazione è piuttosto difficile da provare o da confutare, soprattutto perché è difficile misurarla. Tra gli edifici che si suppone si basino sul numero aureo ci sono le antiche piramidi di Giza, il Partenone di Atene e la Cupola della Roccia a Gerusalemme. Dal momento che ormai da anni è opinione invalsa che il numero aureo rappresenti l'equilibrio più proporzionato e quindi più attraente percepito dall'umanità, artisti e architetti lo hanno adottato nelle opere d'arte e nelle costruzioni. È noto che Leonardo da Vinci lo applicò in alcune delle sue opere più celebri, compreso il volto della Gioconda.

Che connessione c'è dunque tra i conigli, l'arte, la cultura e il trading azionario? Nel 1923 il trader Ralph Elliott pubblicò una teoria conosciuta come *il principio delle onde di Elliott*. Non la descriverò in dettaglio, perché non la ritengo rilevante per chi fa trading azionario a breve termine, ma bisogna tener conto che, secondo questa teoria, i rapporti standard tra le onde del mercato sono 38,2%, 50% e 61,8%, l'ultimo dei quali sarebbe il numero aureo. Se siamo in grado di riconoscere questo rapporto, ci aiuterà a valutare come sarà la prossima onda e a determinare i giusti punti di entrata e di uscita. Da quel momento in poi, il rapporto aureo è cresciuto d'importanza anche nel trading a breve termine, come spiegherò più avanti.

La principale applicazione: la correzione dei prezzi

Il rapporto di Fibonacci si applica nella compravendita di azioni a breve termine principalmente attraverso il calcolo della correzione dei prezzi. Per esempio, prendete un titolo che ha toccato il massimo e comincia a scendere. Dove incontrerà il supporto? Secondo il rapporto di Fibonacci, lo troverà in più punti: quando scende del 31,2%, del 50% e del 61,8% rispetto al massimo. Vale a dire, se l'azione è salita di un dollaro, dovrebbe trovare un supporto significativo se e quando scenderà di 31 centesimi, 50 centesimi o 62 centesimi di dollaro rispetto al suo massimo. L'idea è che i trader aspettano la correzione di Fibonacci e acquistano in base al presupposto che il punto di Fibonacci sia il punto di supporto. L'opposto vale per un'azione con un trend ribassista che inverte al rialzo.

Con buona pace dei molti appassionati di Fibonacci, devo ammettere che molto spesso la manovra riesce, ma, come avrete capito dal tono delle mie osservazioni, non sono un seguace di questo indicatore. D'altra parte, non dovremmo mai discutere con gli acquirenti o i venditori in paziente attesa del previsto punto di supporto, anche se personalmente ritengo che il metodo valga poco più di una lettura del futuro nei fondi del caffè.

Non posso quindi che pagare il dovuto rispetto alle onde di Fibonacci. Seguono due esempi.

Bank of America Corp., BAC – Correzione del prezzo

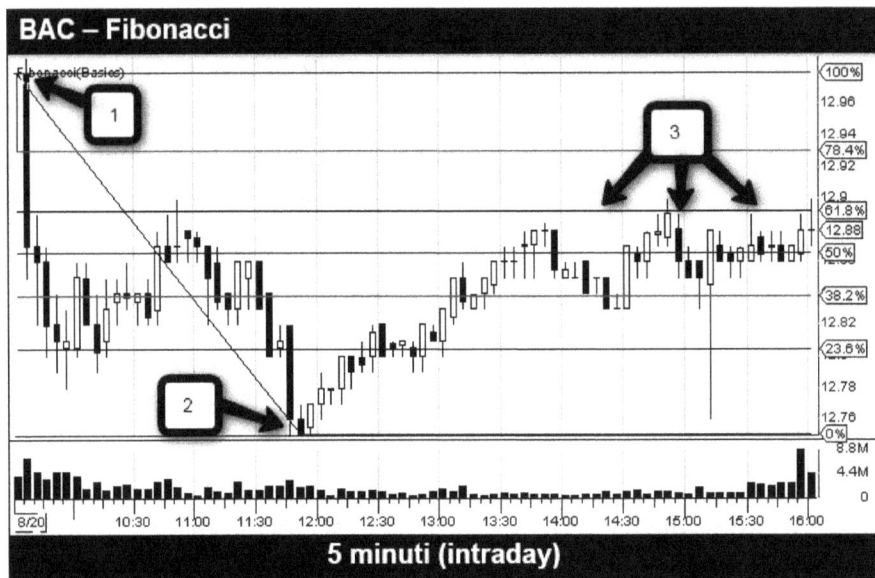

Le azioni della Bank of America sono in calo nel corso delle negoziazioni della giornata dal punto [1] al punto [2]. La distanza tra i due punti è il 100% del ribasso.

Dove le azioni correggeranno al rialzo? Esattamente nel punto di Fibonacci, che corrisponde al 61,8% [3] del minimo. Si tratta di una coincidenza? No. Più persone credono nel metodo, più facile sarà che la profezia si autoavveri.

Altra applicazione: impostare gli obiettivi utilizzando le estensioni di Fibonacci

Quando il prezzo di un'azione rompe la resistenza e sale a un nuovo massimo, alcuni trader pianificano il prezzo target del breakout in base al principio di Fibonacci. In situazioni del genere, il massimo che precede la rottura fino alla linea di resistenza è il 100% e il prezzo target, in caso di rottura dell'azione, è il 131,2% o il 161,8%. Ad esempio, se l'azione è salita di un dollaro e si è fermata alla linea di resistenza, il target di rottura sarà di 31 o 62 centesimi. Questa è definita *estensione di Fibonacci*, o anche *ritracciamento di Fibonacci*.

Cephalon Inc., CEPH – Calcolo del target di rottura

Cephalon consolida sotto la linea di resistenza in un classico modello cup and handle. La distanza dalla base fino alla linea di resistenza è il 100%. Quando l'azione rompe, raggiunge l'esatto target di Fibonacci del 161,8%. Si tratta di un altro caso significativo? Oppure si tratta solo di un gran numero di trader che crede nel metodo e riceve dei profitti a livello del target comunemente accettato? Erano loro a impedire di fatto che il titolo raggiungesse quel livello perché credevano che ci sarebbe stata una resistenza?

Le bande di Bollinger

Inventate da John Bollinger nei primi anni Ottanta, le bande si basano su un concetto semplice: Bollinger ha tracciato una linea di media mobile attraverso il grafico e ha disegnato due bande, una sopra e una sotto. In questo modo si è formato una sorta di «tubo», che illustra il movimento dell'azione. La premessa per la creazione di un tubo attorno al movimento dell'azione è la previsione che l'azione in futuro si muova nell'ambito dello stesso schema in cui si è spostata in passato.

Il concetto di *tubo* non è nuovo e senza dubbio esisteva prima di Bollinger. Il problema di questo metodo è l'affidabilità: in varie condizioni di mercato, come le crisi, le azioni tendono a essere più volatili e quindi a rompere più frequentemente i confini dello schema. L'innovazione di Bollinger è stata quella di attribuire alle bande una distanza variabile dalla MM.

La distanza non viene impostata sulla base di una percentuale fissa, ma su un metodo statistico che potreste anche aver imparato anni fa, chiamato *deviazione standard*. La deviazione standard è un valore statistico calcolato della volatilità dei dati che può misurare anche quella di un'azione, se la si usa per impostare la distanza tra le bande e la MM. Il vantaggio della deviazione standard è che la distanza tra le bande si allarga all'aumentare della volatilità del titolo e si riduce quando la volatilità scende. In pratica, Bollinger ha creato un tubo che si restringe o si espande a seconda della volatilità, aumentando in tal modo l'affidabilità del metodo in modo significativo ed efficace. Una spiegazione estenuante. A questo punto probabilmente vorrete conoscerne l'applicazione.

Partendo dal presupposto che nella stragrande maggioranza dei casi un'azione si moverà tra le bande, quando il prezzo raggiunge, in una fase successiva, la linea superiore, significa che l'azione è in uno stato di *ipercomprato* e quindi dovrebbe riprendere il ribasso. Al contrario, quando il prezzo scende verso la linea inferiore, vuol dire che l'azione è in uno stato di *ipervenduto* ed è ragionevolmente probabile che ricominci a salire.

Quando definite le bande di Bollinger sui vostri grafici, tenete in considerazione i seguenti dati: la MM deve essere impostata su dieci periodi e la deviazione standard (DS) dovrebbe essere fissata a 1,5. Vale a dire, le bande di Bollinger, che rappresentano il movimento del titolo che state osservando, saranno calcolate in base alla volatilità degli ultimi dieci giorni di negoziazione. Il valore matematico della DS è che il 90% dei movimenti dell'azione sarà catturato tra le due bande.

Partendo dal presupposto che, per definizione, le bande di Bollinger comprenderanno il 90% dei movimenti del titolo, non dovremmo dedurre che un'azione che è andata fuori dai limiti, finirà con il rientrarvi? Usando questo dato matematico, possiamo definire un metodo di trading con un tasso di successo superiore al 90%? Sì, certo che possiamo. Impareremo di più su questo nel capitolo sui metodi di negoziazione.

Visa Inc., V – Bande di Bollinger

Osservate come il 90% dei movimenti del titolo sia incluso tra le due bande. Notate anche che la distanza tra le bande si allarga all'aumentare della volatilità. A mio parere personale, le bande di Bollinger sono gli indicatori più utili e interessanti tra quelli che visualizzo nei miei grafici intraday.

TRIN

Come si è detto nel capitolo sugli indici di mercato, per determinare l'andamento del mercato e valutarne la continuità, tendiamo a fare affidamento soprattutto sullo S&P 500 e sul NASDAQ 100. A questo riguardo i due indici sono degli ottimi strumenti, ma hanno uno svantaggio: quando il mercato sale o scende, è difficile conoscere la forza degli acquirenti e dei venditori. Questo perché i grafici mostrano la direzione del mercato, ma non mostrano un'altra importante componente che influenza le nostre decisioni: il volume. Per avere un quadro completo, dobbiamo conoscere il peso del volume degli scambi dei prezzi in rialzo o in ribasso. Il TRIN (*Short Term Trading Index*), noto anche come *indice Arms*, dal nome del suo creatore Richard Arms, viene a chiarire questo stato d'incertezza. La funzione del TRIN è quella di misurare il volume di scambio in ribasso rispetto a quello in rialzo.

Il TRIN ha simboli differenti sui grafici delle piattaforme dei vari broker, ma generalmente si presenterà come $TRIN oppure TRIN$. L'indicatore TRIN è visualizzato in candele intraday di cinque minuti.

Il presupposto del TRIN è che non dobbiamo affidarci soltanto alla tendenza del mercato. Immaginate, ad esempio, un caso in cui il mercato sia in rialzo con un volume basso, ma che si verifichi un numero crescente di negoziazioni su azioni in ribasso. Vuol dire che gli acquirenti non manifestano alcun entusiasmo per le azioni in rialzo, se consideriamo invece i grossi volumi delle azioni in ribasso. In questo momento non vi è ancora alcun cambiamento di direzione, perché la quantità di azioni rialziste è ancora superiore a quella delle azioni ribassiste, ma l'aumento dei volumi di scambio delle azioni in ribasso è un'avvisaglia di un modello di inversione in arrivo.

Il TRIN esamina i volumi di scambio delle azioni sul NYSE ed è uno strumento intraday estremamente utile sul breve termine. Il fatto che rappresenti solo azioni scambiate sulla Borsa di New York non ha alcuna importanza, dal momento che si tratta di azioni rappresentative del mercato globale. Intendo dire che, se state negoziando un'azione legata al NASDAQ, non avete motivo di preoccuparvi: l'indicatore indica anche il comportamento previsto per le vostre azioni. Qui di seguito trovate una spiegazione della formula con cui si calcola il TRIN.

$$TRIN = \frac{\text{Volume di scambio delle azioni in ribasso}}{\text{Volume di scambio delle azioni in rialzo}}$$

Analizzando i componenti della formula, vediamo che:

- Quando il TRIN è superiore a 1, significa che il volume di scambio delle azioni in ribasso è superiore a quello delle azioni in rialzo. In questo caso, acquistare le azioni è più rischioso, mentre le probabilità di successo con uno short sono maggiori.

- Quando il TRIN è inferiore a 1, significa che il volume di scambio delle azioni in rialzo è superiore a quello delle azioni in ribasso. In questo caso, il rischio di vendita allo scoperto dell'azione è maggiore, mentre le chance dei compratori sono migliori.

Nella maggior parte dei casi, quando osserviamo l'indicatore TRIN in un mercato in ribasso, questo sarà superiore a 1, e, in casi estremi, circa 3 o 4. Invece, quando il mercato è in rialzo, il TRIN sarà inferiore a 1 e, in casi limite, circa 0,3. Matematicamente, il risultato della formula non può mai essere inferiore a zero.

IN PILLOLE | *In un mercato normale, il TRIN mostrerà una scala tra 0,7 e 1,3. In situazioni estreme, l'indicatore può passare da 0,3 nei giorni di massimi estremi a 4 nei giorni di minimi estremi.*

Perché abbiamo bisogno del TRIN se possiamo analizzare i modelli di mercato e indovinare abbastanza chiaramente dove si trova quell'indicatore? Semplice: perché il TRIN consente di esaminare due variabili principali:

1. **Punti estremi**. I punti estremi del TRIN sono superiori a 1,4 in un mercato in ribasso e inferiori a 0,6 in uno in rialzo. Quando il TRIN raggiunge questi estremi, vuol dire che il mercato è in una situazione limite. Immaginiamo che il mercato stia salendo

rapidamente e che il TRIN mostri una lettura inferiore a 0,6. Significa che il mercato è sul punto di invertire per tornare verso il basso. Al contrario, quando il TRIN mostra una lettura superiore a 1,4, vuol dire che il trend ribassista sta per esaurirsi per invertire al rialzo.

2. **Il trend del TRIN.** Quando il TRIN mostra un dato di 0,7 (un mercato in crescita) e continua a salire ininterrottamente per circa trenta minuti verso un valore 1, esiste una ragionevole probabilità che mantenga il trend (se ricordate, abbiamo imparato che il trend è il nostro migliore alleato) e che superi il valore 1 in un'area che rappresenta una tendenza al ribasso. Vuol dire che il numero di acquirenti sta diminuendo, mentre quello dei venditori è in aumento, ossia che il mercato potrebbe invertire la tendenza rialzista per passare a una ribassista.

TRIN – Comportamento in candele di cinque minuti

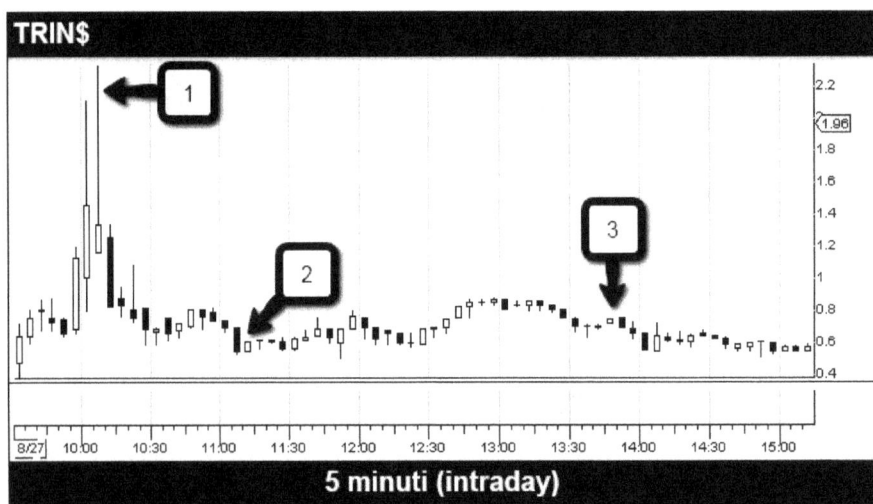

Analizziamo il TRIN senza osservare il grafico di mercato.

All'inizio delle contrattazioni, il TRIN è in rialzo e quindi capiamo che il mercato ha un trend ribassista. Circa mezz'ora più tardi, troviamo un salto di 2,2 [1], sintomo che si è probabilmente verificato un netto ribasso, con elevati volumi di scambio. Una lettura di 2,2 è davvero estrema e indica che il mercato è in uno stato di tensione verso il basso (uno stato di ipervenduto) e che ci si può aspettare una correzione. Il TRIN scende al di sotto di 1, un segnale che il mercato si sta nuovamente muovendo verso i massimi. Al punto [2] vediamo che la tendenza verso i massimi si arresta e il mercato comincia a muoversi lateralmente. Al punto [3] il TRIN cala gradualmente, indicando un ulteriore tentativo verso i massimi, ma il movimento lento significa che il mercato è in rialzo con volumi contenuti, che non creano entusiasmo.

Esaminiamo ora lo SPY negli stessi punti.

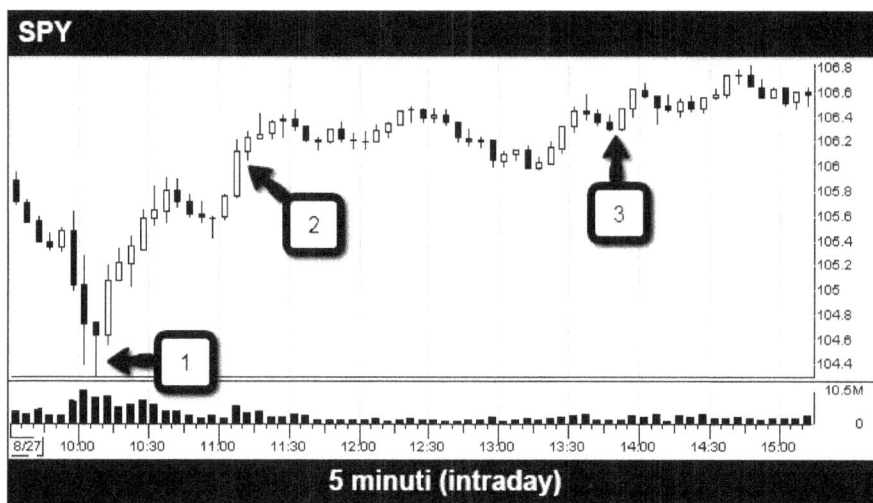

Esaminate il TRIN e il diagramma del mercato e cercate di "capire" il rapporto tra questi due indici. Non mi aspetto che arriviate a conclusioni in questa fase, ma che, quando inizierete a fare trading, li osserverete entrambi con attenzione cercando di capirne l'equilibrio e l'influenza sui modelli di trading previsti, soprattutto nei punti estremi.

Nota. Il TRIN non è un indicatore indipendente affidabile, ma solo uno dei tanti che, messi insieme, forniscono informazioni al trader. Il TRIN deve essere integrato con gli altri indicatori e tutte le informazioni devono essere valutate per comprendere meglio i modelli di mercato previsti.

Ulteriore nota. Il TRIN funziona bene nei giorni normali. Nei giorni in cui Wall Street è veramente alterata, molti indicatori, compreso il TRIN, possono mostrare risultati estremi, come un valore pari a 3.

Serve grande esperienza per sapere quando utilizzare gli indicatori in un mercato con attività diversa dal normale, in cui prevalgono paura o avidità. Giorni come questi possono infatti rivelarsi molto vantaggiosi per il vostro conto di trading, perché è relativamente facile indovinare i modelli di mercato, senza dover usare gli indicatori.

TICK

Un TICK su un'azione è un cambiamento di un centesimo. Il TICK è un indicatore semplice, ma importante, che visualizza in un determinato momento la differenza tra le quantità di azioni rialziste e ribassiste sulla Borsa di New York (NYSE). Si ottiene sottraendo alle variazioni minime delle azioni in rialzo le variazioni minime di quelle in ribasso.

Per esempio, immaginiamo che, a un certo momento, 2.500 delle circa 4.000 società che operano sul NYSE siano in rialzo, mentre ne abbiamo 1.500 in ribasso. Il risultato dell'indicatore sarà 1.000, secondo il seguente calcolo: 2.500 - 1.500 = 1.000. Vuol dire che, in quella circostanza particolare, ci sono più azioni in rialzo di quelle in ribasso e l'indicatore mostrerà un valore positivo. Se ci sono più azioni in ribasso di quelle in rialzo, il dato sarà negativo. Le variazioni minime possono passare molto rapidamente da valori positivi a valori negativi anche quando il mercato è in rialzo o in ribasso, perché si tratta di valori momentanei. Nel corso di un'inversione di modello verso l'alto, le azioni in rialzo saranno più di quelle in ribasso: la variazione minima presenterà un numero positivo, anche se il mercato nel suo complesso ha un trend ribassista. Quando la variazione minima è negativa, le azioni ribassiste sono più di quelle rialziste. Se il mercato si muove lateralmente, i dati della variazione minima sono intorno allo zero.

IN PILLOLE	*Durante un trend rialzista, i picchi massimi del TICK saranno superiori come valore assoluto rispetto al punto minimo del TICK quando il mercato ricomincia a scendere.*

Il simbolo sui vostri grafici sarà $TICK oppure TICK$. Visualizzare l'indicatore potrebbe essere un problema. Poche piattaforme sanno come indicarlo correttamente, dato che la tabella periodica di solito non è in grado di visualizzare un risultato negativo. Per questo motivo potreste dovervi accontentare solo dei risultati positivi del TICK. Il TICK viene mostrato in candele intraday di cinque minuti.

Anche se l'indicatore TICK espone i dati del NYSE e non quelli del NASDAQ, dovreste considerarlo come rappresentativo dell'intero mercato.

Esercizio

Il mercato è in rialzo, il trend è rialzista e il TICK mostra un valore robusto di 1.000. L'azione che volete acquistare ha appena raggiunto il livello d'ingresso. Dovreste acquistare o no?

Ci sono due modi di utilizzare il TICK.

1. Punti estremi

Un valore negativo di 1.000 è estremo. Si tratta di una situazione limite, in cui le azioni in ribasso superano di 1.000 quelle in rialzo. Conclusione: il mercato sta mostrando segni di esaurimento e dovrebbe perciò invertire verso l'alto.

Anche un valore positivo di 1.000 rappresenta una circostanza limite, in cui le azioni rialziste superano di 1.000 quelle ribassiste. Conclusione: il mercato sta mostrando una forte stanchezza per il rialzo e quindi a breve potrebbe ricominciare a scendere. In rari casi, il valore può raggiungere 1.300, in positivo o in negativo. In linea di massima, tra 800 e 1.000 compirà un'inversione quando lo farà anche il modello di mercato.

Avete capito la soluzione dell'esercizio?

Un minimo o un massimo estremo possono ripetersi più volte al giorno e generalmente si correggono in pochi minuti. Seguendo il modello di inversione, il TICK ritorna nella zona laterale compresa tra meno 500 e più 500, un settore in cui l'indicatore fondamentalmente non ci dice niente.

IN PILLOLE	*Una lettura estrema non ci impedirà di entrare nel mercato per uno swing a lungo termine di qualche giorno, dove brevi fluttuazioni intraday non hanno alcun effetto.*

Soluzione dell'esercizio

Come può una lettura estrema avere effetto sulle nostre decisioni di trading? È molto semplice. Se avete intenzione di acquistare un'azione con un trend rialzista, pensando che continuerà a salire, dovete farlo al momento giusto, senza aspettare il limite estremo in cui è molto più probabile un ribasso dell'azione. Prima di acquistare, vale dunque la pena di controllare il TICK.

Supponiamo che l'indicatore mostri un valore positivo di 1.000. Come abbiamo imparato, è un dato limite che anticipa un'imminente inversione di mercato. È ragionevole supporre che anche l'azione che state per acquistare correggerà il trend, assecondando il mercato.

Il mercato non può resistere a una lettura positiva di 1.000, quindi conviene aspettare che l'azione inverta direzione, insieme al mercato, per acquistarla probabilmente a un prezzo inferiore dopo il cambio di rotta. Lo stesso vale per la direzione opposta: un valore negativo estremo solitamente indica un'inversione, che causerà un rialzo dell'azione che state per vendere allo scoperto.

Propongo spesso questo esercizio ai miei studenti e quasi tutti sbagliano la risposta, perché interpretano il valore positivo di 1.000 TICK come indice di un mercato forte e hanno interesse ad acquistare. Grave errore! Ora sapete che, pur essendo effettivamente un ottimo dato, mostra che il mercato è in via di esaurimento e che ci si può aspettare un cambio di direzione. Il sostegno del mercato è importante per la rottura della vostra azione, quindi, mentre l'inversione è in corso, le possibilità di fallimento sono più elevate del normale. Aspettate pazientemente il cambio di direzione e comprate a buon mercato.

Non sempre il prezzo di un'azione crolla, ma è meglio ridurre i rischi e aumentare le probabilità di successo.

2. Il trend del TICK
TICK – Candele di cinque minuti

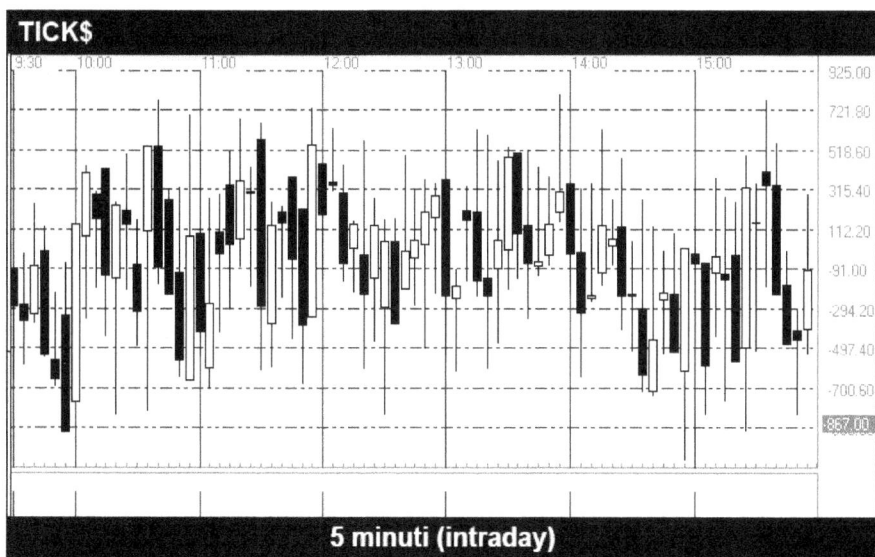

Quando il mercato mostra una tendenza ribassista intraday, il TICK si muove spesso tra letture negative di meno 1.200 (entusiasmo per i minimi) e positive di più 800 (entusiasmo ridotto per le inversioni).

Quando il trend intraday è rialzista, il TICK si muove tra meno 800 e più 1.200.

Nel corso della giornata è necessario esaminare di tanto in tanto il trend del TICK. Ad esempio: mentre il mercato è in rialzo, il TICK indica letture superiori a 800 che aumentano rapidamente? Vale a dire, l'entusiasmo sta crescendo?

Mi rendo conto che il grafico qui sopra sembra confuso, ma, se provate a decodificarlo in base al trend del TICK, vi accorgerete che il mercato è salito all'inizio della sessione di trading, si è mosso lateralmente per poi scendere verso la fine della giornata. In realtà, se osservate il TICK in tempo reale, capirete molto meglio che dal grafico qui sopra. Non mi aspetto che comprendiate in questa fase, ma che quando osserverete il

TICK e l'orientamento del mercato in tempo reale, cercherete di capire le relazioni e le influenze sul trading anticipato, soprattutto agli estremi.

Riepilogo

Il TICK mette principalmente in guardia sui punti di esaurimento, in cui il mercato sta per subire un'inversione a breve termine della durata di qualche minuto. Dal momento che la tendenza del mercato influenza il 60% dello spostamento delle azioni che state negoziando, vi serve sapere se l'azione che state comprando ha raggiunto il punto estremo ed è in procinto di invertire.

In casi particolari, nonostante la spiegazione di cui sopra, possiamo acquistare un'azione per il trading intraday anche se l'analisi del TICK suggerisce un cambiamento di direzione anticipato. In tal caso dovreste gestire l'azione con uno *scalping*, cioè acquistando e vendendo in un breve periodo di secondi o minuti. Intendo dire che dovete rendervi conto che l'azione potrebbe improvvisamente invertire direzione ed essere pronti a guadagnare al primo segnale di debolezza, quando sembra sul punto di cambiare rotta. Con un po' di fortuna, l'inversione non avverrà.

L'indicatore VWAP

Il VWAP (*Volume Weighted Average Price*) è uno degli strumenti più importanti a disposizione dei trader intraday, perché rappresenta con grande affidabilità le mosse di molti trader istituzionali. Come abbiamo imparato, sono i trader istituzionali i responsabili dell'80% del volume delle azioni che negoziamo. Se per un momento escludiamo il pubblico, che costituisce il 20% del volume di un'azione, ci accorgiamo che in un qualunque istante gli acquirenti e i venditori istituzionali non operano con negoziazioni a breve termine in vista dei profitti, ma si muovono chiaramente in base alle istruzioni: «Compra a prezzo basso, vendi a prezzo alto».

A questo punto si presenta un problema di fondo: sarebbe facile verificare il successo dei trader se avessero venduto l'azione lo stesso giorno in cui l'hanno comprata. Tuttavia, visto che i trader istituzionali acquistano le azioni per tenerle nel lungo termine, come si può sapere se l'hanno fatto a prezzo alto o basso? Cosa s'intende per *costoso* e *conveniente* in una giornata di trading? Per questo esiste il VWAP, che consente in qualsiasi momento di definire questi due parametri di un'azione.

La piattaforma di una società chiamata Instinet è stata la prima a introdurre il VWAP sugli schermi di trading di molti trader istituzionali.

Il calcolo del VWAP

Fate un respiro profondo e leggete due volte quel che segue.

Il VWAP è il prezzo medio intraday di un'azione come funzione del volume a tutti i livelli di prezzo. Per calcolare il VWAP in un dato momento, si prende un campione di prezzo da ogni transazione eseguita fino a quel momento, si moltiplica il prezzo per il volume di ogni transazione, si sommano poi tutti i valori fino al punto di campionamento e si divide il risultato per il volume, ovvero il numero di azioni maturate e negoziate fino a quel punto. Se questa spiegazione vi sembra troppo complessa, non sforzatevi di capirla: saltatela e limitatevi a seguire l'esempio qui sotto.

Esempio

Immaginiamo che all'apertura della sessione di trading la prima negoziazione dell'azione ABC sia eseguita a 30 dollari, per 100 azioni. Moltiplicando queste due cifre si ottiene 3.000, quindi il VWAP (dividendo il risultato per il volume) è di 30 dollari. Ipotizziamo che la seconda negoziazione di ABC sia a 30,10 dollari per 1.000 azioni. Il risultato della moltiplicazione di queste due cifre è 30.100. Ora, la somma delle due prime negoziazioni è: (3.000 + 30.100) = 33.100. Il volume totale dei titoli è: (100 + 1.000) = 1.100. Dividendo il risultato maturato di 33.100 per il volume di 1.100 otteniamo un quoziente di 30,09 dollari.

Se avessimo calcolato un media regolare delle due negoziazioni, senza includere i diversi volumi di negoziazione di ogni transazione, il risultato sarebbe stato 30,05 dollari. Questo dato riflette in modo affidabile il prezzo delle azioni? Ovviamente no.

È chiaro che una transazione di 1.000 azioni ha un peso di gran lunga superiore rispetto a una di 100. Il VWAP produce una media superiore in funzione del volume compreso in ciascuna negoziazione. Produce ciò che è noto come il *prezzo equo* dell'azione.

Adesso torniamo ai trader istituzionali: quando ricevono istruzione di comprare 100.000 quote a buon prezzo, i loro clienti e i manager sperano di poter effettuare la maggioranza degli acquisti al prezzo più conveniente, al di sotto del prezzo equo intraday. Se tracciamo la linea VWAP nel grafico dell'azione, possiamo vedere il prezzo al di sopra e al di sotto del quale si è creato il 50% del volume dell'azione. Se i trader istituzionali sono riusciti ad acquistare l'azione al di sotto della linea VWAP, otterranno un bonus, ma se hanno comprato sopra quella linea.. forse farebbero meglio a cambiare lavoro.

IN PILLOLE	*Quando un'azione viene negoziata a lungo allo stesso prezzo, parliamo di* valore equo dinamico *o di* equilibrio di forze.

Col tempo, l'indicatore VWAP è diventato uno dei preferiti dai trader istituzionali, soprattutto quando gli acquirenti dei grandi fondi speculativi hanno iniziato a impiegarlo per analizzare i successi intraday dei trader che lavorano per loro. Attualmente il valore di un trader istituzionale viene misurato in base alla sua abilità di battere il VWAP. Ogni transazione fatta dai trader viene paragonata in tempo reale con l'indicatore VWAP: i trader vincono se battono il VWAP, cioè se il prezzo medio di acquisto della loro negoziazione è inferiore al VWAP. Più un trader riesce a battere il VWAP, più valore avrà. Il passo successivo è stato quello di calcolare quanto guadagna un trader. L'interesse verso il VWAP ha raggiunto il picco quando è diventato uno strumento per calcolare i bonus dei trader.

IN PILLOLE	*Capite l'eccezionale portata di questo indicatore? Sapere quel che stanno per fare in ogni momento i trader istituzionali è un'informazione vitale ed estremamente utile!*

L'importanza del VWAP e l'ampia diffusione fra i trader risalgono al 2003. Originariamente è stato introdotto per soddisfare il bisogno dei fondi e dei gruppi con grande disponibilità economica. I fondi si facevano assistere da trader istituzionali nella compravendita di grandi quantità di azioni e l'unico modo per verificare l'efficacia delle transazioni era quello di istruire i trader a battere il VWAP. I fondi di solito retribuivano i trader istituzionali in base a una commissione compresa tra 2,5 e 3,5 centesimi di dollaro per azione. Tuttavia, un trader che batte il VWAP può ricevere un bonus compreso tra 10 e 12 centesimi di dollaro.

La gran parte delle attività dei trader istituzionali si verifica nei primi 90 minuti e nell'ultima ora di trading. I trader operano attualmente con svariate piattaforme algoritmiche volte a promuovere le attività connesse al prezzo VWAP, come il programma che acquista le azioni quando scendono improvvisamente sotto al VWAP e le vende quando salgono al di sopra.

Ora che sappiamo come operano i trader istituzionali, analizziamo i diversi usi del VWAP nel trading intraday.

Applicazioni pratiche

Dal nostro punto di vista, l'indicatore VWAP inizia a diventare interessante solo dopo la prima mezz'ora di trading, quando è già stato negoziato un volume significativo. Partiamo dal presupposto che un'azione che viene negoziata oltre il VWAP ha alte probabilità di ritornare al VWAP. Infatti, i trader istituzionali che hanno ricevuto l'istruzione di acquistare un'azione non lo faranno quando il prezzo supera quel livello e quelli che hanno ordine di vendere ricevono degli incentivi per farlo sopra il prezzo equo, cioè sopra il livello dell'indicatore.

Quando l'azione scende sotto il VWAP, si ha la situazione inversa: riceverà il supporto dei trader istituzionali che comprano "a buon mercato", mentre dall'altra parte i venditori aspetteranno che superi il VWAP. Per noi il significato è semplice e lampante: un'azione sopra il VWAP probabilmente scenderà e una al di sotto probabilmente salirà. Per questo il VWAP agisce come una calamita nel corso della giornata.

Apple Inc., AAPL – Analisi del grafico intraday del VWAP

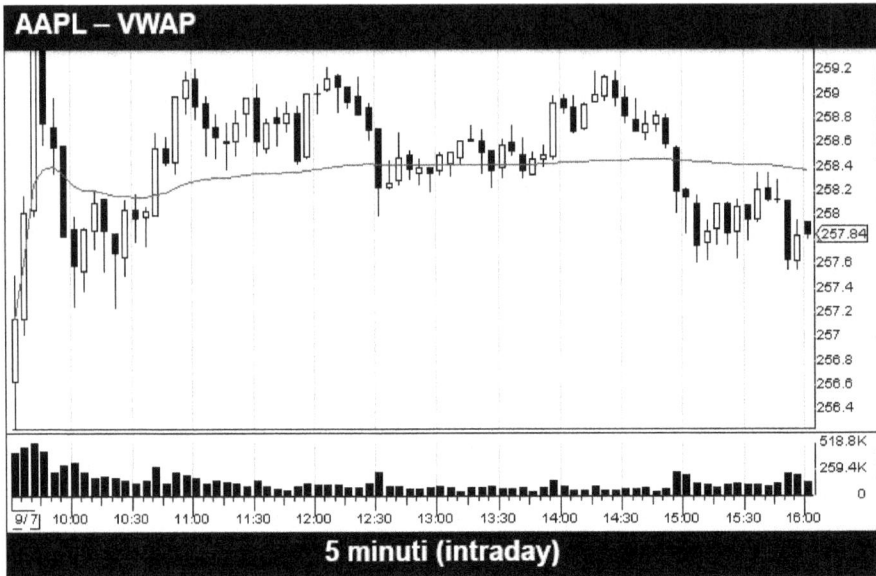

Osservate la linea del VWAP. Perché Apple vi ritorna continuamente? Semplice: quando l'azione è sopra la linea, ed è quindi considerata costosa, i trader istituzionali vendono; quando è sotto, ovvero è ritenuta a buon mercato, danno ordine di comprare.

Ulteriori usi pratici

Quando un'azione con un trend rialzista indietreggia, cioè scende, per quanto tempo lo farà? Probabilmente avete dato la risposta giusta: fino al VWAP. A quel punto i trader istituzionali ricominceranno a comprare ed è altamente probabile che il prezzo risalga.

Cosa succede se il prezzo non è supportato, ma continua il trend ribassista? Se il ribasso scende sotto il livello del VWAP, è ragionevole pensare che l'azione abbia invertito il modello. Gli acquirenti, che prima vincevano, a questo punto saranno sconfitti. Nell'equilibrio delle forze, acquirenti e venditori si sono scambiati di posto. La prova più palese è il fatto che perfino i trader istituzionali hanno smesso di comprare.

Punti Pivot

I punti pivot in realtà sono linee di supporto e di resistenza. Le possiamo visualizzare nel grafico dell'indice o dell'azione che stiamo seguendo. Quando il prezzo scende sotto la linea pivot o sale sopra, la linea funge da supporto o da resistenza.

I punti pivot si basano sulla media del prezzo massimo, di quello minimo e di quello di chiusura del giorno precedente. Più avanti vedremo come fare il calcolo.

- I punti pivot sono rappresentati da cinque line nel grafico intraday: S1, S2, PP, R1, R2.
- S = supporto, R = resistenza.

I punti pivot hanno due funzioni:

1. Ci permettono di determinare il trend di mercato. Una rottura sulla prima linea di resistenza R1 indica un'alta probabilità di un trend rialzista, mentre una rottura sulla linea di supporto S1 ne mostra uno ribassista.

2. Individuano i punti d'ingresso e di uscita. Ad esempio:

   - Quando la linea pivot viene infranta, la successiva linea di resistenza prevista è al punto R1. Intendo dire che, a questo livello, vale la pena ottenere un ricavo oppure comprare sopra la linea.

   - Se anche la prima linea di resistenza R1 viene infranta, il prossimo obiettivo è R2 e anche lì vale la pena ricavare qualche profitto o acquistare sopra.

   - Lo stesso succede nella situazione inversa, il trend al ribasso: le linee di supporto S1 e S2 possono ritardare il ribasso del prezzo, perciò il guadagno deve essere realizzato al livello di quelle linee di supporto, oppure le vendite dovrebbero essere eseguite sotto quelle linee, se vengono infrante.

United States Steel Corp., X – Impatto dei Punti Pivot

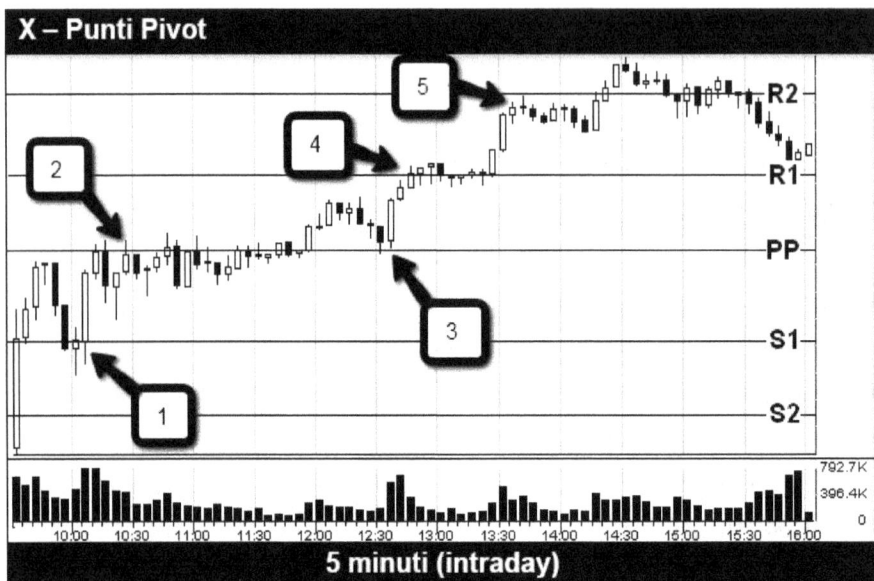

X mostra un forte trend rialzista all'apertura del trading e si ferma molto vicino alla linea del punto pivot (PP). Come potete capire dal calcolo più avanti, la linea del punto pivot è considerata come l'asse intraday del movimento della giornata di trading precedente, che a questo riguardo lo fa anche sembrare un prezzo equo, come il VWAP.

Vuol dire che, se l'azione apre sotto il punto pivot, ci saranno acquirenti pronti a comprarla. Naturalmente lo faranno solo finché il prezzo non raggiungerà il punto pivot, che attualmente agisce come resistenza.

In seguito il prezzo scende e viene supportato a S1 [1]; gli acquirenti rientrano in scena e il prezzo subisce un rialzo, ma incontra una resistenza al pivot [2]; riesce a rompere il pivot e riprende a scendere, supportato dal pivot che adesso agisce come supporto [3]; il prezzo prosegue fino alla successiva linea di resistenza R1, si ferma lì per un po' come previsto [4], quindi continua il trend rialzista fino al successivo punto di resistenza R2 [5].

Come calcolare il Punti Pivot

Niente panico: anche se i calcoli sembrano complessi, in realtà è estremamente facile trovare il punto pivot e, a esser sinceri, non ha molta importanza. Per farla breve, saltate la seguente spiegazione, se vi dà fastidio!

- Il punto pivot (PP) è la media del prezzo più alto, del prezzo più basso e del prezzo di chiusura della precedente giornata di trading.

$$\text{Punto pivot} = (\text{Massimo} + \text{minimo} + \text{chiusura}) / 3$$

Una volta trovato il pivot, lo usiamo per calcolare i punti di supporto e di resistenza. Osservate che l'ordine dei risultati è importante.

- S1 è il primo livello di supporto (S) ed è il pivot raddoppiato, al quale si sottrae il massimo del giorno precedente.

$$S1 = (PP \times 2) - \text{massimo}$$

- R1 è il primo livello di resistenza ed è il pivot raddoppiato, al quale si sottrae il minimo del giorno precedente.

$$R1 = (PP \times 2) - \text{minimo}$$

- S2 e R2.

Una volta che il primo livello di supporto e di resistenza sono stati calcolati, possiamo procedere allo stesso modo con il secondo livello di supporto e di resistenza.

$$S2 = \text{Pivot} - S1 - R1$$
$$R2 = \text{Pivot} - S1 + R1$$

Riepilogo

Qual è il vero significato delle linee di supporto e di resistenza calcolate rispetto alla precedente giornata di trading? Come per la sequenza di Fibonacci, le linee pivot non avrebbero senso se i trader istituzionali e i market maker non avessero fatto un uso crescente di questi metodi. Si tratta nuovamente di una profezia che si autoavvera. L'uso originario dei pivot è iniziato quando i floor trader ricevevano liste di punti pivot su grafici cartacei all'apertura della sessione di trading. La natura del loro lavoro richiedeva di muoversi continuamente, sgomitando e urlando sopra le teste degli altri. Siccome non riuscivano a lavorare con i grafici intraday, erano costretti a guardare un ticker numerico che scorreva sugli schermi lungo le pareti della sala di trading. Cosa hanno fatto i trader quando l'azione che possedevano è salita fino a uno dei punti pivot? Hanno venduto. Non c'era altro da fare. La maggior parte delle sale di trading ha chiuso e sembra che i trader che ancora fisicamente vi lavorano stiano adesso usando l'iPad, ma i punti pivot non ci hanno lasciato. Dal momento che i trader istituzionali comprano e vendono in base a questi punti, non avete altra scelta che seguirne l'esempio e riconoscerne il giusto merito.

Quali indicatori dovreste usare?

«Troppi cuochi rovinano il brodo», dice il proverbio. Troppi indicatori non sono utili, ma dannosi! Se ne usate tanti per prendere una decisione, è probabile che io venda e compri un'azione ancora prima che finiate di dire: «Fibonacci». Essendo principianti nel trading, vi consiglio di usare i seguenti indicatori:

- Nel grafico intraday con candele di cinque minuti:
  1. Volume.
  2. Medie mobili da 8 o 10 periodi.
  3. VWAP su un grafico e punti pivot su un altro.
- Nel grafico giornaliero con candele di un giorno:
  1. Volume.
  2. Medie mobili da 20, 50, 200 periodi.
- In un secondo grafico giornaliero per analizzare le azioni:
  1. Volume.
  2. Medie Mobili da 20, 50, 200 periodi.
  3. MACD o Bollinger o RSI in base al tipo di analisi.

8

Short.
Guadagnare dal
prezzo in ribasso

Dalle crisi nascono le migliori opportunità

La storia degli short

Il primo caso conosciuto di vendita allo scoperto è attribuito a Isaac Le Maire, un trader che nel 1609 vendette più azioni di quelle che possedeva della Compagnia Olandese delle Indie Orientali (VOC).

Si trattò di un gesto unico nel mercato dei capitali del periodo, che determinò, di conseguenza, il primo atto normativo della storia, che proibiva per un biennio l'esecuzione di vendite allo scoperto. Da allora e fino a oggi i venditori allo scoperto si sono attirati le ire dei legislatori, dei politici e del pubblico in generale. Sono stati accusati del famigerato fallimento della prima società per azioni della storia (la Compagnia Olandese delle Indie Orientali), del crack del mercato olandese dei tulipani nel XVII secolo, della Grande Crisi del 1929, del crollo della sterlina inglese nel 1992 (quando George Soros, investitore ungherese di fama mondiale, vendette dieci miliardi di sterline guadagnandone miliardi da un giorno all'altro), nonché della crisi delle dot.com del 2000 e perfino di quella dei subprime del 2008. Napoleone definiva i venditori allo scoperto «nemici del popolo», il presidente Herbert Hoover li denunciò e il capo dell'FBI, J. Edgar Hoover, avviò indagini su di loro. Sono in molti a opporsi alla vendita allo scoperto!

I venditori allo scoperto non sono mai stati amati né dal pubblico né dai legislatori, perché si sa che guadagnano dalle perdite altrui. A nessuno piace sentire storie di successo finanziario quando sta coi perdenti e tutti hanno bisogno di un capro espiatorio su cui riversare i mali del mondo. D'altro canto gli scopertisti, come vengono chiamati, si sono guadagnati le lodi di famosi investitori come Warren Buffet, che ne sostengono l'influenza positiva sul mercato dei capitali. Agli scopertisti va riconosciuto un semplice fatto: quando incontrano un bolla, fanno il possibile per esporla e farla esplodere! Generalmente le bolle non esploderebbero così velocemente se lasciate da sole; accelerare il processo evita che altri investitori investano sul mercato del denaro che in seguito perderebbero. Gli scopertisti sono gli antagonisti degli investitori, svolgendo una sorta di funzione di controbilanciamento in caso di bolle e di qualsiasi sopravvalutazione dei prezzi. In breve, monitorano il mercato, immettono liquidità e avvisano in caso d'inconvenienti in arrivo. Svolgono un ruolo importante e ne ricevono un'adeguata ricompensa. Inoltre, una volta che la bolla è esplosa, sono proprio loro gli acquirenti che impediscono che il valore delle azioni crolli a zero!

Perché vendere allo scoperto?

Il mercato azionario è per due terzi in rialzo e per un terzo in ribasso. A volte i periodi di ribasso sono lunghi e, come nella crisi delle dot.com del 2000, possono durare anni. Ci sono state crisi in passato e ce ne saranno in futuro, ma i trader possono guadagnarsi da vivere anche quando il mercato è in ribasso. In periodi del genere non intendo assolutamente cercarmi un nuovo lavoro nell'hi-tech, ed è qui che entra in gioco la vendita allo scoperto. L'acquisto di un'azione viene chiamato *long*, mentre la vendita allo scoperto si chiama *short*.

- Usiamo le vendite allo scoperto per cercare di trarre profitto da azioni in ribasso.
- In genere, le regole per entrare con un acquisto valgono al contrario per una vendita allo scoperto.

Ne sapremo di più in seguito. In questo capitolo esamineremo il comportamento degli short.

Il potenziale degli short

Il guadagno potenziale legato alle vendite è nettamente superiore a quello degli acquisti. In effetti, gran parte del mio profitto deriva dalle vendite. Perché le chance di ricavo sono maggiori? Per due motivi principali:

- Prima di tutto, è dovuto al fatto che le azioni scendono più rapidamente di quanto non salgano. Perché? Un investitore sotto pressione venderà più velocemente di uno avido che acquista un'azione in rialzo.

- Secondo, gli short permettono di guadagnare di più, perché il 99% del pubblico non li capisce né sa come eseguirli. Come sempre, i grandi profitti si fanno là dove il pubblico non sa cosa fare.

IN PILLOLE	*La maggior parte del pubblico non sa eseguire gli short. I grandi profitti si fanno là dove il pubblico non sa cosa fare.*

Come funzionano gli short?

Gli short si eseguono su azioni che riteniamo debbano scendere.

Tecnicamente, quando acquistiamo un'azione con trend rialzista, premiamo il tasto BUY. Lo short è altrettanto semplice da eseguire: sulla piattaforma di trading, vicino al tasto SELL, troverete il pulsante SHORT e tutto quel che dovrete fare per eseguirlo è premerlo. Non capite ancora come fare? Dovete soltanto premere il tasto e andrà tutto bene.

Ecco un esempio reale: quando effettuiamo uno short, vendiamo a un prezzo alto un'azione che non possediamo, con l'intenzione di ricomprarla in seguito a un prezzo più basso.

Come si può vendere un'azione che non si possiede? Niente di più facile. Vi descrivo una situazione familiare: immaginiamo che entriate in un negozio di arredamento di lusso e acquistiate un divano fuori catalogo, fatto su misura per voi. Trattandosi di un ordine personalizzato, è logico supporre che il mobile non sia disponibile in magazzino e che lo riceverete soltanto quando sarà stato realizzato. Diciamo che il commesso vi venda il divano a 5.000 dollari e prenda i soldi, promettendo di consegnarvelo entro qualche settimana. Appena uscite dal negozio, il venditore contatterà il produttore e ordinerà il divano a un prezzo inferiore a quello che avete pagato, per esempio 4.000 dollari. Qualche settimana più tardi, vi verrà consegnato il divano come pattuito.

Vi sembra una situazione abbastanza comune? Osservate però che, all'inizio, il venditore vende un divano che *non è disponibile* in negozio per 5.000 dollari e lo compra per 4.000 dollari soltanto dopo che siete usciti, con un profitto di 1.000 dollari. Nel linguaggio del mercato azionario, il negozio ha effettuato un vendita short: cioè il divano **è stato prima venduto a un prezzo alto e solo dopo è stato comprato a un prezzo basso**. Questa procedura vale per le azioni come per i divani, le auto e qualsiasi articolo che paghiamo prima di riceverlo. Il sistema funziona, ma come si possono vendere azioni che non si possiedono?

Check Point Software Technologies Ltd., CHKP – Vendita short

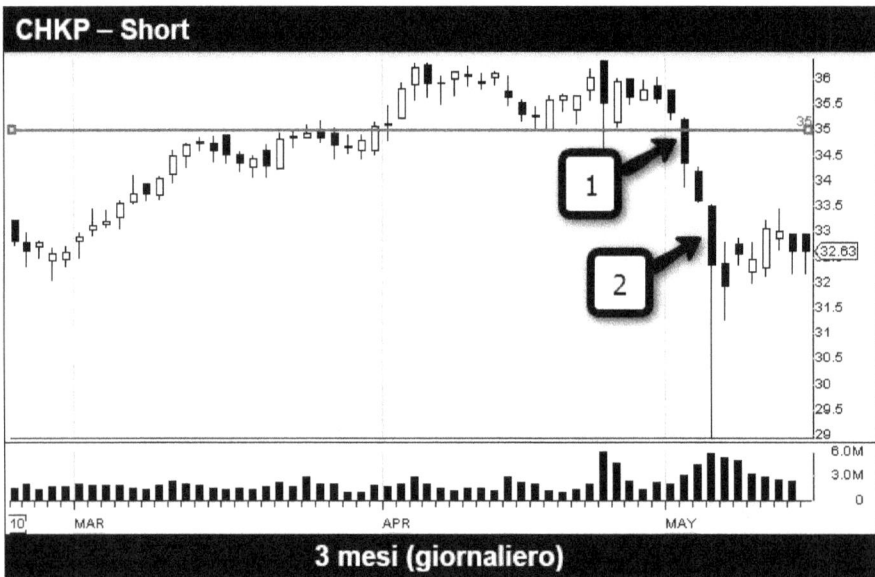

Checkpoint è sceso sotto la linea di supporto a 35 dollari. Supponiamo di voler vendere 100 azioni allo scoperto, premendo il tasto SHORT al punto [1]. Cosa succede? Ho appena venduto 100 azioni che non possiedo!

Come ho fatto? Semplicissimo: me le ha prestate il broker. Come fa il broker ad avere 100 azioni Checkpoint? Il broker gestisce i conti di svariati clienti e, poiché le azioni di Checkpoint hanno un grosso volume, qualche suo cliente sicuramente le possiederà.

Ipotizziamo ora che un cliente del broker, un certo David, abbia 300 azioni Checkpoint. David le ha comprate due anni fa credendo nel loro futuro a lungo termine. Quando ho premuto il tasto SHORT, il broker ha preso 100 azioni da David e le ha vendute per me in base alle mie istruzioni.

Di fatto ho venduto 100 azioni reali che però non mi appartenevano. Se David dovesse controllare il suo conto, troverebbe 300 o 200 azioni? Nessuno l'ha informato che ho venduto 100 delle sue azioni, perciò David si aspetta di averne 300 in conto, mentre in realtà ce ne sono soltanto 200. Cosa accadrebbe se David decidesse di vendere proprio adesso tutte le 300 azioni? Il broker non farebbe altro che spostare 100 azioni dal conto di qualcun altro. È legale? Assolutamente sì.

In una mia conferenza una giovane alzò la mano, dichiarando con molta serietà che il sistema delle vendite short non avrebbe superato un test d'integrità. Forse no, ma supera sicuramente quello del mercato e della legge. I mercati di natura non sono socialisti, non sono quindi pensati per prestare assistenza e agli scopertisti non sta cuore l'interesse del pubblico, ma soltanto il proprio. Possiamo descrivere la situazione in questi termini: ho preso in prestito le azioni di David e le ho vendute; David vuole che il valore delle sue azioni salga, ma con la mia vendita ne aumento la disponibilità facendo scendere il prezzo. Non solo David ignora di avermi aiutato, ma, vendendo le sue azioni, gli ho causato un danno. Puro capitalismo.

Sembra terribile? La verità è che, paragonata ad altri servizi a cui siamo abituati, la vendita allo scoperto non è poi così tremenda. Per esempio, saprete di certo che il denaro che depositate in banca è usato per fare prestiti ad altre persone. La regolamentazione sull'adeguatezza patrimoniale stabilisce che è legale per le banche prestare 9 dollari per ogni dollaro depositato! La vendita allo scoperto è un gioco da bambini se paragonata al sistema bancario.

Effettuando uno short su Checkpoint, vendo 100 azioni a 35 dollari, per un guadagno di 3.500 dollari. In realtà il denaro non è mio e il valore delle azioni viene calcolato a mio svantaggio per farmi restituire a David le 100 azioni quanto prima. Ricordate che, avendo venduto 100 delle sue azioni, gliele devo restituire. C'è un solo modo per uscire da uno short, che sia in perdita o in attivo: a un certo punto devo comprare 100 azioni e restituirle a David.

Con mia grande gioia, scopro che avevo ragione e che le azioni Checkpoint sono crollate a 33 dollari, come avevo previsto. A questo punto esco dalla negoziazione realizzando il profitto. Come faccio? Acquisto le azioni al punto [2]. Il prezzo attuale è di 33 dollari, perciò spendo 3.300 dollari per l'acquisto. Restituisco a David le 100 azioni che ho preso e chiudo il cerchio. Non gli devo più niente.

Esaminiamo il processo: ho comprato a 3.300 dollari e venduto a 3.500, quindi mi resta un profitto di 200 dollari.

La differenza tra uno short e un long è la sequenza in cui si svolge il procedimento: nel caso di uno short, iniziamo vendendo e chiudiamo comprando; liquidiamo a prezzo alto e cerchiamo di acquistare a prezzo basso. Questa strategia è detta *sell high, buy low*.

Cosa sarebbe successo se avessi sbagliato previsione e il prezzo dell'azione fosse salito a 37 dollari, invece di scendere a 33 dollari? In questo caso sarei stato obbligato a prendere 100 azioni a 3.700 dollari. Avendole vendute a 3.500 dollari e dovendole ricomprare a un prezzo più alto, il processo si chiude con la formula *sell low, buy high*, con una perdita di 200 dollari.

Riepilogo

Se prevediamo che un'azione salga, acquistiamo a prezzo basso e vendiamo a prezzo alto; se prevediamo che l'azione scenda, compriamo ancora a prezzo basso e liquidiamo a prezzo alto, ma in ordine inverso: *prima vendiamo a prezzo alto, poi compriamo a prezzo basso*. Come capite, non è stato ancora inventato un modo migliore di guadagnare del vecchio sistema di acquistare a poco e vendere a tanto.

	La differenza tra uno short e un long è l'ordine
IN	*delle azioni. Per eseguire uno short, iniziamo*
PILLOLE	*vendendo e finiamo comprando.*

Gli short sono più rischiosi dei long?

Siccome le azioni scendono più rapidamente di quanto salgano, gli short funzionano meglio, più rapidamente e con maggiore affidabilità dei long: dal mio punto di vista, il trading intraday con gli short è meno rischioso. Correte invece rischi maggiori negoziando gli short in modalità *swing*, tenendoli per più giorni, perché non potete prevedere la situazione che troverete al vostro risveglio. Gli short si eseguono su azioni deboli. Quando un'azione debole subisce un'inversione, l'effetto della correzione al rialzo può essere duro (in seguito parleremo di *short squeeze*).

Un altro aspetto è la perdita potenziale. Se state tenendo una posizione long, la perdita potenziale massima è il valore delle azioni, quindi, se crolla a zero un'azione di 20 dollari, la perdita massima si limita a 20 dollari per azione. Di contro, quando tenete uno short, la perdita potenziale è illimitata, perché un'azione di 20 dollari può salire anche a 200 e, in teoria, fino all'infinito. Succede raramente e le probabilità di assistere a situazioni del genere sono scarse, ma è certamente un rischio da conoscere e da tenere in considerazione.

Riepilogo

Nell'arco di una giornata di trading gli short non sono più rischiosi dei long, ma, se decidete di tenerli per più giorni, possono certamente diventarlo e richiederanno molta attenzione e abilità.

Per quanto tempo il broker vi permette di tenere uno short? Dipende: c'è chi chiede di chiudere gli short entro tre giorni, ma c'è chi non pone limiti.

Short per trader esperti

Finora ho esaminato i principi della vendita allo scoperto, il motivo per cui viene effettuata (il bisogno di guadagnare dai prezzi in ribasso delle azioni) e come si svolge la procedura. È giunto il momento di dare uno sguardo più in profondità.

Sapete che, eseguendo uno short, vendete azioni che non vi appartengono, nella speranza di poterle ricomprare a prezzo inferiore una volta che saranno scese. Fin qui sembra semplice e per molti trader e investitori è tutto ciò che occorre sapere. Ma per chi vuole capire come funziona il trading, c'è ancora molto da imparare.

Si possono eseguire gli short con qualsiasi azione? Cosa succederebbe se voleste fare uno short su azioni che il vostro broker non possiede? Scoprireste che in realtàe non si possono effettuare gli short su qualsiasi azione. La limitazione è legata al possesso pubblico e al numero di short aperti. Vuol dire che un'azione con bassa partecipazione pubblica sarà controllata da pochi clienti e la possibilità del broker di prestarvela sarà quindi limitata. Un secondo vincolo si presenta spesso quando un'azione con elevata negoziabilità crolla bruscamente, in genere in seguito a un evento eclatante. A volte la quantità di short su un'azione è talmente alta che tutte le quote disponibili sono state prestate ad altri scopertisti. Comunque, per il 95% delle azioni a elevata negoziabilità, che è l'unico tipo con cui operiamo nel trading, gli short sono eseguibili e le limitazioni sono decisamente poco comuni.

Goldman Sachs Group, GS – Esempio di un'azione su cui temporaneamente non si può eseguire uno short

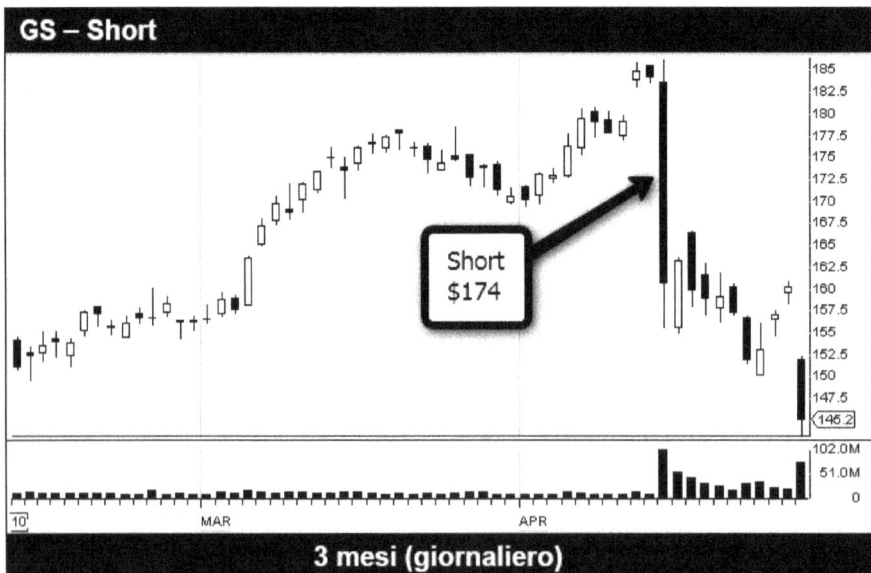

In questo grafico giornaliero potete vedere un raro esempio di crack di diversi punti percentuali delle azioni di Goldman Sachs (GS) durante la crisi finanziaria del 2008, innescato dalla divulgazione di un'indagine giudiziaria sulla condotta dell'azienda e dal timore di una frode nei confronti degli investitori. Nella sala di trading della Tradenet abbiamo venduto all'inizio del processo, quando le azioni sono scese sotto i 174 dollari. Due giorni dopo, quando volevamo aumentare la quantità di short avendo constatato che il trend ribassista continuava, abbiamo scoperto di non poterlo fare, perché tutte le quote disponibili erano già state prese da altri scopertisti.

Ci possono essere anche restrizioni legislative, ma sono rare. In casi come la crisi finanziaria del 2008 gli short sono stati vietati per ragioni politiche. Una volta ogni pochi anni, di solito durante le crisi, il pubblico alza la voce contro gli scopertisti, scatenando un dibattito morale sulla loro colpevolezza nei confronti della stabilità dei mercati. In rare circostanze gli short su alcune azioni sono stati proibiti per diverse settimane. Di fatto la restrizione venne imposta solo verso la fine della crisi, in un momento in cui nessuno scopertista sano di mente avrebbe eseguito degli short, perciò gli effetti sui trader furono minimi. I trader sono abituati a veder riemergere periodicamente la tradizionale disputa tra sostenitori e detrattori della vendita allo scoperto. Ogni fazione ha le proprie valide ragioni, ma in fin dei conti la storia dimostra che la voce della logica vince la resistenza.

Come si fa a sapere se non è possibile effettuare short su una certa azione? Quando premete il tasto SHORT, la piattaforma di trading mostra un messaggio, in genere: «Non vendibile». Qualche piattaforma rende disponibile l'informazione ancor prima che diate l'ordine.

| **IN PILLOLE** | *Un'alternativa agli short, nei casi in cui il vostro broker non possieda una certa azione, è l'opzione put. Non ne parlerò in questo libro, ma si tratta di un processo semplice.* |

Può essere che un broker permetta lo short su una certa azione mentre un altro non lo fa? Sì. In realtà, non è il broker a prestarvi le quote, ma la banca associata alla stanza di compensazione, che è un'organizzazione centrale che lavora con molti broker. Anche i broker lavorano con più banche associate alla stanza di compensazione, perciò se la banca con cui il vostro broker lavora non ha quote di una certa azione, può averle una concorrente.

Se decidete di eseguire uno short con azioni che la banca del vostro broker non possiede, potete chiedere di negoziare azioni denominate HTB (*hard to borrow*), cioè difficili da prendere in prestito, ma dovrete pagare una commissione quasi doppia per ogni singolo short e questo rende gli HTB poco convenienti. Si devono inoltre pagare gli interessi sul prestito di azioni, specialmente se tenete la posizione per una notte.

La regolamentazione finanziaria stabilisce la quantità di short eseguibili su un'azione per evitare che i broker, avidi di commissioni, permettano di effettuare short su quantità maggiori di quelle che possiedono. Una volta al mese tutte le società di brokeraggio devono registrare la quantità di short dei conti dei loro clienti. Per fare un esempio: se una società ha 100 milioni di dollari investiti in azioni, il pubblico può prendere in prestito dai broker tutta la somma per venderla allo scoperto? È una situazione altamente improbabile, ma tecnicamente possibile. Prendere in prestito l'intera quantità vuol dire che tutte le azioni devono essere acquistabili, ma ogni società possiede azioni non vendibili. Alcune sono di proprietà dei titolari della società e si dicono *riservate*. Altre esistono fisicamente sotto forma di certificati cartacei e sono nelle mani di chi le ha acquistate. Trovandosi nelle case e nelle casseforti dei proprietari, queste azioni non sono disponibili per il prestito. Esistono siti internet, come Yahoo Finance, in cui si possono trovare per ogni società le quantità di azioni vendibili allo scoperto.

Check Point Software Technologies Ltd., CHKP – Verifica dello stato attuale degli short su Yahoo Finance

Secondo Yahoo, la quantità di azioni CHKP vendute allo scoperto in una certa data rappresenta il 3,9% del totale. È tanto? È poco? Non fa molta differenza. Primo, l'informazione non è precisa: si riferisce a dati ricevuti dai broker molte settimane prima! Secondo, il dato non contiene dettagli che vi permettano di trarre una conclusione sulla direzione anticipata delle azioni.

Esempio

Supponiamo che una società di nome ABC abbia una grande quantità di short.

- Il gran numero di trader che eseguono short su quest'azione significa che subirà un ribasso?

- Oppure sta a indicare che, visto il numero di short, gli scopertisti che avranno eventualmente bisogno di ricomprare le azioni per restituirle ai proprietari ne faranno salire il prezzo?

- La risposta è: si possono verificare entrambe le situazioni, dipende tutto dal tempismo.

In verità, una società che sta perdendo valore con il prezzo delle azioni che precipita potrebbe raggiungere lo zero indipendentemente dalla quantità di quote vendute allo scoperto. Tuttavia può anche verificarsi il contrario: se per qualche motivo l'azione inizia a salire e gli scopertisti sono tanti, potrebbero entrare in panico perché costretti ad acquistare a un prezzo alto. Come risultato potrebbe innescarsi la *chiusura degli short*: gli scopertisti pressati dal bisogno di restituire le azioni, vedendo il prezzo salire dovranno chiudere gli short. Non si può sapere cosa sta succedendo dietro le quinte se non si esamina il grafico dell'azione. E questo ci porta al prossimo, importante argomento.

Short squeeze

Di tanto in tanto si verifica una situazione chiamata *short squeeze*. Lasciate che vi descriva un caso reale, che riguarda un'azione negoziata per molto tempo tra i 2 e i 3 dollari.

Si era diffusa la voce che la società si stava trovando in difficoltà e quindi, com'era prevedibile, un'ampia percentuale degli scopertisti coinvolti si convinse che la società sarebbe fallita e che il prezzo dell'azione sarebbe crollato a zero. Tuttavia un annuncio a sorpresa portò buone notizie e l'azione salì da 3 a 5 dollari da un giorno all'altro, generando il panico degli scopertisti che erano entrati col prezzo vicino ai 3 dollari. Al risveglio il mattino seguente, alcuni di loro, in particolare chi usava un margine elevato, scoprirono di avere una posizione perdente, avendo acquistato mentre il prezzo saliva. Più il prezzo si alzava, più aumentava la massa di scopertisti che chiudevano le negoziazioni. A ogni aumento di prezzo, un numero sempre crescente di scopertisti chiudeva le contrattazioni in perdita.

Visto che gli scopertisti avevano urgenza di comprare a qualunque costo, l'esito fu che il prezzo venne spinto a un picco di 15 dollari in soli due giorni.

Gli investitori razionali giunsero alla conclusione che l'azione valesse 15 dollari e ne fecero scorta? No. Di fatto accadde il contrario. Era chiaro a tutti che il prezzo sarebbe tornato a zero e che il picco era stato causato dal panico degli scopertisti obbligati a comprare a qualsiasi cifra. Quando le transazioni dettate dalla pressione si calmarono, il rialzo del prezzo cessò e l'azione crollò nuovamente al valore di qualche centesimo.

Ogni tanto gli operatori con grosse disponibilità finanziarie cercheranno di aumentare la quantità degli short quando il prezzo sale, in modo da pareggiare una negoziazione negativa, ma anche loro hanno dei limiti. Quando il prezzo continua il rialzo, aumenta anche la pressione a cui sono sottoposti gli short, con i grossi operatori che ne eseguono un numero sempre maggiore, prendendo a prestito azioni dal broker. Arriva però il momento in cui non ci sono più quote da ottenere in prestito, perché i broker stessi ne possiedono quantità limitate e, siccome le stanno usando a credito, non possono tirare ulteriormente la corda.

Cosa determina il prezzo di un'azione? È quel che dovremmo sempre chiederci. L'azione è guidata da dati fondamentali che da un giorno all'altro sono migliorati? No. I prezzi si impennano quando nasce uno squilibrio tra acquirenti e venditori, dovuto al fatto che ci sono più ragioni per comprare che per vendere. Finché non raggiungerà un nuovo equilibrio, l'azione continuerà a salire.

A volte, durante la negoziazione si può assistere a un fenomeno straordinario: un'azione che sale alle stelle! Come dovreste agire in una circostanza del genere? Dovreste partecipare? Se non siete veramente esperti, la risposta è: «Decisamente no!». Si tratta di un terreno molto pericoloso. I principali investitori a lungo termine non hanno a disposizione dati fondamentali con cui infondere sicurezza nell'azione e quelli a breve termine, in genere, non dispongono di buone informazioni tecniche che li aiutino a decidere se entrare o uscire. Il clamore può terminare in ogni momento e senza preavviso.

IN PILLOLE

È meglio non negoziare con picchi estremi di prezzo intraday: indicano il momento in cui il gioco si fa pericoloso. Non potete sapere quando l'impennata raggiungerà il massimo e solitamente non riuscirete a vedere un valido punto d'ingresso tecnico.

Riepilogo

Finora abbiamo imparato come funzionano gli short, i principi fondamentali e cosa succede dietro le quinte. Adesso sapete che:

- Lo scopo di uno short è guadagnare dal prezzo in ribasso di un'azione.

- Vendere un'azione allo scoperto significa prendere in prestito le quote dal broker, che a sua volta le prende in prestito dai clienti.

- Se il broker non le può prestare, ad esempio quando sono esaurite, non si possono eseguire gli short e si deve quindi rinunciare all'opportunità.

- Il termine *short squeeze* significa che un'azione è in forte rialzo, in genere a causa di buone notizie sulla società, e il fenomeno mette in movimento una serie di scopertisti che si affrettano a chiudere la propria posizione, causando così un ulteriore balzo del prezzo verso l'alto, in modo sproporzionato rispetto al reale valore della società.

La spiegazione adesso è completa? No. Diventa ancor più complicata.

Naked shorts

Daremo ora un'occhiata al lato oscuro della vendita allo scoperto e impareremo il cosiddetto *naked short*, così chiamato perché manca di una reale copertura. Il fenomeno si manifesta quando una grande organizzazione, in genere un fondo speculativo, vuole vendere allo scoperto grandissime quantità e liquida azioni che non può prendere in prestito.

Come può farlo? Abbiamo appena imparato che non si possono eseguire short su azioni che non si possono prendere in prestito. Ma, come ben sappiamo, non esistono ostacoli per chi vuole davvero qualcosa. È a questo punto che intervengono i market maker, che rendono l'operazione possibile e riescono a vendere quote che non possiedono trasferendo i naked short da un conto all'altro per periodi talmente brevi che l'organismo di controllo non riesce a seguirne le tracce. Possono farlo anche eseguendo gli short con azioni di società statunitensi a doppia negoziazione, ovvero quelle che vengono negoziate simultaneamente anche nelle borse non americane e non sono soggette ai regolamenti statunitensi.

Perché un'organizzazione dovrebbe voler negoziare con i naked short? Perché creano un grosso volume di affari, specialmente nei periodi in cui l'economia è debole e il dollaro è in ribasso rispetto alle altre valute. In simili circostanze il valore delle società crolla, causandone l'indebolimento e obbligandole alla fine a emettere più quote per recuperare denaro. Tutto questo fa il gioco degli scopertisti. Perfino gli azionisti potrebbero vedersi costretti a vendere più quote di quelle in circolazione sul mercato fino a quel momento.

I naked short non sono elencati da nessuna parte. Intendo dire che, se su Yahoo Finance vedete una società con 30 milioni di azioni negoziate e 3 milioni di vendite allo scoperto, dovete considerare che quei 3 milioni di short non significano proprio niente e potrebbe trattarsi di un dato esatto o errato. Potrebbero esserci altri milioni di azioni vendute allo scoperto senza che nessuno lo sappia, dato che la negoziazione non viene registrata.

Permettetemi di chiudere la sezione dicendo che si tratta di un'ulteriore prova del fatto che esaminare i dati sugli short nel mercato non è una buona base per prendere decisioni sul trading. Le decisioni dovrebbero piuttosto basarsi sui grafici delle azioni. I grafici non mentono, le persone sicuramente sì.

Riepilogo

La maggioranza del pubblico subisce delle perdite nelle crisi economiche. Succede anche a me e a voi, quando l'economia crolla, l'inflazione corre selvaggia e i fondi in cui abbiamo investito il denaro sono influenzati negativamente da un mercato in ribasso. Insomma, la crisi colpisce tutti e non c'è molto da fare in proposito. Tuttavia, come trader dobbiamo imparare a trarre profitto dai mercati in ribasso. E non uno modesto, ma grande. Il processo di apprendimento è lungo e non sarete in grado di cominciare durante la prossima crisi o solo qualche settimana prima. Dovete prepararvi alla prossima crisi con anni di anticipo. Quel che intendo dire è che dovete iniziare a prepararvi già da adesso.

9

La piattaforma
di trading

Guida pratica alla scelta, configurazione e uso della vostra piattaforma di trading

La mia piattaforma di trading

La maggior parte dei manuali non fornisce istruzioni sulle piattaforme di trading, ma credo personalmente che sia un errore. Oltre a saper scegliere un'azione, un trader deve anche essere in grado di scegliere e usare una piattaforma di trading. Ricordo i miei esordi come trader e lo shock che ho provato aprendo una piattaforma di trading per la prima volta, senza avere la minima idea di dove cominciare, cosa guardare o quale pulsante premere. Anche dopo aver imparato le basi da autodidatta, impresa non facile, non ero comunque in grado di configurare i grafici e la piattaforma che utilizzavo. Ricordo che durante la prima visita a Chris, il mio mentore di Phoenix, prendevo appunti su ogni singolo grafico e finestra e sulla loro esatta posizione sui suoi monitor. Lo scopo di questo capitolo è di risparmiarvi una buona dose di fatica nel cercare di capire, con tentativi ed errori, come impostare al meglio i vostri monitor.

La piattaforma di trading connette il trader al mercato azionario e deve essere veloce, efficace e affidabile. Non deve essere troppo sofisticata, perché piattaforme del genere tendono a essere lente e difficili da usare. Avete mai visto la cabina di guida di un'auto da corsa? Se la risposta è no, potreste restare delusi vedendone una per la prima volta. Siamo portati a pensare che un pilota da corsa abbia bisogno di sofisticati comandi speciali, con una massa di apparecchi elettronici. La realtà è un'altra: al pilota serve solo l'essenziale. Tutto ciò di cui ha bisogno sono velocità, agilità e affidabilità. Lo stesso vale per la piattaforma di trading. Non cercate "accessori" inutili per la vostra piattaforma. Proprio come il pilota da corsa, anche a voi serve una base veloce e affidabile. A lungo termine il trading si basa solamente su tre pulsanti: BUY, SELL e SHORT.

Nei miei anni di attività come trader ho utilizzato soltanto sette piattaforme diverse. La prima è stata *Ameritrade*, una piattaforma online che non necessitava di essere installata, ma che non forniva la velocità necessaria per il trading. Come piattaforma web-based era perfetta per gli investitori a lungo termine, ma non era assolutamente adatta come supporto per le operazioni intraday ultraveloci di un day trader. La seconda piattaforma che ho usato è stata la fantastica *CyberTrader*, che purtroppo è stata acquistata dalla Charles Schwab, una società specializzata più in investimenti che in trading attivo, che ha ucciso la piattaforma.

La mia scelta successiva è stata la *Trade Station*, il top della tecnologia. Era all'avanguardia, intelligente e dotata di innumerevoli "accessori", ma i dettagli distraevano dall'essenziale e non era adatta al day trading. Tre mesi più tardi ho capito che dovevo fare come il pilota da corsa, che non può gareggiare con una Mercedes di lusso. Ho iniziato la ricerca di una nuova piattaforma e la mia quarta scelta è stata eccellente, ma non aveva grafici. Le sue prestazioni erano ottimali e veloci, ma per visualizzare i grafici dovevo connettermi a un programma esterno, che era altrettanto eccellente.

La necessità di integrare due piattaforme comportava un ulteriore pagamento di svariate centinaia di dollari al mese alla società che forniva i grafici e in più non era pratica. Sebbene quella piattaforma mi piacesse davvero, ho capito che era meglio cercare altrove.

Il mio quinto tentativo non è durato più di due settimane. La piattaforma era lenta come una lumaca e molto sensibile alla velocità della connessione Internet. Andava in crash, si bloccava e funzionava a singhiozzo più volte al giorno. Quando contattavo il servizio clienti, mi scontravo con un muro sotto forma di un impiegato di New York di nome Chang, il cui concetto di assistenza clienti lasciava molto a desiderare.

Sono finalmente approdato in un porto sicuro quando ho iniziato a usare la piattaforma COLMEX Pro, che si adatta perfettamente sia ai trader principianti che agli avanzati. Alla fine avevo trovato la vera "cabina di pilotaggio" per il trading azionario, con alcuni extra, ma senza fronzoli.

Scegliere la piattaforma di trading

Nel Capitolo 2 ho descritto in dettaglio le caratteristiche che deve avere una piattaforma di trading, perciò ripeterò qui di seguito soltanto le principali:

- La piattaforma deve avere un accesso diretto al mercato, che permetta al trader di negoziare le azioni in ogni destinazione in base alla sua scelta o a un router automatico efficace.

- La piattaforma deve essere installata sul vostro computer e non essere web-based, perché soltanto i programmi installati sono veloci, affidabili e configurabili a piacere.

- La piattaforma deve essere semplice e facile da usare, con la possibilità di visualizzare simultaneamente almeno venti grafici diversi su più schermi.

- La piattaforma deve poter essere visualizzata su più schermi e deve offrire la possibilità di salvare le configurazioni di installazione impostate, in modo da ritrovarle all'apertura.

Download e installazione

Per prima cosa dovete aprire un conto presso un broker e fare un deposito, come ho spiegato nel Capitolo 2. Una volta completata l'apertura del conto, operazione che dovrebbe richiedere solo pochi minuti, dovrete aspettare l'autorizzazione del broker che potrà richiedere qualche giorno. Riceverete un'email con i complimenti per essere diventati membri e con il link di download della piattaforma. La procedura di download è semplice e simile a quella di qualsiasi altro programma, perciò non servono spiegazioni. Le domande inizieranno a scaturire dopo l'installazione, con la prima apertura della piattaforma, perché in quella fase non avrete veramente idea di cosa fare. Ne riparleremo in seguito.

Prima attivazione e configurazione dello schermo

Tutte le piattaforme di trading si assomigliano. La mia spiegazione si basa sulla piattaforma COLMEX Pro, ma non troverete grandi differenze rispetto ad altre. All'apertura, troverete una finestra con un layout scelto per voi dal broker. Dato che i broker non sanno molto di day trading, ma di commissioni, scoprirete che la configurazione preimpostata non soddisferà le vostre necessità. È solo un punto di partenza. Se è il vostro primo giorno di studio e state usando un solo schermo, avrete bisogno di iniziare con la configurazione standard della finestra che vi mostrerò in seguito.

La piattaforma di trading vi consente di impostare varie finestre sullo schermo, ciascuna con una funzione specifica. Potrete configurare la posizione e il numero delle finestre in base alle vostre necessità. In seguito vi consiglierò qualche configurazione di base e ve ne spiegherò i componenti.

Dopo aver settato le finestre come desiderate, dovrete salvare le impostazioni («salva schermo, layout o pagina») dandogli un nome. Personalmente ho l'abitudine di salvare svariate configurazioni: adatte a uno schermo, a due, a tre e così via. Lo faccio anche su una chiavetta USB che tengo nel portachiavi, cosicché, se ho bisogno di fare trading quando sono fuori casa, posso facilmente installare la mia piattaforma su qualsiasi computer e caricare i layout dello schermo («apri schermo») che preferisco.

Configurazione dello schermo

La configurazione di base della piattaforma di trading

La configurazione dello schermo che mostrerò di seguito è la più semplice, adatta a uno schermo da dodici pollici. La uso su un laptop quando sono fuori casa e include sette diverse finestre di trading (che spiegherò). Più ampio è lo schermo, più finestre si possono aggiungere.

Esempio di configurazione di base su uno schermo

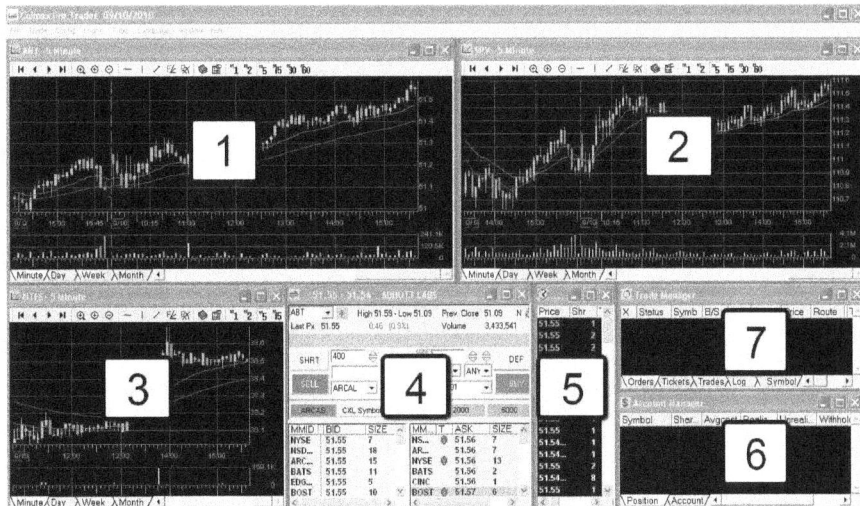

1 – Il grafico dell'azione principale

Sul grafico dell'azione principale visualizzo l'azione che sto seguendo in quel momento. Il grafico mostra candele di cinque minuti [1] con dati intraday [2] nell'arco di due giorni. Notate la linea tratteggiata [3] che separa le due giornate di trading. Per visualizzare la formazione giornaliera dell'azione nel lungo periodo è sufficiente cliccare sul pulsante DAY a destra del pulsante intraday MINUTE [2].

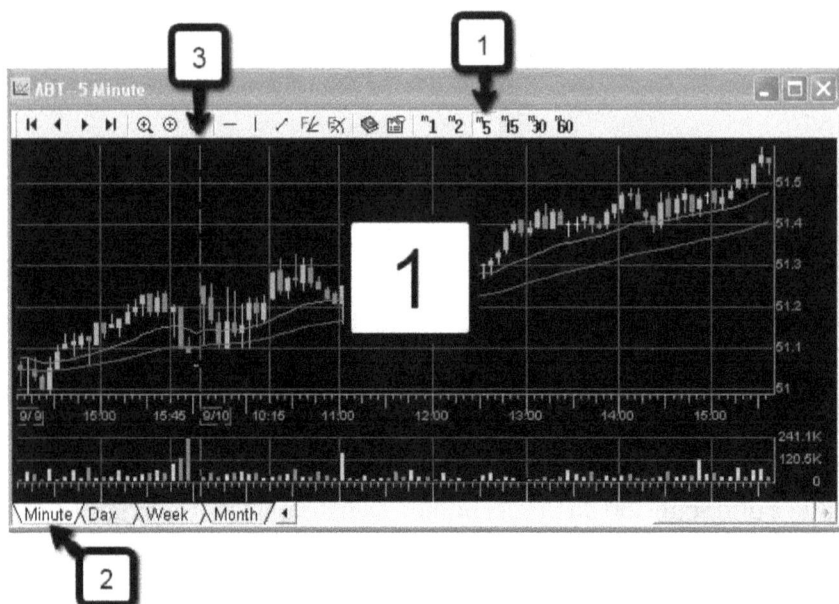

2 – Il grafico dell'indice di mercato

Sul grafico dell'indice di mercato visualizzo lo SPY, che, come abbiamo già imparato, è l'indice più importante per i trader. Il grafico mostrerà le informazioni intraday e alcune candele di cinque minuti per un periodo di due giorni. Notate la linea tratteggiata che separa le due giornate.

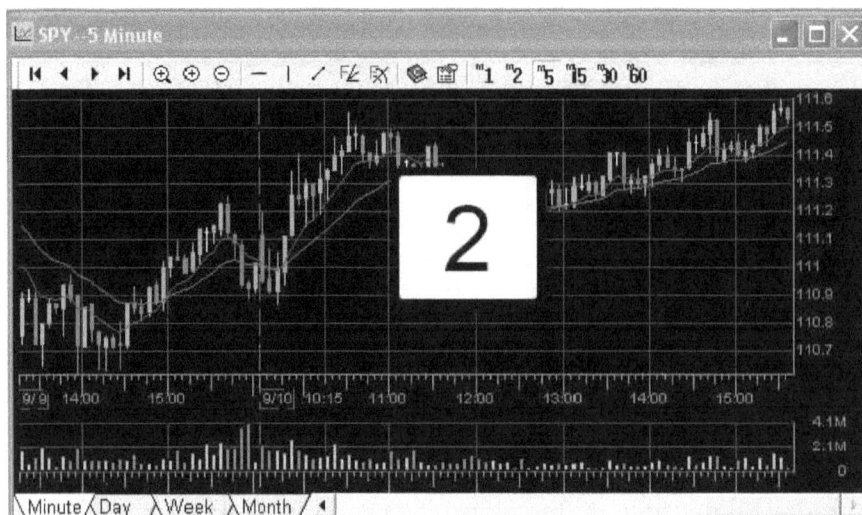

3 – Il grafico secondario

Sul grafico secondario visualizzo il titolo che sto seguendo. Potrei seguirne uno nuovo sul grafico principale [1], mentre seguo contemporaneamente quello che ho appena acquistato sul grafico secondario.

4 – La finestra di trading

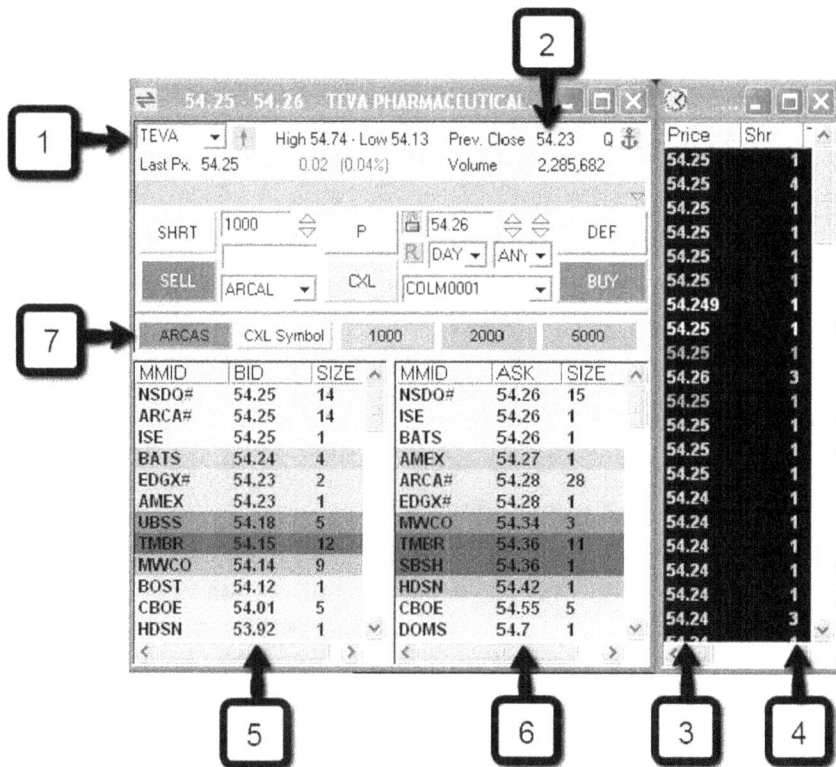

Nella parte più ampia a sinistra dell'immagine è visibile la finestra del riquadro dell'azione. Nella parte più stretta a destra c'è la finestra Time and Sales (T&S), sulla quale mi soffermerò in seguito. Queste due finestre devono sempre essere una di fianco all'altra. In alcune piattaforme di trading vengono mostrate insieme nella stessa finestra. Il riquadro dell'azione è uno strumento esecutivo vitale per il trader. Nell'angolo in alto a sinistra del riquadro dell'azione possiamo scrivere il simbolo dell'azione [1]. Nella sezione superiore troviamo le informazioni conosciute come *dati di Livello* I [2], tra cui troviamo il prezzo di chiusura della giornata precedente; i prezzi massimi e minimi del giorno corrente (massimo e minimo); il volume di trading del giorno corrente (numero di azioni); la quotazione della negoziazione più recente (Last Px); la percentuale di rialzo o ribasso dell'azione rispetto alla chiusura del giorno precedente (0,04% secondo l'immagine) e l'oscillazione del prezzo in punti (0,02, ossia oggi la quotazione del titolo è salita di due centesimi di dollaro).

A destra del riquadro dell'azione è visibile una piccola ancora. Se la trascinate col mouse nel riquadro T&S sulla destra, si creerà un link tra le due finestre, così i dati di qualsiasi azione visualizzata nel riquadro dell'azione [1] saranno visibili anche nel T&S. Dovreste collegare allo stesso modo il riquadro dell'azione con il grafico primario della stessa, in modo che, ogni volta che cambiate il simbolo nel riquadro dell'azione [1], i dati relativi saranno immediatamente mostrati nel grafico primario e nel T&S. Così potrete creare un link tra molte finestre e grafici.

Sotto la sezione superiore dei dati di Livello I si trovano i pulsanti BUY, SELL e SHORT, nonché alcuni comandi aggiuntivi che spiegherò in seguito. Subito sotto ci sono alcuni pulsanti [7] che si possono personalizzare. Li uso (da sinistra a destra) per immettere gli ordini di protezione (ARCA), per cancellare gli ordini (simbolo CXL) o per acquisti rapidi di 1.000, 2.000 o 5.000 azioni. È possibile impostare sia il testo sui pulsanti sia i relativi comandi.

Livello II

Sotto i pulsanti personalizzati si trova la sezione di dati conosciuta come *Livello II*, che indica la domanda degli acquirenti [5] e l'offerta dei venditori [6], quella che i trader chiamano *profondità di mercato*.

MMID	BID	SIZE		MMID	ASK	SIZE
NSDQ#	54.25	14		NSDQ#	54.26	15
ARCA#	54.25	14		ISE	54.26	1
ISE	54.25	1		BATS	54.26	1
BATS	54.24	4		AMEX	54.27	1
EDGX#	54.23	2		ARCA#	54.28	28
AMEX	54.23	1		EDGX#	54.28	1
UBSS	54.18	5		MWCO	54.31	1
MWP	54.15	12		MWP	54.36	11
MWCO	54.14	9		SBSH	54.38	1
BOST	54.12	1		HDSN	54.42	1
CBOE	54.01	5		CBOE	54.55	5
HDSN	53.92	1		DOMS	54.7	1

2.900 azioni — 2.900 azioni

Nell'esempio mostrato qui sopra, potete osservare che l'acquisto migliore, detto BID (in alto a sinistra) è di 54,25 dollari, mentre il miglior prezzo di vendita, detto ASK (in alto a destra) è di 54,26 dollari. La differenza tra acquirenti e venditori (domanda e offerta), il cosiddetto *spread*, è dunque di un centesimo di dollaro. A sinistra della colonna del prezzo c'è la colonna del MMID (l'identificativo del market maker), che contiene le informazioni sull'identità dell'acquirente o del venditore. La loro fonte potrebbe essere una ECN, come ARCA o NASDAQ, o un market maker, come Salomon Smith Barney (SBSH). In alcuni casi si può trovare il market maker per entrambe le posizioni: sia per il venditore che per l'acquirente. Il fatto che un acquirente e un venditore siano entrambi disponibili su una ECN indica di solito che sono clienti diversi della stessa ECN e, se c'è un market maker per entrambe le parti, significa che il market maker sta cercando di trarre profitto dallo spread di un centesimo. Un centesimo, nelle grandi quantità che solo i market maker generalmente vedono, può risultare in un mucchio di soldi!

La profondità di mercato (cioè l'ammontare della domanda degli acquirenti e dell'offerta dei venditori) è molto importante. Possiamo osservare come gli acquirenti (l'offerta) a 54,25 dollari si distribuiscano su tre linee, evidenziate con lo stesso colore. Ogni livello di prezzo ha un diverso colore. La quantità totale richiesta a quel livello di domanda è di 2.900 azioni. Va sottolineato che solitamente le quantità si visualizzano in unità che rappresentano le centinaia. Allora: 14 + 14 + 1 = 29 rappresenta una domanda di 2.900 azioni a 54,25 dollari. In questo caso la domanda è suddivisa fra tre acquirenti diversi. Dal lato dei venditori (domanda) si può notare una fornitura relativamente inferiore di 1.700 azioni a 54,26 dollari. Il significato di una domanda superiore all'offerta è chiaro: quando ci sono più compratori che venditori, c'è una buona probabilità che il prezzo delle azioni salga. Invece, se il surplus di domanda vi ha indotto ad acquistare, vale la pena innanzitutto di verificare il numero di venditori che si trovano a due centesimi sopra al prezzo corrente di fornitura. Osservate che a 54,28 dollari due venditori stanno cercando di vendere un quantitativo di 2.900 azioni. In altri termini, se acquistate le azioni e queste salgono soltanto di due centesimi, potrebbero avere difficoltà a vincere la resistenza del gruppo successivo di venditori. Avete già annullato l'ordine di acquisto? O vale la pena acquistare solo se il titolo supera i 54,28 dollari?

Supponiamo che stiate pensando di acquistare, nonostante la resistenza. Prima di farlo, dovete valutare la vostra via di fuga. Se analizzate la profondità dell'acquirente, che è inferiore alla quotazione di 54,25 dollari, scoprirete che la domanda è molto bassa. Allora, se acquistate diverse migliaia di azioni, vi sarà molto difficile uscire a un prezzo ragionevole. La soluzione potrebbe essere quella di comprare una quantità inferiore o forse di non comprare affatto. Di contro, se state pianificando di eseguire uno short sul titolo e aveste bisogno di uscirne (cioè di comprare) perché costretti, potreste contare su un vasto numero di venditori da cui acquistare. Ogni azione ha un diverso grado di negoziabilità, perciò dovete verificarne ognuna in base alla quantità che siete disposti a rischiare, adattandola alla quantità della domanda e dell'offerta come mostrato nella profondità di mercato del Livello II.

Nascondere informazioni

Chi compra e vende grandi numeri tende a nascondere le quantità reali che offre, per non rivelare le proprie intenzioni. Per esempio, quando voglio vendere un numero massimo di 1.000 azioni, uso un comando chiamato RESERVE che visualizza una vendita di sole 100 azioni, anche se l'importo reale è di gran lunga superiore. Gli acquirenti, che ignorano di trovarsi di fronte a un grosso venditore, acquistano piccole quantità alla volta, finché non raggiungono il numero che avevano intenzione di vendere. Cosa accadrebbe se, per esempio, mostrassi 3.000 azioni? Senza dubbio spaventerei i piccoli compratori, che eviterebbero di acquistare, perché consapevoli del fatto che, comprando una piccola quantità, l'azione non si muoverebbe finché non arrivasse un grande acquirente a comprare tutte le azioni che sto cercando di liquidare.

A volte, se tenete un'azione che ha il prezzo fermo in una certa posizione e non vuole salire quando voi state acquistando o scendere quando voi avete eseguito uno short, cercate di scoprire nella colonna MMID chi è il venditore che continua ad aggiungere quantità o, nel caso di uno short, chi è l'acquirente che insiste nel rinnovare le quantità. Il fenomeno è molto comune quando l'azione è in rialzo e raggiunge una cifra tonda ed è facile imbattersi in grandi venditori che non hanno interesse a rivelare la reale quantità che stanno mettendo in vendita.

Esercizi di profondità di mercato

La situazione opposta si verifica quando i grandi market maker, che hanno accumulato azioni, vogliono mostrare una grande quantità in vendita, ma senza nessuna intenzione di vendere. Sperano che la grande quantità scoraggi i potenziali acquirenti, creando addirittura il panico tra i venditori, e che mostrare grandi quantità faccia scendere il prezzo dell'azione, rendendogli più facile accumulare azioni a un prezzo più conveniente. È anche il motivo per cui a volte trovate i market maker su entrambi i lati della transazione: da un lato vendono, o per lo meno si presentano come grandi venditori, e dall'altro acquistano.

Fino a pochi anni fa, le manipolazioni della profondità di mercato usando il Livello II erano comuni. Molti trader cercavano di decifrare il comportamento dei market maker muovendosi in base alle loro presunte mosse. Il sistema era noto come «trovare il toro»: i trader passavano intere giornate alla ricerca del toro che li avrebbe condotti alla terra promessa. Si è scritto molto su questa attività e centinaia di trader la consideravano un modo per ottenere profitti. Col tempo, i metodi usati dai market maker per mostrare o nascondere gli ordini si sono fatti sempre più sofisticati, gli esercizi di profondità di mercato si sono sciolti nel nulla e tutti i libri sono finiti al macero. I market maker trasmettono gli ordini esattamente come fa qualsiasi trader, attraverso una ECN, perciò non si saprà mai chi c'è dell'altra parte, e ogni tentativo di capire il metodo che sta dietro alle azioni è destinato al fallimento completo. In breve: il tempo è prezioso, non sprecatelo in questo modo. Focalizzatevi sulla quantità di acquirenti e venditori e sulla profondità di mercato che viene realmente visualizzata e accettate il fatto che raramente viene fornita l'informazione completa sulla profondità reale. Ciò può dipendere da un grande venditore che rinnova costantemente le quantità da negoziare. Concedetegli qualche secondo o minuto, cercate di capire se è sul punto di sparire e poi prendete una decisione consapevole.

Vari strati di colore

Come ho già detto, ogni strato di colore rappresenta un livello diverso di prezzo. Quando il primo strato della colonna degli acquirenti è più ampio di quello della colonna dei venditori, significa che ci sono più acquirenti che venditori. Notate che un maggior numero di acquirenti non significa necessariamente una maggiore quantità di azioni; tuttavia più acquirenti e venditori ci sono, migliore è la profondità di mercato, dal momento che offerta o domanda sono divise tra un gran numero di trader. Se voleste vendere, cosa preferireste vedere sul lato degli acquirenti? Un unico acquirente che compra molte azioni o tre diversi acquirenti che acquistano contemporaneamente la stessa quantità? Per quel che mi riguarda preferirei la seconda situazione: la divisione tra più acquirenti è meglio di un unico acquirente.

Lo scopo degli strati colorati è quello di permettervi di cogliere a colpo d'occhio l'immagine delle pressioni subite da acquirenti e venditori. Col tempo, i cambiamenti di colore faranno parte della vostra consapevolezza generale sulla forza o debolezza di un titolo a ogni livello di prezzo.

5 – La finestra Time and Sales (T&S)

Quando si cerca di comprendere la direzione di un titolo, la finestra Time and Sales occupa un capitolo a parte. Qualche tempo fa ho invitato un amico, con un anno di esperienza nel trading, a farmi compagnia durante una sessione. È rimasto un po' stupito vedendo che, a fianco di ogni riquadro delle azioni, posiziono sempre la finestra T&S. Personalmente sono rimasto altrettanto sorpreso sentendo che fino ad allora non l'aveva mai usata. Dopo aver trascorso un po' di tempo con me, ha capito che è necessaria.

Price	Shr	
54.25	1	
54.25	4	
54.25	1	
54.25	1	
54.25	1	
54.25	1	
54.249	1	
54.25	1	
54.26	3	
54.25	1	
54.25	1	
54.25	1	
54.25	1	
54.24	1	
54.24	1	
54.24	1	
54.24	1	
54.24	3	

La finestra T&S mostra ogni transazione eseguita su un'azione. In genere, nella sezione superiore della finestra viene mostrata l'ultima negoziazione. Come vedete, l'ultima negoziazione è stata eseguita a 54,25 dollari per un quantitativo di azioni indicato come 1, vale a dire 100 azioni. La negoziazione precedente era di 400 azioni. Se osservate un po' più in basso, troverete una negoziazione a 54,249 dollari, una transazione che solo i market maker sono in grado di fare, dato che tagliano il prezzo tra acquirenti e venditori, ed è la prima della lista tra lo spread. Questo è il loro vantaggio, dal momento che né io né voi siamo legalmente autorizzati a effettuare negoziazioni con frazioni di centesimi di dollaro.

Perché considero così importante la finestra T&S? Per varie ragioni:

- Il primo motivo ve lo spiega questo esempio: supponiamo che un acquirente su larga scala non desideri mostrare quante azioni vuole comprare a 54,25 dollari e che quindi non si possa vedere il vero quantitativo a cui mira. Tuttavia l'acquirente non può nascondermi il dato sul numero di transazioni, vale a dire il volume di scambi a quel prezzo. Nella finestra di T&S vedo tutte le negoziazioni con le relative quotazioni. Questa informazione, insieme al quantitativo di azioni visualizzate nella finestra di profondità del mercato, mi darà un'immagine affidabile e realistica.

- La seconda ragione è la seguente: la finestra T&S ha un'ulteriore caratteristica importante: il colore di ogni transazione. Nel caso di una transazione in cui un acquirente è disposto a pagare il prezzo d'offerta (la cosiddetta domanda), che in questo caso è di 54,26 dollari, il colore della linea nella finestra T&S che rappresenta il quantitativo venduto sarà verde. Questo colore indica che gli acquirenti sono più aggressivi dei venditori: ovvero sono disposti a pagare il prezzo pieno del titolo chiesto dai venditori. D'altronde, quando una negoziazione si conclude al prezzo della domanda (vale a dire dell'offerta), significa che i venditori stanno capitolando di fronte agli acquirenti e sono disposti a vendere al loro prezzo. Il colore della transazione nella finestra T&S sarà rosso. Una serie di negoziazioni di colore rosso indica che gli acquirenti sono sotto pressione, mentre una verde dimostra che lo sono i venditori. Se lo spread tra acquirenti e venditori è superiore a un centesimo, si potrebbe eseguire una transazione a un prezzo intermedio, che sarebbe di colore bianco. Sulla vostra piattaforma di trading potete definire da soli i colori, aggiungendone anche altri per molti tipi di segnali.

Qualche anno fa, mentre spiegavo il significato dei colori a un mio studente, mi chiese: «E cosa indica il colore giallo?». Beh, si scoprì che sono daltonico. Per anni, a quanto pare, non avevo visto un altro colore!

Esempi pratici

- Una serie di negoziazioni verdi: l'azione è forte e ha un trend al rialzo. Gli acquirenti stanno facendo pressione.

- Una serie di negoziazioni rosse: l'azione è debole. I venditori si stanno sbarazzando della merce a qualunque prezzo.

- Una serie di negoziazioni rosse, ma il prezzo del titolo non è in ribasso: un grande acquirente sta nascondendo grosse quantità.

- Una serie di negoziazioni verdi, ma il prezzo del titolo non è in rialzo: un grande venditore sta nascondendo grosse quantità.

- Una serie di negoziazioni bianche: i market maker stanno negoziando a un prezzo intermedio. È difficile interpretarne il significato, ma è interessante sapere che i market maker sono coinvolti.

Esecuzione degli ordini

La funzione principale del riquadro dell'azione è l'esecuzione di vendite, acquisti e short, nonché di ordini più complessi, come la definizione di obiettivi di profitto e di protezione.

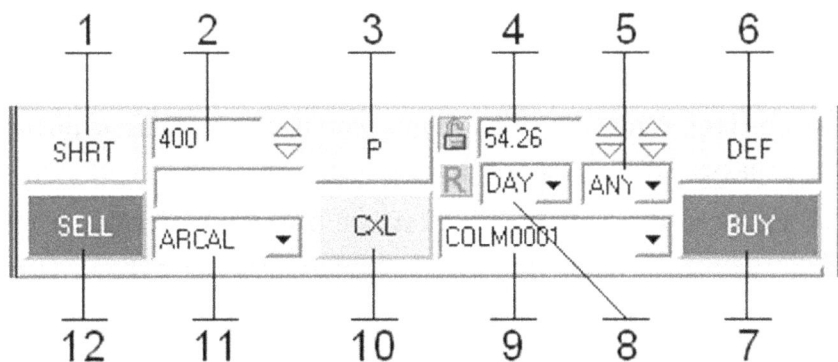

1. Il pulsante SHORT.

2. La quantità di azioni desiderata. È possibile definire un numero di default.

3. Il pulsante P (*Position*) per visualizzare nella finestra [2] la quantità di azioni possedute.

4. Il prezzo limite a cui si è disposti a eseguire la negoziazione. Quest'ordine verrà spiegato più avanti.

5. Due opzioni: la prima è ANY, un comando usato durante l'acquisto o la vendita per negoziare qualsiasi quantità ottenibile. Se, ad esempio, volete acquistare 400 azioni, ma ne vengono offerte solo 350, la negoziazione sarà eseguita per 350. La seconda opzione è AON (acronimo di «*all or nothing*», «tutto o niente» in italiano), usata per effettuare la negoziazione solo se tutta la quantità delle azioni desiderate è disponibile. Il che significa che, se non si possono comprare 400 azioni, non viene effettuato l'acquisto. Non vi consiglio di usare quest'opzione.

6. Il pulsante DEF (*Default*) vi riporterà alle impostazioni di default, se nel frattempo avete modificato qualche parametro.

7. Il pulsante BUY.

8. Limitazione di validità dell'ordine. Quando appare DAY, l'ordine verrà annullato alla fine della giornata di trading. Quando appare GTC (acronimo di «*good till cancelled*», «valido fino a cancellazione»

in italiano), l'ordine rimarrà aperto finché non verrà annullato manualmente.

9. Il conto di trading da cui eseguite gli ordini. Se disponete di più conti, come fanno i manager di portfolio, potete utilizzare questa finestra per passare dall'uno all'altro.

10. La cancellazione (CXL) di qualsiasi ordine pendente per una determinata azione.

11. L'indirizzamento degli ordini a diversi target di liquidità. Ne riparleremo in dettaglio più avanti.

12. Il pulsante SELL.

6 – La finestra Account Manager

Account	Realized	Unrealized	Open BP	Current BP	OverNight ...	Tickets	Shares
COLM0001	136.00	0.00	33611.93	33449.53	16643.56	2	1200

\Position \Account/

Sulla barra inferiore della finestra Account Manager sono presenti due pulsanti: uno apre la scheda con le posizioni aperte contrassegnate come POSITION e l'altro è quello di ACCOUNT. Nella prima potrete visualizzare lo stato economico di ogni negoziazione aperta. Nella scheda ACCOUNT si trova un riepilogo di tutte le attività aperte o chiuse. L'immagine sopra mostra un profitto realizzato di 136 dollari; il potere di acquisto disponibile sul conto durante la giornata di trading (in cui BP sta per «potere d'acquisto»); il BP overnight; il numero di transazioni, che in questo caso è di due ed è anche conosciuto come *Tickets*, e il volume di vendite e acquisti nella giornata di trading, che qui mostra 1.200 nella colonna *Shares* (Azioni) e si riferisce a un acquisto di 600 azioni e a una vendita di altre 600.

7– La finestra Trade Manager

X	Status	Symb	B/S	Qty	Open	Price	Route	Time	Shrt	TIF	E
X	Accepted	SNDK	B	600	600	36.87	ARCA	15:14:17		DAY	

\Orders\Tickets\Trades\Log \ Symbol/

La scheda più importante e utile nella finestra Trade Manager è quella degli ordini aperti, chiamata ORDERS. Nell'immagine qui sopra potete osservare che il mio sistema di trading attualmente è in stato di acquisto (B) di 600 azioni SanDisk (SNDK) a 36,87 dollari. Viene anche mostrato il momento dell'ordine, così come la sua validità (DAY) nella colonna TIF (acronimo di «*time in force*» ovvero «tempo in vigore»). Ciò significa che, se non sarà stato eseguito, l'ordine verrà annullato alla fine della giornata di trading. Si può annullare l'ordine facendo clic sul pulsante contrassegnato con una X sulla sinistra della barra.

La finestra Market Watch

Symbol	%Change%	Change	Volume	Last
DJI$	0.38	39.84	93,321,084	10455.08
COMP$	0.21	4.8	1,252,034,174	2241
SPX$	0.44	4.83		1109.01
NYA$	0.46	32.16		7066.53
RUT$	0.36	2.28		636.9
TYX$	0.73	0.28		38.73
XAU$	0.73	1.34		184.83
MID$	0.38	2.92		764.43
XAX$	0.9	17.551		1966.7165
IIX$	0.02	0.042		259.6641
XMI$	0.47	5.352		1147.755
TOP$	-0.14	-3.27		2277.8
VIX$	-3.9	-0.89		21.92
AMGN	0.95	0.51	3,351,157	54.3
CSCO	-0.49	-0.1	38,163,014	20.51
ORCL	3	0.733	35,513,264	25.0632
IBM	1.4	1.78	3,186,349	128.14
QQQQ	0.24	0.11	50,777,805	46.54
AAPL	0.17	0.45	11,603,979	263.52
INTC	-0.5	-0.09	54,138,569	17.91
BBBY	2.3	0.91	1,991,601	40.38
ESRX	1.5	0.69	3,442,911	45.62
MOT	-1.1	-0.09	20,468,101	7.89
TEVA	-0.04	-0.02	2,314,885	54.21

Questa finestra permette di seguire le azioni o gli indici. Potete scegliere le azioni e gli indici da inserire e impostare inoltre la disposizione delle colonne. L'immagine mostra le colonne che ho scelto: simbolo, variazione in percentuale, variazione in punti, volume e ultimo prezzo. Nella sezione superiore ho scelto i simboli di importanti indici e settori di mercato. Sotto sono riportate le varie azioni che sto seguendo. Si possono aprire più finestre analoghe salvando in ciascuna vari tipi di azioni, in base a diverse categorie di follow-up. Per esempio, azioni sul punto di rottura, con trend al rialzo o al ribasso e così via. Facendo clic col tasto destro del mouse su un simbolo, si apre il grafico dell'azione che vi consente di controllare rapidamente una lunga lista di titoli azionari o indicatori. La vostra piattaforma di trading aggiorna ogni simbolo e indicatore in tempo reale. Ciò significa che più simboli aggiungete alle vostre tabelle, più potente deve essere la vostra banda Internet. Per questo motivo, la maggior parte dei broker limita ad alcune dozzine il numero di grafici offerti e ad alcune centinaia il numero di simboli per il follow-up.

La finestra News

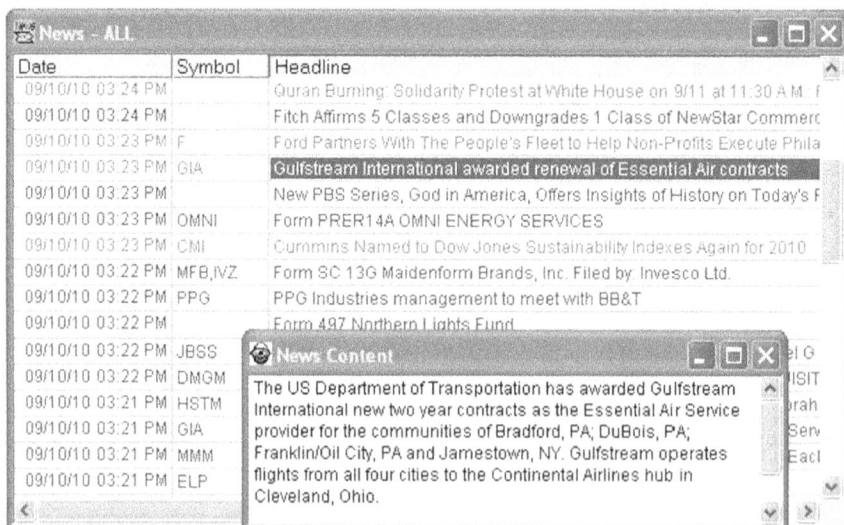

Questa finestra mostra in tempo reale le informazioni provenienti da diversi fornitori di dati. Vengono riportati l'ora della notifica, il simbolo del titolo e un riepilogo delle informazioni. Cliccando sul pulsante nella riga di riepilogo si apre un'ulteriore finestra con le informazioni dettagliate. Non seguo per abitudine le notifiche di mercato. Le informazioni sono troppe ed è difficile selezionarle concentrandosi efficacemente solo sulle comunicazioni importanti e di forte impatto.

Credo che si perda tempo prezioso lavorando con questa finestra. Forse non sono un buon esempio, dato che uno dei trader della nostra sala sostiene di guadagnarsi da vivere in base alle informazioni che riceve in tempo reale. Vale a dire che la scelta sta a voi.

La finestra Alerts

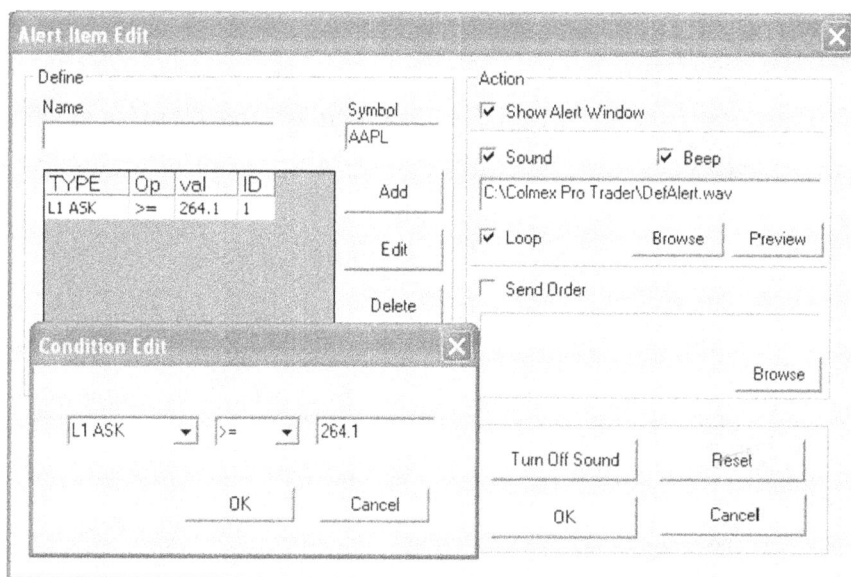

Se intendete acquistare un'azione non appena raggiunge un determinato prezzo, ma contemporaneamente state seguendo diversi altri titoli azionari, è opportuno impostare un avviso.

Nel caso riportato sopra, ho impostato un avviso che si attiva quando la domanda per AAPL è pari o superiore a 264,10 dollari. Se e quando Apple raggiungerà quel prezzo, apparirà sullo schermo un avviso accompagnato da un suono. Si possono impostare innumerevoli avvisi, ma vi consiglio di utilizzare questo strumento con molta moderazione, perché il rumore di troppi avvisi turba l'attività di negoziazione.

Gli ordini di trading

Ordine limite

L'ordine limite è molto comune e piuttosto utile. Indica semplicemente: «Acquista (o vendi) a questo limite di prezzo». I due comandi sono chiamati ordine *buy limit* e ordine *sell limit*.

Ecco un esempio: guardando la finestra di Livello II, vedo che la domanda, ovvero i venditori, stanno offrendo le azioni TEVA a 54,26 dollari. Decido di acquistarne 1.000 esattamente a quel prezzo. Uso perciò l'ordine limite, che inserisco ed eseguo nel riquadro dell'azione in questo modo:

1. Inserisco il simbolo del titolo: TEVA [1].
2. Immetto la quantità di azioni che desidero: 1.000 [2].
3. Introduco il limite (54,26 dollari) nella finestra di esecuzione degli ordini [3]. Si può anche scegliere il prezzo cliccandoci sopra nella riga di un venditore che lo offre nella finestra di Livello II.
4. Scelgo l'ordine limite [4]: ad esempio, ARCAL. Sono possibili svariate opzioni di limite, come spiegherò in dettaglio più avanti.
5. Infine, premo il pulsante BUY [5].

Note

Se ci sono abbastanza venditori che forniscono le 1.000 azioni che cerco, riceverò l'intero quantitativo. Però, se qualcun altro preme il pulsante BUY prima di me, potrei non avere a disposizione tutto il quantitativo che voglio. Ad esempio, se qualcun altro ottiene 300 azioni prima di me, me ne aggiudicherò solo 700 e verrà aperto un ordine di acquisto per le 300 che ancora voglio. La mia richiesta di 300 azioni apparirà come l'offerta più alta e dovrà attendere altri venditori. Posso annullare l'offerta di 300 azioni in qualsiasi momento, facendo clic sul pulsante CXL.

Esempio pratico

Nell'immagine della profondità di mercato (Livello II) si può notare che i venditori a 54,26 dollari hanno un totale di 1.700 azioni. Che cosa accadrebbe se volessi acquistare 2.000 azioni con un limite di 54,26 dollari?

Risposta. Visto che vengono offerte soltanto 1.700 azioni, questa è la quantità massima che potrei comprare al prezzo limite che ho impostato. Potrei ricevere tutte le 2.000 azioni soltanto se ci fossero venditori che stessero nascondendo la loro vera offerta.

Risultato. Dato che non ci sono abbastanza venditori a 54,26 dollari, il prezzo di domanda salirà di un centesimo a 54,27 dollari e anche il prezzo di offerta salirà allo stesso modo. Il mio prezzo di offerta verrà visualizzato come un ordine aperto per 300 azioni e resterà così fino a quando non ci sarà qualcuno disposto a vendere al mio limite o finché non lo annullerò.

Cosa succederebbe se cercassi di comprare 2.000 azioni a un limite di 54,27 dollari? Notate che c'è un venditore che sta offrendo 100 azioni a questo prezzo. Significa che riceverei in totale 1.800 azioni, di cui 1.700 a 54,26 dollari e 100 a 54,27 dollari.

Cosa succederebbe se impostassi un limite di 54,28 dollari? A giudicare dal numero di venditori a quel prezzo, si può vedere che otterrei l'intero importo di 2.000 azioni, se non addirittura di più, se volessi.

Non sarebbe valsa la pena acquistare una parte delle 2.000 azioni fin dall'inizio, al prezzo più alto? Non necessariamente, dipende da quanto volete davvero l'intera quantità. Di solito è meglio prendere una quantità più piccola e attendere per qualche secondo o poco più che compaiano altri venditori disposti ad accettare il vostro limite più basso.

Ulteriori usi dell'ordine limite

Buy Limit

Supponiamo che abbia deciso di comprare un'azione se supera i 30 dollari. Imposto un limite di acquisto di 30,01 dollari e, quando il prezzo raggiunge quel limite, faccio clic sul pulsante BUY.

L'ordine di acquisto viene eseguito al prezzo richiesto se si trova chi vende a quel prezzo. Il significato di un ordine limite è quello di porre un limite alla mia offerta a 30,01 dollari; cioè, non sono disposto a comprare a un prezzo superiore. Allora, in questo caso, inserisco un ordine limite che i venditori visualizzati sul mercato possano già eseguire, quantomeno parzialmente.

Il vantaggio: fisso il mio prezzo massimo.

Lo svantaggio: corro il rischio che non ci siano abbastanza venditori al prezzo impostato e che la negoziazione non venga assolutamente eseguita o che lo sia solo parzialmente.

Soluzione possibile: posso impostare un limite di 30,03 dollari.

Questo è l'ordine che usereste normalmente, ma dipende dalla natura del titolo. Per titoli azionari a basso volume e alta volatilità, potreste dover aumentare il limite di prezzo, acquistare a un prezzo più alto di quello originariamente desiderato e aumentare il rischio. Di contro, con azioni ad alto volume, si può operare con un limite più preciso, visto che esistono maggiori probabilità di ottenere l'azione al vostro prezzo di offerta.

Sell Limit (SHORT)

Decido di vendere un titolo quando il prezzo scende sotto i 30 dollari. Imposto un ordine di vendita a 29,99 dollari e quando il prezzo scende sotto i 30 dollari, clicco sul pulsante SELL/SHORT. L'ordine di vendita sarà eseguito al prezzo richiesto, purché ci sia un acquirente per quel prezzo. Il significato del limite è che fisso il prezzo di vendita a 29,99 dollari, quindi non sono disposto a vendere a un prezzo inferiore.

Il vantaggio: fisso il prezzo minimo che sono disposto ad accettare.

Lo svantaggio: corro il rischio che non ci siano abbastanza acquirenti in quel punto e che la transazione non venga eseguita.

Soluzione possibile: impostare il limite a 29,97 dollari. Ciò significa che voglio vendere quando il titolo scende sotto i 30 dollari, ma limito il prezzo di vendita a 29,97 dollari.

Ogni limite deve essere pianificato in base alla natura del titolo. Per i titoli azionari a basso volume ed elevata volatilità, vale la pena aumentare lo spread del limite, ma potrei trovarmi a vendere a un prezzo inferiore a quello desiderato. Di contro, per i titoli con volumi più grandi, non è necessario di solito aumentare lo spread del limite, poiché esiste una ragionevole probabilità di vendere le azioni al prezzo richiesto.

Ordine Buy Limit pendente

Sto seguendo un'azione con una decisa tendenza al rialzo e intendo acquistarla. Non voglio farlo a un prezzo alto; preferisco invece aspettare che scenda per acquistarla se e quando sarà in ribasso. Ad esempio, il prezzo del titolo ha raggiunto i 30,60 dollari, ma voglio comprare se e quando scenderà a 30,25 dollari. Imposto un limite di acquisto a 30,25 dollari e clicco sul pulsante BUY. L'ordine è pronto, ma non viene eseguito nel momento stesso in cui premo il pulsante. Resta invece in attesa che il prezzo scenda al mio limite e viene eseguito quando qualcuno mi vende delle azioni.

Ordine Sell Limit pendente

Ho acquistato un titolo a 30 dollari e prevedo di venderlo se sale di 30 centesimi di dollaro. Imposto l'ordine sell limit a 30,30 dollari e clicco sul pulsante di vendita. L'ordine resta in attesa nel sistema e non verrà eseguito subito, ma solo al raggiungimento del limite di vendita.

Ordine a mercato

Diversamente dall'ordine limite, l'ordine a mercato significa: «Voglio comprare o vendere ora, non importa quale sia il prezzo!». Questo tipo di ordine viene eseguito subito quando clicco il pulsante e coinvolge tutti i titoli in vendita disponibili fino al raggiungimento della quantità che desidero. Ad esempio, se intendo comprare 2.000 azioni TEVA con un ordine a mercato, ottengo subito la quantità che voglio, ma a quale prezzo?

In base alla situazione che abbiamo visto nella finestra Livello II, otterrò 1.700 azioni a 54,26 dollari, più 100 azioni a 54,27 dollari e altre 200 a 54,28 dollari. Non male per titoli a elevata liquidità. Se provassi a comprare 2.000 azioni a bassa liquidità con un ordine a mercato, in casi estremi potrei farne salire il prezzo di decine di centesimi, per poi scoprire che, volendo vendere, non ci sarebbero abbastanza acquirenti. L'ordine di mercato è molto efficace e veloce, ma è utile solo se siete interessati in azioni ad alto volume.

Esempio di esecuzione di un ordine

Voglio comprare 1.000 azioni TEVA con un ordine a mercato. Entro nel riquadro dell'azione come segue:

1. Inserisco il simbolo: TEVA [1].

2. Immetto la quantità di azioni che desidero: in questo caso, 1.000 [2].

3. Scelgo l'ordine a mercato nella finestra [3]: per esempio, ARCAM.

4. Clicco sul pulsante BUY [4].

Vantaggio: si tratta di un modo veloce per entrare in una negoziazione, perché non devo inserire un prezzo e quindi salto un campo di lavoro, ma posso usare quest'ordine solo per un'azione che consente un'ampia profondità di mercato, cioè che ha un volume alto.

Stop Order

L'esecuzione di uno stop order è subordinata alle oscillazioni al rialzo o al ribasso di un certo prezzo. Un esempio potrebbe essere una situazione in cui voglio acquistare una certa azione che non possiedo solo quando supera un certo prezzo. Un altro caso potrebbe essere quello in cui possiedo un'azione che voglio vendere se scende sotto a un certo prezzo. Lo stop order non è indipendente, ma è sempre collegato a un altro ordine di esecuzione.

Per esempio: se l'azione raggiunge il prezzo X, acquista, ma a non più di Y centesimi di dollaro sopra il prezzo X. Si tratta dunque di uno stop + limit, perché sono disposto a pagare solo fino a un determinato prezzo.

Potrei anche scegliere una combinazione di acquisto stop + mercato, come ad esempio comprare sopra al prezzo X a qualsiasi prezzo.

Confusi? Farò maggiore chiarezza con ulteriori esempi.

Ordine Stop Loss

Il tipo più comune di ordine protettivo è chiamato *stop loss*. Come tutti gli stop order, anche questo indica un cambiamento di stato, vale a dire: «Possiedo un'azione che desidero vendere quando scende sotto un certo prezzo».

Esempio. Ho acquistato un titolo a 30 dollari e voglio definire in anticipo il mio punto di uscita in perdita se l'azione scende al di sotto di 29,70 dollari. Se l'azione scende a 29,70 dollari, voglio venderla arginando la perdita e un potenziale peggioramento. Per farlo, ho bisogno di usare uno stop order. Quando inserisco l'ordine nella piattaforma di trading, devo innanzitutto premere il pulsante STOP e, nella finestra che si apre, digitare il prezzo di stop di 29,70 dollari. Ora stabilisco cosa voglio che accada quando il titolo scende al prezzo di stop. Devo scegliere tra la vendita al limite di X centesimi (che significa: «Voglio vendere, ma non al di sotto del prezzo Y») o la vendita a mercato (che significa: «Se il prezzo scende sotto i 29,70 dollari, voglio vendere immediatamente e a qualsiasi prezzo»).

Risultato. Se l'azione scende a 29,70 dollari, sarà venduta in base al mio limite o a mercato. Il vantaggio dell'ordine stop limit è la garanzia che la vendita non sarà effettuata al di sotto del prezzo stabilito. Il suo svantaggio è che, in mancanza di acquirenti, potrei scoprire che il titolo è sceso ulteriormente al di sotto del limite, a un livello di gran lunga inferiore rispetto a quello che desideravo, ma ancora possiedo il titolo, che attendo di vendere a un prezzo superiore a quello attuale di mercato. Ne consegue che il vantaggio dell'ordine stop market sta nel sapere chiaramente che mi sbarazzerò dell'azione se scende al di sotto del prezzo di stop.

IN PILLOLE | *Non tutti gli ordini stop loss bloccano le perdite. Lo stop loss viene impostato anche nei casi in cui si vuole limitare il calo di redditività di un'azione.*

Dato che stiamo negoziando fin dall'inizio titoli azionari con una buona liquidità, vi consiglio di usare sempre l'ordine stop market.

Un modo con cui gestisco le grandi quantità è quello di inserire svariati ordini di vendita nella forma di stop market con spread da 5 a 10 centesimi. Per esempio: se voglio proteggere 3.000 azioni dal ribasso del prezzo, inserisco 3 ordini distinti di vendita di 1.000 azioni ciascuno a intervalli misurati di diversi centesimi. Ovviamente, nel caso di azioni a elevata liquidità, questo passo sarebbe inutile.

Immissione dello Stop Order

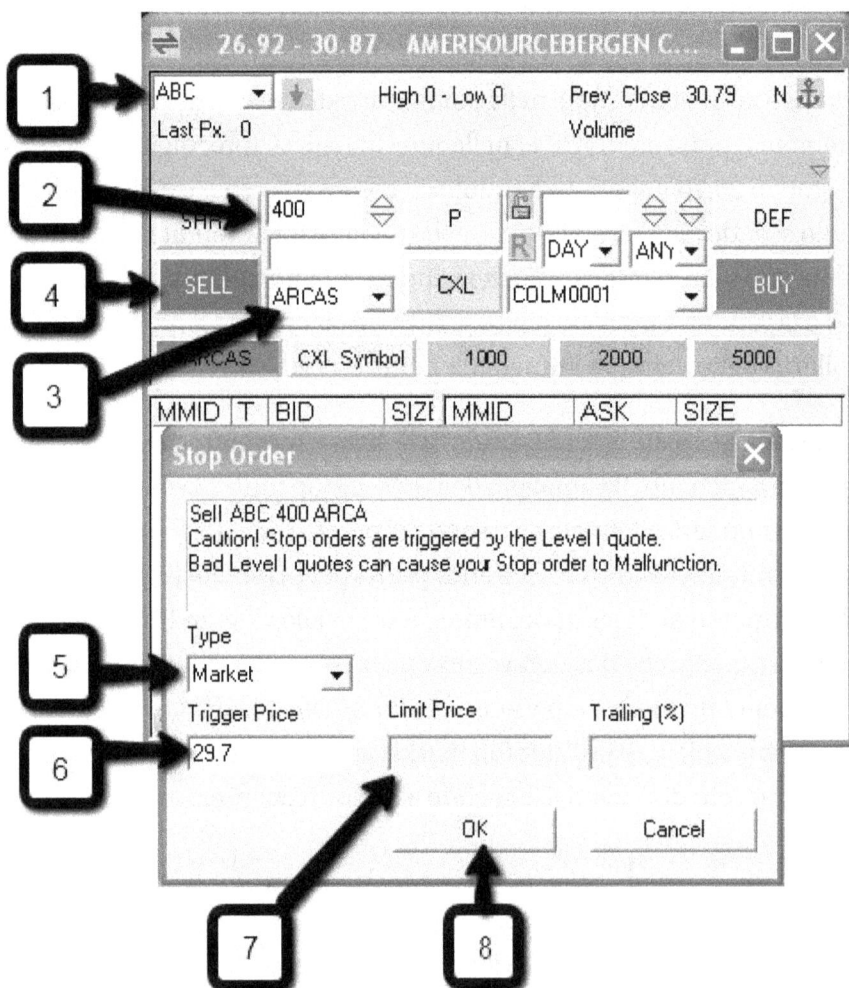

Supponiamo che possediate 400 azioni ABC e siate interessati a inserire un ordine stop market se il titolo scende a 29,70 dollari. La sequenza delle azioni dovrebbe essere la seguente:

1. Inserire il simbolo dell'azione [1].

2. Immettere la quantità di azioni che volete salvaguardare dal ribasso dei prezzi [2]. Non occorre inserire tutta la quantità che possedete.

3. Scegliere il tipo di ordine [3]. In questo caso è stato scelto ARCAS. Ne riparleremo meglio più avanti.

4. Cliccare sul pulsante SELL [4].

5. Si apre una finestra supplementare in cui va inserito il tipo di ordine (a mercato o limite) che deve essere eseguito se il prezzo scende al prezzo di stop [5].

6. Inserire il prezzo di stop [6], che in questo caso è 29,7 dollari.

7. Se al punto [5] avete scelto un ordine limite, ora dovrete aggiungere tale limite (ad esempio 29,67 dollari). Non vi consiglio quest'opzione!

8. Autorizzare l'esecuzione cliccando su OK.

9. Verificate nella finestra Trade Manager, sotto la scheda ORDERS, che l'ordine sia stato inserito. Se non compare, verificate il motivo nella casella Messaggi e correggete eventuali errori.

Ordine Short Stop Loss. Quando eseguite uno short su un'azione, state vendendo un titolo che avete preso in prestito dal broker, volete perciò proteggere il vostro conto nel caso in cui il prezzo dell'azione subisca un rialzo. Il vostro stop order sarà un BUY invece che un SELL (punto 4) e il vostro prezzo di stop (punto 6 qui sopra) sarà più alto rispetto a quello corrente del titolo. A parte questo, la procedura è identica. Ciò implica che se il prezzo delle azioni sale a un prezzo X, acquisterete in base alla scelta di un limite o a mercato.

Stop Order per l'acquisto di un'azione. Un trader che intende acquistare un'azione sul punto di rottura non ha sempre interesse a seguirla per ore fino al breakout, che potrebbe anche non esserci. Allora si può inserire un ordine di acquisto condizionato.

Per esempio: supponiamo che ABC si stia consolidando sotto la linea di resistenza a 30 dollari e che vogliate acquistarla solo se oltrepassa quella linea. La procedura è la seguente:

1. Immettere il simbolo dell'azione: ABC.

2. Inserire la quantità di azioni che si vogliono comprare al breakout: supponiamo 400.

3. Scegliere lo stop order: per esempio, ARCAS.

4. Cliccare sul pulsante BUY. Ricordate che l'ordine non viene eseguito immediatamente.

5. Si apre una finestra per lo stop order, in cui va inserito il tipo di ordine (a mercato o limite) da eseguire quando il prezzo sale a 30,01 dollari.

6. Impostare il prezzo di stop: in questo caso, 30,01 dollari.

7. Se al punto 5 si è scelto un ordine limite, inserire il prezzo limite: ad esempio 30,03 dollari.

8. Autorizzare l'operazione cliccando su OK.

9. Verificate nella finestra Trade Manager, sotto la scheda ORDERS, se l'ordine è stato immesso. Se desiderate eseguire uno short su un'azione che scende sotto il livello di supporto, vale la procedura inversa.

Ordine Trailing Stop. L'ordine trailing stop è molto interessante per i nuovi operatori, ma lo è meno per i veterani. L'ordine collega la posizione stop order al prezzo fluttuante dell'azione. Supponiamo che abbiate acquistato un'azione a 30 dollari e vogliate piazzare uno stop order per un ribasso del prezzo di 30 centesimi. Naturalmente è possibile farlo con un normale stop order a 29,70 dollari, ma c'è anche la possibilità di inserire un trailing stop per 30 centesimi o, se preferite, in percentuale (non fatelo mai!), in questo caso 1%.

IN PILLOLE

L'ordine trailing stop è problematico perché non prende in considerazione né i livelli di supporto e di resistenza, né le inversioni, né nessun altro comportamento tecnico. Normalmente non viene consigliato.

Con un ordine trailing stop, il prezzo di stop sale con l'azione. Ciò significa che lo stop rimarrà sempre a 30 centesimi di dollaro dal picco del prezzo dell'azione, indipendentemente da quanto salga. Quel che intendo dire è che si può inserire il trailing stop e andare in vacanza. Tra l'altro, questo è l'unico momento in cui vi consiglio di usare il trailing stop. Lo svantaggio è che non si basa su niente: né sulle aree di supporto o di resistenza, né sulle inversioni intraday o giornaliere. Se avete intenzione di restare lontano dal computer per diverse ore, inserite per un po' uno stop order a un prezzo unico e basso, in base al comportamento del titolo e adatto alla giusta area tecnica. Di solito un trailing stop non è una buona idea.

Inserimento di un ordine Trailing Stop

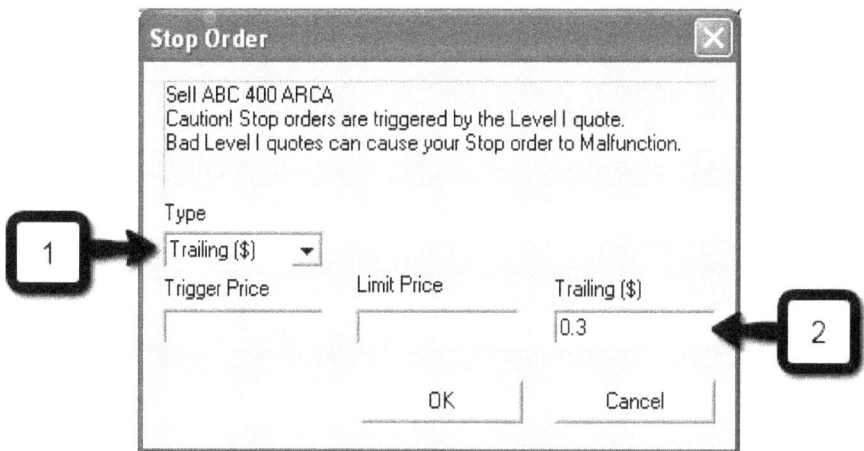

La procedura è relativamente semplice e molto simile all'inserimento di un normale stop, a parte il fatto che nella finestra [1] è necessario scegliere Trailing in uno dei seguenti modi: come prezzo ($) o come percentuale (%). Nell'immagine qui sopra, ho scelto il prezzo ($).

Successivamente si deve inserire l'intervallo (qui ho scelto 0,30 dollari [2]) e autorizzare l'ordine cliccando su OK. Infine si deve controllare che l'ordine sia elencato nel Trade Manager nella scheda ORDERS. Questo è tutto.

Ordini complessi

Non tutte le piattaforme di trading sono in grado di eseguire gli ordini complessi, ma si può farlo con il sistema COLMEX Expert. Questo tipo di ordine prevede diversi passaggi che, una volta attivati, ne annullano altri. Ad esempio, lo stop limit + TTO fa quanto segue: (1) acquista l'azione a un determinato prezzo (prezzo di stop), ma non superiore a un prezzo prestabilito (limite); e, se (2) l'azione viene acquistata, attiva un ordine loss o profit. Successivamente (3) vende, sia che il prezzo salga fino al profit target sia che il prezzo scenda allo stop loss (4). Se viene raggiunto il profit target, viene cancellato lo stop target e viceversa.

Il significato dell'ordine complesso è chiaro: consente la definizione di tutti i parametri di negoziazione, stabilendo il prezzo di attivazione, controllando quello massimo di esecuzione (il limite), nonché i prezzi target e loss. Ordini del genere si possono inserire prima dell'apertura delle negoziazioni e poi andare in vacanza. Fantastico!

SanDisk Corp., SNDK – Esempio di uno Stop Order complesso per l'acquisto di 1.000 azioni

L'ordine verrà eseguito se SanDisk raggiunge 41,01 dollari (stop), ma anche se non supera i 41,04 dollari (limite). Se l'azione raggiunge il prezzo di attivazione e viene acquistata, si generano due successivi ordini condizionati: sarà venduta se raggiunge il profit target di 42,28 dollari oppure lo stop loss di 39,80. Notate che queste due operazioni sono impostate a mercato.

Routing dell'ordine

Routing con diverse destinazioni

Quando comprate o vendete un'azione, dovete scegliere dove trasmettere gli ordini. Il routing è un argomento su cui si potrebbero scrivere interi libri, ma in questa fase non vi consiglio di approfondirlo, visto che interessa soprattutto chi negozia in grandi quantità di migliaia o decine di migliaia di azioni.

Innanzitutto, dobbiamo capire cos'è il routing. Nel Capitolo 1 abbiamo imparato che, quando volete acquistare o vendere un titolo, dovete trovare un acquirente o un venditore disposto a fare da controparte nella transazione. Una possibilità è quella di trasmettere gli ordini ai market maker, che, come abbiamo imparato, traggono profitto dallo spread tra prezzi di acquisto e di vendita. Abbiamo anche imparato che ci possiamo imbattere negli specialisti, la versione NYSE dei market maker del NASDAQ. Un'altra opzione di routing è quella diretta all'ECN, una rete di computer che collega acquirenti e venditori e nella quale si possono inserire ordini di compravendita senza i servizi di agenzia dei market maker.

Come trader azionari, diversamente dagli investitori, dovete utilizzare una piattaforma di trading *Direct Market Access* (DMA), che vi consente di indirizzare gli ordini a chiunque scegliate: direttamente al market maker o all'ECN. Il vantaggio dei market maker è che non addebitano commissioni per eseguire gli ordini, ma sono più lenti. Invece le opzioni ECN sono molto più veloci, ma se togliete liquidità (lo spiegherò in

seguito), vi faranno pagare una commissione che attualmente è di 3 dollari ogni 1.000 azioni.

Routing automatico

Se negoziate in piccole quantità e all'inizio vi è difficile capire come utilizzare le opzioni di routing, verificate se il broker può fornirvi il routing automatico. Con questo sistema il broker può scegliere le destinazioni più economiche, veloci e con maggiore liquidità, che rappresentano di gran lunga le opzioni migliori quando si gestiscono piccole transazioni.

Routing manuale

Se preferite indirizzare gli ordini in modo diretto, per esempio a un'ECN chiamata ARCA, dovete scegliere l'ordine ARCAL quando impostate il limite, oppure l'ordine ARCAM per un ordine diretto al mercato. Per eseguire uno stop order, potete scegliere ARCAS. L'ultima lettera indica il tipo di ordine: limite, mercato o stop. Se, ad esempio, volete trasmettere un ordine limite ai market maker, potete utilizzare Salomon Smith Barney (SBSH) o Nitel o una serie di altri routing verso vari market maker, in base alle opzioni offerte dal vostro broker.

Scegliere il percorso più adatto tra le opzioni disponibili

Choosing the Appropriate Route from the Available Options

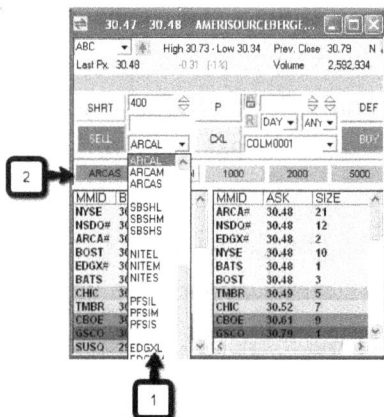

Dal menu a tendina di routing [1] posso scegliere il tipo di ordine (limite, mercato o stop) e dove trasmetterlo. Come potete vedere sopra, i primi tre ordini sono quelli che uso di solito. Se però voglio indirizzare i miei ordini ad altre destinazioni, posso scegliere tra molte opzioni.

Perché dovrei modificare la destinazione? Osservate la quantità di venditori sul lato ASK. Vedete che il primo venditore, con una quantità di 2.100 azioni, è ARCA, e il secondo, con 1.200 azioni, è NASDAQ. Se fossi interessato ad acquistare fino a 2.100 azioni, sceglierei la navigazione ARCAL, cliccherei sul pulsante e acquisterei le azioni direttamente e velocemente tramite ARCA. Però, se volessi un quantitativo maggiore, avrei bisogno di acquistare tramite l'altro venditore, l'ECN NASDAQ, contrassegnato come NSDQ.

Il vantaggio di ARCA rispetto alle altre ECN è la velocità e il modo in cui funziona. Se non dispone dell'intero importo che desidero, ARCA si impegna a trovarmelo presso un'altra ECN o un market maker. Vale a dire mi fornisce le 2.100 azioni che possiede e acquista il resto da un altro network. A mio parere, ARCA lavora meglio e più rapidamente di altre ECN, ma, se state acquistando grandi quantità, potreste aver bisogno di indirizzare i vostri ordini direttamente a destinazioni diverse.

Aggiungere o togliere liquidità

Le ECN si fanno concorrenza cercando di attirare i trader verso i propri servizi. Più aumenta la profondità di mercato dell'ECN rispetto ai concorrenti, maggiore sarà il numero di trader che utilizzeranno i suoi servizi pagandole le commissioni. Quando compro un'azione visualizzata da un acquirente nella colonna ASK, tolgo liquidità, nel senso che riduco il numero di venditori del titolo acquistato, che per una ECN non è una cosa positiva. Quando vendo a un acquirente sul lato BID, tolgo liquidità agli acquirenti, riducendo la profondità di mercato. Per aver fatto questo, pago all'ECN una commissione di 3 dollari ogni 1.000 azioni. Si tratta di un'ulteriore commissione rispetto a quella che già pago al mio broker, che me l'addebita separatamente. Queste commissioni sono dette *pass-through* e non rientrano nell'accordo tra me e il broker.

Un'altra possibilità più conveniente è quella di posizionare il mio ordine d'acquisto sul lato BID e attendere che un venditore mi offra delle azioni, anziché acquistarle direttamente tramite l'ASK. Così facendo, di fatto aggiungo liquidità e per questo l'ECN mi riconosce 2 dollari ogni 1.000 azioni, che il broker accredita sul mio conto di trading. Quel che voglio dire è che ho semplicemente ridotto i costi della mia negoziazione. I vantaggi di questo metodo sono duplici: ricevo una commissione, invece di pagarla, e compro le azioni a un centesimo in meno, con un risparmio di 10 dollari ogni 1.000 azioni. Lo svantaggio di aggiungere liquidità è che devo attendere l'arrivo di un acquirente disposto a vendere le azioni al mio prezzo BID.

In base alla mia esperienza, se volete uscire, è quasi sempre preferibile togliere liquidità e pagare la commissione aggiuntiva, visto che, nella maggior parte dei casi, il prezzo "decollerà", causandovi un danno ancora maggiore.

Riepilogo

Il routing degli ordini

Lavorare direttamente con l'ECN, aggiungendo o togliendo liquidità, è in genere il modo migliore di operare per i trader avanzati, che operano con grandi quantità di azioni. Si può ragionevolmente supporre che agli esordi abbiate già abbastanza cose a cui prestare attenzione, quindi vi raccomando ancora una volta di scegliere il routing automatico fornito dal vostro broker. Se non disponete di questa opzione, selezionate l'impostazione predefinita ARCAL.

Ordini di negoziazione

I dettagli vi distraggono dall'essenziale? La morale è molto semplice. Il modo migliore di procedere è il seguente: la vostra piattaforma di trading dovrebbe essere sempre impostata sull'ordine limite, visto che lo userete per il 90% del tempo. In casi particolari utilizzerete l'ordine a mercato e, in genere, userete lo stop order solo dopo aver acquistato un'azione o se state programmando un ingresso complesso. Man mano che farete esperienza, vi accorgerete che non è così terribile come sembra.

La stanza di trading

Finora abbiamo imparato a conoscere la piattaforma di trading, le sue finestre e il loro uso, ma non abbiamo ancora appreso come posizionarle, soprattutto quando si opera con più schermi. Per spiegarlo, dobbiamo fare qualche passo indietro e osservare il quadro generale: disporre le schermate e la stanza di trading.

La mia stanza di trading è la mia fortezza. Guai a chi osa entrarci mentre opero. Sono tutt'altro che accessibile, anche per mia moglie, le mie tre figlie e perfino per il nostro cane, che, vivendo nella famiglia di un trader, si è guadagnato il nome di Shorty. In poche parole: la porta è chiusa. E la chiuderei molto volentieri anche a chiave, se la cosa non mi facesse passare per un asociale. Richieste dal cuore della casa, come: «Papà, la TV non funziona» o persino urla di paura del tipo: «Papà, vieni presto, c'è un enorme scarafaggio!» non fanno presa durante le ore di negoziazione.

Come merita la stanza più importante della casa, ho dedicato anima e corpo ad adeguare questo spazio alle mie esigenze. Anche la vostra postazione di trading deve adattarsi allo spazio a disposizione, al vostro equipaggiamento e al budget.

La mia stanza di trading

Vi mette paura? Dopo aver scattato questa foto, ho aggiunto un altro schermo, che è fuori dal riquadro. Oltre al proiettore, non uso meno di dieci schermi. A volte mi chiedo se mi servano tutti o se li compro solo per impressionare l'addetto alla piscina, che mi dice sempre che sogna di diventare un trader, «ma non [trova] mai il tempo per farlo».

Per quel che mi riguarda, uso numerosi schermi, perché mi piace vedere cosa accade sul mercato. Posso visualizzare contemporaneamente i settori, gli indicatori e decine di titoli azionari. Come analista capo della sala di trading Tradenet, devo essere costantemente aggiornato in tempo reale su ogni avvenimento. Inoltre, questa è la mia professione e il mio hobby. Ogni professionista investe in buoni strumenti di lavoro, sia che si tratti di un trapano di qualità, efficace, affidabile e che fa risparmiare tempo o di qualsiasi altro strumento che si usa continuamente. Allo stesso modo, investo in computer e in schermi di qualità. Riuscite a indovinare quanto costa attrezzare tre scrivanie, due computer portatili, sette schermi da ventitré pollici e un proiettore? Circa 4.000 dollari. La scatola degli attrezzi di un costruttore/ristrutturatore costa molto di più!

Se avete deciso di diventare trader, investite nella strumentazione. Potete iniziare con un computer collegato a due schermi, anche se passerete molto rapidamente a un desktop collegato a quattro schermi. Volete risparmiare denaro? Come nel famoso paradosso sull'uovo o la gallina, spendere poco vi porterà a spendere di più. Se non investite in strumentazione di qualità, non avrete mai successo. Se non siete ancora certi che questa sia la vostra professione, iniziate con solo due schermi, ma siate pronti ad aggiungerne altri in breve tempo.

L'impostazione del mio schermo

Partiamo da sinistra a destra. Il proiettore è collegato al mio vecchio portatile, che sarebbe finito già da tempo nel cestino, ma è perfetto per visualizzare le informazioni dei siti finanziari. Il proiettore è collegato anche al convertitore via cavo, e, di tanto in tanto, quando c'è una notizia importante oppure quando pianifico la giornata di negoziazione, lo uso per guardare la CNBC. Gli altri schermi visualizzano le seguenti informazioni:

1. I grafici dei due indici di mercato: SPY e QQQ, oltre ai grafici di tre settori: biotecnologia (NBI$), banche (BKX$) e semiconduttori (SOX$).

2. Gli schermi da 1 a 4 sono gestiti da due schede a doppio schermo in un computer desktop. Lo schermo 2 segue 15 titoli azionari. Nella parte inferiore dello schermo ci sono il mio Account Manager e gli ordini aperti.

3. I due riquadri delle azioni, ognuna collegata a una finestra Time and Sales (T&S), e il grafico delle relative azioni. Sulla destra dello schermo ci sono i grafici di quattro azioni per il follow-up intraday. È la parte dello schermo in cui di solito visualizzo varie negoziazioni aperte.

4. I due riquadri dell'azione, ognuna collegata alla Time and Sales (T&S), e i loro relativi grafici.

5. In questa schermata seguo le azioni con trend al rialzo: mostra i grafici di circa sedici azioni solide che seguo durante le ore di trading. Si tratta di azioni per le quali cerco la possibilità di entrare durante un'inversione del trend al rialzo oppure che provo ad acquistare al breakout. Questa schermata è collegata a un laptop, di cui lo schermo 6 è quello principale.

6. Il riquadro dell'azione collegato alla finestra Time and Sales (T&S) e un grafico che mostra l'azione; il mio secondo Account Manager (il secondo conto di brokeraggio) e gli ordini. Vengono mostrate le venti principali azioni in rialzo o in ribasso: la mia Top 20.

7. Questo schermo segue le azioni con trend al ribasso: i grafici di sedici azioni deboli che seguo durante le ore di trading. Si tratta di azioni per le quali cerco la possibilità di fare uno short durante un'inversione verso un trend al ribasso o al breakdown.

8. Il riquadro di un'azione collegata alla finestra Time and Sales (T&S) e il grafico che mostra l'azione; il mio terzo Account Manager (il terzo conto di brokeraggio) e gli ordini; un elenco di follow-up per settori e uno scanner delle azioni in tempo reale che opera secondo parametri predefiniti, cioè le azioni salite o scese di determinate percentuali e le azioni che hanno toccato nuovi massimi o minimi.

10

Negoziazioni vincenti

I migliori metodi per gestire le entrate e le negoziazioni

Quante volte dovrete rileggere questo capitolo?

Prima d'iniziare il capitolo più importante del libro, permettetemi di condividere con voi qualche mia preoccupazione. Temo che potreste perdere qualcosa di importante, qualcosa di enorme! Per quale motivo? Semplicemente perché, leggendolo per la prima volta, non capirete il significato del libro come fareste con diversi mesi di esperienza dietro le spalle. Sono anche abbastanza sicuro che una singola lettura non vi consentirà di cogliere il vero significato di questo capitolo e mi chiedo quante probabilità ci siano che lo leggiate due, o perfino tre volte, e temo che siano scarse.

IN PILLOLE	*Una negoziazione vincente include il corretto punto d'ingresso e una buona gestione del denaro. Solo la giusta combinazione di questi due elementi determina un successo costante.*

Spero di sbagliarmi e che riusciate a dimostrarmelo. Rileggete tutta questa sezione: di ogni parola e idea di trading riportate dovrà restarvi impresso cosa rende redditizia una negoziazione e cosa determina una perdita. Ho soppesato attentamente ogni parola, così che ogni frase, ogni idea di trading racchiude molti anni di esperienza. Vorrei sottolineare che questo libro, e in particolare questo capitolo, non sono stati pensati per essere letti una volta sola, ma per essere riletti una seconda, terza e quarta volta, a distanza di mesi e di anni. Molti argomenti risulteranno comprensibili solo dopo che avrete operato nel trading per svariati mesi e, sperando che continuiate con successo la vostra attività, diventeranno chiari dopo aver lavorato nel settore per molti anni. Posso quasi garantirvi che, ogni volta che rileggerete questo capitolo, vi dispiacerà di non averlo appena fatto.

Prima inizierete ad analizzare e interiorizzare, in base alla vostra esperienza, più ridurrete le perdite e comincerete a vedere un aumento esponenziale delle vostre probabilità di sopravvivenza come trader. Per il momento, credo basti come input emozionale. Rimettiamoci al lavoro.

Integrare i metodi

Abbiamo imparato perché è necessario negoziare in accordo con il trend, il significato dei principali indicatori di trading e a cosa prestare attenzione. Significa che possiamo comprare qualsiasi azione con un trend rialzista? Possiamo entrare nell'azione in un qualsiasi momento del trend rialzista quando gli indicatori sostengono un rialzo costante?

No!

La tendenza del mercato e l'uso degli indicatori sono elementi importanti, perfino cruciali, per il successo, ma non bastano. Per farcela, dobbiamo scegliere i titoli giusti, nelle giuste condizioni di mercato e, cosa più importante, nei punti giusti!

Dovete sapere quando premere il tasto e quando uscire. Lo scopo di questo capitolo è quello di integrare i metodi, le tendenze, gli indicatori e, soprattutto, i punti d'ingresso.

Ricordate! Dal giusto punto d'ingresso dipende l'80% della buona riuscita della vostra negoziazione.

Come guadagnare con i Breakout

Negoziare al breakout è una strategia di base del trading, la più importante e la più usata. In una rottura, ci aspettiamo di vedere un rapido movimento dei prezzi al di là della formazione tecnica. Si presuppone che lo slancio del breakout porterà il prezzo delle azioni a nuovi massimi, da cui il trader potrà realizzare un profitto. La rottura seguirà sempre la direzione del trend e non sarà mai in controtendenza. I breakout sono solitamente accompagnati da volumi elevati.

Il breakdown è un movimento di prezzo opposto al breakout. Durante i breakdown, eseguiamo gli short. Anche i breakdown avvengono sempre nella direzione del trend, mai contro di esso. Per rendere la spiegazione più comprensibile, mi concentrerò sui breakout, ma ricordate che per i breakdown vale il concetto opposto.

Nella sezione dedicata alle formazioni abbiamo imparato che il breakout si basa sulla transizione oltre una determinata formazione tecnica. Dobbiamo pianificare il breakout nella fase in cui la formazione è in corso, ricordando che non tutti gli sviluppi si concludono con un breakout.

Quando individuiamo una formazione di breakout in corso, possiamo pianificare il punto d'ingresso e la strategia di trading adeguata. Il breakout intraday viene deciso per un breve intervallo di secondi, minuti o diverse ore e di solito si basa su una formazione tecnica composta da candele giapponesi di cinque minuti.

Gli swing trader che progettano di tenere un'azione per diversi giorni, pianificheranno il loro breakout nello stesso modo, ma utilizzando candele giornaliere.

PACCAR Inc., PCAR – Breakout intraday

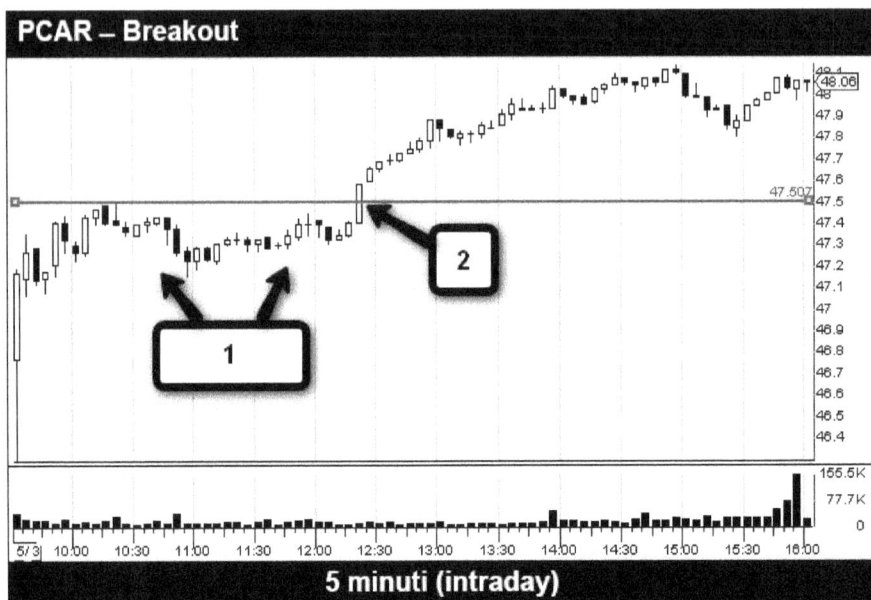

Nell'immagine qui sopra, vediamo che PCAR apre la giornata di trading a 46,40 dollari, subisce un rialzo, incontra una resistenza a 47,50 dollari e si consolida [1] sotto la fascia di prezzo superiore fino al breakout [2]. L'aspetto interessante di questo breakout è che il volume non è aumentato. Il motivo è semplice: osservate il momento del breakout: è stato all'inizio della pausa pranzo, quando la maggior parte degli operatori di mercato (di solito i trader istituzionali) erano usciti a mangiare.

Perché si verificano i Breakout?

I breakout si verificano quando ci sono più compratori che venditori e il prezzo rompe al di sopra della resistenza. Naturalmente il nostro punto di acquisto sarà un centesimo sopra la linea di resistenza. Si può immaginare un breakout come una grande quantità d'acqua trattenuta da una lunga diga. La diga è la linea di resistenza. Cosa succede se e quando la diga cede? Ovviamente, non siamo i soli a conoscere la risposta. Un gran numero di acquirenti aspetta il breakout e molti altri, con meno esperienza, si uniranno al movimento in fasi successive, alimentandolo ancora un po'. Nella maggior parte dei casi i breakout sopra la resistenza sono profezie che si autoavverano.

La maggior parte dei Breakout fallisce

Una falla nella diga causerà certamente un'inondazione; al contrario, il breakout di una formazione tecnica non sempre riesce. Statisticamente, più dell'80% dei breakout fallisce!

Nonostante la percentuale elevata, non dobbiamo concludere che sia avventato acquistare durante un breakout. Al contrario, dobbiamo capire il comportamento dell'azione nel punto di breakout, prevedere quando e perché potrebbe fallire e gestirlo in modo tale da assicurarci un profitto dal movimento iniziale, anche nel caso in cui il breakout fallisca.

| **IN PILLOLE** | *L'80% dei breakout fallisce. Il fallimento non comporta necessariamente una perdita. Dobbiamo riconoscere il fatto che la maggior parte dei breakout fallisce e imparare invece a trarne vantaggio.* |

Si definisce falso breakout una situazione in cui l'azione rompe la linea di resistenza, ma in una fase successiva vi ritorna, scendendo persino al di sotto del prezzo di breakout. Un falso breakout causa necessariamente una perdita di denaro? No! Tirando le somme, dobbiamo ammettere che nella maggior parte dei casi abbiamo dei falsi breakout e imparare a trarre profitto anche da simili circostanze. Se sapete gestire una rottura, potete lasciare le perdite ai trader meno esperti, realizzando invece un facile profitto, anche se il breakout fallisce.

Consolidamento

Quanto più un'azione si consolida prima della rottura, tanto più forte sarà in genere la rottura stessa. Una famosa pillola di saggezza afferma: «Più lunga è la base, più in alto sale il prezzo».

In sintesi, il consolidamento dà energia al breakout. Più è lungo, più la gente presterà attenzione all'azione; più persone seguiranno l'azione, più acquirenti ci saranno al breakout, aumentando così le possibilità di successo. Mentre il consolidamento si estende, si può quasi sentire l'energia che sale e aspetta solo di essere liberata!

Pianificazione e realizzazione

Il punto d'ingresso è semplice e chiaro: compriamo un'azione il cui prezzo è salito di un centesimo al di sopra della formazione di breakout.

Più avanti impareremo che a volte si può acquistare addirittura prima della rottura, se riteniamo che ci sia una forte probabilità che si verifichi. Acquistare al breakout è un metodo molto comune di negoziazione, ma richiede nervi d'acciaio, la concentrazione di un pilota di caccia e competenze tecniche di alto livello.

Prima del breakout dobbiamo decidere il nostro prezzo target. Lo stimiamo in centesimi, non in percentuale: ossia, di quanti centesimi aumenterà il prezzo dopo il breakout? Un target si valuta integrando la direzione e la forza del mercato con l'energia dell'azione nel giorno del breakout e con la storia dei suoi breakout precedenti. La storia si riferisce al suo comportamento intraday nell'arco dei due o tre giorni precedenti.

È ragionevole supporre che, guardando indietro, non si tratti dell'unico breakout negli ultimi giorni. Di quanti punti è salito nei breakout precedenti? Da 20 a 40 centesimi o forse da 50 a 70? Ogni azione ha la propria, unica "personalità" e dovrete conoscere "personalmente" le vostre azioni. Per alcune, un breakout stupefacente significa pochi centesimi, e quindi tendenzialmente non ci interesserà. Altre rompono spesso con un range di decine di centesimi.

Qual è il volume dell'azione?

Un volume basso è pericoloso, perché rende più difficile realizzare profitti rapidi. Di contro, i titoli che negoziano milioni di quote al giorno, come Citigroup (C), tenderanno ad avere più difficoltà a muoversi e a rompere. Cercheremo quindi i breakout in volumi di oltre un milione di azioni al giorno, mentre ci interesseranno di meno i titoli che negoziano molti milioni di azioni al giorno.

Citigroup Inc., C – Personalità del titolo

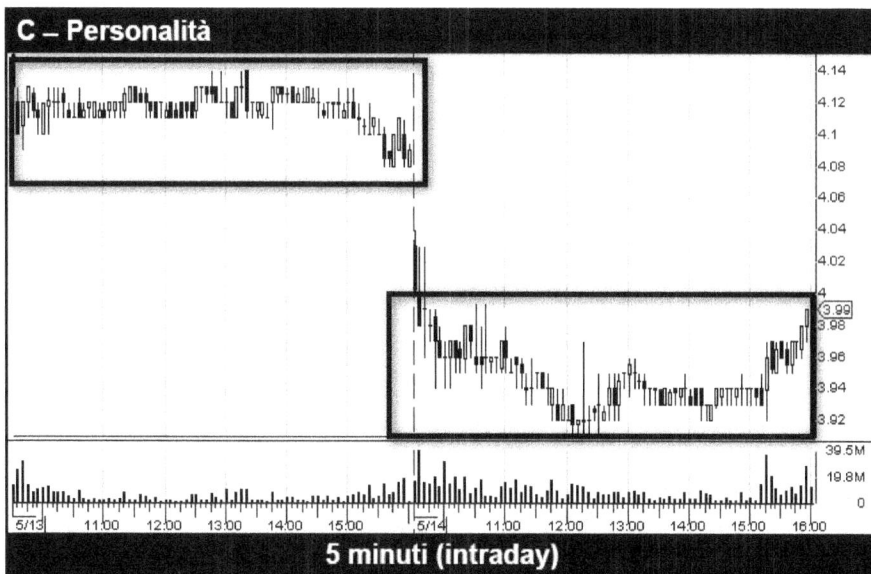

Notate che il titolo Citigroup chiude in un breve intervallo di 4-6 centesimi in due giornate consecutive di trading, con un volume giornaliero di centinaia di milioni di azioni?

Il grande volume di acquirenti e venditori da ogni lato non consente all'azione di muoversi, escludendo ogni probabilità di un grosso breakout. Questo peculiare tratto "caratteriale" ha danneggiato il prezzo e la situazione è cambiata soltanto quando il management dell'azienda ha capito il problema, implementando un *reverse split* con un rapporto 1:10 sul prezzo delle azioni.

Un reverse split di 1:10 significa che il possessore riceve soltanto un'azione ogni dieci possedute senza subire danni al capitale, perché tutti gli azionisti vengono adeguati di conseguenza. Il prezzo delle azioni si adatta spontaneamente, quindi se prima era di 4 dollari per azione, ora diventerebbe di 40 dollari per ciascuna, perché adesso esiste soltanto un decimo delle azioni. Il risultato è stato immediato: il volume è sceso e la natura del titolo è stata modificata da un giorno all'altro.

Come e quando premere il tasto

Il prezzo di entrata corretto è di un centesimo al di sopra della linea di resistenza, cioè nel momento in cui vedete che la prima negoziazione sale oltre la formazione di breakout.

Le azioni tendono a rompere velocemente e dovete ricordare che non siete i soli in attesa del breakout. Al punto di rottura, dovrete competere con altri trader interessati ad acquistare.

Potete utilizzare due tipi di ordini:

- Se utilizzate l'ordine limite, impostando il limite a 3 o 4 centesimi sopra il prezzo di breakout, è molto probabile che non riusciate a ottenere le vostre azioni, oppure potreste ottenerne solo una quantità molto inferiore. Per i titoli con basso volume, utilizzate solo l'ordine limite.

- Se utilizzate l'ordine a mercato, è molto più probabile entrare con successo nella negoziazione. Il rischio è legato al fatto che l'ordine a mercato implica la condizione «acquista a qualsiasi prezzo», quindi potreste ritrovarvi a comprare a un prezzo più alto di quello che intendevate pagare. Con azioni di grande volume è uno scenario possibile, ma raro.

Nella maggior parte dei casi, si ottengono risultati migliori con l'ordine limite.

Non aspettatevi a questo punto di capire quel che avete appena letto. L'esperienza pratica chiarirà il senso generale.

Comprare prima del breakout

Come abbiamo imparato, il corretto punto tecnico d'ingresso è a un centesimo sopra la resistenza, ma in molti casi cerchiamo di acquistare le azioni prima del breakout, quando valutiamo che esista una buona probabilità che si verifichi.

Quando si può parlare di buona probabilità? In linea di massima, quando è superiore all'80%.

Perché non aspettare fino alla prima negoziazione sopra la linea di resistenza e quindi comprare? Per due motivi: per ridurre la concorrenza con gli altri trader dopo il breakout e per migliorare il nostro rapporto rischio/rendimento grazie al prezzo di acquisto più basso.

In linea di principio, sarebbe meglio cercare di prevedere il breakout e acquistare prima che si materializzi. Per farlo, seguite da vicino il comportamento del titolo negli ultimi secondi prima del breakout. La vostra piattaforma di trading dovrebbe fornirvi tutti i dati necessari: osservate il grafico, il volume e l'equilibrio tra compratori e venditori espresso nella domanda e nell'offerta, per ogni singolo centesimo a cui l'azione viene scambiata sotto il punto di rottura.

Quando un prezzo si consolida nel breve intervallo, vedrete che c'è equilibrio tra domanda e offerta, perché la natura del consolidamento è che nessuna delle due parti esce vittoriosa dalla "guerra". Tuttavia potete notare che, quando il prezzo si avvicina al breakout, l'equilibrio si spezza a favore degli acquirenti e il volume di negoziazione comincia a salire. Quando vi siete accertati che il volume è in aumento e che la liquidità dei venditori è quasi esaurita, è giunto il momento di premere il tasto d'acquisto.

- La liquidità del venditore si riferisce al numero di azioni che compaiono nella domanda che scende a zero. Col tempo, acquistando esperienza, avrete maggiori probabilità di successo nel prevedere i breakout poco prima che si verifichino.

Cosa succede se acquistate prima di un breakout che poi non si verifica?
Non è detto che l'azione non rompa in una fase successiva. Alla fine la maggior parte delle azioni lo fa, l'unica incognita è se siete in grado di far fronte alla perdita fino alla rottura. La soluzione è semplice: prima del breakout acquistate solo metà del quantitativo che avevate previsto e, quando si verifica, comprate il resto, se potete. Se ritenete probabile che il prezzo di rottura non sia vantaggioso come inizialmente sembrava, potete di solito vendere, perdendo pochi centesimi.

Quale ordine dovreste utilizzare quando acquistate prima del breakout? Personalmente, quando acquisto prima di un breakout, tendo a usare l'ordine limite, impostando come massimo il prezzo della domanda. Se ritengo che il prezzo stia per rompere entro pochi secondi, uso come limite non più di tre centesimi sopra il prezzo di breakout. Se vi accorgete che, avendo premuto troppo tardi il tasto d'acquisto, l'azione ha superato il limite e siete rimasti senza merce, lasciate aperto l'ordine limite per una decina di secondi dopo il breakout. In molti casi, il prezzo scende leggermente prima del suo rialzo, permettendovi di partecipare al breakout.

Non lasciate l'ordine aperto troppo a lungo, visto che non volete che venga eseguito nelle ore successive, nel caso in cui l'azione ritorni al prezzo di breakout dopo aver fatto una buona mossa iniziale.

Il volume prima del Breakout

Vorreste vedere un aumento del volume di negoziazione prima del breakout?

Immagino che naturalmente risponderete di sì, visto che un aumento di volume indica un forte interesse e un forte interesse prima del breakout potrebbe determinare una rottura più forte, giusto?

In realtà, non è necessariamente vero. Quando è sul punto di rottura, il prezzo ha già percorso un lungo viaggio. È salito e si sta riposando, in attesa della prossima tappa.

IN PILLOLE

Un grande volume prima di un breakout non è un buon segno, perché indica un cambio di proprietà. Acquirenti nervosi, che potrebbero fuggire al primo segno di debolezza, prendono il posto degli azionisti veterani, più rilassati.

Quando osservate un grafico azionario, provate a decifrare lo stato degli acquirenti e dei venditori. Cercate di immaginare chi sono, a cosa stanno pensando e quel che fareste voi al loro posto. Analizziamo la situazione: gli investitori veterani sono quelli che hanno acquistato l'azione molto tempo prima che raggiungesse il suo attuale punto di rottura e si possono quindi definire le "mani forti" del gioco. Hanno guadagnato bene e non sono sensibili alle lievi fluttuazioni di prezzo. Al contrario, i nuovi trader, che hanno comprato vicino al punto di consolidamento, prima della rottura o immediatamente dopo, sono le "mani deboli", perché non hanno ancora guadagnato un centesimo. Sono molto sensibili a qualunque perdita e ogni piccola variazione di prezzo può spingerli a uscire, contribuendo al fallimento del breakout.

Un grande volume in fase di consolidamento, prima del breakout, significa un maggior numero di acquirenti e venditori e molte azioni che passano di mano. Dobbiamo supporre che gli investitori veterani stiano realizzando profitti, mentre i nuovi acquirenti sono le "mani deboli". La conclusione è semplice: quando grandi quantità di azioni cambiano possessore, avviene un passaggio da quelli forti ai nuovi proprietari deboli, che probabilmente andranno nel panico al minimo fallimento.

Trasferite la situazione nel quartiere dove vivete. Supponiamo che si verifichino molte transazioni immobiliari. Tante case stanno cambiando di proprietà. Nel giro di pochi anni sarà lo stesso quartiere che vi era familiare? Ovviamente no. La popolazione cambia e così il carattere della zona. Lo stesso accade per l'azione che state acquistando. Un grande volume prima di un breakout significa un cambio di proprietà, che a sua volta comporta un cambiamento nel comportamento dell'azione. Il cambiamento può provocare un'aumentata sensibilità o nervosismo e persino il fallimento del breakout.

La paura di premere il tasto

Un fenomeno comune fra i nuovi trader è la paura di premere il tasto. Osservano paralizzati la rottura del prezzo, cercando di recuperare fiducia via via che l'azione sale un centesimo dopo l'altro. Quando i nuovi trader acquistano, di solito lo fanno al prezzo più alto. È un fenomeno comune. Anch'io ero in quella situazione, ma ne sono uscito. Senza dubbio anche a voi succederà lo stesso.

Riepilogo del processo di acquisto

In fase di consolidamento non si vuole vedere un volume particolarmente elevato. Si cerca di prevedere il breakout, acquistando possibilmente un attimo prima. Dopo la rottura, si desidera vedere il volume aumentare. Un volume che scende indica un calo d'interesse e un maggior pericolo di fallimento del breakout.

Quando vendere?

Entrare in un breakout è una tecnica di precisione, che richiede una buona dose di esperienza, capacità tecnica e resistenza psicologica, ma la si può definire chiaramente. Di contro, identificare il punto di uscita è molto più una questione di talento che di informazioni precise.

Come abbiamo imparato, dovreste cercare di valutare in anticipo il target del breakout, basando le vostre stime sul comportamento passato dei prezzi e sulle condizioni di mercato, ma durante il breakout è necessario esaminare molte variabili in tempo reale:

- Il volume si è ridotto dopo il breakout, indice di un calo d'entusiasmo?

- C'è un aumento degli ordini d'acquisto durante il trend rialzista? Un titolo inseguito dagli acquirenti ha maggiori possibilità di successo. La ricerca si manifesta nel rinnovato volume dell'offerta.

- Mentre il prezzo sale, vedete un grande venditore che espone una notevole quantità nella domanda?

- Quel venditore rinnova la quantità ogni volta che vende con successo?

- Qual è l'orientamento del mercato? Vi sostiene? Vi rema contro? O non sta andando da nessuna parte?

- Qual è il trend del settore a cui appartiene l'azione?

Dovete considerare tutti questi fattori insieme per avere un quadro dello stato dell'azione, per valutare se abbia modo di raggiungere nuovi massimi oppure se sia necessario premere subito il pulsante realizzando il vostro profitto. Come vedete dai punti sopra elencati, non c'è una risposta precisa, bianco o nero, come avreste voluto. Una regola empirica generale afferma che la maggior parte dei breakout si conclude con un profitto parziale.

- Il primo punto di profitto, che è un risultato parziale, è noto semplicemente come *parziale*.

Un primo parziale si può ottenere tra 14 e 30 centesimi dal punto di rottura. Azioni con prezzo alto, tuttavia, possono permettervi di ottenere un parziale di mezzo dollaro, un dollaro o anche di più. Come potete capire, non c'è una regola fissa.

Quanto comprare? Quanto vendere?

Ogni trader deve operare entro i propri limiti, come ad esempio la disponibilità di denaro sul conto e la capacità psicologica di guadagnare o perdere denaro.

Ci sono innumerevoli altri fattori che determinano il procedimento corretto, ma non hanno nulla a che vedere con i vostri limiti intrinsechi. L'importo minimo di un acquisto al breakout deve essere di 400 azioni, mentre il massimo è generalmente di migliaia di azioni, in base alla liquidità e alla quantità di denaro sul vostro conto.

- Perché il minimo è 400? Il motivo principale per cui uso 400 azioni è perché preferisco ottenere un parziale di almeno tre quarti dell'importo acquistato al breakout. Un importo di 400 vi consente di eseguire un parziale con una cifra tonda di 300 azioni. Un importo inferiore, come 300, non vi permetterebbe di vendere tre quarti delle azioni, cioè 225, e una cifra tonda di 200 non corrisponde a tre quarti, ma solo a due terzi.

- Un altro motivo per utilizzare 400 azioni è il target di profitto in dollari: un importo pari a 400 azioni dovrebbe fornire in media un profitto di 100 dollari al breakout. Se state facendo day trading, non dovreste accontentarvi di meno.

IN PILLOLE | *Al breakout, prendete profitto su tre quarti della somma che avete comprato e mettete quel denaro da parte. Ricordate: non reinvestiamo mai i nostri profitti nel mercato!*

Dopo aver venduto 300 azioni, vi restano da gestire le rimanenti 100. Personalmente tendo a realizzare i tre quarti dell'importo nel primo parziale, perché sostengo che è meglio mettersi i soldi in tasca, se è vero che ho ragione. Inoltre mi rendo conto che tenere le restanti 100 azioni è come giocare d'azzardo senza alcun apparente vantaggio, dato che quello vero è stato ottenuto al breakout. Il resto dipende dal trend e dalla fortuna. Talvolta quelle azioni restanti mi permettono di assicurarmi un profitto superiore al parziale e altre volte crollano sotto al prezzo di entrata, causandomi qualche danno di poco conto. In ogni caso, le 100 azioni che rimangono dopo un parziale di 300 non dovrebbero mai causarvi una perdita. Ricordate questa regola fondamentale: non reinvestiamo mai i nostri profitti nel mercato!

Cosa succede quando un Breakout fallisce?

Avete acquistato al breakout, il prezzo sale di qualche centesimo e, con vostro rammarico, comincia a scendere. Perché il breakout è fallito?

La risposta è semplice: ci sono più venditori che compratori. Ma questa spiegazione non basta, quindi cerchiamo di analizzare un po' più in profondità chi sono questi venditori. Ci sono due possibilità: la prima, avete semplicemente commesso un errore e avete scelto l'azione sbagliata al momento sbagliato. Per dirla altrimenti: l'azione che avete scelto era debole oppure il mercato o il suo settore sono crollati proprio nel punto di breakout. In questi casi dovreste uscire il più rapidamente possibile e assorbire la perdita. La seconda spiegazione è che i grandi operatori stanno cercando di tagliare fuori gli acquirenti come voi. Conoscendo il vostro punto d'ingresso e sapendo quanto sarete sotto pressione per un ribasso del prezzo prima di aver ottenuto qualche profitto, costoro possono approfittare del volume previsto in un forte breakout per vendere grandi quantità, che sarebbero altrimenti difficili da liquidare. Il risultato è un ribasso del prezzo, simile a una slavina, che trascina il prezzo in basso fino al punto in cui i grandi operatori del mercato ricominciano a comprare, a una quotazione molto più vantaggiosa. Forse, da quel punto in poi, consentiranno all'azione di salire in modo sicuro.

Quando mi trovo in una situazione del genere, tendo ad aspettare che l'isteria si calmi e poi aumento felicemente la quantità di azioni, che adesso sono da 15 a 20 centesimi sotto il mio precedente prezzo di entrata, prima che il loro prezzo cominci a risalire al livello del breakout. Questo tipo di situazione si verifica in genere in pochi minuti. Se l'azione non risale al suo massimo entro pochi minuti, uscite!

Come vendere allo scoperto durante i Breakdown

Come già detto, fare shorting nei breakdown è sostanzialmente simile a comprare nei breakout, ma in senso inverso. L'obiettivo, ovviamente, è quello di sfruttare la spinta del prezzo verso il basso. Mentre i breakout sono alimentati dall'avidità, che per sua natura si attenua una volta ottenuto quel che si voleva, i breakdown sono alimentati dalla paura che coglie l'investitore quando vede l'azione crollare davanti ai suoi occhi e vuole liberarsene prima possibile.

L'isteria si diffonde con rapidità, per questo i breakdown sono una delle cose che preferisco, più dei breakout. Dato che i breakdown sono più rapidi, dovrete reagire più velocemente, tenendo il dito sul mouse, ma in genere altrettanto rapidamente otterrete anche dei buoni profitti.

La seconda differenza tra i breakout e i breakdown è la durata temporale: i breakdown dureranno quanto dura l'isteria, la cui natura ricorda l'incendio di una casa: il fuoco divampa rapidamente, ma ancor più velocemente muore. La "festa dei minimi" generalmente si concluderà entro una o due ore e quindi un'azione che ha avuto una forte rottura tenderà a tornare indietro, ovvero a ripercorrere una parte considerevole del suo crollo. Questo è anche il motivo per cui generalmente non mi adagio sugli short con gli stessi quantitativi, come farei se tenessi una posizione long per uno swing di svariati giorni.

Estée Lauder Companies Inc., EL – Breakdown Short

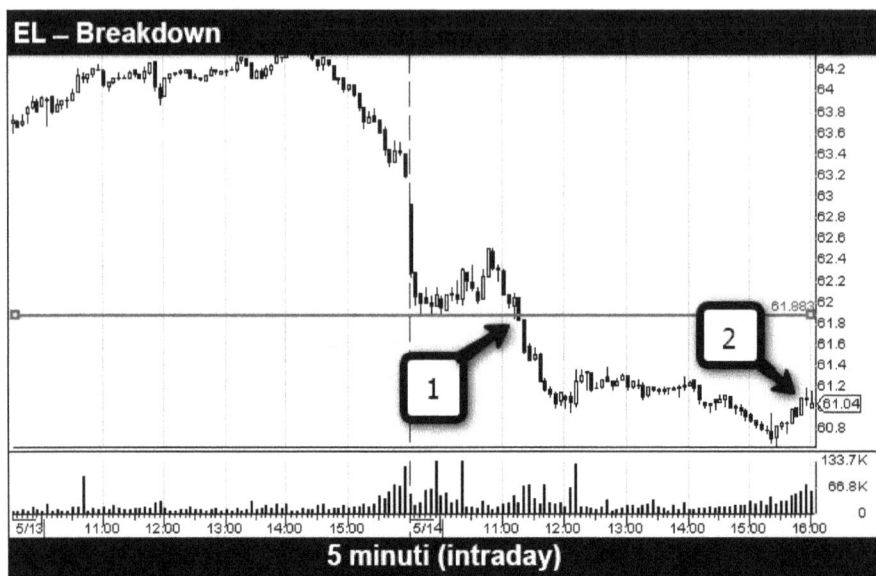

Al punto [1], EL rompe con la classica formazione a tazza rovesciata. Possiamo notare molto entusiasmo, grandi volumi e, infine, la calma. Osservate come, dopo la prima rottura, l'azione continua a muoversi lateralmente ed entro la fine della giornata di trading [2] chiude al livello di prezzo del primo minimo. Il che significa che l'isteria è scemata e l'azione si è "calmata".

Inversioni vincenti

Acquistare al breakout è il metodo più veloce, ma anche il più rischioso. L'acquisto durante un'inversione (cambio di direzione) segue i modelli di cambio di direzione che abbiamo imparato a conoscere nei capitoli precedenti. È più semplice, più lento e molto meno rischioso. Rispetto ad altri metodi, è sicuramente quello consigliato ai principianti!

Le inversioni sono basate su un trend continuo. La definizione classica è un cambio di direzione dentro il trend e descrive un'oscillazione dell'azione dal massimo al minimo e nuovamente verso il massimo (oppure viceversa).

1. Un'inversione che riporta il titolo al trend rialzista è chiamata *roll-up*.

2. Un'inversione che riporta il titolo al trend ribassista è chiamata *rollover*.

Quando le inversioni sono preferibili ai Breakout e ai Breakdown?

Nelle prime ore di attività della giornata di negoziazione, quando il volume degli scambi è relativamente alto, entrambi i metodi funzionano bene. Tuttavia, via via che si avvicina l'ora di pranzo, si riduce il volume degli scambi e quindi la probabilità che si verifichino dei breakdown e dei breakout. Questo non significa che non negozieremo i breakdown e i breakout nelle successive ore del giorno, ma che, col passare del tempo e con la riduzione di volume, limiteremo anche il rischio, negoziando piccole quantità.

Per questo motivo, dopo i primi novanta minuti di negoziazione, è meglio non entrare in un titolo al breakout o al breakdown, ma attendere che torni indietro, sapendo che quasi certamente avverrà la correzione, o *pullback*. I prezzi delle azioni non salgono mai in linea retta, indietreggiano sempre, consentendoci di acquistare a un prezzo più conveniente. Acquistare in fase di pullback riduce il rischio di perdita e dà maggior sicurezza. Quando l'azione cessa di arretrare e raggiunge ancora una volta il punto di rottura, siamo già in una posizione di buon profitto. Il punto di arresto è ancora lontano e le probabilità di un secondo breakout, in cui l'azione raggiungerà il picco, sono molto maggiori.

Entrare durante un'inversione. Regole di mercato

Per un trading di successo, è necessario che l'andamento generale del mercato ci aiuti. Questo significa che dobbiamo entrare nell'inversione di un'azione con trend rialzista solo quando il mercato, come rappresentato dallo S&P 500, mantiene questa tendenza (o l'opposto, nel caso di un'azione con trend ribassista). Naturalmente, dobbiamo assicurarci che siano presenti altre condizioni fondamentali di mercato, come in qualsiasi negoziazione, come ad esempio un adeguato rapporto tra rischio e rendimento, uno *stop point* ragionevole e oscillazioni di volume che corrispondano alla direzione del trend. Per esempio, quando un'azione con tendenza rialzista torna indietro, dobbiamo verificare che il volume diminuisca mentre l'azione scende, ma se ritorna al suo trend iniziale, sarebbe meglio vedere il volume aumentare. Il significato dell'aumento di volume è che non siete gli unici ad avere individuato l'opportunità, perciò potete beneficiare dell'assistenza di altri operatori.

Il punto d'ingresso

L'80% del successo di una negoziazione dipende da un corretto punto d'ingresso. Individuare il punto d'ingresso in un'inversione non è una scienza esatta, ma cercherò di descriverlo nel modo più realistico possibile.

Acquistiamo in un'inversione solo quando l'azione ha compiuto un vero e proprio pullback dal suo massimo. Per "percepire" il giusto punto d'ingresso, dovreste cercare d'immaginare quando avreste venduto l'azione se l'aveste acquistata al prezzo massimo, ma in seguito si fosse mossa contro di voi. Osservate il punto d'ingresso, immaginando il momento in cui vi sareste sentiti sotto pressione e avreste voluto uscire. Se l'azione è scesa sotto quel livello, vuol dire che la maggior parte degli acquirenti deboli ha già venduto e quindi questo è il punto esatto per premere il tasto. Dovete fare l'esatto contrario di quel che hanno fatto gli acquirenti sotto pressione, che hanno acquistato al massimo.

Occidental Petroleum Corp., OXY – Inversione intraday

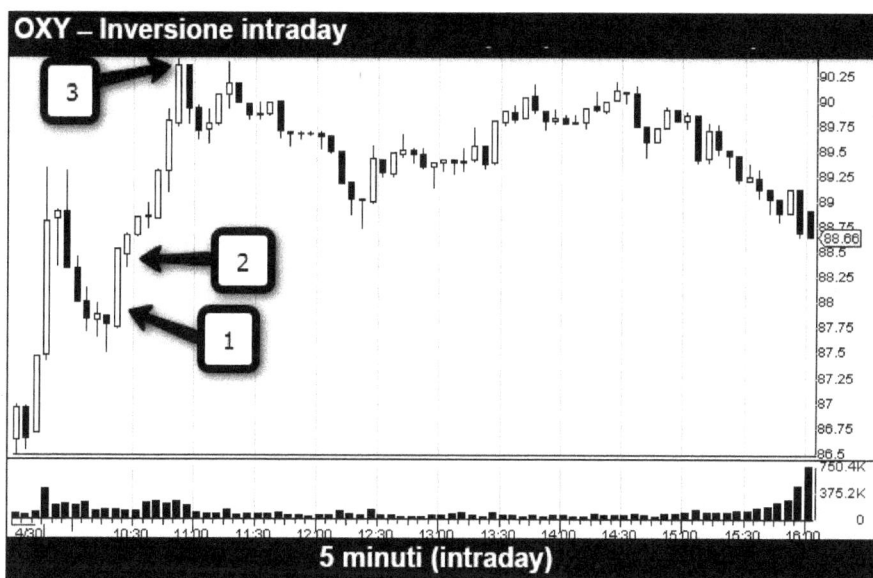

L'esempio mostra l'inversione intraday negoziata nella mia trading room. OXY, una compagnia petrolifera, apre forte e in apertura di negoziazioni sale per quattro candele di cinque minuti, da 86,50 dollari a 89 dollari, con un aumento del 2,9%. Se un'azione in venti minuti è salita di quasi il 3% con un volume di centinaia di migliaia di quote, è molto probabile che raggiunga picchi più elevati. OXY ha mostrato di essere forte in apertura di giornata. Ricordate che un'azione in rialzo di mezzo punto percentuale presenta un grafico simile, ma non identico, a quello di un'azione con un rialzo del 2,9%. La maggior parte dei titoli azionari verranno negoziati con massimi e minimi netti nei primi dieci minuti, il che non dice nulla di quel che accadrà in seguito. Tuttavia, se un'azione sale oltre l'1% in grandi volumi, capisco che sta succedendo qualcosa di positivo e di non casuale. È chiaro che il titolo azionario vuole continuare a salire e ha molte possibilità di mantenere il trend rialzista. OXY torna indietro per circa metà del suo massimo, mostra un'inversione classica al punto [1] e poi supera facilmente il suo primo massimo.

Poiché non ho l'abitudine di comprare nei primi dieci minuti di negoziazione, e certamente non inseguo un'azione in rapido rialzo, ho aspettato pazientemente il doloroso pullback. Perché *doloroso*? Leggete quel che ho scritto all'inizio della sezione: immaginate una situazione in cui avete commesso l'errore di tanti principianti acquistando l'azione durante il primo balzo in avanti, oppure al massimo di 89 dollari, per poi vederla crollare a metà strada verso il punto di partenza. Come vi sentireste vedendo un pullback di 1,50 dollari? Rimarreste saldi o vendereste? Vi sentireste sotto pressione? Provate a immaginare quando avvertireste la pressione: quello è il punto di acquisto! Se vi serve anche un supporto grafico, potete utilizzare le linee di Fibonacci per il punto d'ingresso in un pullback con un range dal 30% al 60% rispetto al punto massimo.

Verificatosi il pullback, l'azione mostra un'inversione classica con candele di cinque minuti e indica una propensione a riprendersi. Nella trading room ho annunciato l'ingresso a 88 dollari [1]. Siamo entrati, abbiamo venduto metà della quantità al punto [2] e un altro quarto al punto massimo [3], totalizzando circa 1,40 dollari sopra il punto d'ingresso. Abbiamo lasciato l'ultimo quarto fino alla chiusura della giornata e un ottavo è stato trasferito al giorno successivo, quando, con nostra grande gioia, il titolo ha continuato a salire.

Cosa sarebbe successo se fossi entrato nel punto sbagliato e avessi perso da 20 a 30 centesimi? La risposta è semplice: non sarei uscito. Avrei aspettato l'inversione in candele di cinque minuti, anche al prezzo più basso, e avrei pregato che l'azione salisse. Perché? Perché l'azione è salita di diversi punti percentuali in pochi minuti. Senza dubbio, le sta accadendo qualcosa di positivo: dopo tutto si tratta di un'azione solida. Il fatto che abbia comprato a 88 dollari [1] non significa niente. Potrei essermi sbagliato. L'azione potrebbe essere crollata di alcune decine di centesimi e solo allora aver cominciato a salire. Non vi è alcuna certezza che il mio punto d'ingresso sia corretto, anche se comprassi seguendo le migliori regole. Ma la formazione delle candele di cinque minuti mi ha indotto a credere che, con buona probabilità, questo potesse essere il miglior punto per entrare. Dovete tener presente che l'azione è forte e quindi, in molti casi, finirà col crescere, anche se scende temporaneamente al di sotto del punto di acquisto.

In alcuni casi, tuttavia, il prezzo non recupera e si perde denaro. Quando ciò accade, non è sicuramente piacevole, ma rientra nella statistica, che, nel complesso, lavora a nostro favore. Vale la pena subire alcune perdite, se si ottengono più spesso lauti profitti. È meglio soffrire ogni tanto e guadagnare spesso. Ricordate che i cambiamenti di direzione intraday, anche se basati su inversioni chiare in candele di cinque minuti, come mostra il grafico azionario, sono significativi, ma non indicano necessariamente il giusto punto d'ingresso. Per cambiare lo stato ideale del grafico, basta che un grande venditore voglia immettere una grossa quantità, premendo semplicemente un tasto. Vi do un consiglio semplice: credete nell'azione, anche se continua a scendere dopo l'acquisto. Se accade, ricordatevi che non ha ancora fatto «niente di male». Così si comportano tipicamente le azioni, alle quali non importa se avete sbagliato la stima del punto d'ingresso e avete comprato a un prezzo troppo alto. Ricordatevi che in molti casi le azioni solide invertono nuovamente verso il massimo. Punto e basta.

| **IN PILLOLE** | *Siete entrati in un'azione che non si muove a vostro favore? Prima di fuggire in perdita, esaminate il grafico con attenzione e chiedetevi onestamente: «Ha fatto davvero qualcosa di male?».* |

Quando dobbiamo iniziare ad "arrabbiarci" con un'azione? Quando non vale più il principio che «non ha fatto niente di male»? Osservate il grafico e immaginate una situazione in cui avete acquistato al punto [1], ma l'azione non ha ripreso il trend rialzista, mantenendo invece quello ribassista. A che punto iniziereste ad arrabbiarvi o comincereste a dubitare che invertirà verso l'alto? La mia risposta sarebbe: intorno agli 87,25 dollari. A quel punto, comincerei a pensare che, dopo il buon inizio, è subentrato qualcosa che non va e vorrei uscire. Potete sicuramente fare affidamento sulla linea di Fibonacci del 61,8% per determinare quando il prezzo scende un po' troppo. Personalmente non uscirei esattamente a livello del 61,8%, ma non vorrei assolutamente restare con un'azione che è scesa molto al di sotto di esso.

Perché esco così in fretta al punto [2]? Col senno di poi, è chiaro che avrei dovuto aspettare un po' di più, ma sul momento non avevo idea che l'azione sarebbe salita di quasi 1,5 dollari dal suo punto d'inversione. In secondo luogo, avevo bisogno di lasciarmi alle spalle la negoziazione il prima possibile. Ricordate: voglio vedere dei profitti. In questo caso ho realizzato metà del mio potenziale per arrivare al punto in cui l'altra metà sarebbe stata un libero scambio. Allora, dopo la realizzazione iniziale, mi trovo in una condizione tale per cui non posso perdere nella negoziazione, anche se il prezzo scende al di sotto del punto d'ingresso. Vendere metà quantitativo, anche con un profitto inferiore, consente alla seconda metà di raggiungere un massimo, mentre non so se sarei stato capace di sopportare la situazione dal punto di vista psicologico, se avessi tenuto l'intera quantità con la paura di perdere nell'intero processo. Realizzare un profitto non deve essere logico da un punto di vista puramente matematico. Quando è psicologicamente logico, diventa anche matematicamente logico, vale a dire rimane nella zona di profitto.

Dovremmo comprare solo dopo un'inversione dimostrata chiaramente in candele di cinque minuti? L'esempio precedente è chiaro e semplice, ma molte altre azioni non ci consentono di aspettare un classico cambio di direzione tecnica, come il doji inferiore. In questi casi, dovete sviluppare una certa sensibilità acquistando le azioni nel corso del trend ribassista, nel punto in cui stimate un adeguato cambio di direzione. Dovete premere il tasto di acquisto prima che l'inversione classica appaia sul grafico a candele di cinque minuti. Per migliorare i punti d'ingresso stimati, esaminate attentamente la quantità di acquirenti e venditori indicati nei settori BID e ASK della vostra piattaforma di trading. Quando vi sembra che l'azione sia al punto ottimale e che gli acquirenti siano più dei venditori, premete il tasto.

In casi del genere, che sono naturalmente meno chiari delle classiche inversioni in candele di cinque minuti, di solito acquisto metà del quantitativo e aspetto indicatori tecnici più chiari prima di comprare la seconda metà. La seconda metà la comprerò anche se il prezzo è inferiore rispetto al mio punto d'ingresso iniziale oppure, se il prezzo sale immediatamente, comprerò a un punto d'ingresso più alto, non significativamente superiore rispetto a quello iniziale. Vale a dire che sono disposto ad ammettere l'errore di aver comprato metà del quantitativo a un prezzo un po' troppo alto, ma aggiungo il resto a un prezzo inferiore. Tuttavia, se diventa evidente che ho acquistato al giusto punto d'ingresso e il prezzo delle azioni sale, non sono disposto a inseguirlo comprando a un prezzo molto più alto di quello iniziale, perciò mi farò bastare solo la metà. Mantenere il controllo di questa procedura richiede un buon grado di abilità, esperienza e "maestria" e non è adatto ai nuovi operatori.

Finché siete principianti, cercate le inversioni classiche e, se mancano, rinunciate alla negoziazione e attendete la prossima azione interessante.

Riepilogo

Diversamente dall'acquisto al breakout o da uno short al breakdown, l'acquisto in un'inversione rappresenta un punto d'ingresso più corretto e tranquillo, meno rischioso e con un miglior rapporto tra rischio e rendimento. Lo svantaggio è lo stress psicologico. È molto più semplice e naturale comprare al punto di rottura che porta a un nuovo massimo. Nel caso di un breakout, acquistiamo un titolo che sta raggiungendo nuovi massimi, mentre, se c'è un'inversione, abbiamo un'azione in ribasso il cui trend generale era prima in rialzo. Dal punto di vista psicologico, comprare azioni che scendono è sempre più difficile che acquistare un titolo che sale. Dobbiamo dominare emozioni ed esitazioni, capire che quasi sempre le azioni solide arretrano, ma è molto più probabile che riprendano la salita verso nuovi massimi invece di continuare a scendere. Siate coraggiosi, e premete il tasto. Non preoccupatevi: con un po' di pratica e di esperienza, tutto diventerà chiaro.

Trading con i Gap

Innanzitutto, dobbiamo definire il termine *gap*. Si tratta della differenza tra il prezzo di chiusura di una giornata e quello d'apertura del giorno successivo. Quando si forma un gap, la prima negoziazione della giornata sarà superiore o inferiore rispetto al prezzo di chiusura del giorno prima.

- Un *gap up* si forma quando il titolo apre con un prezzo superiore a quello precedente di chiusura.
- Un *gap down* indica un prezzo d'apertura inferiore a quello di chiusura della giornata precedente.

Di fatto, i gap si formano quasi sempre e per qualsiasi titolo la prima negoziazione sarà diversa, anche di un solo centesimo, dalla precedente chiusura. I piccoli gap non sono significativi, perciò parleremo della formazione dei gap fondamentali. Solitamente sono nell'ordine di mezzo punto percentuale o di più.

Perché il prezzo d'apertura dovrebbe essere diverso da quello di chiusura di ieri? In genere è il risultato di notizie o voci che circolano tra l'orario di chiusura e quello d'apertura del giorno successivo, come, ad esempio, quando una società divulga i bilanci aziendali dopo la fine della giornata di contrattazione. In altri casi, può trattarsi semplicemente di un pullback in un giorno di minimi e massimi netti oppure di notizie di mercato che non riguardano direttamente il titolo stesso, ma l'umore degli investitori.

I Gap si chiudono quasi sempre

Il comportamento dei gap si può prevedere. Ciò significa che dovete imparare a gestirli, sia che abbiate un'azione che avete acquistato il giorno prima e che apre la nuova giornata con un gap, sia che stiate progettando di acquisirne una nuova che inizia con un gap.

IN PILLOLE	*La maggior parte dei gap viene colmata: l'80% entro la giornata di trading in cui si è manifestato e il 90% entro dieci giorni.*

La cosa più importante da sapere sui gap è che l'80% viene colmato nella stessa giornata in cui si è sviluppato e il 90% entro dieci giorni di trading. Per esempio, se un titolo apre con un gap up, è probabile che nell'arco della stessa giornata di trading scenda al prezzo della precedente chiusura, chiudendo o colmando il divario. Vale l'opposto per un'azione che apre con un gap down. È ragionevole supporre che nel corso della giornata il prezzo possa salire nuovamente verso quello della precedente chiusura e che il gap venga chiuso.

Baxter International Inc., BAX – Gap Up all'apertura della giornata di trading

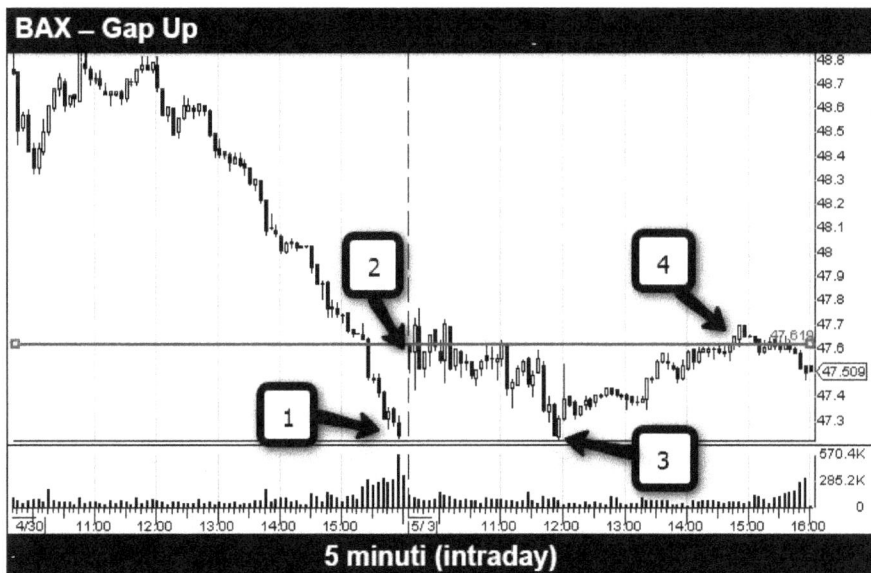

Baxter chiude la giornata di trading a 47,24 dollari [1] e apre quella successiva a 47,61 dollari [2], mostrando un gap up di circa lo 0,8%. È un fenomeno comune, derivante da informazioni negative che hanno causato il ribasso della giornata precedente, seguito dalla successiva apertura con un gap up, che rimane un po' indietro rispetto al minimo netto del giorno prima. Osservate che, in questo caso specifico, il gap creatosi nel secondo giorno di trading è "intrappolato" nel range del primo. Questo fenomeno aumenta ulteriormente le probabilità che il gap si chiuda. Come potete notare, durante la negoziazione il prezzo scende e chiude il gap [3], subito dopo cambia direzione e riprende a salire verso il livello del prezzo d'apertura [4].

Il fenomeno della chiusura di un gap, soprattutto quando riguarda un gap nel range della precedente giornata di trading, è ben noto e prevede l'80% di probabilità di successo intraday.

Nota importante. Quanto si è detto vale per gap inferiori al 3%. Divari maggiori non si chiuderanno nella stessa misura, ma in molti casi continueranno a muoversi nella direzione del gap, piuttosto che verso la chiusura.

Perché si formano i Gap?

Solitamente un divario si forma ancor prima che si aprano le contrattazioni, a causa di trader che sono disposti a pagare il titolo a un prezzo superiore oppure a vendere a un prezzo inferiore rispetto alla chiusura del giorno prima. Il prezzo d'apertura pre-mercato viene stabilito dai market maker in base alla domanda e all'offerta, che vengono loro comunicate molte ore prima della negoziazione.

Quando la domanda supera l'offerta, l'azione subirà un gap up; quando l'offerta è superiore alla domanda, l'azione subirà un gap down. Come abbiamo imparato, le azioni vengono negoziate anche durante le ore che precedono l'apertura del mercato!

Perché si chiudono i Gap?

La spiegazione inizia considerando la negoziazione del giorno precedente, in cui un acquirente istituzionale ha ricevuto istruzione di vendere una grande quantità di azioni (nell'esempio corrente, BAX).

In primo luogo, dobbiamo tenere conto che gli operatori istituzionali comprano o vendono grandi quantità di azioni, distribuendo gli ordini di vendita su diversi giorni, in modo da non influenzare negativamente il prezzo. Il loro obiettivo, naturalmente, è quello di vendere al prezzo più alto possibile, perché, se lo fanno (rispetto al comportamento del titolo in quel particolare giorno: vedere la sezione sul VWAP), ricevono dei notevoli bonus.

Supponiamo che il trader istituzionale, che ha venduto BAX il primo giorno di trading, non abbia ancora finito quel che doveva fare e detenga ancora diverse centinaia di migliaia di quote che devono essere messe in vendita il giorno seguente. All'inizio della giornata successiva, il trader cerca di portare a termine l'incarico vendendo più azioni.

Ricordate che il trader era disposto a sbarazzarsene al prezzo di chiusura di ieri di 47,27 dollari [1]. Con sua grande gioia, all'apertura del secondo giorno di negoziazione, il trader scopre che gli acquirenti sono disposti a pagare 47,61 dollari [2], circa lo 0,8% in più del prezzo di chiusura precedente! Per un trader istituzionale, è manna dal cielo! Sa che se vende a un prezzo più alto della chiusura precedente, lo attende un bel bonus. Cosa fa? Si strofina le mani felice e vende! Fino a quando? Finché il prezzo rimane superiore a quello di chiusura di ieri, ovvero, finché può guadagnare un bonus! I trader istituzionali non hanno fretta. Sanno di avere la capacità di sommergere il mercato, ma non vogliono che i venditori cambino la direzione di mercato troppo in fretta. Perciò, vendono un po', aspettano fino al ritorno degli acquirenti, vendono un altro po' e così via. Non dobbiamo dimenticare che i venditori istituzionali competono anche tra di loro. In breve tempo, gli acquirenti perdono vigore e restano solo i venditori. È a questo punto che l'azione comincia a muoversi "verso sud", ovvero a scendere. Fino a quando il prezzo rimane al di sopra della chiusura di ieri, i venditori istituzionali continuano a vendere, guadagnandosi un bonus. Nel momento in cui il prezzo scende al livello della chiusura di ieri, non ottengono più bonus. Un venditore istituzionale vende finché il prezzo scende a 47,27 dollari [1] e poi si ferma. È adesso che l'azione si libera dei trader istituzionali e riprende a salire [4]. Risultato: il gap si è colmato.

La maggior parte dei gap si chiude nella prima ora di trading. Dipende dalla quantità di trader istituzionali che approfittano della possibilità di trarre profitto dal gap e dalla competizione interna per chi vende per primo.

Dobbiamo inoltre ricordare che per ogni livello di prezzo sono presenti acquirenti e venditori non istituzionali. Quando un titolo apre il trading con un gap up, non attiva automaticamente ordini d'acquisto, perché di solito gli acquirenti non impostano istruzioni d'acquisto automatico quando l'azione è in rialzo e supera un determinato prezzo; sono invece i venditori a farlo. Supponiamo, per esempio, che abbiate acquistato BAX a un prezzo d'occasione di 47,72 dollari [1] e abbiate impostato un ordine di vendita automatico per realizzare un profitto nel caso in cui l'azione raggiungesse i 47,61 dollari [2]. Certo, vi aspettavate di ottenere il profitto con il duro lavoro, ma, svegliandovi una mattina, avete allegramente scoperto una nuova, meravigliosa realtà: all'apertura del trading, il prezzo è di 47,61 dollari [2]. Cosa succede all'ordine automatico che avete impostato prima dell'inizio della giornata di trading? Viene immediatamente eseguito! In altre parole, fino a quando ci manteniamo sopra il prezzo di chiusura di ieri siamo nel territorio dei venditori privati, che si uniscono ai trader istituzionali finché il gap non viene chiuso.

Ovviamente, tutto quel che si è detto per un gap up vale al contrario per un gap down, ovvero se il prezzo d'apertura dell'azione è inferiore alla chiusura precedente. Nel caso di un gap down, il prezzo sarà spinto al rialzo dall'attività degli acquirenti istituzionali. In questo caso, chi ha iniziato ad acquistare il giorno prima scoprirà che il prezzo delle azioni è inferiore rispetto alla chiusura di ieri. Questo si traduce in un bonus! Costoro acquisteranno fino alla chiusura del gap o almeno per l'80% del tempo.

Bed Bath & Beyond Inc., BBBY – Chiudere il Gap

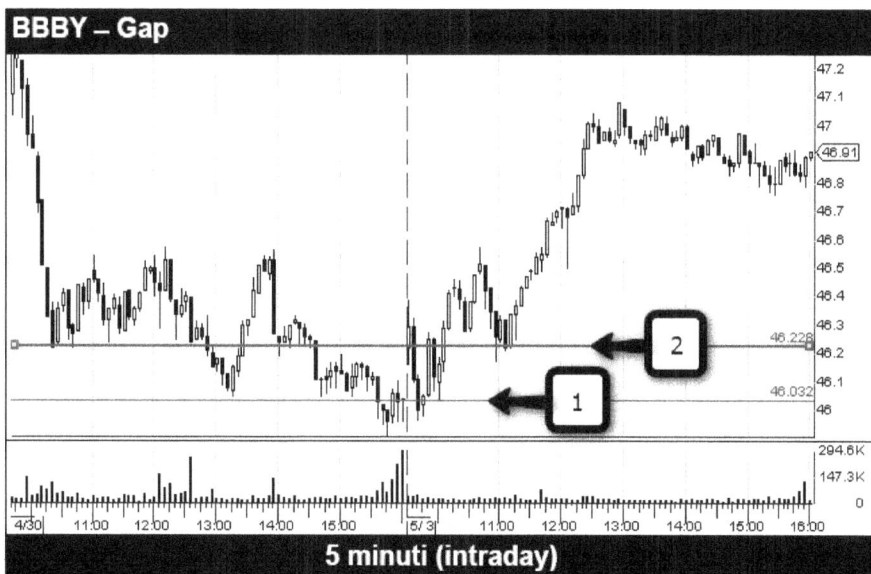

In questo grafico, vediamo il gap up di BBBY, che ha chiuso la sua prima giornata di negoziazione a 46,03 dollari [1], aprendo la seconda a 46,22 dollari [2]. Notate come il titolo sia sceso e abbia colmato il gap in soli quindici minuti. Il punto in cui il gap si chiude [1] è quello in cui i trader istituzionali smettono di vendere e l'azione riceve il via libera per continuare il trend rialzista. Ricordate che l'80% dei gap si chiude nella stessa giornata di negoziazione e oltre il 90% entro dieci giorni!

Mai seguire i Gap

Supponiamo che, prima della negoziazione, desideriate acquistare BBBY se supera i 46,30 dollari. Fate una verifica all'inizio del trading e scoprite che apre con un gap up e probabilmente raggiungerà il prezzo di attivazione in una manciata di centesimi. Sembra magnifico! Dovreste acquistare?

A questo punto dovrebbe suonare un campanello d'allarme. Ricordatevi il motto: «Non seguiamo mai i gap!». Anche se il cuore vi suggerisce di acquistare, le ore di studio trascorse insieme dovrebbero chiaramente indicarvi il contrario. Per quale motivo? Perché le probabilità che il gap si chiuda sono alte.

IN PILLOLE	*Volete acquistare un'azione? Non fatelo se ha aperto con un gap up. Ricordate: «Non seguiamo mai i gap!».*

I Gap nelle azioni doppie

Un'eccezione alla regola è costituita dalle azioni che vengono scambiate in più di una borsa valori, come Toyota, che viene negoziata a Wall Street e sulla Borsa di Tokio. Si tratta di azioni note come *dual-exchange traded*.

Dato che le ore di attività di Wall Street e Tokio non si sovrappongono, Toyota inizierà quasi sempre la giornata con ampi gap, in base al prezzo di chiusura dell'altra borsa.

IN PILLOLE	*Le formazioni di gap nelle azioni dual-exchange traded non sono valide! In genere, evitiamo di negoziare gran parte di queste azioni.*

Osservate quanto sia facile determinare che Toyota (TM) è un'azione dual-exchange traded.

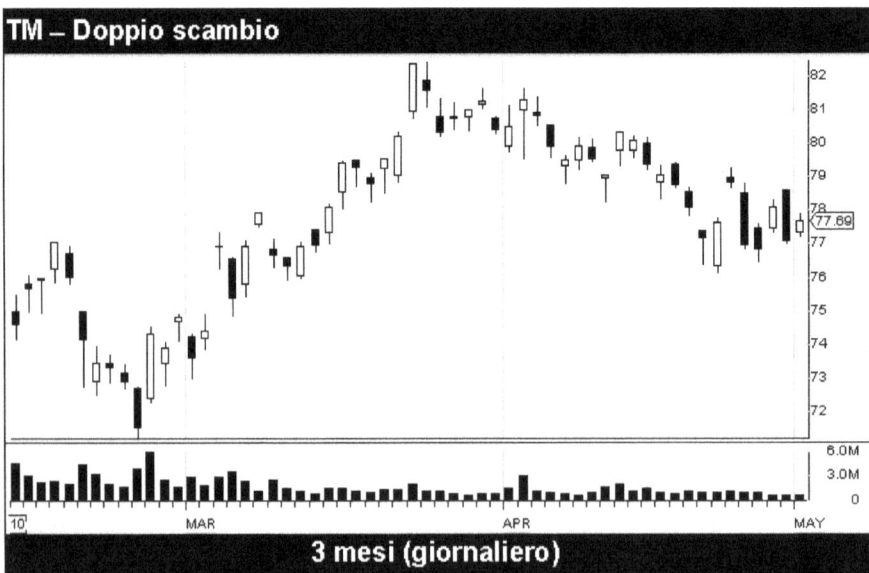

TM – Doppio scambio
3 mesi (giornaliero)

Nel grafico giornaliero di Toyota, vediamo chiaramente che ciascuna giornata di negoziazione si apre con un gap. Si tratta di una formazione ben precisa che indica un'azione dual-exchange traded.

I Gap dell'indice di mercato

Dal momento che l'indice di mercato S&P 500 rappresenta i cinquecento titoli principali, mostrerà i gap cumulativi di tutte le azioni incluse. Se l'indice di mercato apre con un gap up di mezzo punto percentuale, cosa vuol dire per le azioni della lista? Anche il significato complessivo deve essere un gap up di mezzo punto percentuale. Naturalmente, qualche azione può aprire con un gap maggiore, altre con uno minore e qualcuna addirittura con un gap inverso, ma la media deve essere pari ad almeno mezzo punto percentuale.

Supponiamo che le cinquecento azioni principali di Wall Street aprano con un gap up. Cosa succederebbe dopo? L'80% del denaro di quelle azioni è in mano a trader istituzionali e non a privati. Dato che, come abbiamo imparato, gli operatori istituzionali hanno interesse a vendere finché il gap è aperto, in gran parte dei casi il gap dell'indice di mercato si chiuderà esattamente come quello di una singola azione della lista.

ETF, SPY – Chiusura del Gap

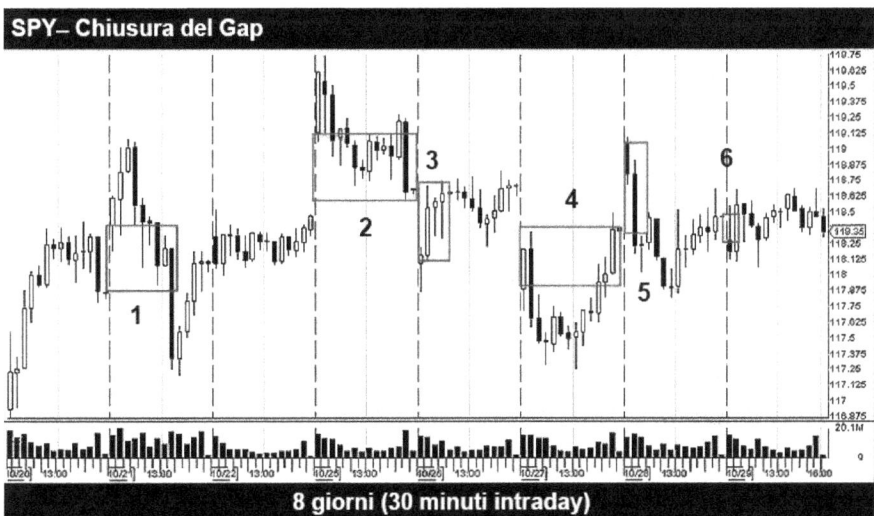

Osservate le aperture degli ultimi sei giorni di trading nel grafico qui sopra. Hanno tutte dei gap, che vengono tutti chiusi. I giorni 1, 3, 5 e 6 chiudono già perfettamente nella stessa giornata, mentre i giorni 2 e 4 chiudono parzialmente nella stessa giornata, completando la chiusura entro il giorno successivo. Basandoci su queste chiusure dei gap, possiamo definire una strategia di negoziazione vincente? Certamente!

Strategia. Chiudere il Gap per l'ETF, SPY

- **Punto d'ingresso**. All'apertura della negoziazione, eseguire un long o uno short nella direzione della chiusura del gap.

- **Condizioni d'ingresso**. Lo SPY deve aprire con un gap di almeno 20 centesimi, a condizione che non sia superiore all'85% del range di movimento della negoziazione del giorno prima (la differenza tra il massimo superiore e il minimo inferiore della negoziazione del giorno), né inferiore al 15% della negoziazione della giornata precedente. Il motivo è che un gap troppo ampio indica eventi estremi che possono causare un movimento brusco del mercato, aumentando il rischio. Un gap troppo stretto non ci interessa.

- **Punto di uscita**.
  1. Vendere alla fine della giornata di negoziazione se il gap non si è chiuso,
  OPPURE
  2. Vendere alla chiusura del gap.

- **Risultato**. nell'arco di un triennio, tra ottobre 2007 e ottobre 2010, 471 gap hanno soddisfatto questi criteri.

Ipotizzando che abbiate investito 16.000 dollari in ciascuna negoziazione, questi sarebbero i risultati:

- Guadagno massimo per negoziazione: 373,90 dollari.
- Perdita massima per negoziazione: 778 dollari.
- Guadagno medio 55,86 dollari.
- Perdita media: 145,01 dollari.
- Tasso di successo: 81,95%.
- Tasso di successo ponderato: 63,62%.

- Guadagno complessivo per tre anni: 9.236 dollari.
- Rendimento medio annuo: 17,58%.

Riepilogo

Il metodo funziona. Il tallone di Achille è rappresentato dal 18,05% dei casi in cui il gap non viene colmato: giornate in cui il mercato apre e continua a muoversi con un gap, fenomeno conosciuto come *gap and go*. Nelle rare giornate in cui il mercato ci "sfugge", la perdita media è di gran lunga superiore al profitto medio, perciò il tasso di successo ponderato è inferiore.

Negoziare i QQQ

Nel capitolo dedicato agli indicatori, abbiamo imparato l'importanza di usare le bande di Bollinger.

Abbiamo inoltre imparato che quando il prezzo di un'azione raggiunge la banda superiore, si trova nel territorio dell'ipercomprato e deve tornare a scendere. Al contrario, quando scende fino alla banda inferiore, si trova nel territorio dell'ipervenduto ed è molto probabile che riprenda a salire.

Abbiamo anche imparato che è necessario definire i dati di banda della nostra piattaforma di trading per calcolare dieci periodi e una deviazione standard dell'1,5, il che significa che le bande di Bollinger saranno calcolate in base alla volatilità del titolo negli ultimi dieci giorni di negoziazione. Il significato matematico di una deviazione standard dell'1,5 è che il 90% dei movimenti del titolo sarà compreso tra le due bande.

Sulla base di quanto detto sopra, dovremmo essere in grado d'ipotizzare che un'azione, o un ETF, che si muove oltre i confini delle bande vi rientrerà. Ecco uno straordinario metodo di negoziazione che si avvale di questa premessa:

ETF NASDAQ 100, QQQ – Grafico giornaliero

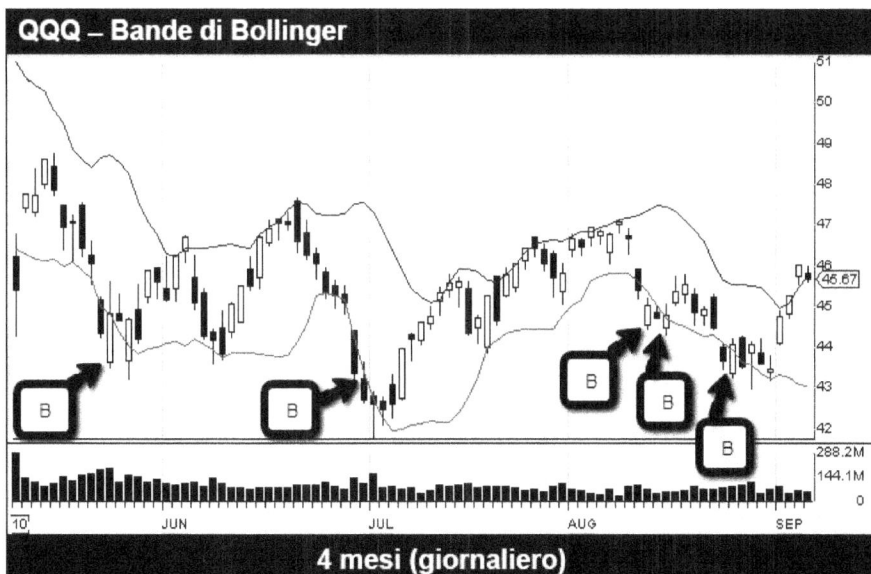

Ho rappresentato il grafico giornaliero dei QQQ (noti come *Qs*) con bande di Bollinger in un arco di quattro mesi, in base alle definizioni di cui sopra. Notate come le bande si espandano o si contraggano all'aumentare o al diminuire della volatilità dei Qs. Potete vedere come le bande "contengono" la maggior parte del movimento dei Qs. Notate anche come ogni volta che i Qs rompono le bande, successivamente vi rientrano.

IN PILLOLE | *I fondi speculativi usano strategie simili. Il vantaggio dei loro Qs sta nel grande volume, che consente ingressi affidabili e uscite con ingenti somme di denaro.*

Strategia. Pullback giornaliero per i QQQ

- **Quando acquistare.** Quando i Qs scendono sotto la banda inferiore.
- **Indicatore.** Bollinger, dieci periodi, DS1,5 (deviazione standard).
- **Punto d'acquisto.** Acquistate il giorno dopo che il prezzo di chiusura sarà sceso sotto la banda di Bollinger inferiore. Comprate l'ETF al prezzo d'apertura della giornata seguente di negoziazione solo se è ancora al di sotto della banda inferiore.

Perché NON vogliamo acquistare al prezzo di chiusura della giornata precedente? Acquistare il giorno dopo il primo ribasso significa assicurarsi che la fase isterica sia passata e che le acque si siano calmate. Nei momenti di nervosismo, è probabile che il prezzo d'apertura della seconda giornata sia molto inferiore rispetto a quello di chiusura della prima.

Nel grafico dei Qs, i cinque punti che rispettano questi criteri sono indicati con la B.

- **Punto di vendita.** Vendete immediatamente al comparire delle seguenti condizioni:

  1. Alla fine di ogni giornata di negoziazione, se il NASDAQ QQQ chiude a un prezzo più alto del vostro prezzo di acquisto (anche se si tratta dello stesso giorno in cui avete acquistato), OPPURE
  2. Alla fine di venti giornate di trading (un mese).

- **Nota.** Finché la negoziazione è aperta, non iniziatene un'altra prima di averla chiusa, al fine di evitare ampie perdite in periodi di estremo nervosismo, quando il mercato potrebbe non "ritornare" come previsto.

- **Esercizio.** Nel grafico dei Qs, analizzate i punti d'acquisto e di vendita in base alle regole che abbiamo imparato. Scoprirete che la percentuale di successo è del 100%. In quattro casi su cinque, il punto di vendita si presenta alla fine della stessa giornata dell'acquisto, mentre in un caso siamo stati costretti ad aspettare cinque giornate di trading.

- **Risultato.** Nel triennio in cui ho analizzato questa strategia, da gennaio 2005 alla fine del 2007, ho documentato 45 eventi in cui il NASDAQ QQQ ha presentato opportunità di acquisto in base alla suddetta strategia. Ecco i dettagli:

  - Negoziazioni riuscite: 41.
  - Fallimenti: 3.
  - Tasso di successo: 93%.
  - Guadagno medio per negoziazione: 0,4%.
  - Tempo medio di tenuta per negoziazione: 5,07 giorni.
  - Profitto generale del periodo: 17,6%.

- **Modifica dei parametri.** Il tallone d'Achille di qualsiasi strategia di negoziazione è la sua sensibilità ai minimi cambiamenti. Una piccola modifica dei parametri può determinare risultati notevolmente diversi, ma potrebbe incidere sull'affidabilità del metodo. Se, ad esempio, cambiate i parametri a venti periodi e DS 1, scoprirete che il tasso di successo è superiore al 90%!

Questo metodo vale anche per azioni singole? Sì. Queste sono le istruzioni:

- **Punto d'acquisto.** Acquistate l'azione del NASDAQ 100 la mattina dopo che ha chiuso sotto la banda di Bollinger inferiore, a condizione che il nuovo prezzo d'apertura sia ancora inferiore a quella banda.

- **Punto di vendita.** Vendete immediatamente se si verifica una delle seguenti condizioni:

  1. Alla fine di ogni giornata di trading, se l'azione chiude a un prezzo superiore a quello del vostro punto d'ingresso (anche se si tratta dello stesso giorno dell'acquisto), OPPURE
  2. Dopo venti giornate di trading (un mese).

- **Risultato.** Nel quadriennio che ho preso in esame, da gennaio 1999 a gennaio 2003, un totale di 3.870 occasioni di trading hanno soddisfatto questi criteri.

Questi sono i dettagli del periodo:
- Negoziazioni riuscite: 3.684.
- Fallimenti: 186.
- Tasso di successo: 95,19%.
- Guadagno medio per negoziazione: 2,77%.
- Tempo medio di tenuta per negoziazione: 3,06 giorni.
- Sequenza di successi: 121.
- Sequenza di perdite: 3.

Riepilogo

Niente male!

Si possono migliorare i risultati se si è disposti ad aumentare il rischio operando come i fondi di investimento, ovvero usando il margine per raddoppiare, e perfino quadruplicare, i risultati. Non c'è bisogno di un grande investimento per effettuare 44 negoziazioni NASDAQ QQQ nell'arco di tre anni. Qualsiasi somma di denaro va bene e il rischio è relativamente contenuto.

Una volta, una persona mi aveva riconosciuto in un luogo pubblico e mi si era avvicinata dicendo: «Non mi conosci, ma ti devo un sacco di soldi!». Rimasi colpito dalla sua storia. Pare che, in base a un articolo che avevo scritto su questa strategia, avesse provato il metodo, ottenendo buoni risultati dalla creazione di un fondo d'investimento in cui gli investitori avevano immesso decine di milioni di dollari. Oggi il fondo impiega diverse strategie, ma questa rimane la principale, quella che riscuote il maggior successo.

Scalping

I trader si possono suddividere in tre categorie: *swing trader*, *day trader* e *scalper*. I tre metodi si possono integrare e questo è il modo di operare che preferisco.

Lo scalping si riferisce a negoziazioni a brevissimo termine. Gli swing trader tengono le azioni fino al giorno successivo, mentre i day trader cercano generalmente di ottenere il più possibile dalle azioni entro una singola giornata di trading. Entrambi, solitamente, basano i propri sistemi sull'analisi tecnica, unita a un pizzico di analisi fondamentale.

Gli scalper invece si basano interamente sull'analisi tecnica. Il loro obiettivo è a brevissimo termine. Bastano oscillazioni di pochi centesimi per alcuni secondi fino a qualche minuto. Ciò significa che, per guadagnarsi da vivere con il mercato, gli scalper devono negoziare con somme di denaro relativamente più grandi rispetto ai day trader o agli swing trader. Gli scalper con ridotta disponibilità economica (purtroppo la maggioranza) sopperiscono a questa mancanza negoziando prodotti finanziari che hanno una leva finanziaria maggiore rispetto a quella tipica del trading azionario. Questo genere di prodotti finanziari può comprendere futures, finanziati venti volte di più, opzioni e naturalmente FOREX (*Foreign Exchange*), che possono raggiungere una leva fino a cinquecento volte superiore, espressa come margine 500:1. La cosa assurda è che negoziare con i prodotti con leva elevata è più difficile e notevolmente più rischioso del trading azionario. Ciononostante, il sogno di arricchirsi velocemente porta gli inesperti senza disponibilità economica a entrare nelle zone più difficili di trading, in cui spesso cominciano, e inevitabilmente finiscono, la loro carriera.

Questo è il classico scenario in cui si conclude la carriera di molti trader in futures finanziati che conosco.

Osservate cosa succede allo SPY nell'arco di alcuni minuti.

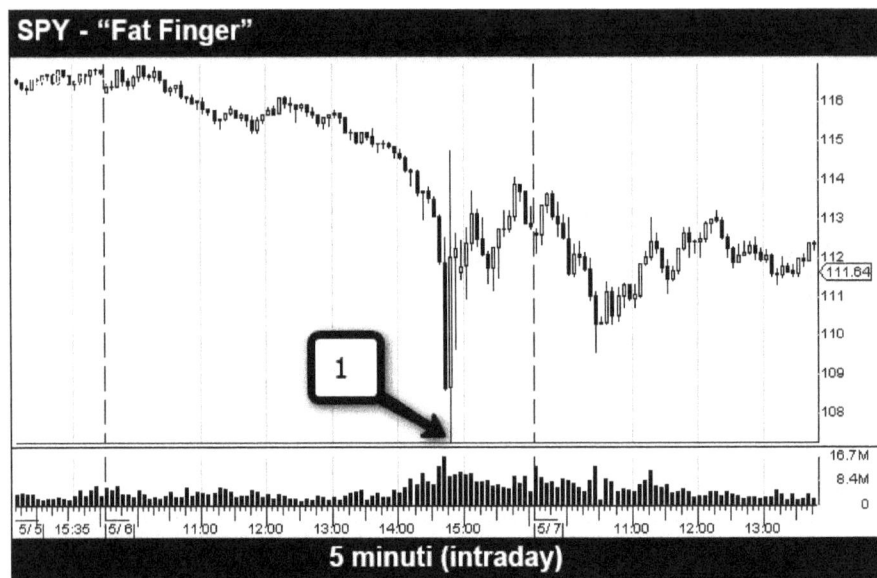

Per ragioni mai chiarite, il 6 maggio 2010 un grande fondo ha accidentalmente venduto una grossa quantità di futures S&P 500 con un solo sfortunato click. Negli ultimi anni, visto il crescente utilizzo di piattaforme di trading algoritmiche, eventi del genere si verificano con sempre maggior frequenza, tanto che il fenomeno si è guadagnato il neologismo di *fat finger*. In questo caso, il "dito grasso" ha venduto futures S&P 500 facendo crollare l'indice dei futures (ES) del 10% in pochi secondi.

È stato un fatto sconvolgente, noto come *flash crash*, che ha tenuto i trader di tutto il pianeta incollati agli schermi, pensando per un istante che fosse arrivata la fine del mondo! E, infatti, era arrivata per alcuni dei maggiori trader in futures, che usano il margine di 20:1. In realtà, come si chiarì al giro di boa del crollo, quando l'ES scese *solo* del 5%, tutti i loro conti furono spazzati via, poiché il 5% di 20:1 è pari al 100%! Quando i conti si azzerarono, i broker automaticamente li chiusero e quando il mercato ritornò indietro solo molti minuti dopo la mossa del fat finger, quei trader si ritrovarono in uno stato di shock totale, con i conti che mostravano uno zero perfetto. Quello è stato l'ultimo giorno di trading per molti trader in futures che conosco e, ne sono certo, anche per molte altre centinaia che non conosco.

IN PILLOLE	*Lo scalping a margine è garanzia di fallimento: se non sarà oggi o il prossimo anno, il giorno del giudizio arriverà di sicuro.*

Come spero abbiate capito, fare trading a margine è estremamente rischioso, dato che gli scalper tendono a "estendere" i propri conti il più possibile utilizzando una leva finanziaria. Di fatto, possono guadagnare tanto e per lunghi periodi, ma basta che si imbattano una sola volta nel giro di pochi anni in un singolo episodio di fat finger o in un altro fenomeno estremo (come la tragedia dell'11 settembre 2001), per essere tagliati fuori per sempre dal trading.

In base alla mia esperienza, nei vostri primi anni di trading lo scalping può darvi più problemi che benefici. Mi sono chiesto se avessi dovuto dedicare o meno un po' di spazio alle attività di scalping, nel timore che la lettura potesse influenzarvi inducendovi a sperimentare il metodo. Ho scelto un compromesso: descrivere l'attività, enfatizzandone i gravi pericoli. Un trader di successo deve possedere un alto livello di autodisciplina. Se lo possedete, leggete, interiorizzate e, per favore, state alla larga dallo scalping finché non avrete raggiunto un livello molto avanzato nel vostro percorso di trader.

Quando viene eseguito lo Scalping?

Esistono molti modi per eseguire uno scalping. Uno di essi può essere messo in atto quando riteniamo che stia per verificarsi una variazione netta del prezzo. Lo scopo sarà quello di entrare e uscire velocemente. Perché andarsene velocemente, invece di rimanere un po' più a lungo, migliorando i risultati? La risposta dipende principalmente dai momenti, alcuni dei quali sono adatti allo scalping a brevissimo termine.

All'apertura del trading

Nei primi dieci minuti di trading, i prezzi di molte azioni volatili visualizzati sui nostri schermi sembrano quasi "impazziti". Nella maggior parte dei casi, dipende dagli investitori privati, che hanno impartito ai broker ordini di acquisto e di vendita, che vengono eseguiti al prezzo di mercato nella prima mezz'ora di trading e possono agitare fortemente il valore delle azioni. Se seguite un'azione particolare, come Apple (AAPL), imparerete a esaminarne il comportamento d'inizio giornata e, nel corso del tempo, scoprirete che lo si può prevedere con sorprendente precisione. Apple può salire fino a un dollaro nei primi cinque minuti, tornare indietro nei successivi due minuti per l'intero aumento di prezzo e continuare poi in qualsiasi direzione, a prescindere da quei primi minuti. Potete approfittare della fluttuazione di un dollaro in entrambe le direzioni? Naturalmente, a condizione che abbiate tanta esperienza, i nervi di un pilota di caccia e tanto denaro da perdere finché non avrete perfezionato il metodo.

In pausa pranzo

Mi imbatto con una certa frequenza in una formazione vincente durante la pausa pranzo della Borsa di New York (dalle 11:30 alle 13:30). In questo lasso di tempo, non mi aspetto significativi movimenti di mercato e quindi so che, se acquisto un'azione al breakout, non devo aspettarmi un movimento forte e continuo nella direzione del breakout, ma piuttosto un brevissimo breakout, spesso seguito da un rapido fallimento. Anche se non ho fiducia nella continuità del breakout, non vuol dire che non voglia guadagnare da 10 a 20 centesimi fuggendo in fretta prima che l'azione decida il punto di rottura! La pausa pranzo è anche il momento in cui i "trader di un centesimo" sono più attivi: riparleremo più avanti di questo metodo.

Alla chiusura del trading

Questo è in assoluto il miglior momento per fare scalping. Nell'ultima ora di trading, e in particolare nell'ultima mezz'ora, i volumi crescono a causa dell'attività di fine giornata dei fondi istituzionali. Il problema in quest'ultima ora è che manca continuità. Non ci si può aspettare un movimento continuo né, di conseguenza, di ottenere un profitto, dato che finiscono le negoziazioni della giornata. In questo lasso di tempo, le formazioni inverse hanno di solito maggior successo: per esempio, un titolo che è salito molto potrebbe indietreggiare parzialmente dal suo massimo, perché molti investitori potrebbero voler realizzare parte dei profitti, ridurre i rischi e "andare a dormire" con meno posizioni aperte. Il contrario avviene con un prezzo che sta crollando in modo netto, quando i venditori allo scoperto, che per tutto il giorno lo hanno fatto scendere, cominciano a realizzare profitti (cioè adesso sono acquirenti) e il titolo recupera parzialmente la sua caduta.

The Dow Chemical Company, DOW – Esempio di Scalping

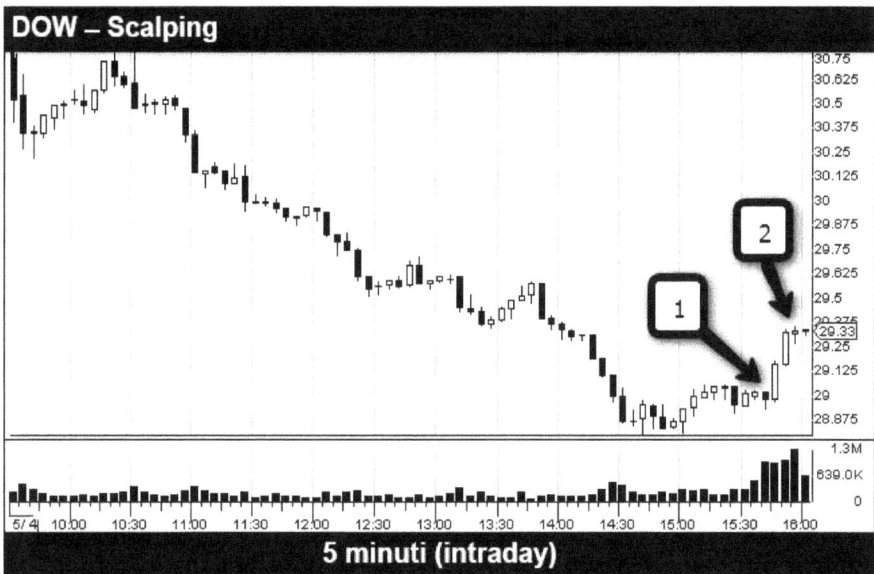

Si tratta di uno scalping classico, eseguito il 4 maggio 2010 nella nostra trading room, nell'ultima mezz'ora. DOW, una delle principali società di prodotti chimici, subì un crack insieme a tutto il mercato a seguito di voci di corridoio, diffuse quel giorno, secondo cui la Spagna sarebbe stato il prossimo paese europeo insolvente. Mentre l'indicatore di mercato era sceso del 2,5%, DOW era scesa di circa l'8%. Avevamo valutato che i venditori allo scoperto, dopo una giornata campale del titolo per quasi tutte le ore di negoziazione (notate la perfetta tendenza al ribasso), avrebbero chiuso alcuni short verso la fine: vale a dire, avrebbero comprato. Al punto [1], per la prima volta nella giornata, il titolo cambiò trend in candele di cinque minuti. Anticipando di parecchi secondi il cambiamento, entrammo in un long a 28,95 dollari. Al punto [1] il cambiamento di tendenza mostrò un rafforzamento e al punto [2] realizzammo un profitto di 40 centesimi. Notate anche l'elevato volume di trading poco prima che il titolo cambi trend. Una gran quantità di azioni passò di mano in quei minuti, rafforzando notevolmente la nostra valutazione di un potenziale pullback.

La tecnica dello Scalping

Prima condizione: dito sul mouse e occhi incollati allo schermo. Dovete essere concentrati sul titolo, acquistare e vendere con precisi ordini LIMITE. NON dovete assolutamente inseguire il titolo, perché nello scalping il guadagno o la perdita si misurano in una manciata di centesimi. In molti casi, predispongo in anticipo un ordine di uscita. Per esempio: se acquisto 3.000 quote a 20 dollari e prevedo un aumento di 30 centesimi, imposto un ordine di vendita sulla mia piattaforma di trading di:

- 1.000 azioni a 20,15 dollari,
- 1.000 azioni a 20,25 dollari,
- e aspetto, col dito sul mouse, il primo segnale di debolezza per vendere le restanti 1.000 azioni.

| **IN PILLOLE** | *Lo scalping è adatto al breve termine, quindi non viene eseguito con piccole quantità di azioni. Negoziare con piccole quantità causa la "sindrome degli spiccioli" e porta al fallimento.* |

Lo scalping non viene eseguito con piccole quantità di azioni. I nuovi trader che fanno scalping con piccole quantità, come ad esempio 300 azioni, cadono nella trappola dei profitti irrilevanti ovvero nella cosiddetta *sindrome degli spiccioli*. Vendere 100 azioni per un profitto di 15 centesimi sembra un rendimento troppo basso, così i nuovi trader cercheranno di ricavare qualche centesimo in più dalla negoziazione, per scoprire di solito che hanno aspettato troppo a lungo prima di vendere. L'azione scende di 10 centesimi, quindi non conviene vendere, perché il profitto adesso è ancora più basso, e si continua ad aspettare. Poi l'azione ritorna al punto in cui sono entrati, o persino al di sotto, e lo scalping si conclude in perdita!

Con grandi quantità di azioni, al contrario, si ricavano profitti decenti da ogni negoziazione parziale fissata, senza dover incorrere nella sindrome degli spiccioli.

Nota. I termini *spiccioli* e *profitti decenti* sono relativi e variano da un trader all'altro, a seconda del background economico di ciascuno e della resistenza psicologica di fronte ai profitti o alle perdite.

Scalping da un centesimo

Lo scalping da un centesimo è un metodo di trading orientato a ottenere profitti di uno o di pochi centesimi dalle leggere fluttuazioni intraday delle azioni con prezzi bloccati. Le azioni con prezzi bloccati sono titoli su cui operano centinaia, se non migliaia, di trader, eseguendo domande e offerte superiori o inferiori di un centesimo rispetto al prezzo negoziato dell'azione. Non si tratta di un metodo classico di trading basato su rilevanti fluttuazioni intraday, derivanti da breakout, breakdown o inversioni. Contrariamente a tutto quel che abbiamo imparato finora, lo scalping da un centesimo si basa principalmente sull'assenza di volatilità. Desidero sottolineare che non è la mia area di specializzazione né un metodo che mi piace molto, ma, in determinate condizioni di mercato descritte nella sezione seguente, lo si può applicare con successo.

Lo Scalping da un centesimo e la barriera della commissione

La prima condizione per mettere in atto il metodo è quella di avere un grosso conto di trading. Se volete guadagnare dal movimento di un centesimo e superare comunque la barriera della commissione, dovete operare con non meno di 10.000 azioni. Un guadagno di un centesimo su 10.000 azioni equivale a 100 dollari, da cui si deve ancora detrarre la commissione. In questo metodo, le commissioni sono la chiave per il successo o per il fallimento.

Vi do un esempio: supponiamo che otteniate un centesimo su 10.000 azioni, guadagnando 100 dollari. Ammettiamo che paghiate una commissione di un centesimo per le 10.000 azioni acquistate. Vale a dire un profitto di 100 dollari azzerato dalla commissione, mentre la vendita ve ne costerebbe altri 100. Nel complesso, una perdita di 100 dollari. Anche se aveste pagato una commissione di un decimo di centesimo, per un totale di 20 dollari per l'esecuzione dell'acquisto e della vendita, dovreste sempre dare al broker il 20% del profitto.

Potrebbe sembrarvi ragionevole, ma dovreste considerare anche il triste fatto che quando perdete (in almeno il 30% delle vostre operazioni), il danno, con l'aggiunta della commissione, ammonterà a 120 dollari. La media ponderata va sicuramente a vostro svantaggio.

La soluzione: invece di addebitare un centesimo per azione, che sarà utile solo operando ogni volta su un massimo di 2.000 azioni, quando negoziate grandi quantità fisse, dovete chiedere al broker di stabilire un sistema diverso di commissione basato su un *piano di commissione per negoziazione*, piuttosto che su un *piano di commissione per azione*. Se negoziate con grosse quantità, è probabile che riuscirete a chiudere a un prezzo compreso tra i 3 e i 6 dollari per operazione, senza limiti di quantità.

In realtà, i trader su ampia scala di solito ricevono commissioni, non le pagano. Come? Quando impostate gli ordini di domanda e offerta attendendo che vengano eseguiti, state aggiungendo liquidità al mercato! Quando lo fate, come abbiamo già imparato, ricevete una commissione di 2 dollari ogni 1.000 azioni dalla ECN. Facendo un semplice calcolo, si capisce che la quantità relativamente piccola di 10.000 azioni vi porterà un rendimento ECN di 0,2 centesimi per azione, cioè 20 dollari, mentre ne avete pagati solo 6. Cosa accadrebbe con un quantitativo di 100.000 azioni? Il ritorno ECN ammonta a 200 dollari, mentre la commissione pagata è sempre di 6 dollari. Capite cosa comporta? Conosco trader che si guadagnano da vivere acquistando e vendendo un'azione allo stesso identico prezzo, per guadagnare centinaia di dollari solo dal rimborso della ECN. Se sono fortunati, riescono anche a guadagnare un ulteriore centesimo per azione.

Sembra facile?

No, non lo è affatto!

Scalping da un centesimo: il metodo

Innanzitutto trovate un'azione con un prezzo basso

Idealmente il titolo dovrebbe essere tra i 5 e i 10 dollari, con bassa volatilità e un volume di decine di milioni di azioni al giorno. I titoli più adatti cambiano in periodi diversi in base all'attività del mercato, alla volatilità e al prezzo. Ricordate che la volatilità è il peggior nemico di questo metodo. Provate a immaginare quanto potreste perdere se il titolo vi si muovesse contro di 10 centesimi! Questo è anche il motivo per cui DOVETE operare in base alle seguenti regole:

1. L'azione deve muoversi lateralmente senza un trend oppure, in termini tecnici, deve avere il prezzo bloccato.

2. L'azione non deve mostrare volatilità, ma avere un movimento giornaliero fino a 5-10 centesimi.

3. Il mercato si muove lateralmente senza trend (di solito accade all'ora di pranzo).

4. Il prezzo dell'azione raggiunge al massimo i 10 dollari. Potete acquistare azioni a prezzo conveniente in grandi quantità anche se non siete Warren Buffet.

5. L'azione mostra un ampio volume giornaliero di trading di decine di milioni di unità.

Il modo più semplice per scegliere un'azione è di estrarla dall'elenco che comprende sempre le azioni Top Ten con volume elevato, scambiate sul NASDAQ o sulla NYSE. Fate attenzione che non mi riferisco ad azioni che vi si trovano per caso, ma a quelle che vi compaiono costantemente. In alcune giornate, potete scegliere la Bank of America (BAC) oppure Intel (INTC), Microsoft (MSFT) o altre società. Citigroup (C) era il preferito dagli scalper finché il suo prezzo ruotava attorno ai 4 dollari con volumi giornalieri di centinaia di milioni di azioni, prima che fosse eseguito il reverse split, come già descritto.

Se le visualizzate sullo schermo, vedrete volumi intraday di decine, se non centinaia di milioni di azioni e un numero enorme di venditori e acquirenti. Molti di loro stanno facendo il gioco da un centesimo.

Chi di fatto sposta l'azione se nessuno vuole che si muova più di un centesimo? Di sicuro non si tratta degli scalper, che lavorano a livello di un singolo centesimo, perché fondamentalmente costoro bloccano il prezzo impedendone il movimento. Il vero cambiamento proviene dal pubblico e dai fondi, che vendono e acquistano con investimenti a lungo termine in mente e a cui non importa se il titolo è salito o sceso di un centesimo.

Supponiamo che abbiate scelto la vostra azione e sia giunto il momento di negoziare. L'operazione in sé è abbastanza semplice, ma richiede una buona dose di esperienza. In primo luogo, anche se il prezzo si muove lateralmente, analizzate l'andamento globale del mercato e il trend del titolo. Se il trend è al rialzo, dovrete eseguire un long piuttosto che uno short, e viceversa. Ora, bisogna inserire il vostro ordine buy limit nel BID e attendere pazientemente che i venditori aderiscano alla vostra offerta. Quando avrete acquistato la quantità voluta, inserite un ordine sell limit sul lato ASK, con un obiettivo di profitto da 1 a 3 centesimi, attendendo che gli acquirenti aderiscano al vostro ASK nella direzione inversa.

Osservate che non occorre usare l'ordine short, perché nella maggior parte delle piattaforme di trading il SELL standard funziona esattamente allo stesso modo. Ora che avete venduto con profitto il quantitativo che avevate acquistato e avete aggiunto a tale vendita una quantità doppia, siete in uno short e dovete quindi posizionare una quantità doppia sul lato BID per ottenere un guadagno da 1 a 3 centesimi, ripetendo il ciclo. Non appena il mercato diventa più volatile, e posto che ne seguiate la tendenza, dovete annullare l'ordine di uscita, cercando di trarre profitto da un paio di centesimi al di là del target di profitto di partenza.

Desidero sottolineare, ancora una volta, che questo metodo sembra semplice. In realtà, richiede una gran dose di pazienza, autodisciplina e una profonda conoscenza del mercato. Dovete seguire il grafico azionario in candele di un minuto. Dovete inoltre monitorare il grafico di mercato, che vi indicherà se bisogna uscire dalla negoziazione con una perdita inattesa oppure se dovete annullare l'ordine di uscita, lasciando che il mercato vi conduca a profitti imprevisti di qualche ulteriore centesimo. Per le stesse ragioni, dovete seguire il grafico azionario di settore. Dovreste evitare qualsiasi negoziazione quando l'azione è a un punto di breakout o breakdown che può portarla in un territorio pericoloso.

Citigroup Inc., C – Esempio di Scalping da un centesimo

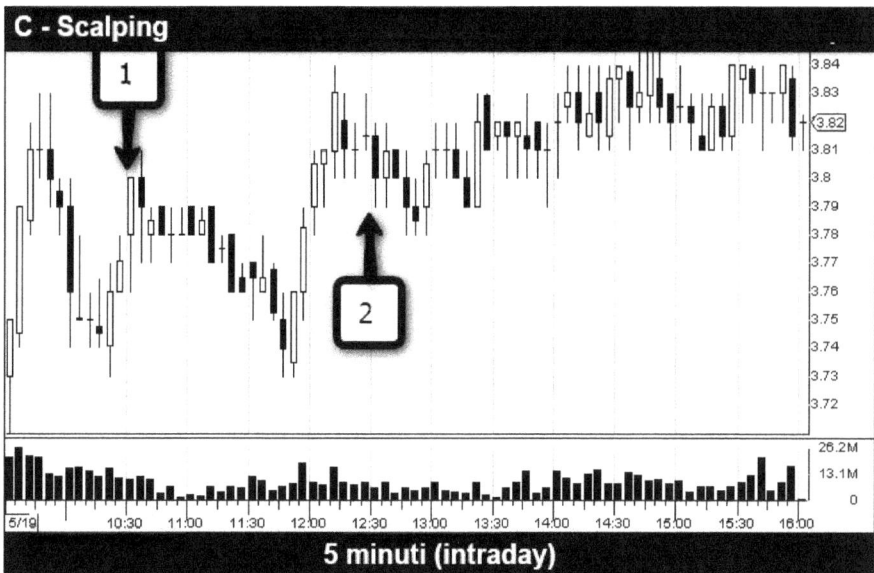

Citigroup viene negoziata con un'elevata volatilità fino alla fine della prima ora d'apertura [1], rendendo inopportuno lo scalping da un centesimo. Citigroup rallenta alle 12:30, durante la pausa pranzo [2], e da quel momento in poi fino a fine giornata soddisfa i criteri dello scalping. Osservate che, oltre all'elevato volume nell'ora d'apertura degli scambi, quando non ci sono gli scalper, il volume dal punto [2] fino a fine giornata mostra una media di dieci milioni di azioni in candele di cinque minuti. Notate come il prezzo delle azioni sia bloccato in un arco di fluttuazione di appena 4-6 centesimi.

Per gli scalper un buon motivo per operare intensamente con Citigroup prima del suo reverse split era il fatto che il suo prezzo fosse così basso! Comprare 10.000 azioni a 4 dollari per loro voleva dire fornire un capitale relativamente contenuto di 10.000 dollari che, finanziato a 4:1, gli garantiva un potere d'acquisto di 40.000 dollari. Qualche tempo fa, ho visto un trader la cui intera negoziazione comprendeva scalping da un centesimo su azioni Citigroup. Per molte ore ho osservato come un conto di 100.000 dollari e un quantitativo di 100.000 azioni per negoziazione gli avessero fruttato un profitto di 32.000 dollari in fine di giornata. Il giorno dopo il trader ha restituito al mercato circa 18.000 dollari, quando Citigroup gli si è mossa contro di pochi centesimi senza arretrare, ma nel corso del tempo ha in gran parte mantenuto un saldo positivo.

Ma la storia non è tutta rose e fiori. Quel trader era costretto a cambiare periodicamente broker perché, presto o tardi, ognuno si accorgeva che si dedicava al cosiddetto *trading tossico*. Ne riparleremo in seguito.

Tipi di ordini

Generalmente non si indirizzano gli ordini direttamente ai market maker, ma, per quantitativi di decine di migliaia di azioni, vi accorgerete che il market maker vi garantirà l'esecuzione più veloce. A loro piacciono le grandi quantità, perciò dovreste valutare di eseguire i vostri ordini tramite società come NITE (Knight Capital Group) e SBSH (Salomon Smith Barney). Per esempio, con una quantità di 100.000 azioni è meglio posizionare due ordini separati di 50.000 con ciascuno di questi due market maker e, durante la negoziazione, osservare chi di loro esegue l'ordine più velocemente. Usando in questo modo i market maker otterrete come vantaggio un'esecuzione rapida degli ordini, senza però ricevere la commissione di rimborso dall'ECN.

Come riescono i market maker a eseguire gli ordini più velocemente dell'ECN? Perché loro stessi negoziano entro questi piccoli spread. Il ruolo dei market maker, come abbiamo imparato, è quello di fornire liquidità al mercato, cosa che non fanno per garantirsi un posto in paradiso, ma perché vogliono guadagnare, proprio come voi, dal gap tra il prezzo di domanda e quello di offerta. Ciò che voi fate con migliaia o decine di migliaia di azioni, loro lo fanno con milioni. Per quelle scambiate a prezzi bloccati, agiscono meglio e più facilmente perché hanno un vantaggio su di voi: sono autorizzati a negoziare in frazioni di centesimo.

Il fenomeno del trading in frazioni di centesimo vi farà arrabbiare molto. Facciamo un esempio: potreste essere in attesa di vendere un titolo con un profitto di un centesimo. Supponiamo che l'abbiate acquistato a 8,01 dollari e prevedete di venderlo a 8,02 dollari, ma nella vostra piattaforma di trading vedete migliaia di azioni vendute a 8,019 dollari. Qualcuno vi ha dunque battuto con un prezzo migliore di solo un decimo di centesimo. È uno dei vantaggi dei market maker e dovrete semplicemente attendere con pazienza il vostro turno. D'altra parte, visto che stanno operando nel gap, saranno molto probabilmente quelli che compreranno da voi e venderanno a qualcun altro. A un certo punto, potrebbero benissimo acquistare le vostre azioni a 8,02 dollari per venderle ad altri market maker nel gap a 8,019 dollari, cercando di trarre profitto da poco meno di un centesimo, ma su quantità enormi.

Il trading da un centesimo è tossico

Come osservato in precedenza, lo scalping con profitto di un centesimo non è un metodo standard di trading. In pratica cerca solo di trarre vantaggio dall'inefficienza del mercato. Fino alla fine del 1999, gli scalper beneficiavano di una diversa struttura di mercato, visto che i prezzi delle azioni non erano negoziati con incrementi di un centesimo, ma in ottavi di dollaro: 8 dollari, 8 1/8 dollari, 8 2/8 dollari e così via. A quei tempi, bloccare il valore di un'azione tra domanda e offerta fruttava un guadagno di 1/8 di dollaro, cioè 12,5 centesimi in ciascuna direzione. Gli scalper intraday prosperavano, ma da allora il metodo è in declino, perché le borse cercano di liberarsi di chiunque si specializzi in questo metodo. Professionalmente, la domanda e l'offerta che questo genere di operatori aggiunge al mercato è definita *liquidità tossica*.

I market maker che vi identificano come fornitori di azioni tossiche bloccheranno l'accesso al vostro broker, che a sua volta, temendo le conseguenze, vi bloccherà il conto. In genere questo è il motivo per cui i trader al dettaglio non possono operare unicamente con questo metodo, ma devono entrare in una sala di trading gestita da società specializzate in questo genere di negoziazioni, che in realtà sono esse stesse dei broker e dispongono di ECN private per aggirare le restrizioni. Non è un tipo di trading che potete praticare da casa nel tempo libero. È un lavoro d'ufficio. Dovete lavorare con la piattaforma e i servizi di una determinata società e di fatto diventerete una sorta di robot stipendiato che vive delle noiose fluttuazioni di un centesimo per azione. Spenti i condizionatori, queste sale di trading assomigliano più a una fabbrica del Terzo Mondo che a piacevoli centri di contrattazione.

Tuttavia, se la vostra situazione finanziaria non vi consente di investire negli studi né di fare un ragionevole deposito iniziale sul vostro conto di trading, queste società vi offrono un ambiente di lavoro e di studio, nonché il capitale che può aiutarvi a debuttare come trader. Per i giovani, entro certi limiti finanziari e malgrado altri tipi d'inconvenienti, può essere un buon punto di partenza.

IN PILLOLE	*Lo scalping da un centesimo è detto "trading tossico". Se è l'UNICO metodo di trading che usate, aspettatevi che il broker vi chiuda il conto!*

Ho spiegato come utilizzare lo scalping per dimostrare che, in certe condizioni e nelle giuste proporzioni, il metodo può funzionare nel vostro caso, ma mi aspetto che usiate principalmente i metodi classici per trarre profitto dalla volatilità, dal mercato e dai trend del titolo. Credo che, se farete del trading classico il vostro metodo principale, potrete ottenere un reddito in qualsiasi condizione, con qualsiasi broker e senza sfruttare i fallimenti del mercato. Ciò nonostante, in condizioni di mercato non volatili, durante la pausa pranzo della Borsa di New York e con sufficiente esperienza, lo scalping vi aiuterà a portare a casa qualche centinaio di dollari in più. Un broker non rinuncerà a lavorare con voi se integrerete un livello ragionevole di scalping alle vostre regolari attività di trading.

La trappola di Cappuccetto Rosso

Il termine è chiaramente preso in prestito dal mondo della criminalità. Quella di Cappuccetto Rosso è una trappola in cui chi deve essere eliminato viene invitato a un evento apparentemente innocente, dove scoprirà di aver commesso l'ultimo e più grande errore della sua vita. In breve: seduzione, inganno, distruzione.

Nel mondo del trading, applichiamo il termine *Cappuccetto Rosso* a una formazione allettante che suscita la nostra naturale avidità e ci induce a entrare in un'azione a tutta velocità, causando di solito gravi perdite.

Quali sono le caratteristiche di una formazione Cappuccetto Rosso? Tipicamente è quella che sembra troppo bella per essere vera: ad esempio, quando, per lunghi minuti o perfino per alcune ore, un titolo si consolida a soli pochi centesimi di distanza dalla linea di breakout, dà a intendere che si stia rafforzando bene a breve termine, preparandosi per un perfetto, pieno breakout. Ma in molti casi è una trappola. Quando vedete una formazione veramente attraente, provate a chiedervi cosa la rende tale. Un'azione bloccata in un range ristretto sotto la linea di resistenza è un chiaro segnale di una cosa: un grande venditore. L'azione vuole salire, ma il venditore non ha ancora finito. Anche se il titolo rompe la resistenza, esiste una buona probabilità che il venditore rinnovi la quantità, gli acquirenti entrino in panico, liquidino e l'azione crolli quanto basta per trascinarvi in perdita.

Cosa dovreste fare in questo caso? In primo luogo, esaminate a fondo il punto di resistenza. Date uno sguardo attento alla finestra di Livello II, controllate la quantità di azioni in vendita e cercate di identificare il venditore. Si tratta di un market maker che tenta di aggiornare continuamente l'azione? Visto che è spesso difficile accedere a dati chiari tramite la finestra di Livello II, perché i venditori possono nascondere i propri ordini di vendita, esaminate attentamente la finestra T&S in cui si trova il flusso degli scambi effettivamente eseguiti. Nessuno può nascondere la quantità di azioni vendute al punto di resistenza! Se vedete una grande quantità che passa di mano senza poter identificare chi rinnova le azioni, capirete che si tratta di un venditore furbo che maschera le istruzioni di vendita.

Come guadagnare da questa situazione?

Come osservato, acquistare un Cappuccetto Rosso al breakout non è una buona idea, ma farlo dopo il suo fallimento è una storia del tutto diversa. Aspettate il breakout e il fallimento, poi comprate quando gli acquirenti delusi liquidano le azioni con perdite da 12 a 25 centesimi sotto il punto di rottura. Nella maggior parte dei casi, il titolo tornerà al livello di resistenza, dove sarete in grado di vendere a 1 o 2 centesimi sotto il punto di rottura originale. Dovreste riuscire a farlo più di una volta, finché il titolo non rompe. Si tratta di un metodo di scalping intraday bello e semplice, con percentuali di successo relativamente elevate.

Attenzione, però: il metodo richiede resistenza psicologica, perché si tratta di acquistare quando un titolo sta scendendo. Se è un'azione forte, vorrà salire. La causa del suo crollo momentaneo sotto il punto di rottura è il gran numero di acquirenti che si sono improvvisamente innamorati della formazione e hanno comprato prima del breakout, per poi entrare in panico quando la direzione dell'azione gli si è mossa contro di pochi centesimi. Dovete allenarvi a operare contro i vostri istinti naturali, comprando proprio quando i trader inesperti stanno vendendo in perdita. Al contrario, se avete acquistato un'azione al breakout che si blocca entro 10 centesimi sopra il punto di resistenza, mostrando segni di ribasso sotto il punto di acquisto, fuggite il prima possibile. Anche uscire da un'azione che non si comporta come dovrebbe è una richiesta psicologica difficile, visto che tendiamo a convincerci che, «se aspettiamo solo un altro po', andrà tutto bene».

Textron Inc., TXT – Esempio di Cappuccetto Rosso

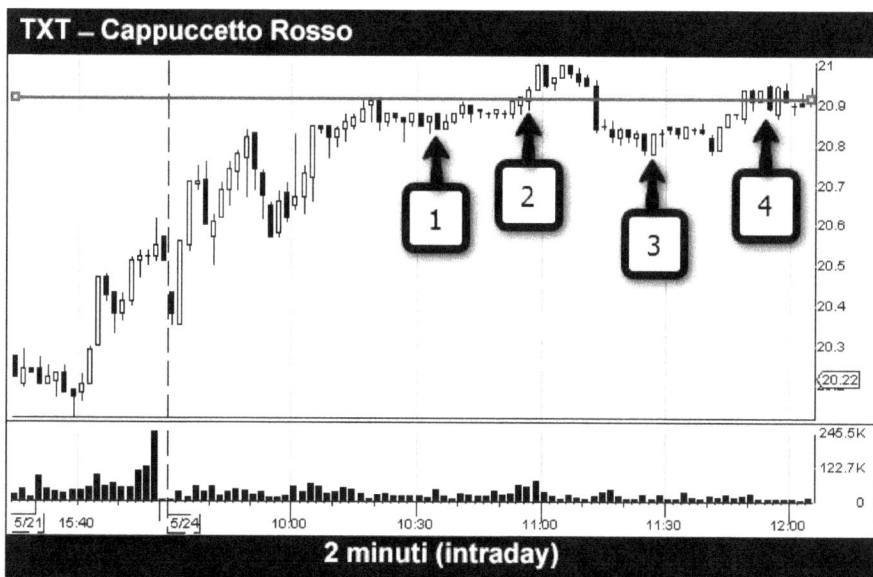

Textron è salita fortemente nella prima ora di negoziazioni. L'azione ha incontrato la resistenza a 20,91 dollari e si è consolidata [1] al di sotto di quella linea per quarantacinque minuti. Senza dubbio, una bella formazione di breakout! I vari problemi riscontrati in questo tipo di formazione mi hanno indotto a tralasciarla. In primo luogo, il titolo si stava consolidando troppo a lungo sotto la linea di resistenza e in maniera troppo perfetta. E questo suscita già qualche sospetto. In secondo luogo, ho notato che i venditori continuavano a rinnovare le offerte, il che è stato anche il motivo per cui il titolo non ha rotto per tre quarti d'ora. In terzo luogo, anche se il titolo fosse scoppiato, era troppo vicino a resistere alla cifra tonda di 21 dollari (guardatevi il paragrafo relativo alle cifre tonde). L'azione era salita di soli 9 centesimi, aveva incontrato i venditori che attendevano il numero tondo ed era crollata. Chi ne aveva causato il crollo?

Nell'arco dell'intero processo di consolidamento [1] prima del breakout, un grande numero di azioni era passato di mano, mentre stavano entrando acquirenti deboli, che non avevano ancora fissato il proprio profitto. Quando i grandi venditori avevano continuato a vendere le azioni oltre il punto di rottura, gli acquirenti deboli, sentendosi sotto pressione, a un certo punto avevano liquidato la merce, causando un ribasso del prezzo di 15 centesimi sotto il livello di breakout [3]. È questo il momento in cui dovreste acquistare, per vendere poi al punto [4], quando il prezzo torna al livello di breakout. Se vi familiarizzate con queste regole e con questo metodo, diventa un gioco da ragazzi!

Negoziazioni prima o dopo l'orario di mercato

A Wall Street le negoziazioni ordinarie durano sei ore e mezza, dalle 09:30 alle 16:00 (ora di New York). Sono ore trafficate che si aprono e si chiudono con lo squillo della campana, ma non sono le uniche in cui si può operare. Si può farlo anche nei periodi di attività minima prima e dopo l'orario ufficiale.

Alcuni broker consentono ai clienti di praticare il trading prima e dopo l'orario di mercato. La Borsa NASDAQ, ad esempio, permette di negoziare titoli dalle 04:00 fino alle 20:00 (ora di New York). È probabile, tuttavia, che un broker non fornisca servizi alle quattro del mattino, quindi verificate con il vostro gli orari, che variano da uno all'altro, sebbene l'arco di tempo normale sia di due ore oltre la giornata ufficiale di trading. Le ore supplementari sono previste dalle borse per dare a chi vuole l'opportunità di uscire ed entrare dalle azioni in base a notizie fornite fuori dalle ore canoniche.

Perché dovremmo voler negoziare prima o dopo l'orario di mercato? Per gran parte delle azioni, in queste ore non avvengono importanti variazioni di volume. Tuttavia, quando società famose pubblicano i bilanci trimestrali o rendono note informazioni importanti fuori dalle normali ore di contrattazione, le rispettive azioni mostrano una vivace attività. Questo significa che anche voi potreste partecipare al trading fuori orario, con il vantaggio teorico di essere tra i primi a reagire agli annunci finanziari, molto tempo prima del grande pubblico. In realtà, se volete ascoltare il mio consiglio, mantenete una distanza di sicurezza. Vi consiglio vivamente di non negoziare MAI al di fuori dell'orario regolare. Posso garantirvi che, ignorando il mio consiglio, nel lungo periodo perderete molto di più di quanto guadagnerete.

I pericoli del trading prima o dopo l'orario di mercato

1. **Volume basso**. Diversamente dalla giornata regolare di trading, ci sono pochissimi trader e acquirenti attivi fuori dall'orario di mercato. Vuol dire che potreste non ottenere le azioni che volete o non trovare un acquirente per quelle che intendete vendere.

2. **Ampi spread**. A causa del volume basso, lo spread tra domanda e offerta tende a essere ampio. Significa che, al momento dell'acquisto, avete già perso lo spread in caso voleste uscire dalla negoziazione.

3. **Alta volatilità**. Sempre a causa del volume basso, la volatilità potrebbe diventare particolarmente alta, senza di solito manifestare un trend chiaro. In altre parole, a un certo punto potreste guadagnare, per ritrovarvi subito dopo in perdita, fuggendo in preda alla paura, e il ciclo continua.

4. **Prezzo incerto**. Fuori dall'orario di mercato, i prezzi non sono sempre legati a quelli delle normali ore di trading. Spesso potreste pagare molto di più rispetto a una giornata di trading regolare.

5. **Uso limitato degli ordini di trading**. Prima e dopo le normali ore di attività, si possono usare soltanto gli ordini limite per l'acquisto e la vendita immediati. Significa che, se un'azione presenta un movimento improvviso, con molta probabilità perderete il punto d'entrata o di uscita che volevate, cosa molto pericolosa se non avete un ordine stop che vi protegga.

6. **Competizione con i trader professionisti**. In quelle ore la maggior parte dei trader sono professionisti o grandi fondi, che sono meglio informati di voi.

7. **Piattaforme malfunzionanti**. Il trading online comporta il rischio di tempi di reazione difettosi delle piattaforme di trading. Nelle ore

fuori mercato, il livello del servizio del vostro broker è generalmente inferiore.

8. **Commissioni alte**. I broker tendono ad applicare commissioni più alte sulle negoziazioni eseguite al di fuori delle normali ore di trading.

Riepilogo

Mi rendo conto che, in apparenza, il trading prima o dopo le normali ore di mercato, soprattutto a seguito di annunci finanziari, sembra eccitante e, in effetti, lo è. È il motivo per cui mi ci sono cimentato. Ho sviluppato le mie tecniche particolari, mi sono entusiasmato per gli annunci finanziari, ho comprato e venduto, e alla fine... ho perso! So bene che, invece, potreste avere successo, ma vi raccomando vivamente di evitare problemi inutili. Perciò ripeto il mio consiglio iniziale: state alla larga da queste ore. Credetemi quando dico che non sono altro che grossi guai. Risparmiate tempo e risparmierete parecchio denaro nel corso degli anni. Dalle mie esperienze complessive, ho ricavato una regola particolare: mai premere il pulsante durante la negoziazione fuori orario, indipendentemente da quanto la situazione appaia seducente.

Ricordo casi in cui ho tenuto le azioni della giornata precedente e durante la negoziazione pre-mercato ho visto che venivano scambiate con enormi profitti o gravi perdite. In entrambi i casi, la pressione psicologica richiede di chiudere la situazione il più rapidamente possibile. Il cervello esige che realizziate il guadagno o la perdita, guidato da un unico pensiero: liberarsi dalla pressione. Sbagliato! Questo è l'errore peggiore che possiate fare. Nella maggior parte delle situazioni, otterrete un prezzo migliore nei primi cinque, quindici minuti dopo l'apertura degli scambi.

IN PILLOLE

Il trading fuori dall'orario normale di mercato contiene intrinsecamente più rischi e sul lungo termine non paga. Non negoziamo prima e dopo le ore di trading, punto e basta!

Nel 2010, con la borsa che raggiungeva picchi di prezzo nell'arco di quattordici mesi e dopo otto settimane consecutive di inarrestabile aumento dei prezzi, fui invitato in qualità di analista in un programma televisivo di finanza. Mentre tutti gli altri prevedevano aumenti continui, predissi un pullback del 10%. Il giorno dopo, il mercato salì di un altro 1,1% e, in quello successivo, la ruota completò il giro. Avevo indovinato! Nel giro di qualche giorno, il mercato scese dell'8%, regalandoci una settimana di short sorprendentemente ricca. Nel fine settimana, mi resi conto che il calo era stato estremamente netto e che avrebbe dovuto almeno un po' cambiare rotta. Per il fine settimana, quindi, mi posizionai su tre titoli che stimavo sarebbero ritornati a muoversi verso l'alto più di tutti gli altri: Apple (AAPL), Goldman Sachs (GS) e TEVA. Attesi pazientemente l'apertura del trading del lunedì e, un'ora prima, diedi un'occhiata alla situazione pre-mercato. Non potevo credere a quel che vedevo sulla piattaforma di trading: il mercato stava aprendo con gap up di dimensioni che non avevo mai visto prima: 4.5%! Il gap mi portò in conto un guadagno pre-mercato di 28.000 dollari! A quel punto mi cominciarono a sudare le mani e il battito cardiaco accelerò: cosa fare in seguito? Vendere nel pre-mercato o aspettare?

Vi ho già insegnato che in questa fase non dovete mai vendere, ma piuttosto aspettare. Tuttavia mi chiesi se solo per quella volta non avessi dovuto infrangere le mie stesse regole. Sarebbe bastato premere il tasto di vendita e la pressione sarebbe svanita. E tutto quel denaro! Non cedetti. Aspettai. Un'ora più tardi, circa dieci minuti dopo l'apertura del trading, il guadagno salì a 36.000 dollari e lo bloccai quasi tutto. Per la prima volta quel giorno, feci un respiro profondo. Non male per un'ora di lavoro. Cosa sarebbe successo se fossi stato un trader alle prime armi? Sono certo che non sarei stato in grado di sopportare la pressione e avrei venduto prima dell'apertura del mercato. Ricordate che gli acquirenti del pre-mercato acquistano in quella fase perché credono in un prezzo di vendita migliore durante le ore di negoziazione regolari. Di solito sono professionisti di altissimo livello e quasi sempre hanno ragione.

Osservate cosa successe quel giorno a Apple (AAPL).

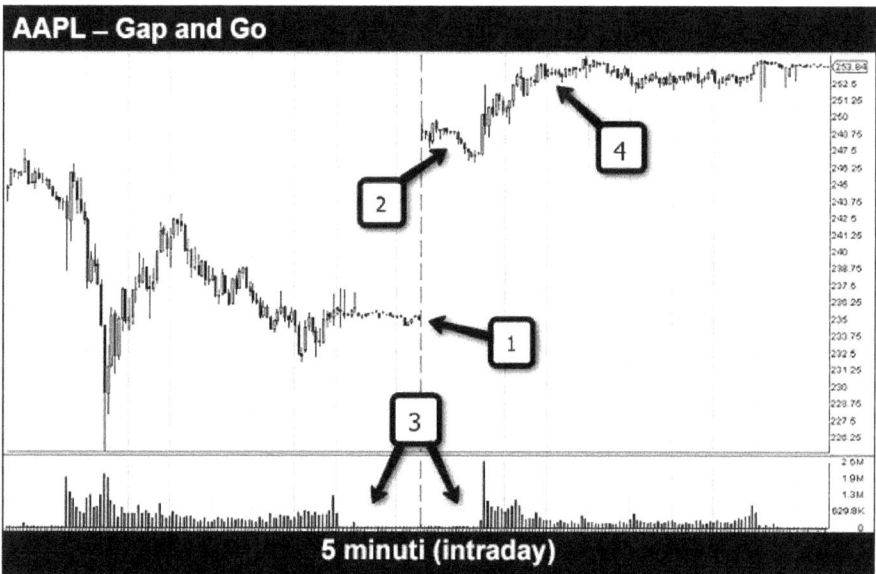

Il grafico in alto mostra le normali ore di negoziazione e il trading prima e dopo l'orario di mercato [3]. Apple chiude le negoziazioni di venerdì a 235,63 dollari ed è scambiata dopo la chiusura del trading con una leggera propensione al ribasso [1]. Acquisto 900 azioni Apple prima del termine della giornata, ipotizzando che lunedì apriranno a un prezzo superiore. Durante la pre-negoziazione di lunedì [2], sono felice di vedere che Apple viene scambiata tra i 247 e i 249 dollari. La pressione sta salendo! La domanda è: realizzare profitti o tenere le azioni? Notate i bassi volumi di negoziazione [3] prima e dopo l'orario di mercato. Sono riuscito a mantenere il controllo e a vendere dopo il picco di prezzo iniziale all'apertura degli scambi, circa 251 dollari, con un guadagno di 15 dollari per azione [4].

Uso del VWAP all'apertura delle negoziazioni

Nel Capitolo 6 abbiamo imparato che i trader istituzionali usano l'indicatore VWAP durante il trading intraday. Ora impareremo a usare questo indice nel trading a breve termine, fin dall'inizio delle negoziazioni.

Spesso, e di solito come conseguenza di una certa notizia, ci aspettiamo una forte volatilità in un titolo nei primi secondi di trading. Volendo approfittare di questa condizione, una tecnica comunemente usata è il test VWAP pre-mercato, da applicare svariati secondi prima dell'apertura delle negoziazioni. Sappiamo che si possono eseguire ordini prima che la borsa apra. In base al trading pre-mercato, si può misurare il VWAP prima che inizino le negoziazioni. Per esempio: un'azione apre con un ampio gap ribassista prima dell'inizio del trading. In apertura si verifica di conseguenza un processo istituzionale, noto come *trovare il prezzo*. I trader istituzionali, con le loro enormi quantità, valutano i livelli di supporto e di resistenza nei minuti che precedono l'inizio delle negoziazioni, cercando il prezzo d'apertura migliore su cui muovere i loro grossi numeri.

Se l'azione apre con un gap ribassista e nei primi secondi di trading è sotto il VWAP pre-mercato, sappiamo che i venditori dominano in apertura di mercato. C'è quindi una grande probabilità che il prezzo scenda nei primi secondi. Se si verifica la situazione opposta, in cui l'azione apre con un gap ribassista, ma nei primi secondi di trading è sopra il VWAP pre-mercato, possiamo ipotizzare che gli acquirenti istituzionali siano occupati, permettendoci di approfittare della situazione e di acquistare immediatamente all'apertura delle negoziazioni.

Il VWAP pre-mercato ci consente di immettere ordini prima degli altri operatori che cercano, un po' più tardi, di stimare la tendenza iniziale del mercato tramite i cambiamenti di prezzo e lo slancio, svariati minuti dopo l'apertura del trading. Per natura, l'attesa e i prezzi alterati in apertura creano maggiori rischi per chi aspetta. Utilizzare il VWAP ridurrà il livello di rischio per i trader professionali, fornendo loro qualche vantaggio.

Uno dei problemi più difficili del trading basato sul VWAP pre-mercato è quando immettere gli ordini stop loss. Non si tratta di una questione semplice. A volte le azioni tendono a "impazzire" un po' all'apertura delle negoziazioni; per questo motivo affermo e ribadisco che si tratta di un'attività più adatta ai trader esperti.

Trarre vantaggio dalle cifre tonde

Le azioni fanno fatica a oltrepassare le cifre tonde. Quando un'azione ha un trend rialzista e arriva vicino a una cifra tonda, solitamente incontrerà una resistenza e tornerà indietro. Le cifre tonde fungono da punti precisi di resistenza e supporto. Più tonda è una cifra, maggiore sarà il suo supporto o la sua resistenza. Anche le cifre che finiscono con 50 centesimi, come 28,50 dollari, servono da aree di supporto e di resistenza. Un prezzo come 40 dollari è più tondo di 35, mentre 50 dollari è più tondo di 40 e così via.

Perché le azioni si fermano su una cifra tonda? C'è un significato psicologico in tutto questo. Le consideriamo più forti e più complete, anche se questo punto di vista non ha alcuna base matematica. Pensateci la prossima volta che valutate un acquisto al prezzo di 9,99 dollari.

Supponiamo che un investitore medio abbia comprato il titolo ABC a 44,28 dollari. Dopo l'acquisto, generalmente il broker o il banchiere chiederà all'investitore: «Se il titolo sale, a quale prezzo vuoi realizzare il tuo profitto?». Molto probabilmente, la risposta dell'investitore sarà una cifra tonda, ad esempio 50 dollari. Riuscite a immaginare una situazione in cui l'investitore dirà al broker di vendere a 49,98 dollari? Visto che la maggioranza degli investitori fa lo stesso identico errore e imposta gli ordini di vendita a cifre tonde, quando il titolo raggiunge quella cifra, un flusso di ordini di vendita, maturati nell'arco dei mesi o di anni, verrà automaticamente attivato e l'ampia disponibilità di venditori a quella cifra tonda impedirà all'azione di muoversi. Quando ciò accade, gli acquirenti che hanno comprato al massimo cominciano a perdere la pazienza e a vendere. Il numero di venditori alla fine supererà quello degli acquirenti e l'esito più probabile sarà il calo del prezzo dell'azione. Di quanto sarà il ribasso? Nessuno lo sa.

Teva Pharmaceutical Industries Ltd., TEVA – Comportamento a una cifra tonda

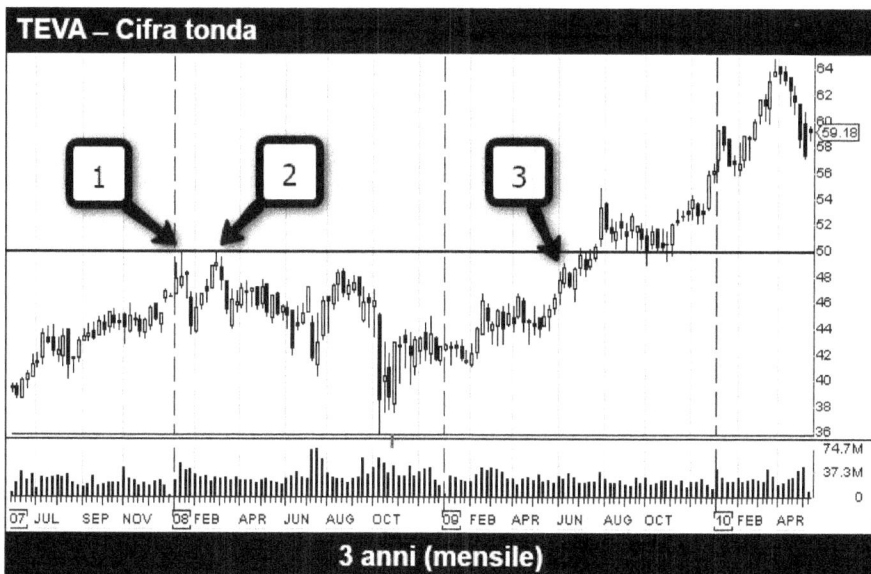

Nel grafico giornaliero, possiamo vedere il comportamento di TEVA nell'arco di un triennio. Due volte in ascesa, ha smesso di avanzare alla cifra tonda di 50 dollari. La prima volta, nel gennaio 2008 [1], è scesa a 43 dollari; la seconda volta, un mese dopo, è scesa a 36 dollari [2]; La terza volta, a distanza di diciotto mesi dal primo tentativo di rompere il traguardo dei 50 dollari, gli acquirenti sono finalmente riusciti a superare il numero dei venditori e l'azione è salita. Gli ordini automatici fissati dai venditori alla cifra tonda sono riusciti a fermare l'azione per un intero anno e mezzo!

In qualità di trader, come possiamo usare il fenomeno delle cifre tonde? Se avete acquistato un titolo e state pensando a quando eseguire un parziale (prendere un profitto parziale vendendo una parte delle azioni), dovete considerare la possibilità di impostare l'ordine a 1 o 2 centesimi al di sotto della cifra tonda, stando attenti al fatto che in quel punto l'azione potrebbe cadere. Mentre l'azione raggiunge la cifra tonda, dovete tenere il dito sul mouse e controllare accuratamente il numero di acquirenti e venditori. Lasciate che l'azione superi la cifra tonda, perché, se lo fa, lo slancio del successo potrebbe farla arrivare a massimi di svariate decine di centesimi. Ma, al minimo segnale di fallimento, prendete immediatamente un profitto. D'altra parte, se avete deciso di acquistare un titolo che al momento viene scambiato appena al di sotto della cifra tonda, è meglio aspettare fino a quando l'avrà oltrepassata.

Maidenform Brands LLC, MFB – Breakout a cifra tonda intraday

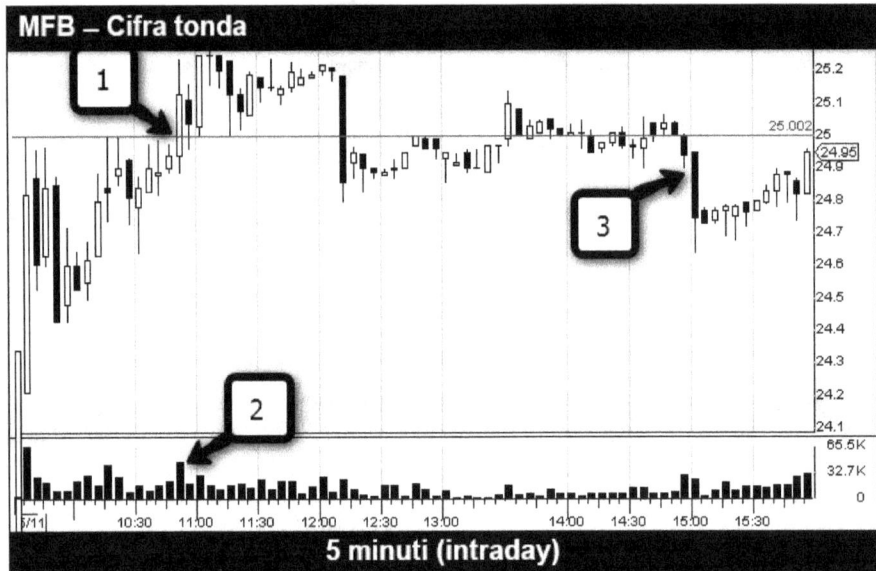

Nella trading room abbiamo acquistato MFB quando ha rotto sopra i 25 dollari. Prima della rottura, l'azione ha raggiunto la cifra tonda e si è fermata per qualche tempo [1]. La rottura l'ha fatta salire di 30 centesimi, permettendoci di ottenere un buon parziale di tre quarti della quantità acquistata. Osservate l'aumento di volume [2] nel punto di rottura. Il quarto finale è stato chiuso con una perdita di 10 centesimi [3]. Non si è trattato di una grande negoziazione, ma sicuramente è stata eseguita molto bene, traendo vantaggio nel modo corretto dalla rottura alla cifra tonda.

IN PILLOLE | *I numeri tondi servono come punti di resistenza e di supporto. Cerchiamo di acquistare sopra le cifre tonde e di realizzare profitto al di sotto di esse.*

Le cose cambiano quando un'azione scende verso la cifra tonda. In genere, ci sarà un gran numero di acquirenti intorno a quella cifra, perciò se siete in una posizione di long, fareste meglio a impostare il vostro ordine di stop sotto quel numero tondo, nella speranza che l'azione trovi supporto e ritorni ai massimi. Se state pianificando di eseguire uno short, è meglio farlo solo quando il prezzo scende sotto la cifra tonda. Se siete già in posizione di short con un'azione che sta scendendo verso il prezzo tondo, considerate la possibilità di guadagnare un parziale di alcuni centesimi prima che raggiunga l'area di supporto alla cifra tonda e inverta la direzione.

Riepilogo

Quando ci troviamo in una posizione di long (acquisto), dobbiamo valutare se sia possibile realizzare un guadagno poco prima della resistenza, prevista al raggiungimento della cifra tonda. Se pensiamo di acquistare un'azione scambiata poco sotto al prezzo tondo, è preferibile farlo se e quando supera quel punto di resistenza, quindi è opportuno impostare un ordine di stop poco sotto la cifra tonda. Chi vuole effettuare uno short (vendita) è meglio che lo faccia sotto la cifra tonda, piazzando l'ordine di stop poco sopra quel numero.

Negoziare le Small Cap

La negoziazione dei titoli a basso prezzo ha un significato speciale. Molti trader amano questo genere di azioni per l'elevata volatilità. Conosciute come *small cap*, alcune hanno movimenti percentuali giornalieri nell'ordine delle decine e sono molto popolari fra chi ama il rischio. Negoziare le small cap richiede al trader una grande abilità tecnica, perciò non sono adatte ai principianti poco esperti, che potrebbero essere facilmente attratti dal prezzo basso e dal potenziale teorico di grandi profitti derivanti da un'elevata volatilità.

IN PILLOLE	*Si definiscono* titoli a basso prezzo (small cap) *perché hanno un prezzo inferiore ai 10 dollari. Alla maggior parte dei fondi di tutto il mondo si proibisce l'acquisto di azioni con prezzo inferiore ai 10 dollari, il che spiega la loro elevata volatilità.*

Cos'è un'*azione piccola* o small cap? Non esiste una definizione univoca, ma la spiegazione attualmente accettata la definisce come il titolo di una società con un valore di mercato tra i trecento milioni e i due miliardi di dollari. Per calcolare il valore di mercato di una società, il prezzo delle azioni viene moltiplicato per il numero di azioni emesse. Queste informazioni sono disponibili su siti come Yahoo Finance.

La definizione di small cap è cambiata nel corso degli anni. Ad esempio, azioni attualmente considerate "piccole", vent'anni fa potevano essere considerate di medio-alto valore. Prima di entrare in un'azione, dovremmo fare un esercizio di moltiplicazione per valutare il valore di mercato della società? Ovviamente no. Per questo cerchiamo un comune denominatore che consenta un controllo facile e veloce. La soluzione più semplice è quella di fissare un prezzo: quasi tutte le azioni scambiate sotto i 10 dollari sono small cap.

Perché le small cap sono più volatili di altri titoli? Per due ragioni: a causa del rischio più elevato (il nome ne indica il rischio intrinseco, in quanto azioni emesse da piccole società) e per il divieto permanente che impedisce alla maggior parte dei fondi internazionali di investire denaro pubblico in azioni per natura volatili. I fondi comprano in grandi quantità; il movimento delle azioni detenute dai fondi di grandi dimensioni è più delicato, perché un calo di prezzo li porterà spesso ad aumentare le quantità che posseggono.

Tuttavia, se un'azione sale rapidamente, quei fondi approfitteranno del grande volume di vendita. Le small cap, che non ricevono il sostegno degli investitori istituzionali, dipendono dal capriccio e dalla volontà degli investitori privati, che possono acquistare o vendere premendo semplicemente un tasto.

Una seconda ragione per l'alta volatilità delle small cap è legata a qualcosa di cui abbiamo già parlato: le azioni si muovono in centesimi, piuttosto che in percentuali. Nel trading il minimo gap possibile è di un centesimo, sia che l'azione abbia un prezzo di 5 o di 50 dollari. Al breakout, i trader dovranno far salire di decine di centesimi un'azione da 50 dollari proprio come dovrebbero fare con una da 5 dollari.

Pochissimi fondi sono autorizzati a negoziare le small cap (sotto i 10 dollari), ma in linea di massima a tutti i fondi è vietato negoziare azioni con un prezzo inferiore ai 5 dollari. Se il prezzo dei titoli scende sotto il limite di 10 dollari, i trader prevedono che quelli istituzionali comincino a vendere le azioni che possiedono, creando aspettative che tendono ad autoavverarsi e causando il brusco crollo dell'azione.

Possiamo usare questa conoscenza a nostro vantaggio in due direzioni.

Trend al ribasso: si può usare il prezzo in ribasso per eseguire uno short sull'azione sotto ai 10 dollari. A me non piace molto. I breakdown di questo tipo spesso si rivelano particolarmente forti, nel caso in cui una tendenza al ribasso si aggiunga a un breakdown sotto la cifra tonda di 10 dollari.

Dean Foods Company, DF – Short sotto i 10 dollari

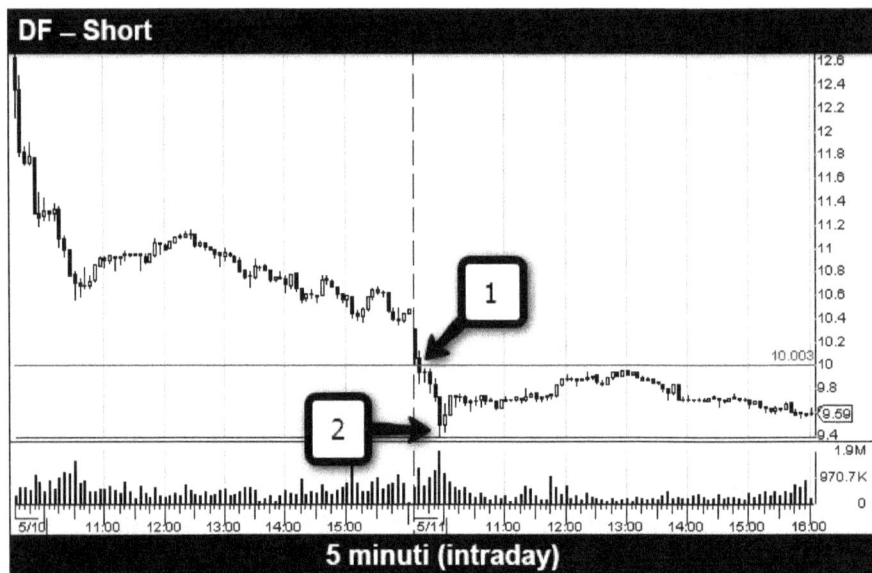

Proprio all'inizio delle negoziazioni, il team della nostra trading room eseguì uno short su Dean Foods sotto il livello dei 10 dollari. Il titolo si era mostrato debole il giorno precedente e sembrava naturale che avrebbe continuato la discesa. Al breakdown, il titolo scese di 61 centesimi [2] per cinque candele consecutive di cinque minuti, praticamente senza guardarsi indietro. Un'ottima negoziazione per cominciare la giornata.

Trend al rialzo: quando un'azione che si muove per lungo tempo sotto i 5 dollari inizia a salire e sembra voler rompere quel livello di prezzo (che per alcuni fondi è il limite per iniziare ad acquistare), si crea una situazione in cui i trader che conoscono il comportamento istituzionale, iniziano a spingere verso l'alto grandi volumi di quel titolo, partendo dal presupposto che molto presto i fondi istituzionali si metteranno ad acquistare.

Importante. Quando valuto se negoziare le small cap, mi riferisco ad azioni che appartengono solo ed esclusivamente alla lista principale della borsa e mostrano volumi giornalieri superiori a un milione di quote. È assolutamente proibito negoziare azioni che non rientrano nella lista, come le azioni *pink sheet*, riconoscibili dal suffisso PK vicino al simbolo. Credo che dobbiate stare alla larga anche dai *penny stock*, che rappresentano la truffa più pericolosa nel trading. C'è un motivo se queste azioni sono economiche. I fondi istituzionali e i grandi trader non le negoziano né vi investono mai. I principianti ne sono attratti per la loro convenienza e perché credono di poter ottenere guadagni facili. In realtà, i penny stock sono facilmente manipolabili da parte dei truffatori, sono molto volatili e molto rischiosi da negoziare. I truffatori utilizzano email di spam, pagine web di raccolta azioni e forum per spingere i trader a investire nei penny stock. Quando i principianti acquistano, i truffatori sono i venditori. A volte questi ultimi si spingono fino a offrire corsi di penny stock o a vendere servizi di raccolta di penny stock, il che è ancora più pericoloso. Di fatto, i principianti e i trader inesperti pagano per essere truffati.

Trovare una Small Cap

Le small cap sono azioni, solitamente dormienti, che si "risvegliano" per qualche giorno. Quando lo fanno, si possono individuare il primo giorno, o quello successivo, per una significativa volatilità, basata su un aumento di volume o sulle variazioni dei prezzi netti. Possiamo attenderci che lo slancio le terrà in movimento ancora per qualche giorno. Dovreste fare un elenco quotidiano delle small cap che vi sembrano interessanti in quella singola giornata. Si possono riconoscere in vari modi: da una lista di follow-up oppure usando programmi semplici e gratuiti chiamati *software di screening*, che approfondiremo più avanti. Impostate questi programmi secondo i seguenti filtri: azioni con prezzo da 3 a 10 dollari, con volumi di trading in crescita esponenziale che sono saliti in una giornata di oltre il 10%. Per trovare le small cap nel corso della negoziazione, uso il mio COLMEX Pro, denominato Top 20 che individua e visualizza i venti titoli principali di mercato in un determinato momento, molti dei quali sono small cap.

Qual è il momento migliore per negoziare le Small Cap?

Potete negoziare le small cap nell'arco della giornata, ma il momento che preferisco è durante la pausa pranzo, tra le 11:30 e le 13:30, ora di New York. Le azioni normali "riposano", perché i trader istituzionali sono usciti a pranzo, mentre le small cap, che di solito vengono negoziate dal pubblico, sono molto più attive e forniscono degli interessanti *trade trigger*.

Qual è il punto d'ingresso nelle Small Cap?

Usate le formazioni riconosciute, in particolare i breakout e le inversioni, come preferite. Scegliete l'azione in base alla volatilità e alle valutazioni sul volume: cioè scegliete le azioni con volumi giornalieri non inferiori al milione di quote. Dovete inoltre assicurarvi che ci sia uno spread ragionevole, non inferiore ai 3 o 4 centesimi e un adeguato rapporto tra rischio e rendimento.

L'indice di mercato per le Small Cap

Proprio come non negoziamo le azioni normali senza controllare l'orientamento del mercato, rappresentata dal comportamento dello S&P 500 intraday, non negoziamo neppure le small cap senza un forte supporto del loro indice, chiamato Russell 2000, simbolo RUT$. Proprio come usiamo lo SPY per seguire lo S&P 500, allo stesso modo siamo assistiti dall'IWM, l'ETF Russell 2000. In realtà, quando una small cap rompe in grandi volumi, la direzione Russell 2000 non avrà alcun effetto su di essa. Se volete invece capire la natura delle small cap in una particolare giornata e le relative probabilità di breakout, esaminate il Russell 2000 per avere una panoramica della direzione e della forza di questo particolare mercato. È evidente quindi che non usiamo il Russell 2000 allo stesso modo dello S&P 500, che è uno strumento intraday per la certificazione dei breakout e dei breakdown e per prendere decisioni sulla realizzazione di profitti. Usiamo il Russell 2000 solo per comprendere la natura delle small cap.

Dovremmo eseguire degli short sulle Small Cap?

La volatilità in centesimi delle small cap è molto simile a quella delle azioni più grandi. Come abbiamo imparato, le azioni si muovono in centesimi, piuttosto che in percentuali, e quindi non dovreste comprare le small cap dieci volte di più di quanto non fareste con le azioni normali, perché decuplichereste il rischio! Come regola generale, negoziamo quantità di small cap del tutto simili a quelle delle azioni normali. In realtà, dovete controllare la volatilità del titolo in tempo reale e decidere sul momento la quantità migliore, in base al volume e al comportamento.

IN PILLOLE	*La volatilità delle small cap in centesimi è simile a quella delle grandi azioni. In linea di massima, quindi, acquistiamo le small cap nelle stesse quantità in cui acquisteremmo le large cap.*

Riepilogo

Per ridurre il rischio, i day trader professionisti di solito negozieranno le *large* e le *mid cap* con elevata liquidità e spread ridotti. Si possono sicuramente negoziare le small cap, ma prima di entrare nell'azione, decidete con assoluta certezza cosa scegliere e come gestirlo. Un'amministrazione professionale e precisa produrrà in genere rendimenti più elevati rispetto al prezzo del titolo.

Il metodo del range bilaterale

Il metodo si applica alle azioni che aprono con un gap significativo (il prezzo d'apertura è notevolmente superiore o inferiore rispetto al prezzo di chiusura del giorno prima; controllate la sezione sull'argomento). Lo scopo è quello di entrare nell'azione dopo la chiusura del gap, quando tecnicamente sembra che possa continuare a muoversi a una distanza uguale nella direzione opposta.

Myriad Genetics Inc., MYGN – Metodo del range bilaterale

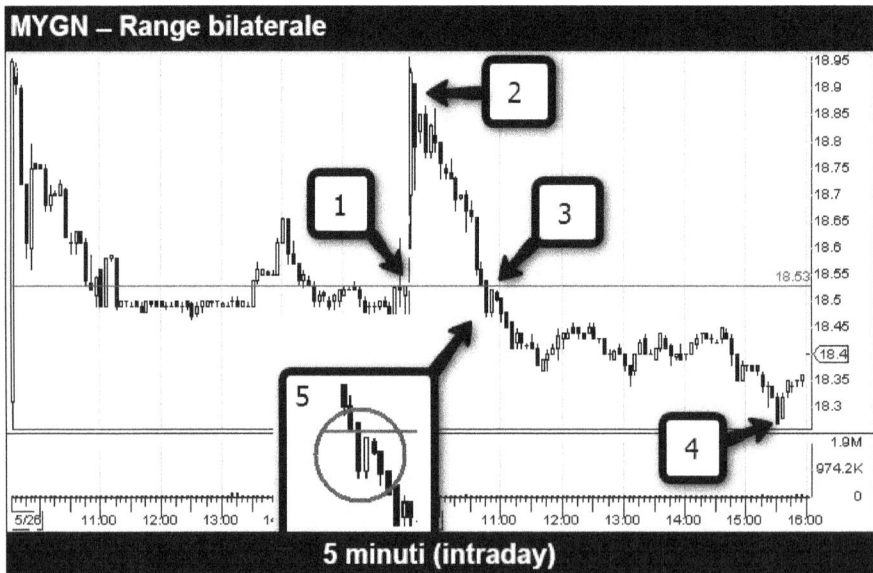

Il grafico mostra il comportamento di MYGN in due giornate di trading. MYGN ha chiuso il primo giorno a [1] e ha aperto il giorno successivo con un gap up [2]. Molti minuti dopo l'apertura degli scambi, è risultato chiaro che il titolo scendeva verso il basso per colmare il gap. Abbiamo già imparato che i gap mostrano una chiara tendenza a chiudersi nella stessa giornata di trading. I trader esperti sanno come approfittare del fenomeno e molti eseguono degli short, contribuendo a un'ulteriore discesa dell'azione.

Come vediamo nel grafico sopra, la chiusura del gap rappresenta solo la metà del movimento del titolo. A volte, come nel caso di cui sopra, si crea un'opportunità bilaterale o bidirezionale, quando un movimento deciso verso la chiusura del gap rompe subito dopo che è avvenuta [3] e fa sì che il trend ribassista dell'azione continui [4]. Notate che la distanza tra i punti 3 e 4 è identica a quella tra i punti 2 e 3. Questa è la base per il termine *range bilaterale*.

Analisi del processo. All'inizio degli scambi, l'azione si apre con un gap up [2]. In pochi minuti, gli "orsi" prendono il controllo e l'azione comincia a colmare il gap. Gli operatori in posizione long, che avevano sperato che l'azione continuasse a salire (gap and go), si trovano intrappolati dalla parte sbagliata del gioco e impostano l'uscita (ordine di stop) nel punto più logico: nell'area di chiusura del gap [3]. Gli shorter, che avevano venduto al punto [2], sanno che è molto probabile che le azioni cambino direzione dopo la chiusura del gap [3] e perciò impostano il punto [3] come target di profitto. Quando l'azione colma il gap [3], possiamo aspettarci un'inversione di direzione, o quanto meno un leggero indietreggiamento al rialzo. Infatti, poco più sotto [3] lo troviamo [5]. Il punto d'ingresso nel trading a range bilaterale è quello in cui la bear flag [5] si rompe poco sotto il punto intermedio.

Cosa succede quando la bear flag si rompe? Tutti sono interessati a vendere: i nuovi shorter entreranno negli short alla rottura della bear flag; gli shorter che sono entrati al punto [2] si pentiranno di avere chiuso i propri short e qualcuno ne eseguirà di nuovi; gli acquirenti che erano entrati al punto [2] all'apertura del trading capiscono che la chiusura del gap non li salverà e vendono. Altri acquirenti aggressivi che hanno acquistato quando il gap si è chiuso [3], ipotizzando che l'azione sarebbe salita subito dopo, si trovano dalla parte sbagliata del gioco e sono anch'essi costretti a vendere.

Chi ha perso? I maggiori perdenti sono certamente gli acquirenti; non solo quelli aggressivi, che sono entrati alla chiusura del gap [3], sperando che l'azione avrebbe invertito la tendenza cominciando a salire, ma anche quelli che avevano acquistato il giorno prima e si sono poi trovati intrappolati in un'azione che ha subito un crack. L'insieme delle energie createsi nel corso del movimento al ribasso, unite ai vecchi e nuovi long e all'ingresso di nuovi short seller, porta l'azione a un'ulteriore netta caduta, che, in molti casi, potrebbe prevedibilmente portarla giù fino al suo target della doppia distanza [4]. Per aumentare la percentuale di successo di questo processo, è meglio che il punto di chiusura del gap [3] sia in prossimità del punto pivot del giorno precedente. É proprio il caso di cui sopra. Come abbiamo visto, il punto pivot è il calcolo matematico del prezzo a cui si è verificata la maggior parte del volume di scambi del giorno prima. Come si può vedere nel grafico del giorno precedente, la gran parte dell'attività si è avuta intorno al punto di chiusura del gap. Il punto pivot è generalmente chiamato *fair value* e indica che il giorno prima la maggioranza degli acquirenti ha acquistato al prezzo medio che si trova al punto [3]. Quando il prezzo giornaliero scende al di sotto del punto [3], tutti coloro che si trovano nella direzione sbagliata rimangono intrappolati. Più il punto di chiusura del gap è vicino al punto pivot, più alto è il numero degli acquirenti delusi che cercano di uscire dall'azione se continua il ribasso, allontanando così maggiormente il processo del range bilaterale.

IN PILLOLE | *Il punto d'ingresso nel trading a range bilaterale sarà al breakout o al breakdown della formazione tecnica che emerge sopra o sotto il punto di chiusura del gap.*

Analizzare il trading a range bilaterale nella direzione opposta è esattamente la stessa cosa. Quando un titolo apre con un gap down, sale a colmare il divario, raggiunge il prezzo di chiusura, continua a salire ed è ragionevole presumere che ci offrirà la possibilità di un lungo e proficuo trading bilaterale. In questo caso, chi rimane intrappolato sono i trader entrati in uno short intorno al punto pivot del giorno precedente e ora costretti a comprare in perdita.

Trading con i report finanziari e gli annunci

All'inizio di ogni trimestre, le aziende pubbliche devono comunicare alla borsa, agli investitori e al pubblico i risultati del trimestre precedente e le previsioni per i mesi successivi. I bilanci trimestrali in genere sono pubblicati in aprile, luglio, ottobre e gennaio, subito dopo la fine del trimestre. La maggior parte delle aziende rilascia questo genere di bilanci prima o dopo le ore di negoziazione, pur non essendo obbligatorio.

I bilanci, in quanto tali, causano quasi sempre un gap nel prezzo del titolo, senza consentirci di prevedere la direzione. Quand'anche aveste profonde competenze in campo finanziario e foste in grado di analizzare i resoconti finanziari di ogni azienda, non pensate neanche per un istante di riuscire a prevedere la direzione del gap. Può succedere che report molto buoni portino a grandi ribassi, o viceversa. Non ho ancora incontrato un economista che sia rimasto sorpreso dalla direzione del titolo dopo una comunicazione trimestrale. Può suonare strano, ma, in retrospettiva, la spiegazione potrebbe essere la seguente: «Sì, i risultati sono stati eccellenti, ma, al punto tal dei tali del bilancio, la società ha comunicato aspettative inferiori». In breve, il mercato è composto da due tipi di persone: quelli che semplicemente non sanno e quelli che non hanno idea di non sapere. Nemmeno io ho mai saputo con certezza in che modo il prezzo si sarebbe mosso.

Allora come si può comunque trarre profitto dai report trimestrali e dagli annunci?

I bilanci aziendali sono dettagliati e contengono numerosi dati economici e di business. Per i trader a breve termine, non sono dati interessanti, mentre ci interessano molto i guadagni a breve sugli investitori a lungo termine!

Durante la "stagione degli utili", gli investitori istituzionali seguono da vicino le azioni dei loro portfolio, decidendo se tenerle o meno. Due fattori importanti, se non i più importanti, nei processi decisionali degli investitori istituzionali, quando valutano se aumentare o diminuire le quantità che possiedono di determinate azioni, sono:

• Le previsioni degli analisti che esaminano il titolo.

• Le previsioni degli analisti sul potenziale aumento dei profitti e dei ricavi dell'azienda nel corso del trimestre successivo.

Questi fattori, insieme a molti altri, hanno il potere di guidare le operazioni degli investitori istituzionali, che includono annunci straordinari, scambio di raccomandazioni e annunci macroeconomici che influenzano il mercato in generale e il settore specifico del titolo in particolare.

In generale, il prezzo delle azioni salirà proporzionalmente rispetto al settore e al movimento del mercato e, in linea di massima, qualsiasi movimento fuori dai ranghi sarà reso possibile solo da importanti trigger economici. Durante le crisi, o per paura di una crisi imminente, il mercato "punisce" le azioni che non ne seguono le previsioni, quindi un attento follow-up dei titoli che mostrano movimenti giornalieri netti può creare buone opportunità a breve termine (giorni) e medio termine (settimane).

Per trovare opportunità nel periodo dei report trimestrali, dovete controllare la data di quello di un determinato titolo o, semplicemente, per ogni giornata di trading, preparate un elenco delle azioni che vi interessano. Se volete individuare i titoli in base alla data del loro report, esiste un'ampia gamma di siti finanziari in grado di aiutarvi. Personalmente preferisco Yahoo Finance.

Individuare le date dei report utilizzando Yahoo Finance

Locating Report Dates Using Yahoo Finance

YAHOO! FINANCE   Sign In   New User? Sign Up   Finance Home · Help

| HOME | INVESTING | NEWS & OPINION | PERSONAL FINANCE | TECH TICKER |

GET QUOTES   » Finance Search

US Earnings Calendar for July 27, 2010

Enter Symbol   Get Earnings Date

Calendars: U.S. Earnings   Conf. Calls   Surprises   Mergers | Splits | IPO   Economic

1

Prev. Week | July 26 | **July 27** | July 28 | July 29 | July 30 | Next Week

Earnings Announcements for Tuesday, July 27

Company		Symbol	EPS Estimate*	Time	Add to My Calendar
ACE Limited	**2** →	ACE	1.87	Time Not Supplied	Add
Acerinox		ACX.MC	N/A	Time Not Supplied	Add
All Nippon Airways		ALNPY.PK	N/A	Time Not Supplied	Add
ARM Holdings plc		ARM.L	N/A	Time Not Supplied	Add

Questa pagina presenta tutte le azioni i cui report sono stati pubblicati il 27 luglio 2010. Ho scelto di visualizzare i risultati con icone organizzate in ordine alfabetico [2]. Se volete controllare la data del report di una specifica azione, potete immetterne il simbolo nel campo [1].

IN PILLOLE

> *Non "andiamo a dormire" tenendo azioni di cui si stanno per pubblicare i report, perché, anche se dovessero assecondare la nostra direzione di trading, il reale comportamento dell'azione rimarrà imprevedibile.*

Permettetemi un chiarimento: è assolutamente proibito "andare a dormire" tenendo le azioni che stanno per pubblicare i bilanci aziendali trimestrali. Se progettate di acquistare un'azione per uno swing di svariati giorni, dovete verificarne la data di bilancio. Se sarà domani prima dell'apertura del mercato, state correndo un enorme rischio! Di fatto, anche se il report uscirà il giorno seguente dopo le ore di mercato o addirittura il giorno successivo, qualche pettegolezzo potrebbe causare un gap netto anche prima dell'inizio del trading. Nel migliore dei casi, la situazione potrebbe portarvi un ottimo profitto, ma nella peggiore delle ipotesi potreste subire un notevole danno. È importante ricordare che nella scommessa esiste una possibilità del 50% che il prezzo vada in una direzione o nell'altra. Anche se credete che il report sia di gran lunga migliore delle previsioni degli analisti, e quand'anche aveste ragione, si tratta pur sempre di un grosso rischio. Le azioni hanno l'abitudine di sorprenderci, indipendentemente dai comunicati. Dati positivi possono essere seguiti da un crack e viceversa. Anche se aveste ragione, il mercato potrebbe non appoggiarvi.

L'unico caso in cui sarei pronto a tenere delle azioni in periodo di bilanci è quello in cui ne avessi venduto almeno i tre quarti con un ottimo guadagno, mentre il restante 25% non costituisce più un pericolo. Qui di seguito c'è l'esempio della ditta Lexmark (LXK). Ho acquistato le sue azioni in rialzo a 46 dollari. Il target di profitto per la vendita dei tre quarti era il 3%. Sapevo che a giorni la società avrebbe pubblicato i bilanci trimestrali, ma prevedevo che le azioni avrebbero realizzato un profitto prima di quella data. Infatti, così è successo. Il doloroso schiaffo mi giunse con la pubblicazione del bilancio. Osservate cosa fece Lexmark.

Lexmark International Inc., LXK – Pubblicazione del report trimestrale

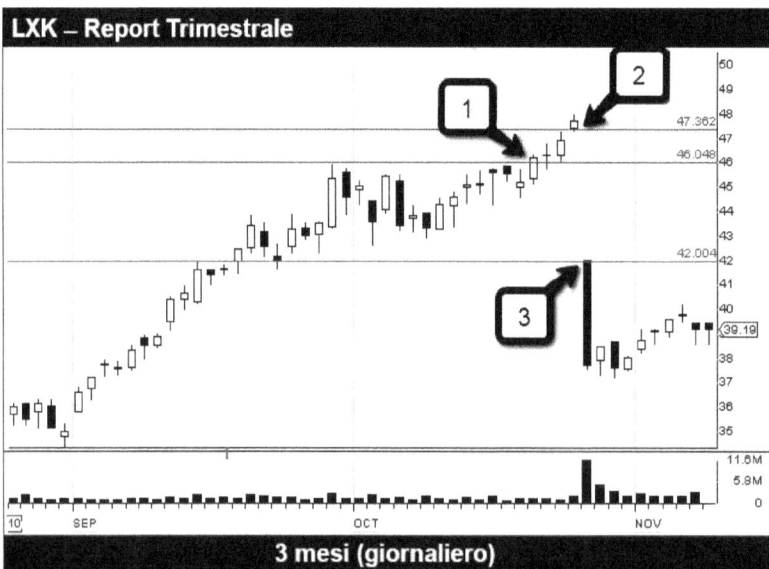

Lexmark rompe sopra i 46 dollari [1] e, in quattro giorni, raggiunge il prezzo previsto come target. Al raggiungimento del 3% di profitto, ho venduto il 75% delle quantità acquistate, sapendo che il bilancio trimestrale sarebbe stato pubblicato il giorno dopo. Nella giornata successiva alla pubblicazione, ho scoperto che Lexmark aveva aperto con un ampio gap down del 9% sotto il mio prezzo di entrata. L'ordine di stop, impostato per il prezzo d'ingresso di 46 dollari, fu eseguito allo scioccante minimo di 42 dollari e il 25% delle azioni evaporò in una dolorosa perdita.

Osservate adesso la linea di fondo: un profitto del 3% sui tre quarti delle azioni, sommato a una perdita del 9% su un quarto delle azioni, porta al magnifico totale di... zero! Riepilogo generale: non vinco e non perdo. Morale della storia: messa molto semplicemente, volete correre un grande rischio e dormire con un'azione poco prima della pubblicazione del suo report trimestrale? Prima assicuratevi di aver realizzato un ottimo profitto con la porzione maggiore delle azioni che possedete e poi correte un rischio calcolato solo su una piccolissima percentuale, se proprio volete.

Cosa sarebbe successo se Lexmark non avesse raggiunto il mio obiettivo di profitto prima della pubblicazione del bilancio? Avrei venduto tutte le azioni. A lungo termine il fenomeno non è problematico, dato che, statisticamente, quando un gap va a vostro svantaggio, ovvero nella metà dei casi, perderete; mentre nell'altra metà dei casi, ovvero quando vi avvantaggia, guadagnerete. Il risultato complessivo di decine di gap del genere sarà, molto probabilmente, pari a zero.

Diversamente dai report trimestrali, gli effetti delle raccomandazioni degli analisti si possono prevedere piuttosto bene: per esempio, la «forte raccomandazione all'acquisto» di un analista della Goldman Sachs causa, in genere, un'impennata del prezzo. La raccomandazione a vendere o un'importante causa legale, in genere, provocheranno un crollo del prezzo. Il problema degli annunci finanziari è che non si può mai sapere quando aspettarseli. Tuttavia, anche in questo caso, le statistiche vengono in aiuto. Se le reazioni del mercato di fronte alla pubblicazione dei bilanci trimestrali sono assolutamente imprevedibili, quando acquistate un titolo forte in rialzo, è invece molto probabile che uno dei motivi sia un comunicato positivo, che, ancor prima della pubblicazione, era già noto a un ristretto numero di persone in possesso di informazioni privilegiate, che hanno iniziato ad acquistare prima del pubblico. È vero, non è un'operazione legale, ma non siate ingenui. Se avete acquistato un'azione perché si sta rivelando forte, piuttosto che contando sull'imminente diffusione di un comunicato positivo, generalmente anche dopo continuerà a muoversi nella vostra direzione di trading.

Finora abbiamo analizzato la situazione in cui "dormite" con un'azione per uno swing di svariati giorni. Ora, parleremo del trading intraday.

Trading intraday con gli annunci

Il nostro obiettivo è quello di guadagnare dalla volatilità di un titolo, causata sia da un report trimestrale che da un annuncio, invece di indovinarne la direzione. Prima dell'inizio delle negoziazioni, controlleremo sui siti finanziari le azioni per cui si prevede la pubblicazione dei report al termine della giornata di trading, cercando quelle suscettibili di possibili mutamenti derivanti da un cambiamento nelle raccomandazioni degli analisti. Queste azioni andranno inserite in un elenco di follow-up e, se disponete di sufficienti schermi di computer, vi raccomando vivamente di visualizzarne ciascuna con il proprio grafico, seguendole nel corso della giornata.

Quando si dovrebbe acquistare o eseguire uno short? Innanzitutto, ricordate che non entreremo in nessuna azione senza prima averne vista l'effettiva direzione in tempo reale. Ne esamineremo la direzione, premendo il tasto solo quando si svilupperà una formazione tecnica accettabile. Osservate che la tendenza del mercato avrà un impatto minore sulle azioni che fanno notizia, piuttosto che sulle altre. In altre parole, anche se il mercato ha un trend rialzista e il titolo che avete scelto risente della mutata raccomandazione degli analisti, potete ancora eseguire uno short. Il suo tasso di successo aumenterà se il mercato lo sostiene, ma, in questa particolare situazione di bilanci e annunci, la direzione del mercato non è essenziale.

Macy's Inc., M nel giorno in cui ha annunciato il profitto

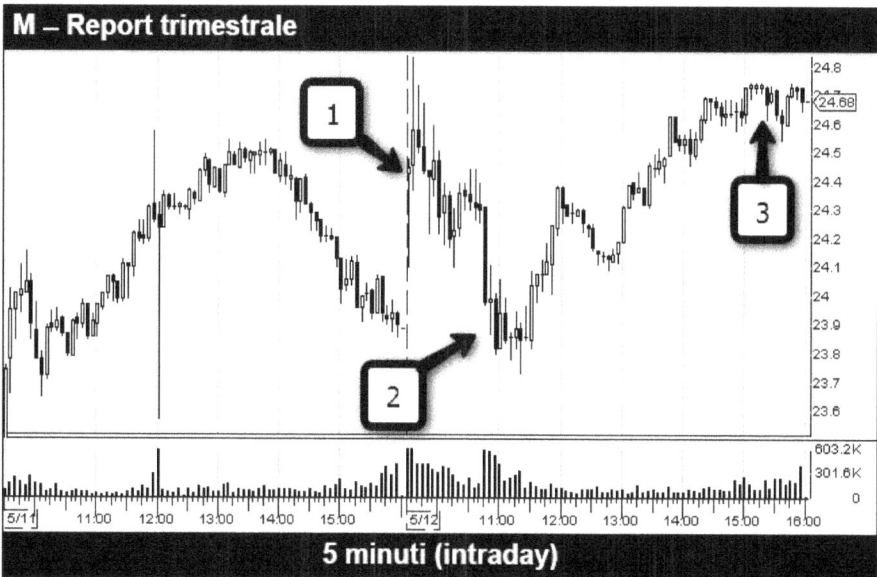

Il 12 maggio 2010, a seguito di un eccellente bilancio trimestrale, la grande catena di negozi Macy's aprì con un gap up del 2,2% [1]. Fu inoltre diffusa una recensione positiva relativa all'aumento delle vendite. Immediatamente dopo l'apertura del trading, Macy's crollò bruscamente e colmò il gap [2]. Come abbiamo visto, il punto di chiusura del gap spesso coincide col punto in cui la direzione cambia, proprio come in questo caso. Macy's recuperò e chiuse con dei massimi [3]. Cosa sarebbe successo se, a seguito della pubblicazione di quei comunicati positivi, aveste acquistato l'azione all'apertura del trading [1], sperando che avrebbe continuato a salire? Con un crollo superiore al 2% verso il punto di chiusura del gap, molto probabilmente vi sareste trovati in perdita. La conclusione è che non si può né prevedere né anticipare il comportamento di un'azione che deriva dalla pubblicazione di annunci finanziari. Tutto è possibile e può succedere qualsiasi cosa. Se l'azione sale, la si può acquistare in posizione long, se presenta anche una formazione tecnica soddisfacente, coprendosi le spalle con un adeguato ordine di stop.

Domanda. Riuscite a individuare un buon punto d'ingresso tecnico intraday per un long? Vedo la formazione head and shoulders rovesciata a 24,40 dollari. La vedete anche voi?

Individuare il minimo

Le crisi sono inseparabili dalla vita della borsa. Periodicamente, a distanza di qualche anno, la borsa subisce un crack dovuto a qualche crisi. Statisticamente, l'investitore medio vive almeno tre grandi crack nel corso della sua vita. Solo nell'ultima decade i mercati hanno subito dei crack causati da due mega-crisi: la bolla di Internet del 2000 e la Crisi Finanziaria del 2008. Sconvolgimenti di secondo livello vengono visti come mini-crisi, come, ad esempio, il crollo delle Torri Gemelle, l'11 settembre 2001, o la crisi di Dubai, la crisi greca, lo tsunami giapponese e altri eventi che ho già dimenticato.

A marzo 2009, all'apice della reazione del mercato alla crisi dei subprime, pochissime persone furono effettivamente capaci di individuare il punto più basso. Né avrebbero potuto immaginare, neanche nei loro sogni più rosei, che in poco più di un anno il mercato sarebbe risalito da quel punto con un aumento eccezionale del 100%, senza quasi mai guardarsi indietro. Le opportunità di acquisto sono estremamente rare quando si è toccato il minimo, ma una volta individuato correttamente, ci consentono di applicare le tecniche di negoziazione più a lungo nel tempo, rispetto al breve termine a cui si riferisce questo libro. Credo che, come trader, dobbiamo essere aperti a ogni genere di opportunità, anche se a volte si discosta dai limiti del nostro approccio a breve termine. Dobbiamo operare come day trader, ma anche tenere le azioni per più giorni o diverse settimane usando tecniche di swing e, in casi particolari, cercare di trarre profitto dalla volatilità nel più lungo periodo di molti mesi.

Dal momento che il 90% del pubblico perde sul mercato azionario, dobbiamo concludere che tende a comprare le azioni quando sono al culmine e se ne libera quando toccano il fondo. Cosa ne possiamo dedurre? Che dobbiamo fare esattamente il contrario di quel che fa il pubblico. Per farlo, dobbiamo identificare il minimo o il massimo, cosa in nessun caso semplice. Cercherò di fornirvi qualche regola per individuare il minimo. Non si tratta di precise regole matematiche, ma vi aiuteranno a formarvi un'opinione quando incontrerete la prossima crisi.

Sono regole molto semplici, ma piuttosto difficili da padroneggiare. La difficoltà maggiore è quella psicologica. Il cervello ci dice che è ora di agire, ma il cuore si oppone. La resistenza può derivare dalla paura di perdere, dalla pressione sociale, dalla paura dell'ignoto e da altro ancora, dal semplice fatto che siamo esseri umani. Per quanto breve sia la distanza fisica tra mente e cuore, gran parte delle persone non la può colmare. Il successo richiede di sottoporsi a un cambiamento mentale che fa confluire sullo stesso binario pensiero ed emozione. Si tratta di un processo mentale difficile, che richiede solitamente qualche anno per essere assimilato.

Regola 1: il sangue deve prima scorrere per strada

Quando cercate il punto minimo di un titolo, provate a immaginare come vi sentireste se lo aveste acquistato al prezzo massimo prima del crollo. Se pensate di poter gestire il crollo senza fuggire, allora *non è* ora di comprare! Se avvertite che non riuscireste a tollerare la pressione e crollereste oppure vendereste, allora questo *è* il momento di comprare. È una regola importante, ma notate che non la si applica a tutte le azioni. Vi dovete concentrare su azioni con buone basi, di cui nessuno capisce bene il motivo del ribasso, piuttosto che su quelle con trend ribassista dovuto a report finanziari negativi. Cercherete azioni in ribasso a causa dell'isteria generale del mercato.

Di solito, non compro le azioni in funzione del loro valore di base. È un gioco in cui i fondi sono più bravi. Ho abbastanza esperienza per sapere che non vi è nessun legame tra il valore contabile e il prezzo delle azioni, ma, a volte, quando un titolo viene scambiato incredibilmente al di sotto del valore reale, è ora di comprare.

Nell'ambito di questa regola, dovete anche controllare a quale settore appartiene l'azione: per esempio, durante una grave crisi finanziaria (la crisi dei subprime del 2008, per esempio), se aveste considerato di acquistare un titolo bancario scambiato a un meraviglioso rapporto prezzo/guadagno (PE) di 1:6 basato sui profitti dell'anno successivo, non sono sicuro che la vostra sarebbe stata una buona negoziazione. Sarebbe stato più ragionevole supporre che, l'anno successivo, la banca non avrebbe raggiunto nemmeno la metà di quel rapporto PE. Per lo stesso motivo, non vi avrei consigliato di cercare il punto più basso delle azioni dot.com durante gli anni della crisi di Internet. Ricordate che maggiore è il dolore derivato dal calo dei prezzi, maggiore sarà la possibilità di un rimbalzo di successo.

Regola 2: Non ascoltate le raccomandazione degli analisti

Non prestate attenzione agli analisti tecnici, agli analisti finanziari, ai siti finanziari, ai software magici che prevedono il futuro, ai gestori di fondi e, soprattutto, agli economisti che affermano di aver individuato il minimo. Non sono altro che rumore di fondo, da cui dovete stare lontani. Non è un gioco facile, questo. Non si tratta di leggere un articolo di giornale. I gestori di fondi che sostengono di essere bullish su un titolo stanno praticamente dichiarando che vi hanno già investito. Ricordate la prima regola: il dolore più grande è nel punto minimo e la situazione deve apparirvi senza speranza prima di entrare come acquirenti. Se in troppi dicono che il mercato salirà, non avete ancora visto il fondo. Meno ascoltate la gente che parla con autorità, maggiori probabilità di successo avrete. Prima capirete che nessuno vi può aiutare, soprattutto gli economisti, meglio sarà per voi. La gran parte degli economisti non vorrà ammettere, malgrado anni di istruzione formale, di non poter spiegare il motivo per cui il mercato sale e scende. Ma troveranno spiegazioni convincenti per giustificare il proprio titolo di studio e status professionale. Chiedete loro se hanno investito i soldi dove predicano!

Regola 3: gli analisti devono ridurre il loro rating

Quando cercate il minimo, dovete fare esattamente il contrario di quel che suggeriscono gli analisti. Gran parte delle loro raccomandazioni è fuorviante. In molti casi sono i fondi che li utilizzano per raccomandare azioni di cui hanno appena fatto scorta. Anche le aziende guidano gli analisti, ai quali forniscono di continuo informazioni privilegiate. Vi siete mai chiesti come mai uno di loro sa calcolare esattamente il profitto atteso da un titolo? L'analista riceve l'informazione precisa dal direttore finanziario della società.

> **IN PILLOLE** | *Quando un'azione al minimo "soffre" per una raccomandazione ridotta o un declassamento che non genera un ribasso continuo del prezzo, è un segno sicuro che i venditori deboli sono già fuori dal gioco e di solito indica che il prezzo sta per iniziare a salire.*

L'azione che state acquistando deve "soffrire" per il declassamento di un analista. In tutti i miei anni come trader, devo ancora incontrare un analista che alza il rating, dicendo di acquistare quando è al minimo. Quasi senza eccezione, gli analisti riducono il rating in questo punto. Un titolo che era stato valutato come un acquisto forte diventerà una vendita forte. Il problema è il metodo: la maggioranza degli analisti valuta i titoli in base al rapporto tra l'utile previsto e il profitto reale. Se un'azione realizza le previsioni, gli analisti fanno raccomandazioni positive; se le previsioni vengono disattese, gli analisti ne fanno di negative. Quando il titolo fallisce anche leggermente o temporaneamente, lo declassano. Quando un titolo consigliato subisce un crack, gli analisti lo declassano vergognosamente. In altre parole, trovano sempre una scappatoia. Le cose peggiorano dopo una crisi, perché queste ultime colgono di sorpresa la maggioranza degli analisti. Vengono colti in fallo all'apice della crisi con troppe raccomandazioni di forte acquisto. Risultato: l'autorità di vigilanza della borsa va in tilt. A chi vigila sulla borsa non piacciono le situazioni in cui gli analisti consigliano di acquistare, ma la borsa crolla. Per tutta risposta, i regolatori ordinano di ridurre le aspettative. Risultato: se sperate di avere un rating di acquisto al punto più basso, ve lo potete scordare. Per comprare un titolo quando è a questo punto, bisogna che una netta maggioranza degli analisti che valutano il titolo ne raccomandi la vendita. Ma fate attenzione: se, tolti gli ultimi consigli d'acquisto, non c'è un rovesciamento del prezzo delle azioni, vuol dire che tutti i venditori deboli sono ormai fuori dal gioco e il prezzo riflette le aspettative negative. Da qui in poi, l'unica via rimasta è il rialzo.

Regola 4: il volume nel minimo deve essere ampio

Prima di decidere se è stato raggiunto il fondo, dovete essere sicuri che gli investitori deboli siano fuori campo. È la cosiddetta *capitolazione*. Una grande impennata di volume significa che c'è un gran numero di venditori, ma ricordate che, per ogni venditore, c'è un compratore, il che vuol dire che l'azione passa attraverso molte mani. I venditori deboli si sono liberati dell'azione e sono entrati nuovi proprietari. Questi ultimi hanno acquistato a un prezzo basso. Hanno più pazienza e capacità di resistere. Più il volume cresce, più i venditori deboli vengono sostituiti da acquirenti forti. Ricordate: un titolo scambiato a livelli più bassi con grandi volumi è quello che vogliamo comprare, non vendere.

Regola 5: le cattive notizie non hanno effetto sul titolo al minimo

Quando un titolo è al minimo, le cattive notizie, e ancor più le cattive notizie preannunciate, sono già tutte nel prezzo. Quando tutti i venditori deboli se ne sono andati, gli acquirenti rimasti non si lasciano disturbare dalle cattive notizie. Occorre integrare questa regola con alcune informazioni sullo stato finanziario della società e del settore. Se la società è stata spazzata via o si trova in un settore che soffre di una situazione macroeconomica molto misera, una cattiva notizia può impedire il riscatto delle obbligazioni e quindi il controllo potrebbe passare agli azionisti.

Regola 6: aspettate ancora un po'

Quest'ultima regola è la più importante. Avete deciso di acquistare? Stop! Aspettate ancora un po'. Potrebbe valere la pena attendere un ulteriore ribasso, che dimostrerebbe che vi siete sbagliati a valutare di aver raggiunto il minimo. Un errore dei più comuni consiste nella tendenza a identificare troppi minimi e troppo spesso. Certo, osservando questa regola si può scoprire di aver perso una buona negoziazione, ma nella maggioranza dei casi sarete felici di scoprire che il minimo è ancora più in basso. Anche se vi siete persi qualche negoziazione, così facendo avrete ulteriormente migliorato il vostro tasso di successo. Ricordate: un minimo non si forma rapidamente. Di solito ci vuole molto tempo.

SPY – Identificare il minimo di mercato durante la crisi finanziaria del 2008

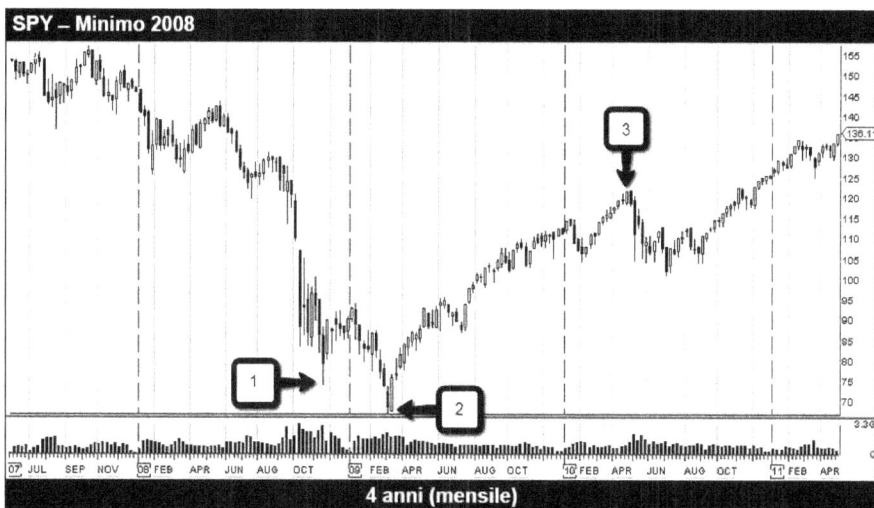

Nel mese di ottobre 2008, i mercati subirono un crack. Lo SPY (l'ETF dello S&P 500) scese da un picco di 175,52 dollari a un minimo di 67,1 dollari [2]. Poi risalì dell'82% in quattordici mesi [3]. Osservate che il primo minimo [1] non era quello vero. Sareste riusciti a individuarlo, approfittando dei massimi successivi? Sarebbe stato molto difficile. Anche se ci foste riusciti, molto probabilmente, come molti altri, sareste stati sopraffatti dalla paura, che vi avrebbe impedito di pensare con lucidità. Come molti in quel periodo, anch'io ho avuto la sensazione che il cielo fosse crollato, che la fine del mondo fosse imminente e l'intero sistema finanziario fosse sul punto di naufragare. Non avevo idea se il giorno dopo i bancomat avrebbero ancora erogato denaro.

Come trader, abbiamo ottenuto buoni profitti dai continui ribassi dei prezzi, ma temevamo di trovarci in una crisi di portata mai vista e quindi abbiamo avuto paura ad acquistare. Questo non significa che non abbiamo guadagnato da qualche movimento verso l'alto, soprattutto quando è apparso assolutamente chiaro che la tendenza del mercato era davvero rialzista. Ma non abbiamo festeggiato quanto gli investitori che avevano acquistato al minimo, resistendo sul lungo termine. D'altra parte, quanti investitori avevano veramente individuato il minimo e avevano comprato? Tuttavia con molta cautela, come trader a breve termine, abbiamo guadagnato da una lunga serie di giornate con trend rialzista.

Quando il mercato è ripreso a salire in modo deciso e continuativo, come è accaduto a partire dal marzo 2009 [2], si è verificata una situazione rara in cui i trader a lungo termine sono riusciti a guadagnare dal mercato più di quelli a breve termine. L'aspetto più triste è che in genere investitori di questo tipo assorbono anche tutti i minimi, con il risultato complessivo di coprire le perdite, ma niente di più. Devo ancora incontrare un investitore a lungo termine che sappia uscire prima del crollo, comprando esattamente nel punto più basso.

Integrare i metodi

Il 28 maggio 2010, la nostra trading room ha negoziato un titolo che, straordinariamente, integrava molti metodi che abbiamo imparato a conoscere in questo capitolo. È stata una negoziazione eccellente, che per me e i miei colleghi è stata la migliore della giornata. Abbiamo negoziato il titolo della 3Par Inc.

3PAR Inc., PAR – Negoziazione

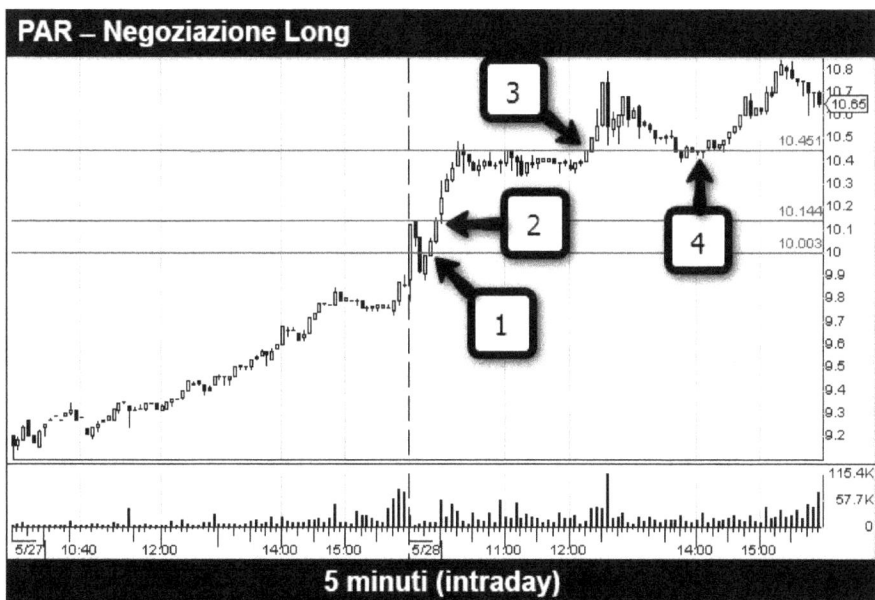

Il giorno prima del nostro ingresso, PAR è salita di quasi il 10%, da circa 9 a 9,89 dollari. Azioni come queste vengono chiamate *azioni con slancio* (*momentum stocks*). Sono titoli forti, che fa piacere trovare prima delle negoziazioni della giornata, ipotizzando che lo slancio del giorno prima attirerà nuovi acquirenti e continuerà anche in quello successivo.

L'avanzata di PAR non ha deluso e, in apertura di negoziazioni, il titolo è salito a 10,14 dollari, è indietreggiato e ha effettuato un'inversione classica [1], seguita da un movimento di oltre 10 dollari. Al punto di inversione [1], abbiamo comprato. C'era motivo di dubitare, visto che non sapevamo se il titolo sarebbe salito oltre il suo massimo precedente. Quando lo ha fatto [2], abbiamo aumentato la quantità. Il titolo è volato a un nuovo picco, dove abbiamo realizzato buoni profitti per la maggioranza delle nostre azioni. Abbiamo poi notato che il prezzo si è consolidato attorno al massimo, senza quasi nessun pullback. Il volume attorno all'area di consolidamento non era troppo grande, ossia, non stavano entrando molti nuovi acquirenti o "mani deboli" e il titolo stava lentamente sviluppando una formazione di breakout classica sopra a 10,45 dollari. Abbiamo comprato altre azioni al breakout [3] e venduto di nuovo vicino al massimo successivo.

Quali metodi studiati finora sono stati applicati in questa negoziazione?

1. Abbiamo imparato che sono da preferirsi le azioni il cui prezzo supera il limite di 10 dollari, dal momento che è il punto in cui i fondi mostrano interesse.

2. Sappiamo che dobbiamo comprare sopra le cifre tonde: quindi, sopra ai 10 dollari.

3. Sappiamo di dover comprare all'inversione [1], che è il nostro primo punto d'ingresso.

4. Dobbiamo comprare ai breakout [2], dove aggiungiamo quantità.

5. Abbiamo aggiunto quantità a un ulteriore breakout, avendo appreso che un lungo consolidamento al massimo con volume basso è una buona ricetta per massimi continuativi [3].

6. Sappiamo che, se l'azione rompe la linea di resistenza, quest'ultima diventa quella di supporto e l'azione può compiere una rivalutazione (nota come retest) [4] del punto di rottura [3], prima di proseguire verso nuovi massimi.

Trarre vantaggio dal Retest

Abbiamo parlato del concetto di retest nella sezione che spiega il supporto e la resistenza, ma, per via della sua importanza, adesso approfondirò l'informazione iniziale.

Spesso, a seguito di una rottura della linea di resistenza (vale il contrario per un breakdown sotto la linea di supporto), l'azione testa nuovamente quella linea. Scende nuovamente al punto di rottura, è sostenuta dalla linea di resistenza che è stata infranta, che diventa così linea di supporto, seguita da massimi continui. Nel grafico PAR abbiamo visto il breakout [3] e il retest [4].

Il retest è un fenomeno comune, quindi nella maggioranza dei casi si può prevedere che il titolo troverà sostegno e continuerà a salire. Per capire il retest, dobbiamo analizzare il comportamento prevedibile di acquirenti e venditori. Analizziamo l'esempio presentato da PAR.

Il trader deluso che ha perso una buona occasione

I trader che hanno perso il breakout [3] guardano delusi l'azione al rialzo, rammaricandosi nel profondo di non averla acquistata quando era ancora una buona opportunità. A seguito del breakout, non sono più interessati ad acquistare a un prezzo elevato e quindi attendono un'altra occasione per comprare, quando l'azione retrocede. Quando PAR esegue un retest [4], sfruttano la possibilità di acquistare, contribuendo così a spingere il prezzo di nuovo ai massimi.

L'acquirente deluso

Sono le persone che hanno acquistato PAR al breakout [3], ma che, pur avendo guadagnato, non sono felici. Si sentono stupidi per aver correttamente identificato il breakout, non avendo però comprato una quantità maggiore di azioni. Ovviamente è facile essere furbi a posteriori, ma quando PAR scende di nuovo al prezzo di breakout [4], sono felici di approfittare del pullback, aumentando la propria posizione. Anche loro stanno aiutando il prezzo delle azioni a salire di nuovo.

Lo short trader

I trader con short in PAR prima del breakout speravano che l'azione sarebbe scesa, ma sono rimasti delusi quando il prezzo ha superato la linea di resistenza [3]. Ora stanno perdendo, ma non vogliono uscire con grosse perdite. Perciò aspettano speranzosi che PAR scenda. Quando, con loro grande gioia, ciò accade, sfruttano il punto di retest [4] per chiudere i loro short prima della "catastrofe". In altre parole, anche loro stanno comprando, favorendo l'aumento di prezzo delle azioni.

La conclusione è semplice: tutti gli attori del mercato condividono lo stesso obiettivo di acquistare al punto di retest [4]. Nessuno è interessato a vendere a quel punto, perciò, nella gran parte dei casi, un titolo che ha rotto, retrocedendo poi al prezzo di breakout, riceverà il sostegno degli acquirenti e tornerà ai massimi. Possiamo usare a nostro vantaggio il retest in due modi: piazzando un ordine di stop sotto l'area di retest, nel caso in cui il titolo non riceva il supporto previsto; oppure per aumentare la nostra posizione in un'azione, basandoci sul presupposto che torni ai massimi.

IN PILLOLE	*Un'azione che rompe generalmente farà un retest nell'area di breakout, cioè tornerà alla linea di resistenza, che così diventerà linea di supporto. Vale il contrario per i breakdown.*

Il metodo di analisi Top Down

L'analisi top down è un metodo accettato tra gli operatori cauti. Prima dell'apertura del trading, i trader valutano le industrie e i settori forti, seguendone i movimenti. Se il settore farmaceutico eccelleva il giorno prima rispetto all'indice di mercato e agli altri indicatori delle industrie, questo tipo di trader analizzerà una serie di azioni del settore farmaceutico, alla ricerca di quelle predominanti. I trader sceglieranno in questa lista diverse formazioni tecniche interessanti e le seguiranno come potenziali candidate per il trading della giornata successiva. Durante la negoziazione, queste azioni verranno acquistate nei punti d'ingresso previsti, a condizione che tutti i criteri che abbiamo studiato siano propriamente soddisfatti:

- Il mercato ha un trend rialzista.
- L'industria specifica ha un trend rialzista.
- Il titolo è nel punto tecnico corretto.

L'analisi top down riduce notevolmente le probabilità di fallimento, ma richiede una grande quantità di lavoro preparatorio e di follow-up. È consigliato ai trader che hanno molto tempo o che sono particolarmente cauti e prudenti. Avendo il supporto di tante componenti di mercato, la probabilità di successo è molto più alta.

Riepilogo

Questo è stato un capitolo veramente impegnativo! Abbiamo studiato i breakout e i breakdown, le variazioni di volume, i punti d'acquisto e di vendita, le inversioni, i gap, la strategie di trading, lo scalping, il trading prima o dopo l'orario di mercato, il VWAP, le small cap, i range bilaterali, come usare gli annunci finanziari, come identificare il minimo, il retest e altro... Quindi, da dove cominciamo?

Non è normale avere padronanza di tutte le informazioni in questa fase. Come trader principiant dovreste scegliere un metodo, imparandolo a fondo prima di passare a quello successivo. Un consiglio pratico: focalizzatevi sulle inversioni. Cercate azioni con un andamento forte e definito, se volete acquistare, oppure con un trend debole, se volete eseguire uno short; che mostrino inversioni giornaliere (candele di un giorno), se siete interessati a uno swing di più giorni, oppure inversioni intraday (candele di cinque minuti), se volete negoziare nell'ambito della stessa giornata. Negoziare con le inversioni è un sistema semplice, più lento e chiaro della negoziazione ai breakout e ai breakdown o di qualsiasi altro metodo. Quando avrete acquisito padronanza delle inversioni, passate al metodo successivo.

11

Gestione del rischio

Abbiamo imparato a giocare in attacco, ora impareremo a giocare in difesa

Imparare a giocare in difesa

Qualche mese fa un vecchio amico mi ha chiamato per consigliarmi di comprare un certo titolo il cui prezzo, «senza alcun dubbio», sarebbe presto passato a un netto rialzo. Essendo un buon amico, ha cercato di spiegarmi che terribile sbaglio sarebbe stato non acquistarlo. Avendo già perso denaro in passato grazie a idee del genere, ho gentilmente promesso di considerare il suggerimento, ma ovviamente ho preferito non pensarci più. Qualche giorno fa, ho incontrato il mio buon amico, che non ha perso occasione di chiedermi se avevo acquistato quel titolo.

«Wow, me ne sono dimenticato...», ho mentito e gli ho chiesto se lui l'avesse fatto.

«Tu che dici?», mi ha risposto. Poi, stupito mi ha chiesto: «Perché non l'hai comprato? Voglio dirtelo, hai perso l'affare della tua vita!»

«Ma alla fine cos'è successo a quell'azione?», ho chiesto.

«Beh, finora è scesa di circa il 20%», ha risposto, «ma aspetta e vedrai cosa farà tra poco!».

Ammiro sinceramente la resistenza psicologica di chi tiene un'azione in ribasso da svariati mesi, se non addirittura da anni, sperando che ricominci a salire. Personalmente non ci riesco, sono un codardo. Ho bisogno di sapere in anticipo quanti soldi potrei perdere in una transazione e non in percentuale, ma in dollari! Inoltre, voglio poter limitare le perdite a una cifra predefinita. Per avere successo nella maggior parte degli sport, ricordate che prima bisogna imparare a giocare in difesa: «in difesa si vincono i campionati», come si suol dire. Se saprete limitare le perdite, otterrete i profitti.

Nessuna borsa valori al mondo ha un volume di attività paragonabile a quello di Wall Street. Sulla Borsa di Londra vengono negoziati circa 200 titoli ad alto volume. A Wall Street se ne trattano più o meno 10.000, dei quali circa 1.500 si muovono con elevati volumi giornalieri di più di un milione di azioni. I grandi volumi ci consentono di acquistare un titolo con un clic del mouse e, non meno importante, di venderlo con altrettanta facilità. Le azioni con uno scarso volume di solito hanno poca domanda e offerta ed è probabile che lo spread tra *bid* e *ask* sia ampio. Significa che non potete entrare e uscire a qualsiasi prezzo dalle azioni che hanno un volume ridotto: per esempio, quando volete vendere, potreste scoprire che l'acquirente più vicino, forse l'unico, è molte percentuali più giù rispetto al prezzo dell'ultima negoziazione. Vendere a quel prezzo significa subire pesanti perdite. Potreste sempre provare a inserire un ordine limite a un prezzo elevato, ma vorrebbe dire aspettare con pazienza un acquirente che potrebbe non arrivare mai! Lo stesso problema potrebbe presentarsi nel caso contrario, se voleste comprare un titolo, o peggio, se voleste chiudere uno short (ossia, acquistare) solo per scoprire che il venditore più vicino è molto al di sopra dell'ultimo prezzo negoziato per quell'azione.

Solitamente le azioni con grandi volumi hanno uno spread basso e un'elevata liquidità. Vuol dire che potete utilizzare gli ordini automatici per realizzare profitti o limitare le perdite, contando sul computer per esecuzioni veloci ed efficaci, il più vicino possibile al punto d'ingresso o di uscita che avete scelto.

Sono disponibili svariati ordini di stop, tra cui il principale e il più usato è un ordine difensivo chiamato *stop loss*. Ne abbiamo parlato nella sezione sugli ordini della piattaforma di trading. In questo capitolo, ne capiremo il significato e l'uso.

I rischi di base

Ogni lavoro comporta dei rischi. Per l'atleta è una lesione fisica; per il chirurgo è l'errore umano. Ogni professione è un mondo a sé stante ed è difficile comprenderne i rischi se non la si esplora in profondità.

Nel caso di un atleta o di un chirurgo i rischi si possono stimare e possono quindi essere assicurati. Gli atleti sono coperti dall'assicurazione contro le lesioni, i medici per danni causati da imperizia, ma nessuna compagnia al mondo vorrà mai tutelare i conti di un trader azionario. Le compagnie assicurative impiegano dei professionisti per valutare e gestire il rischio. Dal momento che non ci proteggono, sta a noi gestire i rischi. Per farlo, dobbiamo capire in cosa consistono.

Gestione del rischio e delle perdite

Innanzitutto, è necessario definire cos'è la gestione del rischio, distinguendo tra due aree che molti trader tendono erroneamente a considerare una sola: la *gestione del rischio* e la *gestione delle perdite*. La corretta gestione delle perdite è una teoria a sé stante, che non ha nulla a che vedere con quella del rischio.

I rischi devono esser affrontati partendo dal presupposto che le nostre attività di trading comporteranno in parte delle perdite. Una corretta gestione del rischio dovrebbe causarci solo perdite assorbibili, che dovremo amministrare separatamente in base a regole diverse.

Per dirlo con una metafora: *la gestione del rischio è il modo in cui un pilota prevede di evitare un incidente, mentre la gestione delle perdite è il modo in cui il pilota predispone l'atterraggio d'emergenza.*

Il rischio di base del capitale di trading

Quanti soldi avete depositato sul vostro conto di trading?

Quale percentuale del vostro capitale di trading siete disposti a perdere?

Quanto di quella cifra siete disposti a perdere in una singola transazione?

Prima d'iniziare a fare trading, queste domande devono avere risposte chiare. Vi sarà d'aiuto per definire la vostra strategia. Ciascuno di noi ha dei limiti, che dipendono dal tipo di formazione, dalle facoltà psicologiche, dalla solidità finanziaria e dagli impegni economici.

Stabilite in quale percentuale siete disposti a perdere il capitale di trading. Questa cifra è il vostro primo limite. Molti trader che conosco non ne hanno mai stabilito uno e a volte se ne rendono conto solo quando effettivamente lo raggiungono. È un grosso errore: mettere in anticipo dei paletti vi aiuterà a gestire meglio l'aspetto psicologico del trading.

Il rischio psicologico

La capacità di gestire il rischio non dipende dalla situazione finanziaria, ma piuttosto dalla resistenza psicologica. "Odiare perdere" è un tema che occupa spesso la ricerca, che giunge inequivocabilmente alla conclusione che detestiamo perdere molto più di quanto ci piaccia vincere, in un rapporto di 2:1 [AMOS TVERSKY, DANIEL KAHNEMAN, *Loss Aversion in Riskless Choice: A Reference-Dependent Model*, in «Quarterly Journal of Economics», 106 (novembre 1991), pp. 1039–1061]. La perdita viene percepita come un cambiamento della ricchezza finanziaria rispetto a uno stato neutro. Ognuno di noi ha un diverso status finanziario, in termini relativi, che deriva sia dalla reale situazione finanziaria che dalla percezione del valore della perdita. Per esempio, quando compriamo azioni a un prezzo superiore al normale, ma non le vendiamo ricavando un profitto, tendiamo a non considerare la fase di acquisto come un errore costoso, concentrandoci piuttosto sulla mancanza di guadagno al momento della vendita.

Invece, quando compriamo un oggetto per uso personale a un prezzo superiore al normale, tendiamo a considerare la transazione come una perdita.

Quale significato date alle perdite nel trading azionario? Un professionista le subisce come parte integrante della professione. Anche se non vuol dire che ottenga un perfetto equilibrio psicologico tra amore per il profitto e avversione alla perdita, è logico supporre che sia psicologicamente più stabile di un dilettante, per il quale la perdita ha un peso maggiore, anche nel caso in cui si parli dello stesso importo del professionista e il punto neutro sia identico per entrambi. In breve, si può concludere che il limite del trader amatoriale non sarà quello del professionista o, semplicemente, che ogni persona ne avrà uno diverso.

Per questo motivo è essenziale definire in anticipo i propri limiti, aumentando così le probabilità di successo. Il vostro dipende dalla quantità di denaro che siete disposti a perdere. Il denaro per l'acquisto di una nuova auto o per le vacanze della famiglia non è denaro "disponibile" e non dovreste utilizzarlo per finanziare il vostro conto di trading. Si tratta di *scared money*, cioè denaro che avete paura di perdere. In seguito parleremo più approfonditamente della gestione psicologica.

IN PILLOLE	*Fare trading con lo scared money induce un'errata gestione psicologica, aumenta l'avversione alle perdite e porta quasi sempre a perdite reali.*

Il rischio della leva finanziaria

Se aprite un conto di trading con un broker statunitense, potete ottenere un margine di 4:1, firmando semplicemente un contratto di margine con la società. Se non risiedete negli Stati Uniti e aprite un conto di trading con un broker non statunitense, potete ottenere un margine fino a 20:1. Un margine di 4:1 significa che, depositando 10.000 dollari, avrete un *leverage* (leva finanziaria) per il trading intraday fino a 40.000 dollari, che viene definito *margine intraday*. Invece, se tenete le azioni overnight, riceverete solo un margine di 2:1, chiamato *margine overnight*. Un margine di 2:1 vi permetterà di dormire sui titoli valutati il doppio dell'importo depositato sul vostro conto. Il motivo per cui il broker riduce il margine in caso di overnight è il timore che, dopo le ore di trading, vengano divulgati annunci finanziari che potrebbero mettere in pericolo i vostri soldi e i fondi della leva, che sono soldi del broker.

Un margine di 2:1 tenuto overnight comporterà un interesse, che non è previsto nel caso di un margine intraday di 4:1 e nemmeno con uno di 20:1. Gran parte dei trader utilizza il margine. Se pensate di farlo, siate consapevoli dei rischi che implica, che dovete amministrare in modo corretto.

I trader di successo ottengono rendimenti molto più alti dai loro investimenti usando bene il leverage. Anche in questo caso, il modo giusto di affrontare il rischio della leva finanziaria è quello di porre i limiti di questo tipo di trading. Evitando di oltrepassare il limite, riuscirete a prevenire pesanti perdite future. Se non siete cauti, una grossa perdita potrebbe mettervi fuori gioco per sempre.

Conoscete il metodo del raddoppio nella roulette? È molto semplice: si scommettono 10 dollari sul rosso, sperando di vincere. Se si perde ed esce il nero, si scommettono 20 dollari di nuovo sul rosso e così via. Ogni volta che si perde, si raddoppia la puntata finché non esce il rosso, recuperando in tal modo le perdite e aggiungendo un piccolo guadagno. Il problema è che, facendo così per un lungo periodo di tempo, prima o poi s'incontrerà una sequenza dello stesso colore. Ho conosciuto chi ha perso una grossa somma di denaro quando il nero è uscito ventiquattro volte di seguito! Sicuramente quanto basta per rovinare quella che avrebbe potuto essere invece una piacevole serata.

Ma torniamo alle azioni. Supponiamo, ad esempio, che stiate utilizzando un capitale personale di 25.000 dollari. Fissate il vostro limite di perdita in ciascuna negoziazione a non più del 2% del vostro conto di trading, ovvero, non intendete rischiare più di 500 dollari per ciascuna transazione. Uno degli aspetti più importanti del trading è una rigorosa autodisciplina e dovrete attenervi al limite massimo di perdita che voi stessi avete deciso.

Considerate che, avendo perso 500 dollari, il saldo del vostro conto di trading è adesso di 24.500 dollari. Su questa somma, il 2% è pari a 490 dollari. Adottando il metodo del 2%, sarete sempre in grado di calcolare in anticipo quanto denaro resta sul vostro conto dopo una negoziazione fallimentare, non importa quante siano le sequenze in perdita.

- Con dieci perdite consecutive, resteranno sul conto 20.486 dollari.
- Con cento perdite consecutive, resteranno soltanto 3.315 dollari.

La probabilità di perdere cento volte di seguito è estremamente bassa, tuttavia dovete in ogni momento conoscere il vostro limite, sia in termini di perdita massima che di perdita in una singola transazione.

Il rischio tecnico

I giusti punti d'ingresso e di uscita si determinano innanzitutto considerando il comportamento tecnico del grafico azionario. Il punto di uscita si deve pianificare in anticipo, non lo si può determinare in base alla somma che siete disposti a perdere, ma piuttosto secondo la volatilità e lo specifico comportamento tecnico di ogni azione che state trattando. Come abbiamo imparato, quando si acquista un'azione è necessario impostare in anticipo il punto di uscita (stop). Supponiamo, per esempio, che il vostro punto d'ingresso sia a 30 dollari e che abbiate programmato il vostro stop a 29 dollari. Se comprate 100 azioni a 30 dollari e il prezzo scende di un dollaro, a 29, avrete una perdita di 100 dollari. Se, invece, intendete assorbire una perdita massima di 50 dollari, allora dovete limitarvi a comprare soltanto 50 azioni, senza permettervi di comprarne 100 e di compensare fissando uno stop a 29,50 dollari, che fin dall'inizio non era lo stop tecnico giusto.

Oltre al calcolo che avete fissato in anticipo, bisogna anche capire che il vostro reale punto di uscita potrebbe essere più in là di quello stabilito. Per esempio, se il prezzo è sceso a 29 dollari, ma non ha ancora eseguito un'inversione di cinque minuti, potreste ritrovarvi a subire una perdita maggiore del previsto. Dovete quindi considerare in anticipo un ulteriore margine d'errore, che vi consenta di operare correttamente a livello tecnico e di attendere l'inversione, pur restando nei limiti della perdita accettabile che avete programmato.

Il rischio derivante dall'esposizione

Il rischio nel trading azionario dipende in parte da fattori sconosciuti, che comprendono notizie politiche, annunci finanziari e di mercato, bollettini aziendali sulle azioni che avete acquistato, informazioni di settore, raccomandazioni degli analisti e tutte le altre voci che possono influenzare il prezzo. Dato che non si possono prevedere i tempi, i contenuti o l'impatto delle notizie, il modo migliore per arginare i rischi è quello di ridurre il tempo di esposizione al mercato. Minore l'esposizione, minore il rischio.

IN PILLOLE | *Più limitate l'esposizione al mercato, più riducete il rischio.*

I day trader operano con grandi quantità e per questo motivo escono da buona parte delle loro transazioni nel corso della giornata di trading. Tenere le azioni significa correre dei rischi. Gli swing trader acquistano quantità minori, perciò accettano di correre il rischio e possono attendere più giorni prima di chiudere parte della transazione. Ma anche loro cercano di vendere il più presto possibile il 75% dei titoli che posseggono, per ridurre l'esposizione ai cambiamenti d'umore del mercato. Gli investitori a medio e lungo termine, che tengono i titoli per settimane, mesi e anni, sono ancora più esposti. Conclusione: più limitate l'esposizione, più riducete i rischi, riuscendo ad aumentare la vostra quantità di trading.

L'ordine Stop Loss protettivo

Questo tipo di ordine fa esattamente quel che dice il nome: limita le perdite. Dopo essere entrato in un titolo, predispongo un ordine di stop loss nella mia piattaforma di trading, stabilendo il prezzo esatto a cui voglio uscire nel caso in cui il titolo dovesse muoversi contro il mio programma. In alcune piattaforme di trading, come COLMEX Expert, lo stop loss può essere inserito anche prima di acquistare l'azione e si attiva solo dopo che l'acquisto è stato realmente effettuato.

Generalmente, non faccio trading per più di due ore consecutive al giorno, ma tengo una parte delle azioni mentre faccio una pausa. È allora che uso gli ordini di stop per le posizioni ancora aperte.

Di solito, quando sto attivamente facendo trading e seguo gli schermi, non ho l'abitudine di usare gli ordini di stop automatico. Uso il cosiddetto *stop mentale*: ovvero esco dall'azione con un click del mouse se raggiunge il punto di stop prestabilito. Ne riparleremo più dettagliatamente in seguito. Quando ho più azioni di quante ne riesca a gestire con facilità, faccio attenzione a impostare sempre un ordine di stop. Nella maggior parte delle piattaforme di trading, gli ordini di stop che inserisco vengono salvati nel computer del broker, quindi, se per qualsiasi motivo il mio computer dovesse incepparsi durante il trading o se la connessione Internet dovesse essere in qualche modo instabile, non devo preoccuparmi: l'ordine di stop verrà eseguito com'è stato impostato.

Non tutti gli Stop Order sono ordini Stop Loss

Parliamo innanzitutto di terminologia. È importante capire la differenza tra i vari tipi di ordini di stop, come lo stop limite, lo stop di mercato e così via (riguardate la sezione sugli ordini di trading), e l'ordine di stop loss.

- Stop limite, stop di mercato e altri sono ordini di trading codificati e disponibili su qualsiasi decente piattaforma di trading.

- *Lo stop loss non è un ordine codificato*. Non troverete le parole *stop loss* in nessuna piattaforma di trading professionale. Il suo significato è semplice: «Limita le mie perdite». Con quest'ordine, si stabilisce il prezzo di uscita, se un titolo acquistato inizia a scendere.

- Diversamente dalla parola *stop* di stop loss, lo *stop* di stop limite, stop di mercato, ecc. significa: «Metti in attesa». Perciò uno stop limite significa: «Aspetta finché non sarà possibile eseguire un ordine limite al prezzo stabilito».

- Non tutti gli ordini di stop loss hanno l'obiettivo di arginare le perdite. In molti casi, si tratta semplicemente di un punto di uscita superiore per un'azione in rialzo. Per esempio: avete acquistato un'azione a 30 dollari e inserito nel sistema uno stop loss a 29,70. Questo è un vero e proprio stop loss. Ma se il prezzo fosse salito a 31 dollari e il vostro stop loss fosse stato fissato a 30,70, è chiaro che non avreste subito alcuna perdita, nel qual caso il termine più appropriato sarebbe stato semplicemente quel che i trader chiamano uno *stop*, cioè un punto d'arresto.

Impostare lo Stop Point

In fase di pianificazione del trading si dovrebbe già predisporre il punto di uscita da una perdita, ma, come scopriremo tra poco, non sempre siamo in grado di sapere a priori dove sarà. Tuttavia, pur non potendo individuare con certezza l'uscita esatta, si può programmarla in anticipo. Lo facciamo per due motivi: è corretto da un punto di vista professionale ed è positivo dal punto di vista psicologico.

- **Il punto di vista professionale.** Prima di ogni negoziazione dovete controllare il rapporto rischio/rendimento. Come si stima il rischio senza sapere dov'è lo stop? I trader che non impostano il punto di stop prima d'iniziare la negoziazione operano con scarsa professionalità. Un professionista per prima cosa calcola il rischio, non il rendimento.

- **Il punto di vista psicologico.** Potete determinare uno stop affidabile dopo essere entrati nell'azione? No. Dopo l'acquisto non riuscirete più a pensare con lucidità. L'avidità vi sfida e la paura di perdere gioca con le vostre emozioni, minando la capacità di mantenervi razionali, e presumibilmente vi induce a realizzare profitti troppo presto o a limitare le perdite troppo tardi.

Alcuni trader predispongono gli stop prima d'iniziare la negoziazione, ma poi il demone si mette all'opera: quando il prezzo si avvicina allo stop, lo annullano e ne impostano uno nuovo più lontano. Cosa fanno quando il prezzo si avvicina al nuovo stop? Esatto, lo reimpostano. Maggiore è la perdita, più è difficile che ammettano di aver perso. Uscire in perdita fa male. La psicologia umana tende a volerci proteggere dal dolore. Il punto di uscita è doloroso? Dunque, perché premere il tasto? Dovendo scegliere tra la speranza che l'azione cambi direzione e cominci a guadagnare e la frustrazione di perdere, quei trader scelgono la speranza. Se aumenta l'entità della perdita, si trasformano da trader a breve termine in investitori a lungo termine. Si domandano: «Perché è successo?», cominciando a cercare spiegazioni per il drastico cambio di direzione del titolo. Negano la realtà e cercano ogni possibile scusa per giustificare la situazione: «La società ha dei buoni prodotti», oppure: «Il management è eccellente» e via dicendo.

A mio avviso, lo stop può muoversi solo in una direzione, che NON è quella di aumentare una perdita. Come spiegato nella sezione relativa alla gestione del trading, dopo aver realizzato il primo profitto, lo stop può essere spostato il più vicino possibile al punto d'ingresso o al di sopra di esso, per evitare che una negoziazione proficua diventi fallimentare.

Ripetetevelo in mente finché non l'avrete assimilato: «*Mai restituire denaro al mercato*». È una delle regole fondamentali del trader azionario, anche se per molti ci vorrà del tempo per impararla e capirla.

L'importanza dello Stop

Il tempo mi ha insegnato che l'errore principale dei trader falliti è la difficoltà di arginare subito le perdite. La vostra risorsa principale è il capitale depositato sul conto. Se non fate tutto il possibile per preservarlo, siete destinati a una completa disfatta. «Tutto il possibile» vuol dire limitare quanto più possibile le perdite. Sempre. Senza eccezioni o scuse. Senza: «Solo per questa volta» oppure: «Sto solo provando»; senza: «Mi fido di me stesso, so cosa faccio» oppure: «Sono disposto a pagare il mercato per imparare». Piccole perdite. Prima di tutto, giocate bene in difesa. Sempre.

IN PILLOLE | *Il trader migliore non è necessariamente chi sa scegliere le azioni giuste, ma chi sa limitare le perdite più rapidamente di chiunque altro.*

Le perdite sono una componente intrinseca del trading azionario. Di fatto, molti trader professionisti perdono in circa la metà delle transazioni che eseguono. La differenza principale tra un trader fallito e un professionista è la capacità di contenere in tempo le perdite, senza però uscire troppo rapidamente da un'azione che si muove nella giusta direzione. Quando i trader professionisti perdono, ammettono subito l'errore, limitano le perdite e passano alla negoziazione successiva. Non si consolano con delle scuse né giustificano la situazione con affermazioni del tipo: «Ma il titolo mostra buoni guadagni» oppure: «Il trend di mercato è al rialzo, perciò il titolo sicuramente invertirà direzione». Si comincia con una perdita e si finisce con i rimpianti.

Lo Stop a tempo

Può accadere di entrare in un'azione che subito dopo si blocca. Non fa differenza se succede quando avete realizzato un profitto o subìto una perdita. Comunque sia, non è andata come avevate previsto.

Innanzitutto cercate di capire che c'è un valido motivo per cui il titolo ha smesso di muoversi. Generalmente non saprete qual è, ma è probabile che stia succedendo qualcosa. Ad esempio, quando acquistate un'azione con un trend rialzista che subisce l'ostruzionismo dei venditori, è logico pensare che gli acquirenti saranno ben presto esasperati e cercheranno una via d'uscita. Come gli altri, anche voi avete notato la perfetta formazione tecnica e acquistato, sperando in un esito positivo, ma fareste meglio a essere i primi a uscire.

Quanto tempo deve trascorrere tra il vostro ingresso e l'uscita? La risposta dipende dall'esperienza personale del trader, ma se volete una regola, direi che, se non ha prodotto risultati nel giro di dieci minuti, sta accadendo qualcosa di negativo. Per quel che mi riguarda, quando un'azione smette di muoversi, esco! Se le azioni non si muovono velocemente, di solito non lo faranno mai.

Mi rendo conto che sembra molto semplice: «Non si muove, quindi esco». In realtà, non lo è affatto. La nostra mente non vuole premere il pulsante. Siamo convinti di aver fatto una buona scelta e temiamo che alla fine si riveli un successo a cui noi non parteciperemo, se usciamo. Vero: dal punto di vista psicologico è una decisione difficile, ma dovete tener duro e premere quel pulsante. Se la tenete, è molto probabile che l'azione prima raggiunga il vostro punto di stop e dopo ci sono le stesse possibilità che abbia successo o che fallisca. Ricordate che siete entrati nell'azione perché pensavate che si sarebbe mossa rapidamente nella direzione prevista. Se non è accaduto, avete commesso un errore: siete entrati in un gioco d'azzardo. Non lasciate niente alla fortuna. Prendetevi il denaro, anche se siete in perdita o avete ottenuto solo un piccolo profitto, e investitelo in un titolo di maggior successo. Ricordate: la disciplina è la chiave di tutto.

Lo Stop con inversione di cinque minuti

È lo stop tecnico corretto, ma non è necessariamente quello giusto per ogni occasione. Richiede nervi d'acciaio, che i trader inesperti generalmente non hanno. Quando entro in un titolo, non so mai se ho scelto il giusto punto d'ingresso. Entro in un titolo forte con un trend rialzista in un corretto punto tecnico oppure eseguo uno short su un titolo debole, ma l'azione o il mercato potrebbero non condividere la mia scelta.

Moody's Corp., MCO – Esempio di short

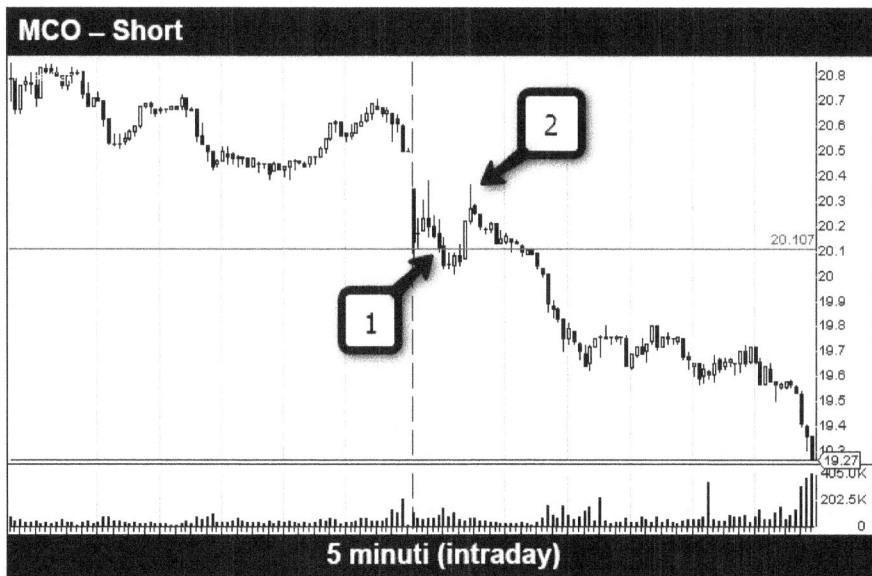

Avevo eseguito uno short su Moody's sotto i 20,10 dollari [1]. In quel momento, il titolo pareva diretto verso ulteriori minimi. Aveva aperto con un gap down del 2% e il percorso sembrava tracciato. Il mercato aveva fatto lo stesso. Naturalmente mi preoccupavo per il gap di chiusura (ovvero il generale trend al rialzo), ma il mercato era rimasto debole per diversi giorni e pensavo che fosse molto probabile che continuasse a scendere. Mi sbagliavo. L'azione scese a 20 dollari, incontrò il supporto di una cifra tonda (di cui abbiamo già parlato) e in seguito il mercato si mosse in direzione contraria. In altre parole, era salito a chiudere il gap. In pochi secondi, Moody's aveva cambiato direzione, trainata dal mercato, ed era salita a 20,37 dollari [2]. Ahi!

Cosa fare in questi casi? Dove trovare lo stop? Come abbiamo imparato, uno stop loss dovrebbe essere fissato in anticipo, sia che venga effettivamente impostato nella piattaforma di trading sia che venga tenuto in mente. Quando vi aspettate che un titolo rompa e crolli rapidamente e violentemente, ma in realtà vi si muove contro di 10 centesimi, cercate di capire che sta accadendo qualcosa di negativo. Nei casi esaminati lo stop loss dovrebbe farvi uscire dalla posizione tra i 10 e i 15 centesimi rispetto al punto d'ingresso.

Sono due i possibili scenari: uno è che usciate al giusto punto di stop ed è esattamente quello che sarebbe dovuto succedere. L'altro è che, per svariati motivi, non siate usciti in tempo e ora, contrariamente ai vostri piani, stiate subendo una perdita maggiore del previsto. Se l'azione vi porta in territori in cui non avreste dovuto trovarvi fin dal principio, per uscirne dovete usare la regola dell'*inversione di cinque minuti*. Sfortunatamente per me, questo era successo con Moody's. L'azione era letteralmente esplosa, ma non ero riuscito a uscire allo stop programmato.

L'azione saliva e non avevo idea di quando si sarebbe fermata. Sarebbe potuta salire di un altro dollaro senza guardarsi indietro. Avevo eseguito uno short di 3.000 azioni, con una perdita superiore a 800 dollari e, per ogni aumento di 10 centesimi del prezzo dell'azione, perdevo altri 300 dollari.

Cosa avreste fatto, sareste fuggiti o sareste rimasti? Un tempo, quand'ero un principiante, sarei fuggito come un coniglio, subendo le perdite, e successivamente me ne sarei pentito, quando l'azione sarebbe tornata sui suoi passi. Non più. Ora capisco bene che l'azione «non aveva fatto niente di male». Non c'è dubbio che fosse debole. Era molto probabile che avrebbe invertito verso i minimi, ma durante la caduta avrebbe potuto avere un breve trend rialzista, anche se ero in posizione di short o se stavo perdendo rovinosamente. Non avrei dovuto far altro che aspettare, finché il buon senso e il trend al ribasso dell'azione debole non avessero preso il sopravvento. In casi come questo, quando un'azione debole si muove al rialzo, accompagnando il trend di mercato, dopo si ferma e inverte al ribasso (com'è successo, per mia fortuna, dopo l'inversione [2]). Cosa sarebbe accaduto se non ci fosse stata l'inversione? Avrei subito ulteriori perdite, ma sarebbe andato bene anche così. Per me le perdite non sono un problema finché so di operare bene, perciò non me la prendo con me stesso. Tanto per cominciare, non dovreste arrivare al punto di perdere, ma, se vi succede, perlomeno gestite la situazione nel modo giusto da un punto di vista tecnico. In questo caso, la corretta gestione tecnica richiede l'inserimento di uno stop sopra il punto d'inversione [2], sperando che abbia successo.

Test di quantità. Pensate a cosa avreste fatto al mio posto, se aveste acquistato 3.000 azioni. Sareste usciti o avreste atteso l'inversione? Avreste fatto lo stesso in caso di 1.000 azioni? Di 200? Di 50 solamente? Se di fronte a 50 azioni, che generano una perdita di 13,5 dollari al massimo del pullback, non reagite come di fronte a 200, allora il problema non è il metodo, ma la quantità di azioni che negoziate.

Conclusione: riducete le dimensioni. Arriverà il giorno in cui, grazie alla conoscenza accumulata, all'esperienza e alla sicurezza, potrete aumentare le quantità.

Moody's eseguì un'inversione in candele di cinque minuti [2], tornando al trend ribassista e chiudendo la giornata con un calo del 6%. Una negoziazione cominciata bene, continuò nell'eventuale zona d'errore, ma alla fine si concluse brillantemente. Il principio dell'inversione di cinque minuti dice molto semplicemente che, se vi trovate intrappolati in una situazione complicata, dovete aspettare un cambio di direzione in candele di cinque minuti prima d'impostare lo stop oltre il punto d'inversione. In questo caso, lo stop era sopra i 20,37 dollari, ma fu possibile identificarlo solo dopo un'evidente inversione, rappresentata da almeno tre candele.

L'azione era debole. Era partita in basso e continuava a scendere. L'unica ragione per cui il prezzo si era mosso temporaneamente contro di me era che sfortunatamente il mercato stava cercando di chiudere il gap, trascinandosi dietro, tra l'altro, anche Moody's. Ricordate che Moody's era debole in apertura e tale rimase fino alla fine. Aveva aperto con dei minimi, quindi era molto probabile che continuasse a scendere. In linea di massima, un titolo che dimostra una relativa debolezza rispetto al mercato continuerà a scendere, anche se il trend generale è rialzista.

Comportamento del mercato in punti particolari: candele di cinque minuti in due giorni

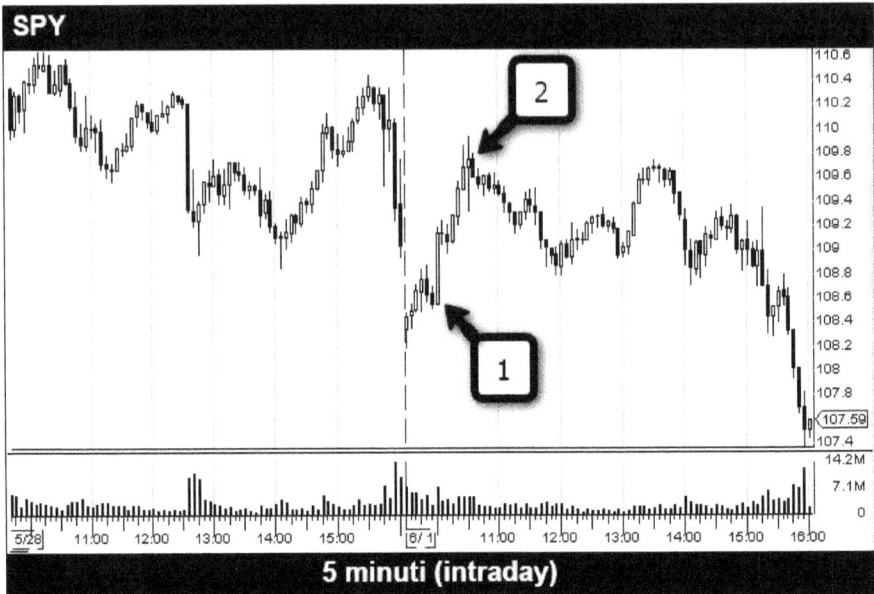

Sull'ETF (SPY) del mercato è chiaro che [1] fosse il punto di svolta del movimento al rialzo, che corrisponde al punto [1] sul grafico di Moody's, quando il titolo è sceso e si è fermato alla cifra tonda. Al punto [1] Moody's "vuole" continuare a scendere, ma cede di fronte alla mutata tendenza del mercato e assume un trend rialzista. Quando il mercato esegue un'inversione [2], lo stesso punto d'inversione compare sul grafico di Moody's [2], dove il titolo capitola e ritorna ai minimi.

Riassumendo, se non mi fossi ricordato della regola dell'inversione di cinque minuti, mi sarei lasciato prendere dal panico per il trend rialzista, sarei uscito con perdite maggiori del previsto e mi sarei perso i minimi successivi. Quel tipo d'inversione mi ha salvato. Ha dato tempo all'azione di riprendersi dal movimento al rialzo del mercato, permettendo agli orsi di ricordare che si tratta sostanzialmente di un'azione debole. La regola dell'inversione di cinque minuti mi ha permesso di realizzare una transazione con un buon profitto.

Situazione estrema. In rare occasioni l'inversione di cinque minuti vi costerà comunque una forte perdita. Un'azione può andare molto lontano nella direzione contraria prima di compiere l'inversione sperata. Sono quei rari casi in cui, malgrado uno soffra, vale la pena di subire temporaneamente una netta perdita, perché generalmente il titolo ritornerà alla tendenza iniziale e vi ripagherà della fiducia col suo movimento complessivo.

In quali condizioni dovreste fuggire, se l'azione continuasse a venirvi contro? In una situazione del genere mantenetevi equilibrati. A volte diventa lampante che «sta succedendo qualcosa di negativo», anche se il titolo ha compiuto un'inversione di cinque minuti. Per esempio, se il titolo superasse il suo massimo intraday [2], sarebbe un buon motivo per uscire velocemente in perdita, anche se non ci fosse ancora stata l'inversione di cinque minuti. Questo è l'unico momento in cui si può sospettare che il titolo abbia cambiato trend. Dovreste arrabbiarvi con voi stessi per una negoziazione giudicata male? Assolutamente no: avete eseguito uno short su un'azione debole, avete atteso l'inversione, che quasi sempre porta nuovamente l'azione verso i minimi, e vi siete strettamente attenuti al "manuale".

Nel caso di Moody's, abbiamo concluso che superare il massimo intraday fosse il livello più alto di tolleranza. Con altri titoli potremmo non essere sempre in grado d'individuare i punti d'uscita alternativi. Cosa succederebbe se un titolo vi si muovesse contro senza l'inversione di cinque minuti e senza che siate in grado d'identificare un diverso punto di uscita logico, a una distanza ragionevole? È estremamente raro, ma possibile. In alcuni casi scoprireste di aver negoziato un'azione che per una notizia del giorno è salita contro le vostre aspettative, ma che potrebbe anche non tornare indietro, causando una devastante perdita. Ricordo che mi è successo circa due anni fa e ha fatto sfumare i profitti accumulati nel corso della settimana. Anche di fronte a questa rarissima evenienza, che si verifica una volta nel giro di qualche anno, dovreste rispettare la regola dell'inversione di cinque minuti, dato che in gran parte dei casi le statistiche sono dalla vostra parte.

Cosa succederebbe, tuttavia, se il titolo vi andasse veramente contro? Immaginate che Moody's fosse salita a 20,70 dollari e solo a quel punto iniziasse a scendere. Verrebbe da pensare che, raggiunto quel massimo, non tornerebbe verso i minimi. In tal caso sarebbe meglio studiare una via d'uscita con il minor danno possibile. La soluzione è aspettare un pullback appena sotto il picco. Personalmente imposterei un ordine di acquisto (per uscire dallo short) a 20,40 dollari, sperando che un pullback dal massimo di 20,70 arrivi alla mia cifra, facendomi uscire con una perdita più contenuta. Si tratta di un ordine limite che verrà eseguito solo se il prezzo delle azioni scenderà al limite che ho fissato. D'altra parte programmerei anche uno stop sopra i 20,70 dollari, nel caso in cui il prezzo non scendesse e fossi costretto a uscire con una perdita maggiore del previsto. Certo, non è una situazione piacevole, ma, paragonata a tante altre negoziazioni di successo con buoni profitti, rientra sicuramente nelle statistiche.

Hard Stop o Mental Stop

- Un *hard stop* è un ordine inserito nella piattaforma di trading, che il broker eseguirà automaticamente se e quando il prezzo raggiungerà lo stop prestabilito.

- Un *mental stop* (stop mentale) è un ordine che decidiamo nella nostra mente, ma che non inseriamo nella piattaforma di trading. Non viene, quindi, eseguito in modo automatico, ma saremo noi a farlo, manualmente, se e quando l'azione raggiungerà il punto di stop che abbiamo fissato.

Ognuno di questi stop comporta vantaggi e svantaggi e impareremo in seguito come e quando usarli.

IN PILLOLE	*Un hard stop può causare guai seri! Evitatelo il più possibile e optate per il mental stop, che può risparmiarvi non poche inutili perdite.*

È meglio impostare un hard stop o uscire manualmente dal titolo quando raggiunge il limite prescelto? Ogni trader sceglierà una risposta diversa, che dipende anche dalla rispettiva esperienza. Suggerisco ai nuovi trader di programmare uno stop automatico (*hard*). Vi aiuta a gestire meglio la paura e probabilmente anche ad aumentare i successi. A quelli più avanzati consiglio vivamente di non usare l'hard stop, ma piuttosto lo stop mentale. Il motivo è principalmente tecnico e dipende dall'imprevedibilità della volatilità intraday. Con un hard stop potreste trovarvi in una situazione in cui un venditore di grandi quantità generi una momentanea caduta di prezzo, espressa in una candela rossa improvvisa e veloce, e vi tagli fuori al vostro stop. Pochi secondi dopo il prezzo potrebbe tornare al livello originario. Non volete certo essere travolti da questo tipo di volatilità. Nella maggior parte dei casi il prezzo tornerà al suo massimo e vi sentirete dei perfetti idioti per essere usciti.

Quando vale la pena impostare un Hard Stop?

- Quando si seguono contemporaneamente diverse azioni (di solito più di tre) e diventa difficile tenere traccia di ognuna.
- Quando il nostro punto di stop è molto lontano dal prezzo corrente e non si teme che picchi imprevisti possano tagliarci fuori.
- Quando ci si allontana dalla scrivania per più di qualche minuto.

Azioni diverse per persone diverse: alcuni trader non sono disposti a perdere più di una determinata somma di denaro per transazione, a prescindere dalla formazione tecnica del titolo, e inseriranno sempre un ordine di hard stop nella piattaforma di trading. Talvolta rappresenterà un tempestivo salvataggio da una perdita, altre volte il trader rimarrà tagliato fuori bruscamente e improvvisamente senza trarre vantaggio dai massimi che seguono, visto che non ha concesso al prezzo un ragionevole margine di manovra. Non è il mio modo di operare nel trading, ma non vuol dire che un hard stop sia un metodo sbagliato. Entrambe le opzioni hanno i loro lati positivi e negativi e ognuna è corretta, se comporta redditività nel lungo periodo e se risponde alla personalità del trader. Gli hard stop possono essere ottimi per i trader principianti, perché facilitano la gestione psicologica delle fluttuazioni del mercato, ma potrebbero risultare dannosi per gli esperti, che hanno meno probabilità di reagire ai repentini movimenti di mercato.

Riepilogo

In linea di massima, è meglio evitare l'hard stop. Usatelo solo quando non avete altra scelta. Lo stop mentale, nonostante gli svantaggi per gli inesperti, è quello giusto. Mentre allenate le vostre abilità di trader e l'autodisciplina, cercate di prenderci confidenza.

Rapporto rischio/rendimento

Prima dell'apertura del trading avete esaminato le azioni della vostra lista di follow-up, scegliendo quelle che vi interessano. Alcune sono contrassegnate come "da comprare", ma avete un potere d'acquisto limitato e siete naturalmente inclini a ridurre il più possibile i rischi finanziari. Come scegliere cosa comprare? Tra i diversi parametri che devono essere verificati c'è il *rapporto rischio/rendimento*, conosciuto semplicemente come *RRR*.

- **Rischio**: si riferisce al denaro che si è disposti a perdere in una negoziazione, dal punto d'ingresso fino a quello predefinito di stop.

- **Rendimento**: si riferisce a quanto denaro si desidera ottenere dalla transazione, dal punto d'ingresso fino a quello predefinito di uscita.

Di fatto il rapporto rischio/rendimento è calcolato in *punti*. La tipica frase può suonare così: «Mi sembra che lo stop sia di mezzo punto e il target di un punto», ossia che mi assumo il rischio che il prezzo mi si muova contro di mezzo dollaro, nella speranza di guadagnarne uno.

Se chiedete ai professionisti, in genere diranno di aspettare un RRR ideale di 1:3, ma, in pratica, sono disposti ad accettare un rapporto di 1:2 e, a volte, addirittura uno inferiore. Quel che intendono dire è che, quando scelgono un titolo, ne cercheranno uno che possa salire di 3 dollari, ma che ha un punto di uscita previsto (il loro stop) di 1 dollaro.

Per determinare l'RRR, i trader analizzeranno il grafico giornaliero dell'azione e quello intraday, alla ricerca dei punti di supporto e di resistenza più vicini e della volatilità intraday.

Perché dovremmo cercare un RRR di 1:3 o al limite uno di 1:2? Cosa c'è di sbagliato in un rapporto di 1:1? Il nostro obiettivo, naturalmente, è quello di trarre profitti correndo meno rischi possibili. Supponiamo che si stia verificando una sequenza sfortunata in un mercato difficile e che riusciate a battere il mercato soltanto nella metà delle negoziazioni. Guadagnare solo dalla metà delle operazioni, pagando anche delle commissioni, vi condanna. Di contro riuscire a mantenere un rapporto di 1:2, cioè per ogni dollaro perso in una transazione ne guadagnate due in un'altra, vi consente un saldo positivo. In questo modo, anche se scegliete le azioni giuste solo nella metà dei casi, la situazione si manterrà stabile. Ovviamente, per scegliere le azioni con un buon RRR, bisogna aver accumulato una notevole esperienza sul campo.

Aon PLC, AON – Calcolo del rapporto rischio/rendimento

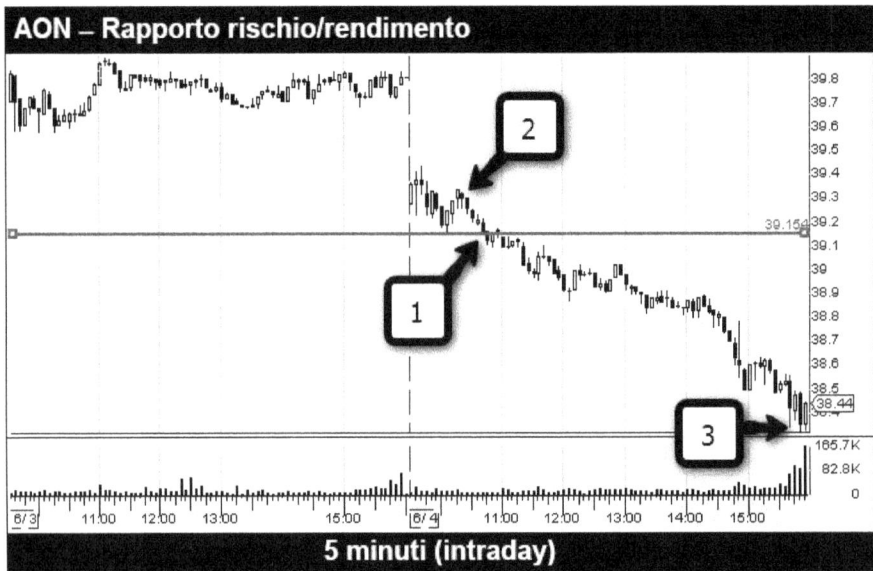

Aon ha aperto con un gap down, ha continuato a scendere, trovando supporto a 39,15 dollari, è salito a 39,34 dollari [2], ha compiuto un'inversione ai minimi e ha infranto il supporto [1]. È questo il punto in cui sono entrato con uno short. Ma, prima di entrare, ho calcolato il rapporto rischio /rendimento nel modo seguente:

- Innanzitutto, dove si trova lo stop? Questo è facile: è senza dubbio sopra il punto d'inversione [2] ovvero 20 centesimi sopra la linea di supporto, l'ingresso dello short. Ma questa è solo metà della risposta.

- Per completare il calcolo, devo stimare dove si trova il target. Osservando il grafico, possiamo notare il risultato in retrospettiva. Aon è sceso a 38,32 dollari [3], cioè 82 centesimi sotto il mio punto d'ingresso. Possiamo vedere che l'RRR era di 1:4, cioè ho rischiato 20 centesimi e avrei potuto guadagnarne 82.

Ovviamente «del senno di poi son piene le fosse», come si dice, ma senza dubbio ho scelto un'azione con un ottimo RRR. Potevo sapere dov'era il target e che rapporto rischio/rendimento era lecito aspettarsi nel risultato finale? Per decidere la risposta, devo esaminare la volatilità intraday del titolo negli ultimi giorni di negoziazione: il grafico giornaliero è lo strumento migliore per farlo.

Aon PLC, AON – Grafico giornaliero

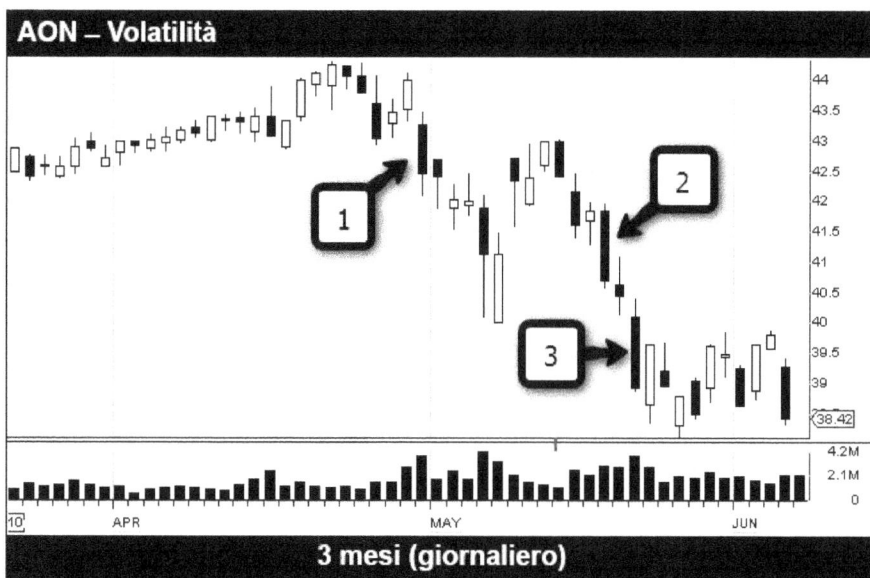

Se esaminiamo il titolo nell'arco di diversi giorni e ci concentriamo sulle candele nere (in basso), controllandone l'altezza da un capo all'altro, incluse le code, vediamo che il range di trading intraday di Aon nei punti segnati [1,2,3] è di circa 1,50 dollari tra il prezzo più alto e quello più basso. Volendo, potete convertire i risultati dai punti alle percentuali: la volatilità giornaliera è circa il 3%. Guardando gli ultimi giorni di trading, noto che Aon è stata meno volatile in alcune giornate, quindi posso fare una cauta stima e aspettarmi ragionevolmente una fluttuazione intraday di 1 dollaro.

Ora torno al grafico intraday e vedo che il massimo di Aon è 39,44 dollari, cioè una differenza di circa 30 centesimi tra il massimo intraday e il punto d'ingresso previsto [1]. Conclusione: dopo aver verificato la passata volatilità, possiamo ragionevolmente supporre che Aon sia in grado di muoversi di circa altri 70 centesimi sotto il prezzo di breakdown. Poiché il rischio è di 20 centesimi e l'obiettivo di profitto è di 70 centesimi, il rapporto rischio/rendimento è di 1:3,5. Non c'è male! In realtà, come avete visto, il titolo si è mosso di 82 centesimi, un po' più della cifra prevista. Ho eseguito un prudente short di 1.000 azioni, ne ho aggiunte altre 1.000 all'inizio del ribasso, assicurandomi varie occasioni di profitto nel corso della discesa. In breve, ho rischiato 300 dollari, ma ne ho guadagnati 752,05.

IN PILLOLE

In genere pianificare una negoziazione è semplice. Rimanere fedeli al piano è la parte psicologicamente più difficile. Per riuscirci dobbiamo rispettare le regole per la corretta gestione del denaro.

Ecco il risultato sul mio conto di trading.

▲ Blotter ⊠ EXCEL ▽						
Symbol	Currency	Open Pos	Tickets	Buy Qty	Sell Qty	Gross P&L
▾ AON	USD	0	7	2.000	2.000	752.05

Un avvertimento: anche se un alto rapporto rischio/rendimento sembra migliore, so per esperienza che tende a rendere più difficile negoziare con successo, mentre di solito è più fattibile un rapporto sensato di 1:2. Inoltre, malgrado il rapporto 1:2 sembri migliore di quello 1:1, notate che, se avrete successo solo in una transazione su tre, non perderete denaro. Scegliendo invece un rapporto di 1:1, ma avendo successo in due negoziazioni su tre, ci guadagnerete. Solo l'esperienza vi farà scegliere il rapporto più adatto a voi. Nel lungo termine, seguite i risultati, esaminate i rapporti e valutate quale metodo di trading vi si addice maggiormente.

Gestione del denaro

Avete scelto un titolo in modo corretto e l'avete comprato oppure avete eseguito uno short nel punto giusto. Cosa succede dopo? *Una corretta gestione del denaro* è ciò che distingue un trader professionista che si guadagna da vivere col trading da un dilettante, che arricchisce i professionisti! Molti nuovi trader danno troppa importanza agli aspetti tecnici e finanziari e vedono la gestione del denaro come qualcosa di estraneo, sebbene sia uno strumento indispensabile.

Chiedetevi cosa dovreste fare quando un titolo che avete acquistato nel punto corretto rompe e mostra un forte trend rialzista. I dilettanti guarderanno il grafico del titolo, si strofineranno le mani, ringrazieranno la loro buona stella e forse aumenteranno addirittura la quantità. Cosa fa un professionista dopo un breakout? Certamente non esulta: «Ho l'azione vincente!». Semmai esclama: «A quale babbeo posso affibbiare questo titolo?».

Se avete mai acquistato delle azioni, cercate di ricordare e ricostruite le negoziazioni degli ultimi anni. Lasciatemi descrivere com'è andata. Conosco bene le azioni che avete comprato e so anche come le avete gestite. È quel che avete fatto? In genere avete acquistato al momento giusto. Voglio darvi fiducia e dire che, poco dopo l'acquisto, eravate quasi sempre *in the money* e anche piuttosto soddisfatti della vostra decisione. Ho detto bene? L'unico problema è che avete tenuto le azioni un istante di troppo, quanto basta per far sì che la transazione si chiudesse in perdita.

Una corretta gestione del denaro vi permette di guadagnare anche se la vostra percentuale di successo è inferiore al 50%. Recentemente, mentre stavo scrivendo questo libro, ho chiuso una giornata di trading con dei profitti, anche se ho perso su otto negoziazioni e guadagnato solo su tre. Una corretta gestione del denaro mi permette di uscire da una negoziazione sbagliata con una piccola perdita, sfruttando al massimo una vincente.

Regola n. 1: assicurare i profitti

Nel gergo del trading per *parziale* s'intende «realizzare un profitto parziale». Quando il titolo rompe, nel momento in cui rivela il primo punto debole, dovete vendere almeno il 75% delle azioni acquistate al breakout. È quel che si dice *vendere nella forza*. Continuate poi a negoziare solo con il quarto rimasto. Ovviamente il segreto è identificare il primo punto debole, senza però fuggire troppo presto. Come regola generale, assicuratevi che la distanza tra il punto d'ingresso e il primo target di profitto non sia inferiore a quella tra il punto d'ingresso e lo stop. In altre parole, dovete cercare di raggiungere perlomeno un rapporto di 1:1 per la quantità che vendete.

Quando lavoravo come imprenditore nell'hi-tech dedicavo buona parte del tempo a trovare gli investimenti per la società che avevo fondato e dirigevo. Una delle cose più importanti che ho imparato è che «il denaro lo si deve raccogliere quando è disponibile e non quando diventa necessario». Nel day trading, come nell'hi-tech, si deve vendere quando l'interesse degli acquirenti è al massimo, non quando cala. Può certamente capitare che un'azione continui a salire e che vi pentiate di averla venduta troppo presto, ma generalmente il primo punto di target sarà l'unico profitto che realizzerete da quel titolo. Ricordatevi che dopo un netto movimento al rialzo alcuni trader guadagnano, altri eseguono uno short, partendo dal presupposto che l'azione indietreggerà, mentre altri sono esperti nel tagliarvi fuori. La funzione di quest'ultimo gruppo è quella di eliminare gli acquirenti deboli, costringendoli a vendere dopo aver fatto scendere il titolo sotto il punto d'ingresso. Per quel che mi riguarda, vendo in genere i tre quarti dell'acquisto dopo un aumento di qualche decina di centesimi. Nel caso in cui il titolo salga rapidamente oltre il mio primo obiettivo, aspetto il primo segno di debolezza e a quel punto eseguo un parziale.

Un errore comune dei principianti è quello di negoziare quantità troppo piccole. Per esempio, se avete acquistato 200 azioni e il vostro parziale è un profitto di 20 centesimi, quanto venderete? Dato che, come abbiamo imparato, siete tenuti a vendere una cifra tonda in centinaia, non vi resta che vendere 100 azioni. Questo significa che guadagnerete solo 20 dollari, che non è abbastanza per un'azione che sta rompendo con successo, visto che l'altra metà del quantitativo che avete vi mette ancora a rischio. Tuttavia, vendere 300 azioni su un totale di 400, 800 o 1.000 promette buoni profitti al parziale. Partire con un buon guadagno all'inizio del trading vi consente di mettere da parte dubbi e tensioni e di continuare a operare in modo tecnicamente corretto, senza dover lottare con l'emotività. La mia precedente raccomandazione di fare esperienza inizialmente con piccole quantità, inferiori a 400 azioni per transazione, resta valida, ma, dopo diverse settimane nel trading, dovete iniziare ad aumentare i quantitativi con cui operate.

IN PILLOLE | *I trader principianti, diversamente dai professionisti, tendono a uscire troppo presto dalle azioni che hanno successo e troppo tardi da quelle fallimentari.*

Come già detto, dovete prendere un parziale al primo pullback oltre il vostro primo target. Come sapere se è il punto parziale giusto? All'inizio non potrete saperlo: lo imparerete con "l'arte di fare trading", man mano che accumulerete esperienza e conoscenza. In linea di massima, direi che un parziale per un'azione il cui prezzo è compreso tra 20 e 60 dollari dovrebbe essere tra 20 e 40 centesimi dal prezzo di breakout. Il problema con una generalizzazione come questa è che, in certi casi, il prezzo può rompere senza mai tornare indietro fino a un dollaro sopra il punto di rottura, quindi 20 centesimi sarebbero di gran lunga inferiori al profitto potenziale. Per identificare il giusto punto parziale, dovete "sentire" l'azione, capirla e fare decine, se non centinaia, di tentativi per individuare quel punto, finché non arriverete a capire in modo naturale dove guadagnare il parziale. Talvolta la differenza tra i trader di successo e quelli fallimentari si rivela proprio al primo parziale. I trader principianti, diversamente dai professionisti, escono troppo presto da un'azione in rialzo e troppo tardi da una fallimentare.

Regola n. 2: comprare ancora

Il prezzo ha rotto il limite, avete realizzato il vostro profitto iniziale e l'azione si sta dimostrando forte? *Comprate ancora!* Preferite sempre un titolo che vi ha già fatto guadagnare rispetto a un altro che sta per rompere, ma con cui non avete esperienza, buona o cattiva che sia. Nessuno può, né mai potrà, sapere se quel nuovo breakout avrà successo, ma il titolo con cui state operando ha già dato prova di sé. Il titolo ha rotto, avete preso un parziale accettabile e ora siete pronti per il secondo giro.

IN PILLOLE	*Abbiate fiducia nelle azioni forti: aspettate il pullback e acquistate ancora. Fatelo anche se non vedete una perfetta inversione tecnica.*

Come e quando dovreste comprare ancora? Quando avrete preso un parziale sui tre quarti di quel che possedete, impostate un ordine limite a un prezzo inferiore, ma leggermente al di sopra di quello originale di acquisto, e attendete il pullback. Per esempio: avete acquistato 1.000 azioni a 29 dollari e avete preso un parziale con 800 azioni a 29,25. Impostate un ordine di acquisto per altre 400 a 29,05 dollari, utilizzando l'ordine limite che attende nella colonna BID e sarà eseguito solo se il titolo compie l'inversione. In molti casi vedrete che in breve tempo l'azione eseguirà un retest (descritto nei capitoli precedenti) in prossimità del punto di rottura iniziale.

Perché è necessario impostare un ordine limite piuttosto che attendere che il titolo torni indietro, cliccando sul tasto se e quando inizia di nuovo a salire? La risposta è semplice: quando il titolo esegue un retest, di solito scende mostrando poi un rapido movimento verso l'alto. In genere non avrete modo di aspettare una chiara inversione tecnica in candele di cinque minuti e nemmeno in candele di due minuti. Il modo giusto di comprare ancora, aumentando le quantità al punto di retest, è quello di fissare un ordine limite a un prezzo basso. Quell'ordine limite aspetta che il prezzo scenda e sarà eseguito solo quando verranno soddisfatte le condizioni preimpostate.

Qual è il prezzo giusto per aggiungere delle azioni? Dipende dal punto di rottura. Ad esempio: se avessi preso un parziale di 20 centesimi per un'azione che è salita di 25, sarei felice se quel titolo tornasse indietro di soli 5 centesimi sopra il breakout. Se avessi preso un parziale di 50 centesimi rispetto a un massimo di 60, sarei felice di comprare ancora, anche a 15 centesimi sopra il breakout. Sono cioè disposto a comprare ancora se il prezzo torna indietro del 70, 80% del movimento successivo al breakout.

Come per il parziale, anche il punto in cui compriamo di nuovo rientra nell'arte di fare trading. Finché non raggiungerete quel livello, pensate in questi termini: «Dopo aver realizzato un profitto di X centesimi per azione, qual è il prezzo più alto a cui sono disposto a comprare ancora quest'azione?». Si tratta di una semplice domanda di gestione aziendale che non ha nulla a che vedere con il trading azionario.

Avete venduto della merce per trarre profitto a un certo prezzo. Siete dispiaciuti di non averne avuta una quantità maggiore al valore originario, ma ora c'è chi vi sta offrendo la possibilità di acquistare a un prezzo di poco superiore a quello di partenza.

- Sapete già che si tratta di merce buona, perché il titolo ha fatto un breakout e avete incassato un profitto e credete di poterne vendere ancora un po' guadagnandoci. Vi rendete conto che al momento il prezzo è un po' più alto e non volete correre troppi rischi acquistando la stessa quantità della prima volta.

- Quanto dovreste pagare? Quanto dovreste comprare? Rispondete a queste domande e troverete il punto in cui impostare il vostro ordine limite per il quantitativo supplementare che volete acquistare.

- La quantità che si compra al retest non deve mai mettere a rischio i profitti del parziale già ottenuto, quindi la quantità massima che si andrà ad acquistare sarà circa la metà di quella già vincolata col parziale.

Ecco come funziona: ho acquistato 1.000 azioni al breakout; ho guadagnato un parziale vendendone 800; rimango con 200. Ne compero altre 400 al retest, cioè la metà del mio parziale. Il totale adesso è di 600 azioni.

Domanda. Tutte le azioni eseguono il retest?

Risposta. Ovviamente no. In certi casi potreste scoprire di aver ottenuto un parziale, ma il prezzo continua a salire senza tornare al punto di breakout. È una situazione fortunata, in cui la piccola quantità rimasta vi farà guadagnare molto di più del parziale stesso. Godetevela!

Domanda. Cosa succederebbe se acquistassi ancora al retest, ma il prezzo continuasse a scendere?

Risposta. Nessuno vi garantisce di aver comprato al punto giusto. Statisticamente le azioni che iniziano con un trend al rialzo lo mantengono, a meno che il mercato non cambi direzione. Aspettate pazientemente un'inversione di cinque minuti, perché è logico pensare che il prezzo continui a salire. Essendovi già assicurati un profitto parziale, al momento possedete una minore quantità di azioni, pur avendone acquistate altre. Potete lasciare che il prezzo scenda un po' senza andare in perdita. Mantenete la calma e rilassatevi. In otto casi su dieci il prezzo riprenderà a salire. Dovreste essere in grado di assorbire facilmente due mosse sbagliate su dieci.

Domanda. Quanto dovreste attendere il retest con un ordine aperto?

Risposta. Di solito non più di cinque minuti. Un retest rapido può verificarsi dopo alcuni secondi, uno più lento potrebbe richiedere qualche minuto. Con un retest lento aspettate con il dito sul mouse, pronti a eseguire il secondo acquisto. Se dura più di cinque minuti, dovete attendere una netta inversione, perché dopo il prezzo potrebbe scendere ancora più in basso rispetto al punto di retest. Se il retest avviene dopo più di mezz'ora, state molto attenti: l'azione potrebbe aver deciso di cambiare direzione.

Regola n. 3: guadagnare di nuovo!

Avete acquistato di nuovo al retest? Lasciate che il prezzo salga e cercate un altro parziale, che di solito sarà leggermente al di sotto della linea di resistenza del precedente massimo, quindi vendete metà delle azioni che possedete. L'obiettivo è quello di lasciarvi alle spalle il rischio legato all'ulteriore acquisto, quando il prezzo arriva al massimo precedente.

Un esempio: avete acquistato 1.000 azioni a 30,01 dollari, prendendo un primo parziale con 800 azioni a 30,35. Il titolo compie un retest e voi acquistate altre 400 azioni, cioè la metà di quel che avete venduto al parziale, a 30,05 dollari. Ora avete 600 azioni. Il prezzo sale nuovamente e ottenete un secondo parziale a 30,30 dollari con 300 azioni. Ve ne restano 300. Risultato: avete ottenuto due parziali e vi resta ancora una quantità di azioni superiore a quella che avevate dopo il primo.

Perché prendere il secondo parziale sotto il precedente picco? In certi casi, quando un titolo è forte, riuscireste a vendere sopra il massimo, ma c'è il timore che il prezzo incontri una resistenza allo stesso livello del massimo precedente e inverta. Ottenere un parziale prima del precedente massimo ridurrà il rischio. Di tanto in tanto, quando il titolo è particolarmente forte, tengo il dito sul mouse e lascio che raggiunga un massimo superiore al precedente prima di prendere il secondo parziale. Sono questi, di solito, i "colpi grossi" della giornata di trading.

Col tempo imparerete quali sono le azioni abbastanza forti da consentirvi di fare un terzo acquisto, ma di norma più un prezzo sale, più deboli saranno i suoi nuovi breakout. Comprare ulteriori quantità diventa più complicato, quindi il target per il terzo acquisto deve essere più vicino e la quantità più piccola.

Un breakdown è l'opposto di un breakout, ma, come vedremo nell'esempio che segue, le regole sono identiche.

Illumina Inc., ILMN – Short con retest

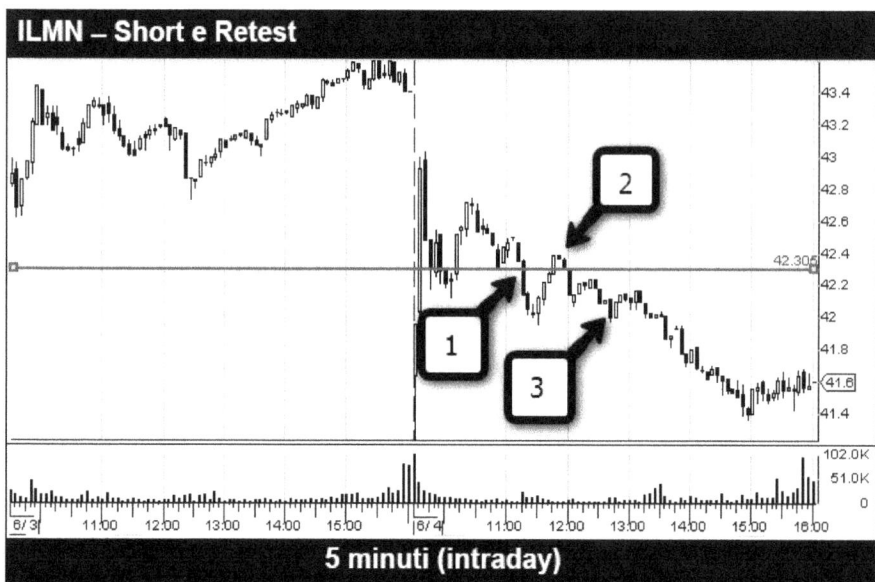

Ho eseguito uno short con Illumina sotto i 42,30 dollari [1] per 1.000 azioni, ottenendo un parziale con 800 azioni quando il prezzo è sceso al livello di supporto, costituito dalla cifra tonda di 42 dollari. Mi sono rimaste 200 azioni. In seguito il prezzo è salito e ha compiuto un retest di diversi centesimi sopra il punto d'ingresso [2]. Immaginate: come vi sareste sentiti, se non aveste ottenuto un parziale? Attorno alla zona di retest [2], ho aumentato la mia posizione di short di 400 azioni, portando così il totale a 600. Il prezzo è sceso e ho ottenuto un secondo parziale, con 300 di quelle azioni [3], appena sopra la linea di supporto della cifra tonda. Adesso ho due parziali e sono in posizione di short con 300 azioni. Il prezzo continua a tendere verso il basso, a 90 centesimi sotto il punto d'ingresso. Grazie al fatto di aver preso i primi due parziali, sono calmo e ho l'attenzione necessaria per realizzare un profitto completo sulle 300 azioni restanti.

Regola n. 4: mai restituire denaro al mercato!

Supponiamo che abbiate raggiunto un secondo parziale con un'azione in rialzo. Il prezzo è abbastanza lontano dal punto d'ingresso e vi rimane una piccola quantità di azioni che, con un po' di fortuna, potrebbero farvi guadagnare più dei due parziali. A questo punto dovete *alzare il punto di stop* per portarlo alla pari del prezzo d'ingresso o leggermente più in alto. Quel che voglio dire è che non dovete perdere su quel che vi resta.

Ricordate la regola che abbiamo già menzionato: *mai restituire denaro al mercato*! Al massimo, sacrificate il profitto e lasciate che il prezzo torni al punto d'ingresso.

Questa è una *regola d'oro* che ogni trader principiante deve sempre tenere a mente. Se operate correttamente, il vostro punto d'ingresso deve anche essere quello in cui è stata infranta la linea di resistenza originaria. Come sappiamo, una linea di resistenza abbattuta diventa una linea di supporto.

Innalzando il vostro stop alla linea di supporto, che è anche il punto d'ingresso, non potete assolutamente perdere. Infatti state negoziando con i soldi del mercato, eliminando tutti i rischi legati alla quantità che possedete.

Regola n. 5: gestire il saldo

Quando vi sarà rimasta solo una piccola frazione della quantità di partenza, dovrete decidere come gestirla. *Innanzitutto, verificate come si comporta il mercato*: asseconda la vostra direzione di trading? Persino un'azione veramente forte può capitolare di fronte a un mercato che ha mutato direzione. Se pensate che ci siano chiari segnali di un cambio di direzione, avvicinate lo stop. Come si muove l'azione? Mantiene il trend? Il settore di riferimento mostra e mantiene un trend analogo? Ora dovete decidere se "dormire sul titolo" oppure accontentarvi del profitto già ottenuto. Solitamente dovete prendere questa decisione negli ultimi minuti della giornata di trading, proprio quando le azioni più richieste tendono a decollare!

Se l'azione o il mercato hanno cambiato direzione, vendete tutta la quantità che ancora possedete quando si avvicina la chiusura della giornata o anche prima. Al contrario, se quella particolare azione chiude la giornata con un chiaro trend rialzista ed è abbastanza lontana dal vostro prezzo d'ingresso, valutate se valga la pena tenere l'intero quantitativo rimanente oppure se è meglio ridurlo ulteriormente.

Perché dovreste ridurre la quantità? Per evitare un rischio troppo grande. È veramente pericoloso "andare a dormire" con un titolo in mano, perché non siete in grado di prevedere quel che troverete al mattino. Ho già visto situazioni in cui un titolo è salito vertiginosamente una mattina ed è crollato la successiva. Tenere soltanto una piccola quantità, considerando di aver già guadagnato abbastanza dalle azioni già vendute, riduce notevolmente i rischi. Personalmente tendo a diminuire automaticamente i quantitativi. Se scegliete di "dormire sul titolo", quel che in gergo si chiama *swing trading*, dovete continuare a comportarvi correttamente nei giorni seguenti. Ne riparleremo più avanti.

IN PILLOLE	*Quando operate in swing trading su più giorni, mettete da parte le regole del trading intraday. Dovete basare le vostre decisioni solo sui grafici giornalieri e non sulla volatilità intraday. È un'utile linea guida che dà i suoi frutti!*

Regola n. 6: alzare lo stop

Vi trovate in uno swing? Ottimo. In questo caso, il potenziale di profitto è maggiore e dovete puntare su un'azione forte. In molti casi, le azioni che vi restano potrebbero farvi guadagnare più di quanto avete guadagnato dal trading intraday. Ora dovete capire che operate nell'arco di più giorni e vi si chiede un comportamento completamente diverso rispetto all'intraday. D'ora in poi valuterete la volatilità del titolo solo in termini di grafico giornaliero.

Il prezzo ha cambiato direzione? Se lavoriamo nell'ambito di una singola giornata di trading, è un'informazione che non ci interessa. *Ci interessa*, invece, se operiamo a livello giornaliero. Non arrabbiatevi per l'oscillazione del prezzo, anche se ha cambiato trend a livello intraday o il giorno dopo o addirittura se apre il giorno successivo con un gap down, che spazza via la metà dei profitti del giorno precedente. Se invece scende sotto il punto d'ingresso, o sotto il minimo della giornata precedente, è un'altra storia.

Alzate ogni giorno lo stop sulla quantità rimasta. Portatelo a circa 2 o 3 centesimi sotto il prezzo più basso della giornata precedente, a condizione che quel minimo sia pur sempre superiore al vostro punto d'ingresso. Intendo dire che non dovete assolutamente perdere sulla quantità di azioni che vi restano, se potete evitarlo. Ogni giorno alzerete lo stop al punto più basso del giorno precedente. Quando il punto più basso sarà infranto, sarete fuori dal titolo. L'unico rischio è che il titolo abbia un gap down in seguito a qualche annuncio.

3PAR Inc., PAR – Swing

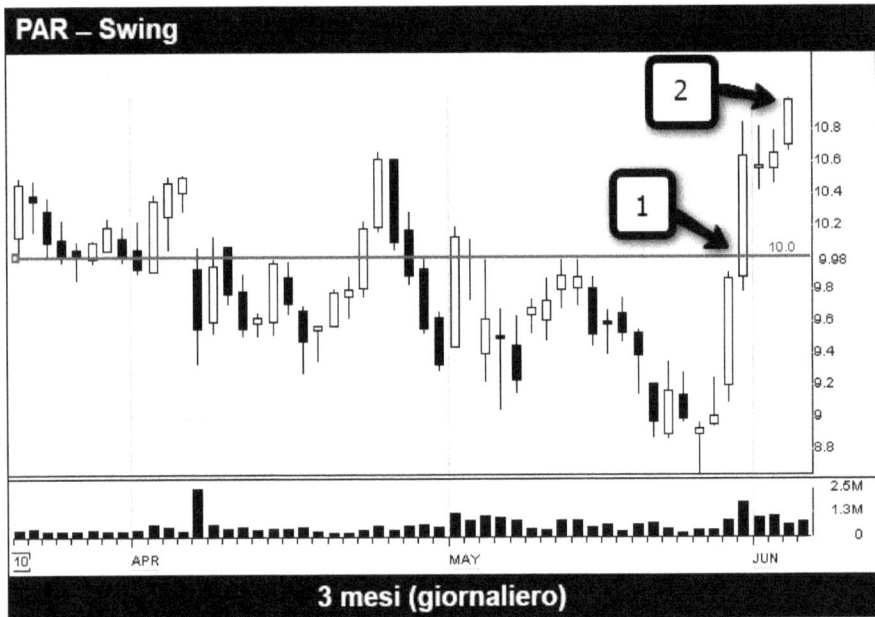

Vi ricordate PAR nel capitolo precedente?

Guardate il grafico giornaliero, che si sviluppa su diversi giorni dopo l'ingresso [1] a 10 dollari. Ho lasciato una piccola quantità di azioni per lo swing. Tre giorni dopo il primo ingresso, il prezzo aveva già raggiunto 11 dollari [2]. Osservate che il secondo giorno di trading l'azione si è "riposata", senza scendere al punto d'ingresso e senza salire a un nuovo massimo. E ha fatto lo stesso il terzo giorno. Come abbiamo appreso, in tali situazioni l'ordine di stop per il quantitativo residuo è leggermente inferiore al minimo della giornata precedente. Il terzo giorno il prezzo non si era ancora mosso, ma, con mia grande gioia, non era nemmeno sceso sotto il minimo del giorno precedente. I primi tre giorni hanno generato una formazione bull flag.

Il quarto giorno, il prezzo ha rotto la bull flag, garantendo un bel rendimento per il resto dello swing. A questo punto si può alzare lo stop al minimo del quarto giorno, e così via.

Quante probabilità ci sono che il trend continui? Molte, ma c'è qualche rischio? Certo. Come ho detto prima, il prezzo può aprire con un gap down sotto lo stop e spazzare via tutti i profitti maturati dallo swing! Ci sono più probabilità di un trend rialzista continuo che di un ribasso? Assolutamente. Il titolo ha una tendenza rialzista e la minima notizia negativa può capovolgere la situazione, ma, gestendola in questo modo, 70 volte su 100 incasserete un profitto extra. Scegliere azioni forti per lo swing non solo paga, ma è anche corretto.

Note

Per ogni singolo trader, metodo di trading o periodo di mercato, sia che si muova lateralmente o sia volatile, esiste una diversa modalità di gestione del denaro. Il mio metodo di trading potrebbe non soddisfare altri trader, ma ognuno deve sviluppare quello che più gli si addice. Non esiste un solo metodo *giusto* o *sbagliato*, ma deve essercene uno di qualche tipo. Raramente i trader che operano per puro "istinto", piuttosto che con un procedimento organizzato, ottengono buoni risultati nel lungo termine. Sono le persone con cui mi guadagno da vivere. Potete, e dovete, utilizzare le regole di questo libro come infrastruttura per sviluppare quelle più adatte alle vostre capacità psicologiche e finanziarie. Di tanto in tanto avrete bisogno di modificarle, in base alla vostra crescita e alle condizioni di mercato. In un mercato che si muove lateralmente dovreste puntare a un parziale di meno di 20 centesimi. In un mercato forte dovreste essere in grado di ottenere un parziale su metà del quantitativo di azioni, non sui tre quarti, lasciandone almeno un quarto per il giorno successivo.

Qualche mese fa ho vissuto un fatto straordinario: ho perso per più di tre giorni consecutivi di trading! Con l'autostima al minimo storico, il quarto giorno sono stato costretto a cambiare strategia. La soluzione che ritenevo più adatta era quella di negoziare con quantità molto più piccole, con parziali molto più vicini. In pochi giorni i miei successi sono tornati a essere regolari, l'autostima è cresciuta e ho ripreso a gestire il denaro come al solito.

Il metodo 3x3

Mi rendo conto che non tutti i lettori di questo libro hanno modo di dedicare al trading diverse ore al giorno o alla settimana. Se disponete al massimo di una o due ore alla settimana per quest'attività, acquistate azioni che fin dall'inizio volete usare per lo swing trading.

Voglio dire: concentratevi sulle azioni che pensate di tenere per giorni o settimane e usate il metodo 3x3. Anche chi ha tempo per il trading giornaliero deve capire che gli swing possono rendere buoni profitti, quindi non c'è ragione per non "vivacizzare" il trading intraday con azioni da tenere più di un giorno o che sono state acquistate in anticipo proprio a questo scopo.

IN PILLOLE	*Più starete lontani dal computer, meglio sarà. Impostate una serie di ordini automatici per gestire le vostre azioni. In questo modo ridurrete il coinvolgimento psicologico ed emotivo e lo stress che ne deriva.*

Il metodo 3x3 di gestione del denaro, che ho sviluppato e perfezionato negli anni, è probabilmente il più semplice, importante ed efficace che conosco per insegnare la gestione del denaro. È talmente buono che sono pronto a garantirlo affermando che:

«Se ne rispetterete i principi, difficilmente perderete!».

Potete, e dovreste, applicare i principi di questo sistema usando una serie di ordini automatici, in particolare se operate quotidianamente come trader. Il metodo è adatto a chi compera e agli shorter, ma per comodità mi concentrerò sugli acquisti long.

Scegliete un'azione seguendo le regole imparate finora. Dopo l'acquisto, procedete come segue.

1. **Punto di stop**

   Impostate un ordine di stop al 3% sotto il punto d'ingresso. Perché il 3%? Quando un titolo che pensavate sarebbe salito ha un trend contrario del 3%, vi sembrerà di aver commesso un errore. Pensavate di averlo acquistato al giusto punto d'ingresso e credevate che avrebbe eseguito un breakout netto facendovi guadagnare, ma così non è stato. Naturalmente con un po' di fortuna potrebbe riprendere il trend rialzista, ma di solito è meglio ammettere l'errore, abbandonare l'azione e concentrarsi su un'altra più forte. Dovreste ignorare le linee di supporto e resistenza? No. Se identificate una chiara linea di supporto in un range tra il 2% e il 4% sotto il punto d'ingresso, usatela.

2. **Primo target di profitto**

   Dovete vendere tre quarti della quantità al primo target di profitto del 3%. Perché tre quarti? A causa dei demoni! Quando guadagnate o perdete dovete fare i conti con le vostre voci interiori più profonde. Imparate a conoscere il demone appollaiato sulla spalla destra, che vi urla nell'orecchio: «Ricordati di quella volta in cui hai ottenuto un profitto del 3%, hai aspettato troppo, il titolo è sceso e hai perso tutto!». Nello stesso momento il demone sulla spalla sinistra grida: «Ricordati di quando hai ottenuto un profitto del 3%, ti sei assicurato il profitto, ma se avessi aspettato solo un po' più a lungo, avresti guadagnato molto di più!».

   C'è un solo modo per allontanare i demoni: vendere tre quarti delle azioni. Così facendo, li placherete entrambi. «Tu, sulla destra, che insisti che il titolo sta per crollare: eccoti i tre quarti. Ora lasciami in pace! E tu, a sinistra, che dici che salirà? Ecco un quarto, adesso dimostramelo!».

Solo realizzando un profitto ridurrete lo stress. Dopo sarete molto più calmi e in grado di gestire il restante 25% quasi senza coinvolgimento emotivo.

Perché il 3%, invece del 5%, per esempio? I prezzi delle azioni salgono, ma tornano sempre indietro. È solo questione di quando e quanto. In base alla mia esperienza il pullback si verifica in genere dopo un massimo del 3% o 4%. Perché? I prezzi tornano indietro non appena comincia a comprare il pubblico, che non acquista mai all'inizio di un trend rialzista, ma lo fa soltanto quando il titolo ha «dato prova di se stesso». In genere il pubblico crede che l'azione abbia dato prova di sé solo dopo un aumento del 3% o 4%. A quel punto perché il prezzo non sale oltre? Perché ai trader istituzionali fa comodo sfruttare il gran numero di acquirenti per liberarsi di grosse quantità di azioni.

Dal momento che i trader istituzionali rappresentano l'80% del denaro che circola in tutte le azioni con cui operiamo, possiamo ragionevolmente supporre che il prezzo scenderà. In breve: nel corso degli anni, i miei registri indicano ripetutamente che *il 3% è la percentuale giusta*.

3. **Alzare l'ordine di stop**

Dopo aver venduto tre quarti delle azioni, per l'ultimo quarto dovete porre l'ordine di stop al prezzo d'ingresso. Dal momento che la nostra regola dice di «non restituire denaro al mercato», volete esser certi di mantenere i profitti di quei tre quarti. Se l'ultimo quarto torna al punto d'ingresso, avete perso il profitto solo su quella porzione. Tuttavia, se lasciate che quel quarto scenda sotto il punto d'ingresso, per coprire la perdita vi troverete a sprecare i soldi che avete guadagnato, e questo, ovviamente, vìola le nostre regole!

4. **Secondo target**

Fissate il quarto restante al 6% oppure gestitelo secondo i metodi che abbiamo imparato. Per esempio: ogni giorno in cui rimanete nel trading ponete lo stop leggermente al di sotto del minimo della giornata precedente.

Domande e risposte

- **Cosa fareste se l'azione che avete acquistato si muovesse lateralmente e decidesse di non prendere nessuna direzione nell'arco di più giorni?**

  Vendetela! Tenete presente che, all'acquisto, pensavate che si sarebbe comportata diversamente, cioè che sarebbe salita rapidamente fino al vostro target. Cosa significa? Semplice: avete fatto una scelta sbagliata. Ammettetelo subito e vendete. Se il prezzo non segue la vostra direzione, state giocando d'azzardo. Ricordate la regola: se il prezzo non raggiunge il target di profitto entro la seconda settimana dopo l'acquisto, vendete tre quarti del quantitativo, che abbiate guadagnato o meno. Continuate a gestire quel che rimane in base ai principi dello swing trading.

- **Cosa dovreste fare se il prezzo si avvicinasse al target verso la fine della giornata di trading?**

  Riflettete. Supponiamo che il prezzo abbia già raggiunto il 2,5%, ma è chiaro che non raggiungerà il target del 3% entro la fine della giornata. Vendete tre quarti prima della chiusura del trading e riducete i rischi legati a quel che potrebbe accadere il giorno seguente.

- **Gap di prezzo**

  Se siete in procinto di acquistare un titolo per uno swing in apertura di giornata e si verifica un gap up dell'1% sopra il punto di attivazione, potete comunque acquistare l'azione. In questo caso, calcolate il punto di guadagno o di perdita usando il metodo del 3x3 per l'effettivo punto d'ingresso. Se si crea un gap superiore all'1%, annullate l'ordine di acquisto.

- **Report dei rendimenti**

  Prima della pubblicazione dei rendimenti trimestrali, venderemo tutta la quantità in nostro possesso. Come abbiamo imparato nei capitoli precedenti, dobbiamo controllare attentamente quali report sono previsti e dobbiamo vendere il giorno prima che qualcosa d'importante venga reso pubblico. È noto che non si possono conoscere in anticipo i risultati di questi report e il rischio per il prezzo è troppo grande.

- **Momento dell'acquisto**

  Non entro mai in uno swing nelle ultime due giornate della settimana di trading. Quel che ci interessa è acquistare azioni che abbiano forti probabilità di raggiungere il target già entro la prima settimana. Se acquistiamo azioni al termine dell'ultimo giorno della settimana di trading, riduciamo nettamente la possibilità che realizzino il primo target o, addirittura, che si allontanino dal punto d'ingresso. L'opzione di tenere nel fine settimana l'intero quantitativo di azioni che mettono a rischio il mio conto di trading non è proprio contemplata.

- **Quali azioni sono adatte al metodo 3x3?**

  La gran parte delle azioni che negoziamo con un prezzo compreso tra 10 e 80 dollari e un volume superiore a un milione di quote al giorno è adatta al trading 3x3. Ma non tutte lo sono. Prima di scegliere un titolo dovete valutare se manifesta un'eccessiva volatilità o se non ne ha affatto (come MSFT e altri che vengono negoziati in modo analogo). Le azioni volatili sono per loro natura più adatte al metodo 4x4 o 5x5.

Riepilogo

Il metodo 3x3 è efficace! L'uso di ordini automatici di acquisto e di vendita risolve un gran numero di problemi legati agli aspetti psico-emotivi della gestione del denaro, quindi, se abbinato a una buona scelta delle azioni, dovrebbe virtualmente assicurare il successo. Anche se disponeste di poco tempo da dedicare al trading e non trovaste opportunità adatte al day trading attivo, potreste comunque dedicare un'ora alla settimana per fare trading con questo metodo.

Nel club degli investitori Tradenet l'applicazione del metodo 3x3 porta ottimi risultati. Mentre scrivo queste righe i guadagni mensili medi nell'arco degli ultimi sei mesi sono stati dell'8,4%. C'è qualche buon motivo per non dedicare un'ora alla settimana al trading con questo metodo?

Eliminazione del rumore

Con tutto il dovuto rispetto per l'analisi tecnica classica, le azioni non devono comportarsi «come da manuale». Buona parte del denaro che circola nel mercato appartiene agli investitori a lungo termine, ai fondi e, naturalmente, a un gruppo di persone come Warren Buffet. Non sempre costoro valutano i grafici prima di acquistare. L'azione ha effettuato un breakdown con una perfetta formazione head and shoulders? Perché mai dovrebbe interessargli? Potrebbero comprare proprio quando voi state vendendo, per motivi completamente diversi. L'analisi tecnica ha i suoi limiti. Di fatto posso garantirvi che, se operate seguendo fedelmente le regole tecniche, finirete in perdita.

L'analisi tecnica definisce un trend rialzista come una successione di massimi crescenti e minimi crescenti. Supponiamo che abbiate acquistato un'azione con un trend rialzista e che il suo prezzo sia sceso a un nuovo minimo. La vendereste esattamente nel punto in cui scende *sotto l'ultimo minimo*? Secondo una prospettiva tecnica dovreste farlo, ma in pratica no.

Molto probabilmente tutto quel che avete visto durante il ribasso del prezzo sotto l'ultimo minimo non era nient'altro che "rumore". Potrebbero essere i primi segnali di un cambiamento di direzione, ma in gran parte dei casi si tratta solo di un pullback temporaneo, causato dal fatto che qualcuno ha venduto centinaia di azioni senza analizzare il grafico. Agli esordi della mia carriera di trader avrei impostato l'ordine di stop un centesimo sotto l'ultimo minimo. Avrei dimenticato che il titolo non mi deve niente: non deve adeguare il suo comportamento né alle regole dell'analisi tecnica né al prezzo a cui l'ho acquistato. Il motivo per cui potrebbe scendere sotto l'ultimo minimo è molto semplice: qualcuno potrebbe avere venduto 1.000 azioni con un ordine di mercato, facendo calare il prezzo di svariati centesimi sotto l'ultimo minimo. Ogni piccola variazione del prezzo vi esclude dal gioco? A volte sì; di solito no.

Il rumore nelle azioni è uno dei motivi per cui cerco di evitare, per quanto possibile, di usare ordini hard stop. Il movimento dei prezzi dei titoli mostra regolarmente dei picchi in qualsiasi direzione. Per capire la direzione generale di un titolo dobbiamo valutare il quadro complessivo del movimento, piuttosto che la probabile volatilità del prezzo, perché quest'ultima potrebbe darci informazioni sbagliate. Non sto dicendo di nascondere la testa sotto la sabbia in casi simili. Dovete essere cauti e pronti a un cambiamento di rotta, senza fuggire o vendere a ogni minima variazione del prezzo.

Come neutralizzare le forti oscillazioni? Impostate la visualizzazione su candele di quindici minuti e provate a guardare il quadro più ampio. Il movimento brusco rilevato nelle candele di cinque minuti apparirà del tutto calmo in quelle di quindici. È questo il motivo per cui, oltre la prima ora di trading, non utilizziamo quasi mai candele di due minuti. Dopo la campana, la quantità di rumore è insopportabile!

Punti anziché percentuali, quantità anziché somme di denaro

Risolvete questo problema matematico.

Danny ha acquistato un titolo quand'era quotato a 100 dollari. Nel pomeriggio il prezzo è salito del 20%, ma in seguito è sceso del 20%. Qual era il prezzo delle azioni dopo il ribasso?

Se avete risposto: «100», riprovate.

Dopo l'aumento del 20%, la quotazione era di 120 dollari. Dopo il ribasso del 20%, dovete calcolare a partire dal nuovo prezzo di 120 dollari, perciò la quotazione del titolo è di 96 dollari.

Qual è la conclusione? *Le percentuali indicano valori relativi e non valori assoluti.*

Se dico che il titolo ABC ha prodotto un profitto del 10%, quanti soldi ho effettivamente guadagnato? Non c'è modo di saperlo. Potrebbero essere 10 dollari per azione, se il titolo fosse stato comprato a 100 dollari, oppure 10 centesimi per azione, se il prezzo di acquisto fosse di 1 dollaro.

Ecco un altro esempio.

Danny ha acquistato un titolo quotato a 100 dollari. Un bel mattino il prezzo è sceso del 50% a 50 dollari. Di che percentuale deve salire il prezzo per riportare l'azione a 100 dollari?

Se avete risposto: «Del 50%», riprovate.

Per tornare al prezzo originale, dovrebbe verificarsi un rialzo del 100% rispetto al prezzo attuale di 50 dollari.

In *valori assoluti*, invece, non c'è confusione: il titolo ha perso 50 dollari e deve aggiungerne altri 50 (cioè 50 punti) per tornare al valore iniziale. Questo esempio indica chiaramente il motivo per cui i calcoli basati sulle percentuali possono confondere.

Ricordate: *i trader non calcolano in percentuali, ma in punti, vale a dire in dollari, per cui:*

1 dollaro = 1 punto.

IN PILLOLE | *Un principio fondamentale nella gestione del trading azionario si basa sulla misurazione di guadagni e perdite in punti, non in percentuali, e, in fase di acquisto, in quantità e non in somme di denaro.*

Se domandate ai trader quali somme trattano, non sapranno rispondervi, perché operano *in quantità* e *non in somme di denaro*. Un principiante inizierà a fare trading con 100 azioni per negoziazione e, dopo un anno di esperienza, aumenterà gradualmente il quantitativo a 1.000 azioni per transazione. I più esperti, con anni dietro le spalle, movimentano migliaia di azioni per operazione e i più avanzati possono eseguire singole negoziazioni per decine di migliaia di azioni.

Mi rendo conto che vi suona un po' strano: un trader può acquistare 1.000 azioni a 20 dollari l'una, per un totale di 20.000 dollari, e in un'altra occasione può acquistarne 1.000 a 50 dollari, movimentando una somma di 50.000 dollari, e tutto senza battere ciglio.

Ed è così che funziona.

Ecco tre motivi principali per cui rapportarsi alle negoziazioni in questo modo.

Motivo numero 1: calcolo veloce delle perdite o dei guadagni

I trader che tendono a comprare 1.000 azioni per operazione possono facilmente calcolare le perdite o i profitti. Un esempio: se il titolo acquistato sale di 23 centesimi, guadagnano 230 dollari (23 centesimi x

1.000 azioni); se sale di 2 dollari, ottengono un profitto di 2.000 dollari. Non si tratta del calcolo del rendimento sul capitale, ma del profitto in dollari per singola transazione.

Se chiedeste al proprietario di un negozio di calzature a quanto ammonta il suo rendimento mensile, otterreste un'occhiata inquisitiva. Se invece domandaste quanto guadagna al mese, vi saprebbe rispondere senza esitazione.

| **IN PILLOLE** | *«Non contare mai i soldi quando siedi al tavolo. Avrai tempo di contarli quando la partita sarà finita». Kenny Rogers, The Gambler.* |

Quando siete totalmente concentrati sul breakout di un'azione per valutarne la direzione di mercato, la quantità di domande e offerte, lo stato del settore di riferimento e così via, l'ultima cosa che vi serve è moltiplicare la percentuale di rendimento per la quantità di denaro per ottenere il valore dei guadagni e delle perdite. È qui che risulta utile il *sistema a punti*: i guadagni o le perdite di decine di centesimi su 1.000 azioni saranno sempre di 100 dollari, indipendentemente dal prezzo dell'azione.

Un errore che commettevo agli inizi della mia attività era quello di acquistare la quantità di azioni in base alla somma di denaro. Per esempio, se avessi deciso di usare 5.000 dollari per una specifica azione, mi sarei comportato come segue: per un'azione quotata 36,49 dollari, avrei diviso 5.000 dollari per quella cifra, acquistando la quantità risultante, 137 azioni. Supponiamo ora che il prezzo fosse salito di 17 centesimi: quanto avrei guadagnato? Capite il problema? Avrei impiegato più tempo a fare calcoli che a verificare l'orientamento del mercato.

Ora immaginate di negoziare contemporaneamente tre titoli diversi! Se però arrotondate in lotti di 100 azioni, diventa molto più facile conteggiare il guadagno effettivo dei 17 centesimi: 17 dollari. Credetemi, è meglio concentrarsi sul trading reale, piuttosto che fare complessi calcoli monetari.

Motivo numero 2: acquistate cifre tonde su base cento

Come abbiamo già appreso, l'esecuzione di ordini che non riguardano cifre tonde di un centinaio viene posticipata. La maggior parte degli ordini bid e ask viene impostata in centinaia tonde, note come *lotti*. I sistemi ECN danno la precedenza agli ordini con lotti tondi. Se provaste a vendere 137 azioni (un cosiddetto *lotto dispari*) e, nello stesso momento, un acquirente volesse 200 azioni, potrebbe ricevere da voi 100 azioni, ma molto probabilmente non sarebbe interessato alle 37 restanti, che non costituiscono un numero tondo, perché non gli sarebbe facile trovarne altre 63 per arrivare alla sua cifra di 200. Chi acquista troverebbe più semplice effettuare la negoziazione con un altro venditore in grado di fornire l'intera quantità a cifra tonda.

L'*ordine AON* («*all or nothing*» ovvero «tutto o niente») utilizzato dagli acquirenti è ancora peggiore. Sostanzialmente significa: «Se non posso avere tutto il quantitativo che sto cercando, non compro niente». Questo vuol dire che, se possiedo 137 azioni, l'acquirente non ne prenderà 100 da me. Infatti il sistema cercherà i venditori con numeri tondi.

Detto per inciso, *l'ordine AON non è produttivo per i trader. Vi consiglio di evitarlo.*

Allora, per vendere quelle 37 azioni dovrei attendere un compratore in cerca di quell'esatta quantità. Ci potrebbe volere del tempo e potrei anche ritrovarmi a pagare una commissione aggiuntiva. L'unico momento in cui eventualmente si può valutare di non usare cifre tonde è quando state imparando a usare lo swing: tenere le azioni per svariati giorni vi rende meno sensibili alle improvvise fluttuazioni di prezzo.

Motivo numero 3: le azioni si muovono in punti, non in percentuali

Quando il prezzo sale o scende, l'acquirente medio non pensa in termini di percentuali, ma in termini di prezzo per azione. Per esempio: voglio comprare un'azione quotata 20 dollari, esito un momento e il prezzo sale di 2 centesimi. Acquisto a 20,02 dollari. Un altro esempio: voglio comprare un'azione quotata 2 dollari, aspetto un po' e l'azione sale di 2 centesimi. La prendo a 2,02 dollari.

Avete capito cos'è successo? La mia decisione di acquistare o vendere si basa sulle fluttuazioni del prezzo di uno o due centesimi, piuttosto che sulle percentuali.

In entrambi i casi ho ritenuto che il prezzo fosse ragionevole e relativamente vicino a quello che volevo inizialmente pagare. Notate tuttavia la differenza in percentuali: nel caso dell'azione a 20,02 dollari, ho acquistato a 0,1% sopra il prezzo pianificato, mentre nel caso dell'azione a 2,02 dollari, si tratta dell'1% del prezzo stabilito.

Il principio è semplice: si comprano le azioni in base alle fluttuazioni in centesimi, piuttosto che basandosi sulle percentuali. A causa di questo comportamento umano, un buon breakout per un'azione da 20 dollari sarebbe all'incirca di 20 centesimi e lo stesso vale per un'azione da 2 dollari. Cosa c'entra con i quantitativi fissi? Dov'è il problema?

Se dovessi continuare a comprare titoli in base a una somma fissa di denaro, supponiamo 10.000 dollari per titolo, acquisterei 500 azioni a 20 dollari o 5.000 a 2 dollari. Se entrambe rompessero a 20 centesimi, e i breakout si possono verificare in pochi secondi, avrei guadagnato 100 dollari sulle azioni da 20 dollari e 1.000 su quelle da 2 dollari. Fantastico, vero? No, non lo è affatto. Ricordate: il potenziale di profitto è pari a quello di perdita. In pochi secondi, prima che abbiate finito di dire: «Ecco il mio conto…», il titolo da 2 dollari potrebbe altrettanto facilmente muoversi di 20 centesimi contro di voi e spazzarvi via 1.000 dollari dal conto.

IN PILLOLE	*I trader tendono istintivamente ad acquistare le azioni in base al loro movimento in centesimi piuttosto che in percentuali. Un breakout riuscito per un'azione quotata 20 dollari è di 20 centesimi e lo stesso vale per un'altra quotata 2 dollari.*

Riepilogo

Siate disciplinati, se decidete di comprare in base alla quantità invece di considerare la somma di denaro. Se vi sentite a vostro agio nell'acquistare azioni in multipli di 500, fatelo sempre, indipendentemente dal prezzo.

Fanno eccezione a questa regola le azioni dai 70 dollari in su o le small cap con bassissima volatilità. Ricordate che ogni titolo ha la propria "personalità". È quindi buona prassi comprare sempre a un prezzo fisso. Prima di premere il tasto di acquisto, verificate attentamente la volatilità del titolo e decidete se aumentare o diminuire la quantità.

Imparate dalle esperienze, tenete un diario

Nessuno impara a camminare senza cadere. Un bambino continua a provare finché la sequenza di azioni chiamata "camminare" non viene memorizzata nella sua mente, diventando automatica. Ogni trader attraversa una fase "infantile" nell'apprendimento, di cui gli errori sono parte integrante e costituiscono un aspetto molto importante nella formazione delle capacità e della flessibilità del trader novizio.

Gli errori sono una risorsa fondamentale per imparare ad avere successo. Anche gli esperti commettono errori, ma in misura minore rispetto ai principianti. Ai miei esordi, ne commettevo molti di più di adesso. Ricordo giorni pieni di rabbia verso me stesso. Ci sono stati momenti in cui in classe avevo insegnato ai miei studenti cosa evitare e poi facevo esattamente quello contro cui li avevo messi in guardia!

Ovviamente mi sentivo un perfetto idiota. Ora, a distanza di anni, sbaglio ancora, ma meno frequentemente. La cosa più affascinante degli errori di trading è che li conosciamo, ci sono familiari, ma li commettiamo comunque, pur sapendo d'inoltrarci in territorio proibito. È come se qualcosa più forte di noi ci spingesse contro la nostra volontà.

Il primo passo nella gestione degli errori è sapere cosa si dovrebbe o non si dovrebbe fare. Questo libro può fornirvi un grosso aiuto in merito. Il secondo passo è essere determinati nel correggere gli sbagli e nel rafforzare la resistenza psicologica per cancellarli uno dopo l'altro. I trader devono imparare a trarre il massimo vantaggio dai passi falsi, piuttosto che sprecarli. A causa della loro inevitabilità, gli errori sono risorse preziose e, come tali, devono essere registrati per trarne delle conclusioni. L'unico modo per farlo è tenere un diario delle attività.

Nei miei corsi gli studenti imparano a evitare gli sbagli più frequenti. Ogni errore viene esaminato, sottolineato e dimostrato finché non sono certo che il messaggio sia stato recepito. Alla fine di ogni spiegazione, arriva il momento che amo, in cui dico: «E so che, malgrado tutto, commetterete questo errore». Guardando le espressioni degli studenti, capisco che pensano: «Mi prende per idiota? Ho ascoltato, ho capito, ho preso appunti e non ho alcuna intenzione di sbagliare!».

So cosa pensano, ma non è così che funziona nella realtà. Nella vita reale tutti commetteranno i passi falsi elencati in questo libro e ne pagheranno le conseguenze ognuno col denaro che hanno duramente guadagnato. Tuttavia, rispetto a chi non ha studiato le regole del trading, hanno il grande vantaggio di aver appreso in cosa consistano gli errori più comuni. Molti trader attivi sul mercato cercano d'imparare da soli dalla propria esperienza. Altro sbaglio, che non permette d'individuare quelli più frequenti per cercare di evitarli. In tal modo ci vorrà più tempo per acquisire esperienza e conoscenza. Quindi, chi ha seguito un corso sbaglierà comunque, ma lo farà più raramente, essendo più consapevole di quel che deve evitare. Individuare e ammettere gli sbagli è il primo e più importante passo per evitarli.

Tenere un diario è la soluzione migliore. Vi aiuterà a capire quando avete sbagliato e come gestire in futuro la situazione. Agli esordi lessi un articolo sul fatto di tenere un diario delle attività. Se devo esser sincero, all'inizio non ne avevo capito l'importanza, probabilmente proprio come voi ora, mentre vi riempio la testa d'idee inutili. Ero certo che mi sarei ricordato gli errori commessi e che non mi servisse altra documentazione. Retrospettivamente mi dispiace di non aver cominciato prima a tenere un diario. Ho capito la necessità di farlo nel modo più duro e pesante. Se seguirete il mio consiglio, vi risparmierete un processo di apprendimento inutilmente lungo e costoso.

IN PILLOLE

Quando inizierete a tenere un diario delle attività, accadrà una cosa incredibile: scoprirete che tutti gli sbagli che fate rientrano in una tipologia relativamente ristretta. Se vi accorgete di ripetere sempre lo stesso errore, è ora di cambiare!

Mia moglie, senza saperlo, mi ha aiutato a capire che avevo bisogno di un diario. Agli esordi della mia carriera commettevo uno degli errori più comuni per i principianti: acquistavo al momento giusto, ma vendevo ottenendo un profitto esiguo o subendo una grossa perdita. Ogni sera raccontavo a mia moglie sempre la stessa storia: «Se solo avessi fatto in questo modo... e non in quest'altro... avrei guadagnato molto di più...». La cosa si ripeteva ogni giorno, finché non si è stancata di sentire come avevo "quasi" guadagnato denaro. Lei, ma non io, vedeva chiaramente che raccontavo sempre lo stesso errore, quello e sempre quello. Era il momento di affrontarlo; era ora di cambiare.

Dopo aver cominciato a tenere un diario, è successa una cosa interessante: ho scoperto che i miei sbagli rientravano in una gamma limitata. Commettevo fondamentalmente gli errori classici di tutti i principianti. Ma l'ho capito solo dopo avere iniziato a tenere un diario di quel che facevo. Alla fine della giornata annotavo le mie operazioni di trading e una volta alla settimana esaminavo i dati contenuti nel diario. La maggior parte dei miei fallimenti derivava da una ristretta serie di errori comuni ripetuti più volte.

Da quel punto in poi la strada per il successo è diventata più breve e più semplice. Non dovevo far altro che eliminare quegli sbagli uno dopo l'altro. La battaglia più dura e impegnativa, naturalmente, era psicologica. Ma alla fine della prima settimana della mia guerra contro gli errori, armato del mio fedele diario, avevo ottenuto risultati straordinari. Alla fine della seconda settimana, ero certo di avere trovato il sistema migliore e la lotta era diventata più facile. Dovevo solo tenere un diario. Tanto semplice e altrettanto straordinario.

Cosa annotare nel diario delle attività

- Data, ora e minuti della transazione. Ciò vi permette di studiare il grafico dell'azione in un secondo momento.
- Simbolo dell'azione.
- Quantità di azioni acquistata.
- Direzione del trading (long, short).
- Prezzo d'ingresso stabilito.
- Prezzo d'ingresso effettivo.
- Motivo dell'ingresso (p.es. formazione tecnica; titolo di cui si parla nel notiziario).
- Prezzo del primo target; prezzo effettivo del primo target.
- Prezzo del target finale; target effettivo.
- Punto di stop loss.
- Ora e minuti dell'uscita.
- Prezzo di uscita effettivo.
- Motivo dell'uscita (p.es. il prezzo ha raggiunto il target, il mercato ha cambiato direzione).
- Risultato monetario (profitto/perdita, importo).
- Note: errori, cambio di direzione del mercato, ecc.

So che c'è chi si affida al registro delle attività del broker. Non fidatevi soltanto di quello, perché non sarà mai sufficiente. Dovete gestire la vostra lista, scritta a mano o su un file Excel, come preferite. L'importante è che registriate ogni singola transazione che eseguite. Vi garantisco che quando i risultati diventeranno chiari, sarete sorpresi di scoprire che avete commesso solo un certo tipo di errori. Una volta che avrete identificato i vostri errori tipici, sarete sulla buona strada per eliminarli!

Tirare le somme

Ora dovete stabilire gli obiettivi. Non cercate di eliminare più di due errori per volta. Se scoprite che tendete a commettere gli stessi cinque sbagli, sceglietene due e decidete di non ripeterli nelle prossime dieci giornate di trading, cioè due settimane lavorative. Per esempio, se tendete a uscire dal titolo prima che abbia raggiunto il target prefissato, allora decidete che, inequivocabilmente e senza compromessi, non uscirete neanche di un centesimo sotto il vostro target. Inserite un ordine di vendita al vostro prezzo target e non cambiatelo. Dovete fare centro. Nelle prossime dieci giornate di trading dovete mettere una grossa X sui due errori che avete scelto. Ignorate tutte le informazioni superflue e, soprattutto, non preoccupatevi per le perdite e i profitti. Smettetela di contare il denaro mentre fate trading (*un errore dei più diffusi!*) e iniziate a concentrarvi sul trading come si deve, mantenendo il controllo. Non voglio dire che sia facile, ma è possibile. Ci sono passato anch'io; ho applicato queste tattiche e lo stesso hanno fatto moltissimi miei studenti. Mi hanno sempre detto senza eccezioni che si tratta di un ottimo sistema.

Tenere un diario funziona. È un dato di fatto.

12

*Scegliere
un'azione
vincente*

Come scegliere l'azione migliore tra le migliaia che vengono negoziate?

A Wall Street si negoziano circa diecimila azioni. Come si possono scegliere le migliori della giornata di trading? Un professionista sceglie le azioni in base a regole predefinite, non per capriccio.

Compiti a casa

All'inizio di ogni giornata di trading, fate i compiti: iniziate con una lista di candidati. A volte, per pigrizia, non lo faccio. Una di quelle volte il mercato aveva aperto con un netto gap up, ma non avevo candidati nella mia lista. Col procedere della giornata, analizzai velocemente le mie azioni preferite in cerca di buone opportunità, ma senza risultato. La sensazione che tutti gli altri stiano guadagnando facilmente, mentre voi state perdendo tempo, è uno degli stati d'animo peggiori per un trader. È un terreno fertile per mosse stupide e non c'è voluto molto perché questo errore diventasse palese.

Mi ero convinto che una certa azione si presentasse molto bene e, con un click impulsivo, eseguii la negoziazione. Per un po' andò bene, ma sul lungo termine subii una forte perdita.

IN PILLOLE | *Pianificare la giornata di trading in anticipo aiuta la resilienza psicologica e a gestire con successo le condizioni del mercato.*

Importante morale della storia: quando vorrete veramente premere il pulsante, scoprirete di avere un incredibile potere di autoconvinzione. Ogni azione mediocre sembrerà fantastica. Ricordate: a volte si guadagna di più astenendosi dal fare trading!

La conclusione è semplice: per ogni giornata di trading, preparatevi mentalmente al mercato stilando una lista di azioni che avete analizzato e che comportano un basso rischio di fallimento e elevate possibilità di successo. In seguito esamineremo vari modi di cercare le azioni.

Usare i report degli analisti

Un analista professionista esperto, che dedica tempo ed energie alla ricerca delle azioni, avrà maggiore successo di un novizio senza esperienza. Il tasso di successo degli analisti della sala di Tradenet è di circa il 65%.

Lo svantaggio di affidarsi esclusivamente alle scelte degli analisti è che impigrisce e crea dipendenza. Conosco trader che operano da anni soltanto in base ai report degli analisti. Sono soddisfatti dei risultati, ma dipendono costantemente da qualcun altro e non impareranno mai a identificare le azioni da soli. È una situazione malsana, dal momento che il vostro obiettivo finale è quello di essere indipendenti. Se d'ora in poi permetterete a qualcun altro di scegliere le azioni per voi, non farete mai progressi e non acquisirete la vitale fiducia in voi stessi e nella vostra esperienza.

IN PILLOLE	*Dovete imparare a riconoscere le azioni. È un vantaggio per la fiducia in voi stessi, la vostra esperienza e crescita come trader.*

La mia raccomandazione non vale per i trader principianti. Credo che all'inizio sia opportuno appoggiarsi al sapere dei trader esperti, ma questo deve esser finalizzato a un solo scopo: imparare a capire perché il vostro mentore ha scelto quella particolare azione e come farlo da soli. Finché guadagnerete grazie ai consigli di un altro non sarete autonomi. Tuttavia, verificate sempre e attentamente che le azioni scelte dall'analista non costituiscano più di metà delle negoziazioni che eseguite e confrontate il tasso di successo di quelle che avete selezionato rispetto a quelle scelte dall'esperto. Il vostro obiettivo a lungo termine è migliorare la percentuale di successo per eguagliare quella dell'esperto.

Come si presenta il report giornaliero di un analista? I report sono legati al tipo di trading eseguito. Gli swing trader utilizzano dei report che analizzano fino a dieci titoli per settimana, mentre i trader intraday usano quelli che ne prendono in considerazione fino a dieci su base giornaliera. Il report contiene: un elenco di titoli candidati per il trading della giornata che sta per cominciare e dei rispettivi punti di attivazione (ingresso, stop loss, target); un'analisi di tipo tecnico e fondamentale del mercato della giornata precedente; le previsioni per quella successiva; grafici e analisi dei principali settori e indicatori; una lista di titoli specifici di cui sono previsti report trimestrali o annunci importanti; le linee di supporto e resistenza più vicine ai principali indici; una rassegna di importanti e imminenti annunci di mercato, con i tempi di pubblicazione; una tabella di follow-up aggiornata con target e punti di stop loss dei titoli in swing.

Esempio di prospetto delle azioni per il trading intraday, come pubblicato nel report

Symbol	Trigger	Company	Sector	1st Target	Stop Loss	Earning
CPX	34.75	Complete Production Services, Inc.	Basic Materials | Oil & Gas Equipment & Services	$35.79	$33.71	-
ACI	34.75	Arch Coal Inc.	Basic Materials | Industrial Metals & Minerals	$35.79	$33.71	-
CVE	38.45	Cenovus Energy Inc.	Basic Materials | Oil & Gas Drilling & Exploration	$39.60	$37.30	-

Gestire una Watch List

Molti trader preparano una lista di titoli da tenere sott'occhio. In generale la lista può includere da decine a centinaia di titoli, a volte fino a duecento. In seguito vi spiegherò come preparare la vostra lista. Quel che rende desiderabili questi titoli sono il volume elevato e la volatilità. I simboli vengono inseriti nella piattaforma di trading nel campo *watch list*. Cliccando su un simbolo si apre il relativo grafico azionario.

Ogni giorno, prima dell'inizio del trading, i trader controllano manualmente i grafici delle azioni che stanno monitorando, in cerca dei punti tecnici d'ingresso. Le azioni ritenute adatte al trading si suddividono in tre sottogruppi:

1. **Azioni calde**: sono vicine al loro punto di attivazione (punto d'ingresso previsto) e potrebbero essere negoziate in giornata.

2. **Azioni in rialzo**: mostrano un trend rialzista e nei giorni successivi potrebbero entrare nella lista di quelle "calde".

3. **Azioni in ribasso**: presentano una tendenza ribassista e nei giorni successivi potrebbero entrare nella lista di quelle "calde" per l'esecuzione di short.

La lista principale deve essere controllata periodicamente e aggiornata in base alle tre suddivisioni di follow-up. Le azioni con cui intendete operare nella giornata corrente devono rientrare in una tavola separata, con colonne organizzate per punto di attivazione (prezzo di entrata), punto di stop loss, primo obiettivo di profitto (parziale) e obiettivo finale di profitto.

IN PILLOLE	*Preparate una lista di cento azioni da seguire, suddivise in tre categorie: azioni calde, azioni in rialzo e azioni in ribasso. Aggiornate frequentemente le liste ed evidenziate le azioni adatte al trading.*

Come si stilano le liste di follow-up? Vi consiglio di partire con non più di cento azioni e di ampliare la lista nel corso del tempo, man mano che fate esperienza. Potete scegliere i titoli principali da due importanti elenchi: il NASDAQ 100 e lo S&P 500. Sappiate che alcuni titoli del NASDAQ sono presenti anche nello S&P. Per trovare i simboli delle azioni di queste due liste cercate su Google le parole «NASDAQ 100 Index» e «S&P 500» e copiate i simboli da uno dei siti finanziari.

Filtri

- Eliminate dalla vostra lista di follow-up le azioni quotate più di 100 dollari, perché non solo sono troppo costose, ma anche troppo volatili per un principiante.

- Cancellate tutte le azioni quotate meno di 10 dollari. Abbiamo già detto che, come principianti, è meglio non negoziare le small cap, che generalmente i trader istituzionali non possono comprare.

- Togliete tutte le azioni con range intraday inferiore a 30 centesimi giornalieri, comprese le azioni "pesanti" che mostrano scarsa volatilità, come Microsoft (MSFT).

- Eliminate tutte le azioni con volumi bassi: iniziate con quelle che presentano meno di due milioni di quote al giorno e, quando amplierete la lista, proseguite con quelle che ne hanno meno di un milione al giorno.

- Stilate la vostra lista con le azioni rimaste.

Col tempo, quando saprete quali sono le vostre azioni preferite, anche se non sono incluse in nessuno dei due indici, potrete aggiungerle all'elenco dopo averne eliminate altre, come meglio credete. Molto probabilmente, dopo alcuni mesi di trading avrete stilato la vostra lista vincente.

Seguire le azioni che fanno notizia

Oltre alle azioni individuate nel vostro elenco di controllo, dovete tenere d'occhio quelle "calde" della giornata precedente e aggiungerle alla vostra lista giornaliera.

Non commettete l'errore della maggior parte del pubblico: non pensate, neanche per un istante, che ci sia un modo semplice per guadagnare da azioni che salgono rapidamente a causa di qualche annuncio o che crollano per le cattive notizie. Di solito si tratta di titoli che aprono la giornata con un gap e che potrebbero muoversi in qualsiasi direzione, in certi casi anche senza alcuna logica. Teoricamente sono imprevedibili, ma a volte si può individuare un buon punto d'ingresso tecnico e il movimento che ne deriva può essere intenso, per via dell'interesse generato dalla notizia.

Se media prestigiosi come il «Wall Street Journal» pubblicano un articolo importante su una determinata azione e commettete l'errore di acquistarla insieme ad altri milioni di persone, non avete più alcun vantaggio sul prezzo. Un milione di lettori otterrà buoni profitti dalla stessa azione? Come reagirà il mercato nei confronti dell'azione di cui parlano i media? Il prezzo salirà o scenderà? Tutto è possibile. Nella maggioranza dei casi, un titolo che compare nel notiziario ha già avuto un rialzo prima degli annunci pubblici, sulla base di informazioni privilegiate e di voci di corridoio. Se fate parte di uno di questi circuiti, siete avvantaggiati. In caso contrario, rinunciate alla tentazione di comprare.

Il famoso motto «compra il pettegolezzo, vendi la notizia» allude al principio per cui il pubblico acquista in base alle notizie che sente, e perde. Chi guadagna è in genere chi vìola la legge. Ha avuto informazioni da un amico all'interno della società o ha avuto accesso al suo report trimestrale, stampato qualche giorno prima della pubblicazione ufficiale. Se pensavate che il mercato azionario non funzionasse in questo modo, ricredetevi. Manipolazione e corruzione dilagano in modi talmente subdoli che gli enti di controllo non riescono a catturare i criminali.

In tal caso, dovremmo comprare un titolo apparso sui media perché un analista lo consiglia o meno? Loro sanno meglio di voi come scegliere le azioni migliori? Ogni anno si pubblicano ricerche sui risultati dei consigli degli analisti. Provate a indovinare dove vi trovereste se vi foste basati sugli analisti. Sarebbe stato un modo sicuro per perdere denaro.

Se le cose stanno così, perché dovreste valutare le azioni di cui parlano i media? Personalmente seguo i media per uno scopo del tutto diverso: voglio sapere cosa fa il pubblico. Voglio capirlo, ma non vuol dire che opererei automaticamente come ci si aspetterebbe. Vorrei sapere di quali azioni parlano i media per seguirle e, magari, per trovare buoni punti d'ingresso tecnici nelle negoziazioni della giornata, indipendentemente da come si muovono i prezzi. Le azioni sui media tendono a essere altamente volatili, una caratteristica che ritengo importante. Ogni giorno preparo un elenco di circa cinque, dieci titoli sotto i riflettori, che tengo monitorati per eventuali opportunità tecniche. A volte ho fortuna, altre volte no.

Un esempio di un'azione sui media è la British Petroleum (BP). Il prezzo del titolo era crollato a causa della fuoriuscita di petrolio da una piattaforma di trivellazione nei pressi delle coste americane, in quella che è stata etichettata «la peggior catastrofe ecologica della storia americana». Le richieste di risarcimento previste erano nell'ordine di miliardi di dollari e sulla società aleggiava l'ombra di un potenziale fallimento. Nella sala di trading abbiamo monitorato BP per qualche giorno e finalmente, grazie alla prontezza di un analista, è arrivato il momento!

British Petroleum PLC, BP – Negoziazione della sala di trading

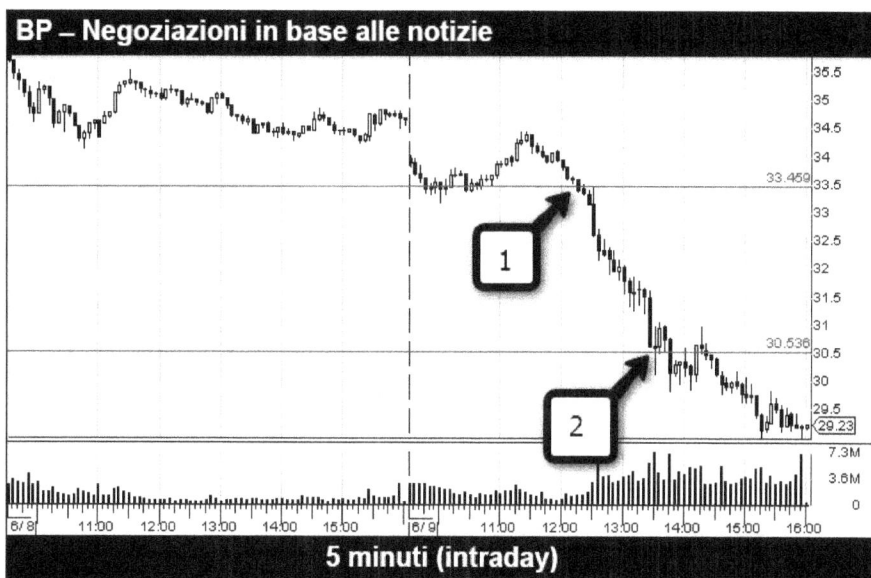

Come accade sempre durante le crisi, BP ha aperto con un gap down. È opportuno eseguire subito uno short per via delle notizie? Se aveste tentato di eseguire uno short in apertura di negoziazioni, molto probabilmente sareste stati tagliati fuori, subendo una forte perdita quando il titolo è risalito a colmare il gap. Successivamente BP si è mosso di nuovo al ribasso e ha fornito un ottimo punto di breakout tecnico quando ha rotto la linea di supporto intraday. Si è trattato senza alcun dubbio di uno short notevole per un'azione che sui media veniva data per debole. Lo short è stato eseguito a 33,45 dollari [1], mentre l'uscita è avvenuta quando ha iniziato a mostrare segni di rimbalzo [2]. Per un attimo ho pensato che BP non avesse più forza per ulteriori minimi (notate la lunga coda che indica l'inversione intraday). Col senno di poi, mi sbagliavo leggermente riguardo al punto di uscita, ma il profitto è stato di 2.920 dollari, come potete vedere dal mio conto di trading.

Dettagli della negoziazione

Account	T/D	Currency	Type	Side	Symbol	Qty	Price	Amount
COLM0001	06/09/2010	USD	2	S	BP	1,000	33.45	33,450.00
COLM0001	06/09/2010	USD	2	B	BP	1,000	30.53	(30,530.000000)
TOTAL (2)						2,000		2,920

Riepilogo

Ogni giorno decine di azioni compaiono sui media per svariate ragioni. Non fa differenza se le notizie sono buone o cattive, dal momento che c'è sempre una forte volatilità che offre interessanti opportunità di trading.

Fusioni e acquisizioni

Non è raro che una società venga acquistata o subisca una fusione con una società concorrente. Sono molti i motivi che determinano le fusioni e le acquisizioni; quello più diffuso è la sinergia. Fusioni e acquisizioni creano allettanti opportunità di trading.

IN PILLOLE

Quando una società ne rileva un'altra, solitamente il prezzo delle azioni dell'acquirente scende a causa dei rischi legati alla transazione. Sale invece il valore delle azioni della società acquisita per via del sovrapprezzo pagato.

Come trader le fusioni e le acquisizioni ci interessano, perché solitamente le azioni delle società coinvolte, l'acquirente e l'acquisita, si comportano in modo prevedibile: il prezzo delle azioni dell'acquirente scende, mentre sale quello delle azioni della società acquisita.

Da un lato gli investitori esprimono la preoccupazione che l'acquirente abbia fatto il passo più lungo della gamba e che il nuovo acquisto possa pesare fortemente sui bilanci; dall'altro, l'acquirente assume anche il controllo delle azioni della società acquisita, quotate a un prezzo più alto di quello di mercato, e paga un extra agli azionisti. In questo modo il compratore si assume un certo rischio, ma dimostra anche la capacità di assorbire l'azienda acquisita, creando un insieme più grande delle sue parti (ecco la sinergia). Anche se nessuno può garantire che l'acquisto o la fusione avranno un buon esito e che le società incorporate avranno più successo, il punto è che la società acquirente avrà in bilancio una spesa notevole. Tuttavia le società acquisite vengono comprate a un prezzo superiore a quello di mercato e presto saranno negoziate in base a questo valore extra. In sintesi, l'operazione si traduce in opportunità di profitto per gli investitori.

Ad esempio, la mega corporazione farmaceutica Merck (MRK) ha annunciato l'acquisto della Schering-Plough (SGP) per 41 miliardi di dollari in una transazione senza precedenti. Gli investitori della Schering riceveranno 0,57 azioni per ogni azione di Schering che posseggono, oltre a 10,5 dollari in contanti. Risultato: il giorno dell'annuncio, il valore delle azioni della Merck è sceso dell'8%, mentre quello della Schering è salito del 15%. Tuttavia vorrei sottolineare che, anche in presenza di un comportamento prevedibile da parte di entrambi i titoli, dovreste comunque controllare attentamente il miglior punto d'ingresso e il rapporto rischio/rendimento.

Restare fedeli a un'azione

Spesso i trader prendono "familiarità" con le azioni di cui si fidano di più. Ogni periodo ha le sue "stelle", azioni con quotazioni costantemente al rialzo che portano trader, investitori e fondi ad acquistarle per vari periodi di tempo. Dovremmo imparare a conoscere quelle più popolari e unirci alla festa?

Innanzitutto non credo nell'idea di rimanere fedeli a un'azione. Di fatto in qualsiasi periodo ci sono titoli che vengono definiti "giovani selvaggi" del mercato. Sono azioni scambiate a volumi enormi e con una volatilità incredibile. Mentre scrivo queste righe, posso affermare che, al momento, le due più popolari sono AIG e SEED. Quando questo libro andrà in stampa, il pubblico sicuramente ne preferirà altre.

La storia di AIG è legata alla crisi finanziaria, a un crack incredibile e a un rapido recupero. In quei momenti le emozioni erano alle stelle. Qualcuno, ricordando i bei giorni della società come leader nel mercato assicurativo internazionale, potrebbe acquistare AIG «per il futuro dei bambini». Altri, come noi trader, approfittano dello sfogo emotivo per negoziare il titolo in giornate caratterizzate da una fantastica volatilità e volumi elevati.

American International Group Inc., AIG – Comportamento giornaliero nell'arco di svariati mesi

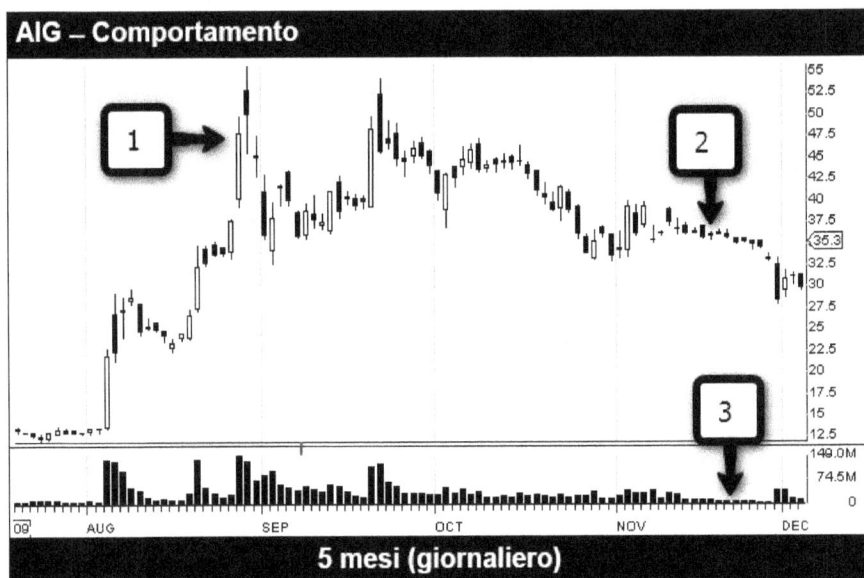

AIG – Comportamento

5 mesi (giornaliero)

Nell'agosto 2009 il prezzo delle azioni balzò da 21 a 55 dollari [1], in folli giornate di trading e in volumi di centinaia di milioni di azioni al giorno. Di fatto la storia di AIG era iniziata tempo prima, ma, senza dubbio, in agosto e settembre di quell'anno si videro le mosse più feroci del trading azionario.

AIG, insieme ad altre favorite del pubblico, può presentare ampie oscillazioni di volume nell'ambito di una singola giornata di trading, con volumi e liquidità alti, motivo per cui molti day trader ci guadagnano parecchio denaro. L'interesse del pubblico causa un picco del prezzo, di solito la società viene valutata molto al di sopra del valore reale e, spesso, non è all'altezza delle aspettative del mercato. Nella maggior parte dei casi il prezzo delle azioni scende [2], i volumi crollano [3] e il prezzo non è più volatile come all'inizio. Se e quando l'interesse verso l'azione dovesse rinnovarsi, probabilmente la farebbe "impazzire" ancora una volta.

Conclusione: se volete veramente "sposare" un'azione, non considerate l'azione in sé, ma il modo in cui viene negoziata in uno specifico arco di tempo. È molto meglio evitare di diventare grandi esperti di un'azione, se sappiamo che nell'arco di qualche mese finirà la festa e dovremo spostarci su qualcos'altro. I trader azionari cercano punti d'ingresso intraday che consentano di negoziare l'azione una o due volte nella stessa giornata traendone profitto.

Il metodo funziona soltanto se l'azione mantiene un'alta volatilità e un volume elevato, che possono diminuire in qualsiasi momento o addirittura sparire.

In linea di massima la valanga precipita solo quando i trader istituzionali iniziano ad acquistare il titolo, facendone salire volume e prezzo e portandolo all'attenzione del pubblico di investitori e trader. Mentre gli investitori e i trader "prendono confidenza" con l'azione, i trader istituzionali, responsabili dell'aumento del prezzo, vendono a volumi elevati. Pian piano il trend rialzista dell'azione si placa; i day trader smettono di operare; di solito, a questo punto, gli acquirenti istituzionali escono di scena; il volume scende e il prezzo ritorna al livello naturale.

IN PILLOLE	*Non "sposiamo" mai un'azione per lunghi periodi. La negoziamo nei periodi interessanti e la abbandoniamo quando il volume scende e il prezzo ritorna al livello consueto, che ci interessa meno.*

Come si comportano gli investitori? Esaminiamo, ad esempio, AIG, che ha aperto a 12 dollari, è volata a 55 ed è tornata indietro, almeno per il momento. Buona parte degli investitori non è entrata a 12 dollari. Pochissimi possedevano il titolo prima che il prezzo iniziasse a salire. I "fortunati" lo hanno scoperto intorno ai 20 dollari, o giù di lì, e l'hanno fatto salire a 55. Erano felici del successo e hanno ottenuto profitti a quel punto? La maggior parte no. Si è lasciata prendere dall'avidità. Quando il prezzo è sceso a 35 dollari hanno guadagnato? No, hanno cominciato a "farsi furbi". Convinti di conoscere l'azione, erano sicuri che sarebbe ritornata al massimo precedente. Perciò ora hanno acquistato altre azioni a 35 dollari, sperando di ottenere profitti facili quando il titolo avrebbe ripetuto i suoi massimi. Hanno scoperto in seguito che il prezzo continuava a scendere sotto il prezzo d'acquisto originale e hanno chiuso la negoziazione in perdita.

Non dovete stupirvi se questo scenario si ripete svariate volte nel corso dell'anno. Succede anche agli investitori più esperti. Ogni anno troverete le "favorite dal pubblico", nonché gli investitori e i trader convinti di conoscere alla perfezione l'azione e il suo comportamento, salvo poi ritrovarsi sulla buona strada per perdere denaro.

Ricerca intraday delle azioni

Trovo circa metà, o poco più, dei titoli che tratto nella giornata di trading sintonizzandomi su diverse fonti. Ritengo che la cosa più importante sia la sala di trading online, dove opero ogni giorno insieme a centinaia di altri trader. Molti di loro presentano titoli interessanti nelle loro liste di controllo o tra i titoli che identificano nelle ore di trading. I suggerimenti sono infiniti! Il difficile è sapere quali scegliere.

IN PILLOLE	*Uno degli strumenti più utili è l'identificazione delle azioni forti e deboli nel corso della giornata di trading. Seguitele e cercate buoni punti tecnici d'ingresso.*

Anch'io ricorro alla mia piattaforma di trading. Ognuna include strumenti speciali per individuare le azioni intraday che presentano un comportamento insolito, come, ad esempio, la lista dei titoli forti e di quelli deboli di ciascuna borsa (NYSE, NASDAQ) e di quelli con volumi particolarmente elevati. La piattaforma di trading COLMEX Pro che uso presenta una scansione Top 20, da cui ricavo molte buone idee per l'intraday! Usarla è semplice: nelle ore di trading apro ogni grafico azionario, ad esempio per le azioni più forti, e cerco punti tecnici d'ingresso interessanti. Un controllo corretto può portare a tante ottime negoziazioni in una singola giornata.

Scansione COLMEX Pro Top 20

% Top 20				
	GainNasd	LossNasd	GainNYSE	LossNYSE
1	BDCO	RDCM	KV.A	LAQ
2	NEXM	LSCC	KV.B	CNAM
3	ICOP	EMMS	UTI	PCG
4	LULU	SCOK	ANX	APP
5	SIGA	SWHC	DIN	NSM
6	DMAN	TNDM	MNI	SKH
7	CBAK	CBEH	LNG	CMO
8	DSTI	HILL	RES	DYP
9	RDNT	RBCN	AIB	SOXL
10	RUE	SNTS	FVE	DTO
11	ALTH	CRUS	BORN	AZC
12	SONS	XPRT	LEI	SCO
13	GPRC	INTT	RIG	TRW
14	ACET	AVGO	WMG	WPI
15	VICL	EXTR	MCO	PMI
16	MDCO	POWI	SRZ	SNV
17	CMTL	ISIL	FR	ADI
18	THRX	ISSI	SWI	CBD
19	LINC	PANL	SVM	ERY
20	CPLA	PEET	GBX	WHR

Come vedete, la finestra è suddivisa in colonne, ciascuna delle quali mostra una lista di azioni in base a criteri rilevanti:

(1) NASD guadagno – le 20 azioni NASDAQ più forti.

(2) NASD perdita – le 20 azioni NASDAQ più deboli.

(3) NYSE guadagno – le 20 azioni più forti sulla Borsa di New York.

(4) NYSE perdita – le 20 azioni più deboli sulla Borsa di New York.

A intervalli di pochi secondi, la scansione esegue un aggiornamento dei dati, cosicché ogni azione può essere sostituita da qualsiasi altra. I dati visualizzati si possono filtrare anche in base alle esigenze individuali. Se la vostra piattaforma di trading non visualizza questi dettagli, potete trovare gratuitamente le informazioni su svariati siti finanziari costantemente aggiornati in tempo reale, anche con una ricerca su Google dei «titoli che guadagnano e perdono», scegliendo il sito che trovate più adatto.

Usare le piattaforme di screening delle azioni speciali

La maggior parte dei trader che usano piattaforme di screening per le azioni speciali sono assistiti da programmi orientati a localizzarle alla fine della giornata di trading. Pochissimi li adoperano per le ricerche intraday.

È disponibile una vasta gamma di piattaforme di screening delle azioni. Alcune sono gratuite su Internet e altre si possono acquistare a prezzi che vanno dalle centinaia alle migliaia di dollari, a cui va aggiunto un canone mensile. I programmi a pagamento sono generalmente pensati per i professionisti.

Due siti utili sono www.stockfetcher.com e www.finviz.com. Entrambi forniscono servizi di base gratuiti e avanzati a pagamento.

Come funziona una scansione?

Una scansione delle azioni alla fine della giornata di negoziazione si basa sull'analisi dei dati di trading dell'intero mercato azionario, che comprendono i prezzi d'apertura e di chiusura, i massimi e minimi e il volume di ogni titolo.

Per individuare le azioni più adatte, dovete effettuare una ricerca. In primo luogo, definite i parametri di scansione del programma. Per esempio: se volete negoziare solo titoli con volumi elevati, attivate un filtro che visualizzi quelli con volumi medi giornalieri che hanno superato il milione di azioni nel mese precedente.

Un ulteriore filtro serve a presentare i titoli con un incremento di volume nell'arco di un numero prestabilito di giornate. Si può impostare il programma in modo che concentri solo quelli che, il giorno prima, hanno mostrato un volume doppio rispetto a quello medio giornaliero del mese precedente. Si potrebbe applicare un ulteriore filtro per individuare quelli con prezzi superiori alla MM20, ossia azioni in rialzo. Con un filtro più avanzato si potrebbe impostare che la MM50 sia inferiore alla MM20 o che la MM200 sia minore della MM50. In questo modo, sarete certi che l'azione ha realmente un trend rialzista e che lo sta mantenendo da non meno di duecento giorni.

Più filtri inserite, più limitate la ricerca, finché otterrete zero risultati. Il risultato ideale è di svariate decine di azioni, che verificherete manualmente, una per una, per trovare quelle che presentano le formazioni che volete.

Col tempo imparerete come impostare i filtri per adattarli meglio al vostro metodo di trading e per ottenere risultati soddisfacenti con un solo clic, visualizzando una lista di probabili candidati.

Le basi dell'utilizzo della scansione

Obiettivo: identificare le azioni adatte al vostro metodo di trading.

Nota. Non sarebbe saggio procurarsi un set di filtri "perfetto", perché potreste perdere molte azioni che non sembrano ancora pronte per l'ingresso immediato, ma che potrebbero comunque rivelarsi degne di essere monitorate e dovrebbero essere incluse nella vostra lista di controllo.

Cosa stiamo cercando?

- Formazioni classiche di breakout e breakdown.
- Inversioni.
- Modelli, come cup and handle, head and shoulders, ecc.
- Azioni con trend al rialzo o al ribasso.
- I gap.
- Azioni volatili.
- Azioni con volume elevato (sopra le 700.000 azioni al giorno).
- Volumi in aumento.

Impostazione dei filtri

Ogni programma ha un proprio metodo per l'impostazione dei filtri, ma sono tutti abbastanza simili. Gli esempi qui indicati sono tratti dal programma Stock Fetcher.

Esempio. Supponiamo di voler trovare titoli a non più di 1 dollaro sopra il loro massimo (cioè verso un breakout); con un prezzo tra 10 e 70 dollari; con un volume medio giornaliero, nel corso degli ultimi trenta giorni, superiore a 750.000 quote al giorno e un trend rialzista nella giornata precedente.

Il filtro è il seguente:

1. Mostra azioni con chiusura tra 10 e 70,

2. e volume medio (30) superiore a 750.000,

3. e con il massimo di 52 settimane inferiore di un punto sopra al massimo,

4. e con chiusura superiore all'apertura.

Dopo aver impostato questo filtro nel programma di scansione, cliccate su *Cerca* per visualizzare i titoli che soddisfano i criteri suddetti. Troppi titoli elencati? Aumentate il volume a un milione.

I filtri che cercano le formazioni appariranno come segue:

1. Mostra azioni con modello head and shoulders.

2. Mostra azioni con modello cup and handle.

3. Mostra azioni con modello double-bottom.

A tutti questi filtri, aggiungiamo le definizioni per fascia di prezzo, volatilità e volume medio giornaliero.

Esempio. Un filtro di ricerca per la formazione bullish di tipo doji con inversione (stiamo cercando inversioni formate da candele in aumento dopo la doji) sarà simile a questa:

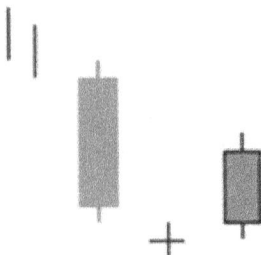

1. La chiusura è superiore all'apertura,
2. e la chiusura del giorno prima è equivalente all'apertura della stessa giornata,
3. e la chiusura di due giorni prima è inferiore all'apertura della stessa giornata,
4. e l'apertura del giorno prima è inferiore alla chiusura di due giorni prima,
5. e l'apertura è superiore all'apertura del giorno prima,
6. e la chiusura è superiore alla chiusura di due giorni prima,
7. e la chiusura è inferiore all'apertura di due giorni prima,
8. e la chiusura di due giorni prima era in calo per due giornate,
9. e il volume medio (3) è superiore a 750.000.

Esempio. Ricerca di un gap up superiore al 2% in due giornate di negoziazione.

1. Mostra azioni con un minimo superiore alla chiusura di un giorno prima,
2. e l'apertura è superiore del 2% della chiusura del giorno prima,
3. e l'apertura del giorno prima è superiore alla chiusura della stessa giornata.

Riepilogo

Il consiglio che do ai trader principianti è di non effettuare ricerche di azioni intraday. Svolgetele soltanto alla fine della giornata, preparate una lista di azioni interessanti per la giornata successiva, imparate dai vostri errori e migliorate le vostre formule fino a ottenere un buon controllo sui risultati. La maggioranza dei trader non usa affatto le ricerche intraday.

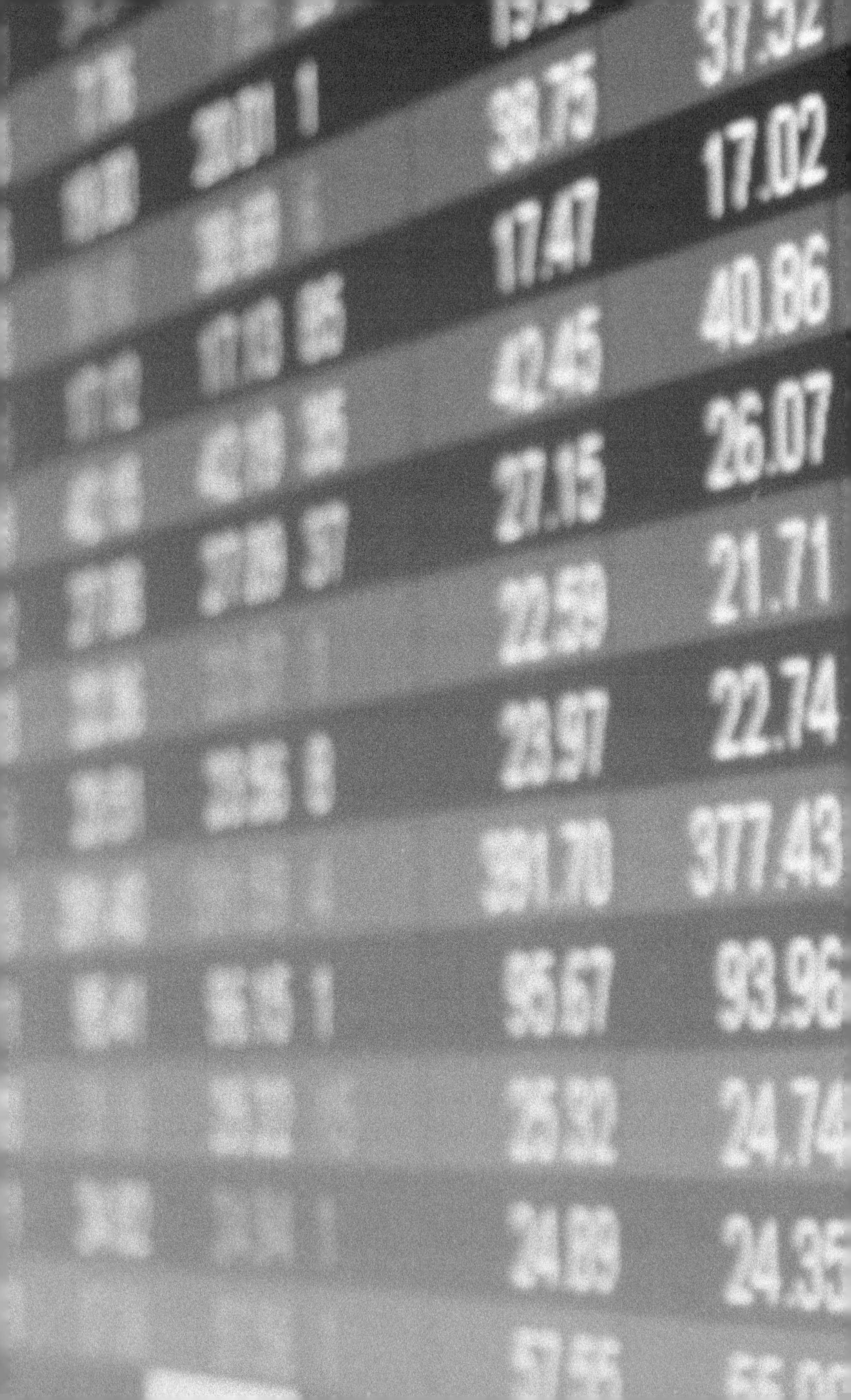

17.02
17.47
40.86
26.07
21.71
22.74
377.43
93.96
24.74
24.35

13

Come prepararsi al primo giorno di trading

Consigli importanti prima d'iniziare

Iniziare lentamente

Avete letto libri, imparato le basi del trading, acquistato un computer potente, vi siete collegati a una sala di trading e, infine, avete aperto un conto di trading ed effettuato un deposito.

Eccoci qui! Il giorno tanto atteso è arrivato. È il vostro primo giorno di lavoro come trader azionari. Capisco che possiate sentirvi euforici, ma nondimeno capisco che siate anche tesi e insicuri. Avete dormito la scorsa notte? Avete fatto colazione? Vi prego, iniziate la giornata con calma. Siate sereni. Cominciate con poco. Operate con attenzione. Prima di mettere alla prova le vostre abilità di nuoto nel mare tempestoso della borsa con squali e balene, fate pratica in una tranquilla laguna, non lontano dalla costa. Durante la prima settimana, effettuate una sola negoziazione al giorno. Imparate da ogni singola operazione, valutandone tutte le possibili angolazioni.

Perché avete acquistato l'azione?

Come si comportava il mercato mentre compravate: saliva o scendeva?

Cosa faceva il settore?

La formazione tecnica era corretta?

Avete operato in modo professionale oppure seguendo l'incontrollabile impulso di premere il tasto?

Imparate a restare con le mani in mano, senza fare assolutamente niente, tranne osservare, ascoltare e imparare. Avete una lunga strada davanti. Se sentite di perdere denaro quando non operate, allora dovete innanzitutto imparare a mantenere la calma. Pensare ai soldi porta a perderli. Concentratevi piuttosto sui metodi che sull'obiettivo (il denaro).

Non dimenticate che siete umani, non mi aspetto che siate perfetti. Infatti, un comportamento sempre attento e misurato non è normale. Sarei sorpreso di sapere che avete resistito a tutte le tentazioni del mondo del trading. So che in questo momento state pensando qualcosa come: «Lui non mi conosce affatto, ho tantissima fiducia in me stesso e posso resistere alle tentazioni!». Sottolineate questa pagina in giallo e tornateci dopo due settimane di attività e vedremo chi ha ragione. Se mi sbaglio, fatemelo sapere e sarò felice d'inviarvi i miei migliori auguri e sincera ammirazione. Magari sapessi operare sempre come da manuale!

La buona notizia, tuttavia, è che, via via che il tempo passa e man mano che diventerete trader professionisti, subirete una trasformazione mentale. Adesso che siete agli inizi, siete molto più esposti agli errori di quanto non lo sarete in futuro. Col tempo scoprirete i vostri punti deboli, imparando a controllarli. Procedendo oltre, imparerete a dominare meglio le emozioni, di pari passo con la piena assimilazione del vostro metodo di trading.

Un comportamento corretto nel trading diventerà una cosa naturale, mentre gli atteggiamenti impulsivi e irresponsabili saranno rare eccezioni. Sì, c'è luce in fondo al tunnel; ci vuole solo un po' per arrivarci.

Guadagnare milioni con una demo

Da ragazzo mi piaceva giocare a Monopoli. Ho comprato edifici e terreni, saltato o aspettato turni, guadagnato tanto e, talvolta, anche perso molto (e non ho mai detestato perdere!). Tutto questo con piccoli pezzi di carta privi di reale valore. Giocare a Monopoli è divertente. Se ne esce sempre coi conti in banca, quelli veri, intatti. È proprio per questo che non è servito a prepararmi per il mondo reale del business. A quei tempi potevo perdere un milione in una sola volta e dormire bene come se ne avessi guadagnati due!

Un *simulatore di trading* (la cosiddetta «demo») è un programma con cui esercitarsi, noto anche come *paper trading*. Tecnicamente è molto simile al vero trading azionario, ma opera in un ambiente artificiale, come il Monopoli. Vi abituerete a usare un vero programma professionale di trading, operando con dati in tempo reale, detti *streaming live data*. Il programma opera con denaro "finto", permettendo di comprare e vendere azioni, mostrando il bilancio dei profitti e delle perdite come se si trattasse di denaro vero. Soprattutto, non c'è *alcun rischio e nessuna pressione*. È il non plus ultra dei giochi per computer da adulti. Suona bene? Beh, non sempre, e vi spiego perché.

IN PILLOLE	*Il simulatore di trading è molto utile per far pratica nell'uso della piattaforma, ma il rischio di un uso prolungato è che il trader principiante si senta eccessivamente sicuro di sé.*

Dopo varie lezioni del corso della Tradenet, avendo studiato e applicato i principi del trading, il 95% dei miei studenti guadagnava molto denaro con la demo! Non è inusuale che gli studenti diligenti guadagnino centinaia di dollari in una sola giornata applicando rigorosamente le regole del trading. Questo li faceva sentire dei trader navigati, pieni di esperienza. È naturale che, grazie a questi profitti, molti studenti sognassero "i soldoni" che avrebbero sicuramente guadagnato una volta completato il corso ed è a questo punto che quelli impazienti cominciarono a telefonare. Basandosi sul paper trading, avevano la sensazione di perder tempo, quando invece avrebbero potuto guadagnare migliaia di dollari. Volevano iniziare a operare sul serio, volevano *una gratificazione immediata con del denaro vero*.

Uno studente che guadagna con la demo può pensare che il trading in tempo reale sia la stessa cosa e che sia facile lavorare con vere azioni. Permettetemi di mettervi in guardia: fare trading con denaro vero NON è come farlo con la demo. Sono due mondi completamente diversi. Il simulatore di trading è come il Monopoli.

E qui cominciano le discussioni: la gran parte degli studenti è certa che mi sbagli e che non si troveranno mai in situazioni veramente difficili.

Hanno molta autodisciplina, sono sicuri di potersi attenere alle regole anche quando opereranno con del vero denaro. Quelli più educati sorridono e rimangono in silenzio. Il loro sorriso vuol dire che ritengono di aver ragione, mentre io avrei torto, ma sono troppo cortesi per dirlo. I più sfacciati non si fanno remore nell'insistere che mi sbaglio. Più cerco di calmare il loro entusiasmo, più cresce. È una lotta dai risultati perfettamente prevedibili.

| **IN PILLOLE** | *Anche se siete ottimi tiratori scelti, sarà difficile prender bene la mira mentre il nemico vi punta un'arma alle tempie!* |

Perché la demo è diversa dal fare trading in tempo reale? Dopotutto si tratta dello stesso programma, dello stesso mercato e dello stesso trader che lo utilizza. In cosa consiste la differenza? Un mio studente, giocatore professionista di basket, lo ha spiegato in questi termini: «Conosco giocatori che, in fase di allenamento, fanno i canestri più spettacolari. Il punto è cosa succede quando sono in campo. La pressione, la folla che urla, il dubbio se saranno pagati a fine mese. Tutto ciò influenza il modo di giocare. Quanti di loro riescono a fare canestri spettacolari nel gioco vero? Molto pochi!». In fondo parliamo dello stesso gioco, dello stesso giocatore e delle stesse regole, ma il risultato in gara è molto diverso. Circola una storia molto famosa di un abile duellante invitato a un duello alla pistola. Prima d'iniziare, informò il rivale di essere in grado di colpire lo stelo di una coppa di champagne da dieci passi di distanza. Il rivale, più esperto di duelli veri, rispose: «Vediamo se riesci a colpire un calice di champagne quando ti puntano contro una pistola carica».

Nel simulatore manca un elemento fondamentale: le emozioni. Quando operate con denaro vero, avete una pistola carica puntata alla testa. Debolezze di fondo, come la paura e l'avidità, rendono molto più difficile mantenersi freddi e razionali. Quando negoziate nel trading reale e non col simulatore, non siete le stesse persone e, anche se in questo momento siete certi che mi sbaglio, scoprirete presto che i guadagni con la demo si traducono in perdite nel trading con soldi veri.

Non fraintendetemi: non sto dicendo che non dovete usare il simulatore. Se ne terrete a mente gli svantaggi, potrete approfittare dei vantaggi. Un trader che guadagna "sulla carta" nel periodo di studio, ricorderà sempre che in una situazione senza stress è facile battere il mercato. Qualora perda denaro nel vero trading, quel trader sarà abbastanza intelligente da cercare le differenze tra il training con la demo e l'attività coi soldi veri, le analizzerà, le assimilerà e farà le opportune correzioni. Talvolta il principiante potrebbe anche smettere di operare con vero denaro e riprendere per qualche tempo la demo, per capire meglio le differenze dopo aver fatto un po' di effettiva esperienza. Il simulatore insegna a eseguire velocemente le operazioni tecniche e, cosa più importante, insegna che si può guadagnare se si rispettano le regole, senza lasciarsi guidare dalle emozioni.

Evitate di assimilare le cattive abitudini quando usate la demo. Utilizzatela per migliorare la velocità di reazione, per far pratica con gli ordini e imparare perfettamente il programma di trading. Anche quando usate il simulatore, negoziate con piccole quantità e limitatevi a pochi scambi, come se operaste veramente. Analizzate bene ogni transazione, come se si trattasse di soldi reali. Rimanete in contatto con i trader esperti della sala di trading online. Non lavorate da soli e non fate il passo più lungo della gamba.

Preparare il primo giorno di trading, passo dopo passo

Il lavoro di un day trader inizia poco prima dell'apertura del trading. Prepararsi sugli aspetti tecnici e fondamentali è importante sia per scegliere in anticipo le azioni adatte che per essere pronti dal punto di vista emotivo, migliorando così le percentuali di successo.

Quanto tempo dedicare alla preparazione?

In teoria potreste dedicare ore alla preparazione, senza tuttavia trarre un reale beneficio dal tempo investito. Volendo leggere le notizie finanziarie, scoprirete che sono talmente tante da riempire intere biblioteche e, in fin dei conti, la gran parte non ha valore. Di contro, volendo effettuare l'analisi tecnica di centinaia di titoli, trascorrerete inutilmente molte ore davanti allo schermo del computer. Per individuare i requisiti fondamentali senza perder tempo in attività che, nella migliore delle ipotesi, non vi aiuteranno e, nel caso peggiore, vi danneggeranno, vi consiglio di seguire queste linee guida, adattandole alle vostre esigenze.

Come trader esperto, adesso mi bastano trenta minuti per prepararmi. Probabilmente, se dedicassi più tempo alla preparazione, i miei risultati migliorerebbero, ma questo vale per qualsiasi cosa nella vita. Se vi alzaste un'ora prima al mattino per dedicarvi al lavoro, quasi sicuramente guadagnereste di più. Tuttavia trenta minuti è il tempo che mi sono stabilito tra lavoro e gioco. I golfisti (il mio vero lavoro) sono soliti dire: «È meglio una brutta giornata di golf di una buona giornata in ufficio». Agli inizi vi consiglio di dedicare più tempo, anche un'ora intera, per prepararvi alla giornata di trading. Così facendo dovreste poter accorciare molto la vostra fase di apprendimento. Dedicare un periodo di tempo più lungo alla preparazione non contribuirà al vostro successo.

IN PILLOLE	*Dedicate non più di un'ora per prepararvi alla giornata di lavoro. Un tempo più lungo non porta alcun beneficio, anzi può addirittura rivelarsi dannoso.*

Se fate parte di una sala di trading online, troverete già pronta buona parte della preparazione, servita, come si dice, su un piatto d'argento. Si tratta del *report giornaliero*, che viene prodotto molte ore prima dell'apertura del trading, per esser poi vagliato e analizzato dagli analisti circa quindici minuti prima dell'apertura del trading. I trader che si ritengono dei professionisti non si affidano solo a questo report, ma analizzano personalmente anche il mercato e gli indici principali, cercando idee di trading rilevanti. Qualcuno di loro potrebbe presentare i suoi spunti nella sala di trading, cosicché tutti ne possano beneficiare, aumentando le chance di successo.

Cosa dovreste cercare

Il mercato salirà o scenderà?

Abbiamo imparato che il 60% del movimento delle azioni è dettato dall'orientamento del mercato. Perciò, all'inizio di ogni giornata di lavoro, il mio primo pensiero va alla direzione prevista del mercato. Se ritengo che sia in rialzo, acquisterò una maggior quantità di azioni con trend rialzista e viceversa. Sfortunatamente la vera tendenza del mercato si scopre solo a conti fatti, alla fine della giornata, ma, come spiego di seguito, esistono molti strumenti per prevedere in anticipo dove andrà il mercato.

- **Il comportamento del mercato nelle giornate precedenti**

  Il trend di mercato è un elemento importante per anticiparne la direzione. Come si muove il mercato in termini generali? Se è in rialzo, esiste una concreta possibilità che mantenga il trend. Se è salito nell'arco delle tre giornate precedenti, si può ragionevolmente prevedere che nella quarta mantenga la tendenza o torni indietro. Se torna indietro nella quarta e nella quinta giornata, ragionevolmente si può prevedere che riprenderà a salire nelle sesta giornata e così via.

- **Futures e pre-mercato**

  Circa un'ora prima dell'apertura del trading, proviamo ad anticipare la tendenza del mercato con l'attività pre-mercato dei futures, che, diversamente dalle azioni, vengono negoziati senza interruzione. Si può controllare l'attività ES pre-mercato oppure, se non avete accesso ai grafici dei futures, analizzare il grafico SPY pre-mercato, che viene negoziato anche nelle ore che precedono l'apertura delle negoziazioni.

  Più volte nell'arco dei mesi, circa un'ora prima del trading, si pubblicano vari tipi di dati finanziari, come i tassi d'inflazione del mese precedente, il tasso di disoccupazione e altro ancora. Sono dati che influiscono sul trading iniziale dei futures e rendono chiaramente visibile la tendenza pre-mercato. Le buone notizie spesso determineranno un gap up in apertura. Anche in assenza di notizie, sarete in grado d'identificare il trend del mercato, in un modo o nell'altro. Per esempio, dopo una forte giornata di massimi che si chiudono con dei picchi, è molto probabile che il mercato apra sotto il massimo assoluto e che torni indietro per una parte di quel massimo, almeno in apertura di trading. Al contrario, dopo una giornata di minimi netti, l'isteria e la pressione dei compratori possono generare un'apertura ancora più al ribasso. Come abbiamo imparato, l'apertura al di sopra o al di sotto del prezzo di chiusura del giorno precedente è chiamata *gap,* e sappiamo che generalmente i gap si chiudono in giornata, aiutandoci a valutare l'andamento del mercato nel corso del trading.

Tendenza del mercato e componente psicologica

La tendenza del mercato è determinata da una vasta gamma di aspetti psicologici che riflettono le opinioni di tutte le componenti del mercato. Il mio consiglio quindi è di non sottovalutare le vostre sensazioni. Il trading azionario è tutt'altro che una scienza esatta, anzi può considerarsi più un'arte che una scienza. Anche se agli esordi la vostra sensibilità "artistica" non è del tutto sviluppata, vi consiglio di provare a valutare l'orientamento del mercato e rimarrete sorpresi di quanto spesso avrete ragione. Quand'ero giovane, prima di subire un'operazione correttiva agli occhi, avevo bisogno degli occhiali. Ogni anno mi recavo da un noto oculista, che ci teneva a sottolineare di non essere un ottico. Al momento del test in cui dovevo identificare la riga di lettere più piccole, diceva: «Puoi anche provare a indovinare». La cosa interessante è che, pur ignorando di non riuscire a vedere nulla, i miei tentativi d'indovinare erano molto spesso esatti! La conclusione è semplice: sappiamo molto di più di quanto siamo inclini ad ammettere. Ci sono molti elementi, spesso nascosti, che ci aiutano a rafforzare i nostri punti di vista. Anche se non sapete usare bene tutti gli strumenti, provate a tentare di indovinare! Rimarrete sorpresi da un tasso di successo superiore alle previsioni.

Leggere i titoli finanziari

Visitate il vostro sito di finanza preferito, leggete i titoli e magari le prime righe dell'articolo principale. Ricordate che gli autori potrebbero anche essere bravissimi ad analizzare il passato, ma non hanno alcuna idea sul futuro. Leggere i titoli serve a entrare nell'atmosfera dell'ambiente finanziario, alla ricerca di eventi che potrebbero influenzare il trading. Questo potrebbe risultare utile per individuare la direzione del mercato. Eventi speciali potrebbero esser d'aiuto per identificare i punti d'ingresso delle azioni con comportamenti estremi.

Se, ad esempio, i titoli riferiscono che dopo l'orario di trading IBM intende pubblicizzare il suo rendiconto trimestrale, è lecito supporre che le speculazioni prima della pubblicazione potrebbero indurre una maggiore volatilità del solito. Questo dovrebbe offrirvi un'opportunità d'ingresso che non si verifica normalmente, come abbiamo discusso in dettaglio nei capitoli precedenti.

Il calendario degli annunci

Scegliete il sito finanziario che preferite, cercate il link *calendario degli annunci* e annotate gli argomenti interessanti e gli annunci importanti per la successiva settimana di trading. Ogni giorno andatevi a rivedere la data in cui la notizia sarà pubblicata. Ci occuperemo degli annunci e del funzionamento delle pubblicazioni in una sezione separata.

Fate una pausa: la quiete prima della tempesta

Il trading intraday è un processo che richiede una notevole quantità di energia mentale. Dopo le prime due ore di trading, di solito mi sento molto stanco. Per prepararmi ad altre due ore di fila di attività impegnativa, mi rinfresco, preparo un caffè forte e mi rimetto al lavoro.

La suddivisione della giornata di lavoro

La giornata di trading è suddivisa in tre parti principali. Bisogna studiare il comportamento dei trader professionisti in ciascuna di esse.

1. **Apertura**

    Le ore di trading più importanti sono comprese fra le 9:30 e le 11:30 del mattino, ora di New York. Queste due ore si possono ulteriormente suddividere in due parti: i primi trenta minuti e i restanti novanta fino alla pausa pranzo.

La prima mezz'ora è caratterizzata da un'elevata volatilità, volumi particolarmente alti e un'evidente difficoltà nel determinare la tendenza del mercato. Il nostro obiettivo, in quest'arco di tempo, è quello di impostare il trading che ci accompagnerà nella maggior parte della giornata.

Trascorsa questa mezz'ora, nell'ora e mezza che rimane fino alla pausa pranzo il trend di mercato è più definito e i trader cercano le azioni vincenti da cui trarranno i profitti della giornata. In questi scambi la quantità di azioni e il target saranno relativamente elevati.

2. Pausa pranzo

Tra le 11:30 e le 13:30, ora di New York, vediamo in genere volumi bassi, perché molti grandi operatori, i trader istituzionali, sono a pranzo. Il mercato è più tranquillo e di solito si consolida.

È un buon momento per fare una pausa, controllare le negoziazioni in corso, realizzare profitti, impostare nuovi stop e target e preparare le transazioni dell'ultima parte della giornata. Nel frattempo possiamo negoziare le small cap. Dato che questo tipo di azioni non sono negoziate dai trader istituzionali che sono a pranzo, ma dal pubblico, non risentono del basso volume.

3. Chiusura

La chiusura avviene tra le 13:30 e le 16:00, ora di New York. Anche quest'ultima fase può essere suddivisa in due parti.

La prima è la sessione di trading che segue la pausa pranzo, tra le 13:30 e le 15:30, che è caratterizzata da volumi in aumento e, talvolta, dal rafforzamento del trend di apertura della giornata. È il momento più adatto per ampliare le negoziazioni in atto e praticare lo scalping (scambi con obiettivi ristretti, da 20 a 30 centesimi).

Nella seconda sessione, tra le 15:30 e le 16:00, evitiamo di aprire nuove transazioni, chiudiamo quelle che non vogliamo usare per uno swing nella giornata successiva e approfittiamo del momento per controllare possibili scambi per il giorno dopo, sulla base di modelli interessanti identificati con la chiusura della giornata di trading.

Ogni arco temporale ha le proprie peculiarità per quanto riguarda le possibilità di trading, i metodi specifici, le opportunità e i rischi. I trader professionisti vi si adeguano per trarre il massimo vantaggio dal potenziale intrinseco nelle varie sessioni della giornata. C'è chi si specializza nel negoziare in un particolare arco di tempo, investendovi tutti i suoi sforzi.

Riepilogo

Proprio come un avvocato deve prepararsi all'udienza, anche voi dovete organizzarvi per la giornata di trading, il vostro "momento del giudizio". Fate pratica con le tecniche di trading col simulatore, preparate le liste delle azioni da tenere sotto controllo, entrate pronti nel clima della giornata di trading, fiduciosi della vostra preparazione. La fiducia in se stessi migliora lo stato mentale e aumenta le probabilità di successo.

14

*Arrivano i
demoni!*

La logica del mercato si basa sull'irrazionalità degli operatori

Premesse di base

All'università gli studenti di economia imparano due importanti principi:

1. I mercati finanziari sono efficienti.
2. I soggetti attivi sul mercato operano in modo logico.

Gran parte degli economisti sostiene che chi opera sul mercato dispone di tutte le informazioni pertinenti, che vengono impiegate per raggiungere gli obiettivi personali nel modo più efficiente possibile.

Vi chiedo: è vero o falso?

Psicologia di mercato

Da bravo studente dovrei accettare il consenso accademico, leggere e capire la logica insita nei resoconti di bilancio dell'azienda e investire i miei soldi in base a queste premesse.

Per anni questo è stato l'approccio degli economisti. Ma in modo non ufficiale tutti sappiamo che qualcosa non quadra. Abbiamo scoperto che il mercato ha una vita propria e, in molti casi, abbiamo assistito a comportamenti che contraddicono totalmente le comuni premesse economiche. In fin dei conti, se la vita fosse così semplice, saremmo in grado di leggere le raccomandazioni degli economisti, acquistando azioni di diverse aziende a un prezzo inferiore al valore reale e guadagnandoci sempre.

Ma non è più così! Ora si è avuto il riconoscimento formale che, oltre a un approccio economico fondamentale, ne esiste anche uno psicologico, affidabile e sicuro. Siamo entrati nell'era del primato della psicologia. Da quando lo psicologo israeliano Daniel Kahneman (Premio Nobel per l'Economia nel 2002) ha assunto un ruolo guida in campo economico, possiamo finalmente dichiarare che qualcosa sta cambiando! Oggi, contrariamente ai principi della logica universale e dell'efficienza del mercato, ci rendiamo conto che il mercato è guidato da gente in carne ed ossa, gente normale, con emozioni, paure e desideri, il cui comportamento è prevedibile. Se possiamo predire il comportamento psicologico, una corretta analisi ci aiuterà ad anticipare il comportamento del mercato. Questa è la strada del successo.

Nell'ambito di un mercato efficiente in cui tutti hanno modo di accedere alla conoscenza, non ci sarebbe spazio né per le tendenze dei prezzi né per le leggi fondamentali del trading. Un mercato che funziona si comporta in modo casuale. Il passato, il presente o il futuro non hanno valore e non vi è alcuna analisi tecnica, ma solo quella economica basata su principi fondamentali.

Svariati studi dimostrano chiaramente che l'analisi tecnica funziona davvero, ma fino a un certo punto. Una ricerca ha esaminato l'efficacia della formazione tecnica head and shoulders, dimostrando che, il giorno in cui compare, il volume degli scambi supera mediamente del 60% quello della giornata precedente. Molti trader si guadagnano da vivere acquistando e vendendo titoli in base alle formazioni tecniche che compaiono nei grafici.

Dato che un numero crescente di loro usa principalmente questi grafici, pur credendo ciecamente nell'efficienza e nella logica dei mercati, non possiamo rimanere indifferenti, infilare la testa nella sabbia e ignorare la psicologia delle masse.

Modelli di comportamento

Avendo a che fare con esseri umani, dobbiamo identificare i modelli psicologici fondamentali in base ai quali agiscono. Ne cito alcuni:

- **Valutazione delle opportunità**: in molti casi si tende a ignorare le informazioni a disposizione e si valutano le situazioni solo in base a quel che si ritiene siano le capacità personali di successo o di fallimento.

- **Conservatorismo**: malgrado nuove informazioni e avvenimenti, si è troppo lenti nel cambiare opinione.

- **Distorsione della verità**: si tende ad attribuirsi il merito dei successi, ma a incolpare avvenimenti o fattori esterni per i propri fallimenti.

- **Eccessiva fiducia in se stessi**: si tende a sopravvalutare le proprie capacità.

Capire le proprie lacune aiuterà a comprendere perché l'illogicità può risultare perfettamente logica, o come si dice: «Quando a Wall Street splende il sole, aprite l'ombrello».

Nel libro *Teoria generale dell'occupazione, dell'interesse e della moneta*, scritto nel 1936, John Maynard Keynes affermò: «Non c'è nulla di tanto disastroso quanto una razionale politica di investimenti in un mondo irrazionale». Tradotto nel linguaggio dei trader azionari, significa: se gli altri investono senza successo basandosi sulla logica, sperando di ottenere una correlazione tra i prezzi delle azioni, ritenuti irrazionali, e i dati fondamentali, che percepiscono come logici, più loro falliscono maggiori sono le mie opportunità di successo.

IN PILLOLE	*Cosa preferite: un profitto certo di 1.000 dollari o l'80% di possibilità di guadagnarne 1.500, che comporta un 20% di probabilità di non ricavare niente?*

Per spiegare la mia affermazione, permettetemi di portare come esempio una società che comunica utili superiori al previsto. La previsione fondamentale è che il prezzo delle azioni salirà, ma in realtà, come spesso accade, il prezzo scende.

Il motivo potrebbe essere molto semplice: un grande fondo d'investimento, che ha guadagnato abbastanza dal titolo, ha deciso di venderlo e potrebbe aver usato l'elevato volume di acquirenti a suo vantaggio. L'investitore fondamentale riterrà illogico il crollo del prezzo e acquisterà l'azione a buon mercato, mentre il trader professionista percepirà il calo come un fatto molto logico («è la volontà del mercato») e cercherà di trarre profitto dai minimi con uno short.

Chiunque ignori che il valore è crollato in seguito alla vendita da parte di un fondo considererà illogico quello che è accaduto. Ma possiamo affermare che il mercato si comporta senza logica? Conclusione: se avete una laurea in economia, avrete maggiori probabilità di perdere.

Come gestiscono le perdite gli investitori fondamentali? Generalmente raddoppiano l'investimento, supponendo di aver ragione e che alla fine il processo logico porterà al successo. Il mercato azionario è come il casinò: un giocatore che perde raddoppia la scommessa nella speranza (di solito vana) di battere il banco. Più il giocatore perde, più la posta si alza.

A un certo punto il giocatore raggiungerà il limite massimo di capitale (o il limite del tavolo). E il casinò? Vince, ovviamente. Gli investitori fondamentali sosterranno che vale la pena correre il rischio, visto che i prezzi nel lungo periodo si adeguano ai principi logici. A questo proposito, Keynes tagliò corto: «Nel lungo periodo, saremo tutti morti».

Permettetemi di dimostrare l'irrazionalità di chi opera sul mercato presentando i risultati della ricerca condotta dagli psicologi Amos Tversky e Daniel Kahneman (che valse a quest'ultimo il Premio Nobel), in cui si analizzava la propensione al rischio degli individui.

A un gruppo di persone sottoposte al test è stato chiesto di scegliere tra le due seguenti opzioni:

1. Giocare d'azzardo, con l'80% di probabilità di guadagnare 4.000 dollari e il 20% di rischio di non guadagnare niente.

2. Un reddito garantito di 3.000 dollari.

Cosa scegliereste? Kahneman e Tversky hanno dimostrato in modo inequivocabile che, malgrado la logica finanziaria della prima opzione, messi di fronte alla possibilità di un reddito garantito, quattro su cinque dei partecipanti alla ricerca hanno invece scelto la seconda.

Ora diamo un'occhiata ai risultati quando i partecipanti allo studio si sono trovati di fronte alle seguenti opzioni:

1. Giocare d'azzardo, con l'80% di rischio di perdere 4.000 dollari e il 20% di probabilità di non perdere affatto.

2. Perdere una somma certa di 3.000 dollari.

In questo caso la stragrande maggioranza dei partecipanti, cioè nove su dieci, ha preferito la prima opzione (a) ovvero correre il rischio, piuttosto che subire una perdita certa.

So già da tempo che chi investe sul mercato azionario adotta un comportamento simile. Uno dei maggiori errori dei trader principianti è l'incapacità mentale di uscire da una negoziazione fallimentare al punto di stop che avevano prestabilito. Preferiscono scommettere sul ritorno del prezzo delle azioni al valore di acquisto, piuttosto che subire la perdita. Hanno persino la tendenza a raddoppiare il loro investimento quando vedono una perdita maggiore del previsto. In gergo professionale, mediano al ribasso. Se il mercato si muove nella direzione opposta, al rialzo, tendono a realizzare profitti prima del dovuto, accontentandosi di un utile certo piuttosto che aspettare di ottenerne uno maggiore.

Riepilogo

La domanda che tutti noi, trader o investitori, dobbiamo porci è: «Posso adattare me stesso, la mia condotta e i miei pensieri a quelli del mercato?». Molte persone rispondono di sì, ma non sorprende che, come sempre, la maggioranza si sbaglia.

Siete psicologicamente predisposti al trading?

Vi farò alcune domande, a cui dovrete rispondere con la massima onestà. Non ingannate voi stessi. Molte persone non sono in grado di compiere un'autoanalisi obiettiva. Per loro il test è inutile.

Il test dello scared money

Quando Tradenet aveva da poco avviato l'attività, fummo contattati da un uomo di circa quarant'anni, che si presentò come David. Era sposato, aveva un figlio piccolo e aveva fatto i compiti a casa, analizzato il sito di Tradenet da cima a fondo, letto il materiale di studio, guardato i video e aveva deciso che il suo futuro era nel trading azionario. Mentre parlavamo David sembrava sicuro e determinato a farcela.

Era riuscito a mettere da parte circa 15.000 dollari da usare come capitale iniziale per la sua attività e mi chiese di poter seguire il corso successivo. Tuttavia fallì il *test dello scared money*. David non era proprio portato per il trading intraday.

Il test dello scared money dimostra che dovete credere ciecamente nel fatto che l'eventuale perdita della somma destinata al trading non avrà un impatto significativo sulla vostra situazione economica e psicologica. Il concetto di *impatto significativo* è ovviamente soggettivo, ma in linea di massima posso dire che, se la perdita comporta la rinuncia alle vacanze o l'impossibilità di far riparare subito l'auto in caso di guasto, allora non avete superato il test.

David stava per operare con lo scared money. Avrebbe dovuto assolutamente guadagnare dal trading per pagare l'affitto e mantenere moglie e figlio, perciò le sue probabilità di successo erano limitate. Se David avesse avuto un'altra fonte di guadagno o risparmi molto più sostanziosi con cui coprire le spese nella fase di apprendimento, avrei ritenuto più alte le sue possibilità di successo.

Se operate con lo scared money, non siete psicologicamente liberi di lavorare bene. Il successo come trader deriva principalmente dalla vostra condizione psicologica. Se state rischiando tutti i vostri risparmi o, peggio, se prendete denaro in prestito dalla banca per fare trading, il vostro destino è segnato in partenza. È vero che ho conosciuto una manciata di persone che è partita con piccole somme che sono poi costantemente cresciute, ma sono mosche bianche. Gran parte di noi è destinata invece a vivere nel mondo reale. E lì non ci sono scorciatoie. Il trading azionario può essere un'attività piacevole e stimolante e all'inizio vi consiglio vivamente di considerarla come un hobby. Come per ogni passatempo, investite solo il denaro che potete permettervi di perdere e non aspettatevi altro guadagno se non il piacere di imparare a fare trading.

Il mio hobby è lo sport più popolare del mondo: il golf. Il costo delle lezioni, dell'attrezzatura e di un abbonamento annuale al golf club è di gran lunga superiore a quel che mi aspetto che investiate nel trading intraday. Tuttavia le vostre possibilità di guadagnare dal trading intraday sono di gran lunga superiori alle mie di diventare un golfista professionista!

Il test dell'autodisciplina

Se chiedete a un veterano del trading intraday qual è il segreto del suo successo, vi risponderà: «Una forte autodisciplina». Il trading intraday è una professione tecnica, basata su statistiche e regole note e fisse. Si tratta di norme semplici, che tuttavia richiedono uno sforzo mentale per essere rispettate e un alto grado di autodisciplina. L'atteggiamento psicologico del principiante non corrisponde al comportamento del mercato. Un novizio trova difficile giocare "secondo le regole", quando sembra che il mercato si comporti diversamente dal previsto oppure che il guadagno accumulato stia per trasformarsi in una perdita imminente o, infine, quando pare una buona idea tenere un'azione che non si comporta come deve, nella speranza che inverta direzione. Sono solo alcuni dei tanti esempi degli stati mentali che portano il principiante a deviare dalla retta via e a infrangere le regole del trading.

Conosco già come risponderete alla domanda: «Avete autodisciplina?». Onestamente la vostra risposta mi mette in difficoltà. Non ho ancora conosciuto nessuno che pensi di non avere autodisciplina. Sembra che tutti siano veramente convinti di essere disciplinati, così come un alcolista è certo di poter smettere di bere quando vuole e un fumatore conta di poter mettere da parte le sigarette in un batter d'occhio. Per questo motivo non occorre mettervi alla prova su questo aspetto. La vostra risposta è prevedibile, ma la prendo con una certa dose di scetticismo. Spero sinceramente che abbiate ragione e io torto.

Avevo molto autocontrollo quando ho iniziato? Neanche per sogno! Anche se doveste scoprire, com'è successo a me, di essere privi di disciplina, non vi preoccupate. Molti professionisti costruiscono la propria autodisciplina man mano che sviluppano le abilità di trading. Potrebbe costarvi molto denaro, ma ogni schiaffo che riceverete dal mercato quando vi allontanerete dalle regole, rafforzerà il vostro autocontrollo.

Il test dell'avversione alle perdite

L'avversione alle perdite non dipende dalla nostra situazione finanziaria. Anche alcune delle persone più ricche non sono psicologicamente predisposte ad affrontare il rischio di rimetterci denaro. Semplicemente ci sono individui che detestano perdere molto più di altri.

Come funziona il test? Si basa su una visita al casinò. Per molti andare al casinò significa passare una piacevole serata. Molti di noi stabiliranno in anticipo quanto vorranno perdere, si godranno l'atmosfera, perderanno un po' di più del previsto e a quel punto si fermeranno. Dopo essersi cambiati per la cena, torneranno a casa esausti e si addormenteranno subito. Quel che resterà sarà il ricordo di un'uscita divertente.

Ma non tutti apprezzeranno l'esperienza. Qualcuno detesterà aver perso, si arrabbierà con se stesso per aver sperperato due giorni di paga in sole due ore e potrebbe anche arrivare a punirsi, rinunciando ad altri piaceri per diversi giorni per compensare le perdite di gioco, che percepisce come un'attività veramente frivola. È persino troppo ovvio concludere che non rimetterà mai più piede in un casinò, non perché non abbia denaro, ma semplicemente perché l'idea di essere un perdente è detestabile. Fallire è un evento doloroso, tuttavia molti affrontano con un sorriso una perdita di gioco. Quale descrizione vi si adatta meglio?

IN PILLOLE | *Una perdita derivante da un comportamento corretto non è dolorosa. È semplicemente mancanza di fortuna. Anche la mancanza di fortuna è una componente imprescindibile del trading intraday.*

Come gestiamo il dispiacere di aver perso? Sappiamo farlo bene se riteniamo che, malgrado la perdita al casinò, possiamo ancora goderci la serata. Lo stesso vale per il trading. Ogni trader deve affrontare il dispiacere della perdita, indipendentemente da quanto successo abbia. Chi capisce che si tratta di una parte imprescindibile del processo di trading è in grado di controllare lo stato d'animo e supera il test.

Ricordate che, agli esordi, vi troverete ad affrontare giornate di perdite multiple dovute a errori che generalmente dipendono dalla mancanza di autodisciplina. Affrontare gli sbagli è penoso, ma ricordate che si può imparare da ogni perdita. Col tempo la sofferenza svanirà e potrete godervi soprattutto i successi, semplicemente perché imparerete a evitare gli stupidi passi falsi dei principianti. Con un pizzico di sfortuna persino una negoziazione ben fatta può concludersi con un fallimento, ma una perdita che deriva da un comportamento corretto non genera dolore. È accettabile e fa parte del gioco. Finché operate correttamente e i risultati complessivi sono positivi, non avete motivo di soffrire.

Vi parlerò un po' di me: quando ho cominciato, ho mancato tutti i test: lo scared money, l'autodisciplina e l'avversione alle perdite. Detesto fallire molto più di tutti quelli che conosco. I principianti che si trovano nella mia situazione solitamente abbandonano nel corso del primo anno di trading. Non io: ce l'ho fatta perché sono estremamente ostinato. Mi ero prefissato un obiettivo e sapevo di dover raggiungere il livello dei trader di successo. La tenacia ha compensato i difetti e negli anni ho imparato a rispettare i criteri di due di quei tre test. Una volta migliorate le finanze, ho superato il test dello scared money; raffinando la mia abilità, ho imparato ad accettare le perdite sorridendo. Per quanto riguarda l'autodisciplina... ci sto ancora lavorando.

Traete il massimo vantaggio dal prezzo che pagate al mercato

Le perdite sono parte integrante delle "spese d'istruzione" del mercato. Pochi trader sono in grado di guadagnarsi da vivere nei primi mesi di attività. Molti principianti perdono denaro. Tenetelo a mente prima di iniziare a fare trading. Perché mi aspetto che perdiate? Perché operare nel trading con denaro vero è diverso da tutto ciò a cui siete abituati e perché, nonostante tutti i miei avvertimenti, commetterete ogni possibile errore sulla strada del successo. Leggere il libro, seguire il corso e prendere parte alla sala di trading online sono tutti elementi importanti e utili che riducono la durata delle perdite e la loro entità. Non fate mai trading senza conoscenza o pratica, che tuttavia non bastano per farcela. Per guadagnare costantemente denaro dovrete accumulare esperienza sul campo, impegnarvi ed essere determinati. Nessuna professione al mondo può essere imparata e padroneggiata nel giro di pochi mesi.

Le perdite sono inseparabili dal trading e non semplicemente un effetto collaterale. Per diventare vincenti, anziché perdenti, dovrete imparare da ogni fallimento. Traete ogni minimo vantaggio possibile dal prezzo che pagate al mercato. Analizzate ogni negoziazione sbagliata: i punti di entrata e di uscita, il motivo dell'entrata, il motivo della perdita e così via, come spiegato nella sezione sul diario di trading. Vi consiglio vivamente di stampare il grafico azionario e di studiarlo. Una volta alla settimana esaminate i dati che avete accumulato e cercate di capire le ragioni dei vostri errori. Imparerete rapidamente quel che vi serve per evitare di ripeterli. Sfruttate ogni perdita e trasformate la conoscenza in guadagno.

Avere successo nel modo sbagliato

Una delle cose peggiori che possono capitare a un trader è avere successo nel modo sbagliato. Ad esempio, ottenere un buon guadagno negoziando contro il trend. Il piacevole sapore del profitto lascerà una traccia indelebile nella mente del trader, che così continuerà a negoziare contro il trend. Ma molto presto il trader verrà "messo in riga" e il suo conto finirà in rovina, dal momento che negoziare contro il trend nel lungo termine non paga. Il trader che impara a eseguire negoziazioni scorrette ripeterà l'errore in futuro. Credetemi, ben presto risulterà evidente che si tratta di una ricetta sicura per una progressiva autodistruzione.

IN PILLOLE | *Il mercato azionario ha una brutta abitudine: concede prestiti a chiunque li chieda, ma li rivuole indietro con tassi d'interesse scandalosi!*

Restare con le mani in mano

A volte la cosa migliore da fare per evitare le perdite è semplicemente non negoziare.

Ogni dipendente si prende le ferie dal lavoro e anche i trader azionari ne hanno bisogno. Alcune possono essere prestabilite, ad esempio la chiusura di Wall Street il Quattro Luglio, ma ci sono anche giorni in cui il mercato si muove in un intervallo troppo stretto per fare un trading vantaggioso. In quei giorni semplicemente non conviene operare. Al surfista servono le onde giuste, il trader ha bisogno della volatilità del mercato che rappresenta il suo pane quotidiano. Se dopo un'ora di trading vedete che il mercato è piatto, prendetevi un giorno libero. Per chi lavorate? Credetemi, gli unici che guadagnano nei giorni piatti sono i broker.

Gestire le perdite

Il successo dipende dal nostro stato mentale. Il bagaglio psicologico che ci portiamo dietro influenza largamente i nostri processi decisionali e, di conseguenza, le nostre possibilità di successo. Prima di prendere decisioni importanti, dobbiamo esaminare il nostro livello di preparazione psicologica. Nei giorni in cui il nostro stato d'animo è talmente negativo che potrebbe influenzare le nostre scelte è molto meglio stare alla larga dal mercato e trovare altro da fare. Ci sono giorni in cui ci sentiamo stanchi, abbiamo litigato col partner o con qualcun altro, abbiamo problemi sul lavoro e così via. Un famoso assioma dice: «Capire quando non è il momento di prendere decisioni è importante come sapere quando farlo!». Decidere di *non* fare qualcosa è molto più difficile del contrario.

Quante volte, dopo aver fatto una cattiva scelta, vi è capitato di rimproverarvi dicendo: «Perché l'ho fatto?!». In molti casi le decisioni sbagliate derivano da un'errata predisposizione mentale o da stati d'animo negativi. Dobbiamo stare molto più attenti all'inconscio che al conscio. Il problema è che di solito riconosciamo tali stati in retrospettiva, quando è ormai troppo tardi.

La condizione psicologica di chi ha subito una perdita è un problema noto. Ogni trader, anche chi ha successo, ha subito delle perdite che lo influenzano mentalmente ed emotivamente e hanno un impatto sulle decisioni. Sono la prima e principale causa di ulteriori danni finanziari. Imparate a conoscere la portata dell'effetto che le perdite hanno su di voi e come affrontarle al meglio.

È semplice: detestiamo perdere!

La ricerca dimostra che l'impatto di una perdita è doppio rispetto a quello di un profitto [DANIEL KAHNEMAN, AMOS TVESRKY, a cura di. *Choices, Values, and Frames.* Cambridge University Press, New York 2000]. Uno degli esempi del libro che preferisco è la scommessa della moneta. Conduco spesso questo esperimento nel corso delle mie conferenze: lancio una moneta e chiedo a un volontario se è disposto a partecipare alla scommessa. Se il volontario indovina la risposta, gli darò 120 dollari, ma se il volontario sbaglia, me ne dovrà dare soltanto 100. Nonostante il netto guadagno in caso di vincita, il 95% dei partecipanti rifiuta di correre il rischio. Come mai? Perché detestiamo perdere 100 dollari più che guadagnarne 120. La ricerca ha inoltre dimostrato che la maggior parte del pubblico sarà disposta a correre il rischio solo alzando la posta a 200 dollari per la giusta risposta, rispetto ai 100 da pagare in caso di errore (un rapporto di 2:1).

Perdere fa male

Il corpo umano è progettato per resistere al dolore. È quindi naturale che neghiamo la perdita e speriamo per il meglio. Quando la speranza non è logica, è ragionevole presumere che subiremo ulteriori danni. Analizzando il portfolio dell'investitore medio, si troverà quasi sempre un titolo che mostra una perdita del 50% o superiore.

A mio parere non c'è alcun motivo logico per permettere a un'azione di causare una perdita del genere. Negare la situazione quando si manifesta e continuare con un inspiegabile, a volte euforico, ottimismo è la causa dei fallimenti di tale entità.

Un altro fenomeno interessante è il fatto che le azioni che subiscono le maggiori perdite sono proprio quelle che l'investitore smette di seguire. L'atteggiamento psicologico con cui molti trader inesperti gestiscono la situazione è quello di ignorare il titolo. A questo punto interviene l'autogiustificazione e l'investitore ricorre a frasi del tipo: «Indietreggerà», «la società ha dei buoni prodotti», «il management della società è valido», «è solo una perdita nominale». Che ve ne pare di: «Alla lunga i prezzi salgono sempre» oppure di implorare il prezzo stesso: «Ti prego, sali solo del 10% e giuro che smetterò di fumare!»

Occasionalmente l'autogiustificazione si rivela una profezia che si autoavvera.

In generale però non è così.

Qualche settimana fa un mio amico golfista mi parlava del suocero novantaduenne che aveva recentemente perso 150.000 dollari sul mercato azionario, metà del suo capitale. La perdita derivava da un investimento fallimentare su diversi titoli i cui prezzi erano in ribasso nel corso degli ultimi mesi. Preoccupato per il suo stato psicologico, il mio amico aveva invitato il suocero a cena, ma era rimasto sorpreso di trovarlo di ottimo umore. Gli aveva chiesto come fosse possibile e l'anziano aveva risposto: «Non mi preoccupo. Alla lunga i prezzi saliranno».

Ecco un possibile scenario: avete acquistato un'azione e scoprite di aver commesso un errore. Il prezzo scende e arriva molto vicino alla vostra uscita programmata (stop loss). Quando avete acquistato il titolo, il punto di uscita sembrava molto lontano, forse in modo irragionevole, ma ora state rischiando una forte perdita.

Il titolo tocca nuovi minimi e pensate: «Non ho commesso un errore, ho scelto un buon titolo. Cambierà sicuramente direzione. Mi limiterò a concedergli un po' più di tempo». Più il fallimento si preannuncia consistente, più forte diventa il vostro potere di autoconvinzione. Siete certi che *non* è il momento di vendere e spostate lo stop un po' più giù, poi un altro po'. E il titolo continua a precipitare, finché la perdita è così grande che, se usciste, sarebbe quasi letale. Giunti a questo punto, prendere atto della situazione provoca una forte sofferenza. Tenere il titolo infonde speranza, che soffoca la sofferenza.

IN PILLOLE

Perdere ci fa abbassare la guardia e ci induce ad acquisti e vendite insensati, nella speranza di recuperare, andando solitamente incontro a fallimenti maggiori.

Continuare a tenere un titolo perdente è come possedere un biglietto della lotteria prima dell'annuncio dei vincitori. In entrambi i casi le probabilità di successo sono molto scarse. Dire: «Finché non vendo, non perdo» è semplicemente un principio sbagliato. È un dato di fatto. Ma l'elenco degli orrori non è ancora finito: il titolo ha raggiunto un minimo storico e i trader istituzionali stanno alla larga. Dal momento che il titolo ha un prezzo estremamente basso, invece di ridurre la quantità che possedete chiudendo la negoziazione fallimentare, giungete alla sorprendente decisione di raddoppiare il quantitativo di azioni, sperando che il prezzo recuperi almeno metà del suo crollo e riporti il conto in parità.

Sembra incredibile? Non potete immaginare in quanti casi del genere mi sono imbattuto. Se state sorridendo, significa che ci siete già passati, l'avete già fatto. Se siete ancora in dubbio, aspettate di farlo voi stessi. Questo fenomeno, come già accennato in precedenza, è detto *mediare al ribasso*. In qualche caso, il metodo vi salverà da una perdita, ma è sufficiente che solo una volta il titolo non recuperi e quella sarà la vostra ultima negoziazione.

Identificare i comportamenti derivanti dalle perdite

Come si è già detto, il nostro stato psicologico ha un effetto determinante sulle possibilità di successo. I trader intraday devono sentirsi in perfetta forma quando si siedono a negoziare. Un umore pessimo, una brutta litigata, un mal di testa o un mal di pancia, il bambino che vi ha tenuti svegli tutta la notte, sono tutti fattori che aumenteranno le probabilità di errori, riducendo ovviamente quelle di aver successo. In simili circostanze state lontani dagli schermi. Se iniziate la giornata con una perdita o due, la vostra capacità di prendere decisioni ragionevoli sarà quasi certamente compromessa.

Detestiamo perdere. Perdere causa sofferenza. Il nostro corpo oppone resistenza al dolore. Per natura non siamo programmati per uscire volontariamente dopo una perdita, dal momento che comporta sofferenza e fallimento. Ma se lo sbaglio ci porta alla negazione, che influisce sui risultati delle nostre attività, l'esito può essere catastrofico.

Quand'ero un principiante, ho sofferto per le perdite che ho dovuto subire. Personalmente amo il dolce sapore del successo e della vittoria. Fallire più volte di seguito mi ha lasciato un pesante bagaglio psicologico che non ho imparato a gestire tanto in fretta.

| **IN PILLOLE** | *Imparate a trasformare la vostra avversione alle perdite in accettazione e a usarla per evitarne efficacemente di ulteriori. Sappiate che il vostro stato psicologico viene influenzato dalle perdite.* |

Perdere determina due reazioni opposte. Nella stessa giornata di trading cerchiamo di rimediare con rapidi profitti. Risultato: tendiamo ad abbassare la guardia e negoziamo tutto ciò che si muove. Sostituiamo una solida logica con una debole speranza e ci convinciamo che «andrà tutto bene». Avrete certamente sentito parlare di giocatori di casinò che perdono tutto quel che possiedono nel tentativo di recuperare le perdite. Solo a posteriori comprendono cosa è realmente accaduto, che il loro stato d'animo li ha trascinati in una spirale discendente fino al punto di trascurare i pericoli. I trader esperti riconoscono il fenomeno mentre si sviluppa. Gli suoneranno in mente campanelli d'allarme, si accenderanno luci rosse e prenderanno contromisure per bloccare immediatamente la spirale discendente. Sapete cosa succede nella sala delle contrattazioni nelle giornate "nere" in cui i prezzi di borsa scendono troppo in fretta? Il computer principale è programmato per fermare la negoziazione, mentre un annunciatore manda i trader a casa. Non è una cattiva idea! Dovreste adottarla anche voi.

Questo è lo scenario possibile: aprite la giornata con una perdita. Capita, non è un problema grave. Un'altra vi fa girare la testa in maniera incontrollabile. Scoprite subito di aver eseguito un numero straordinario di negoziazioni. Poi avete un crollo quando vi rendete conto di aver raddoppiato o triplicato il danno. Solo a fine giornata riuscite a capire bene cos'è successo e vi ripromettete di non ripetere più quella sequenza di azioni. Stranamente, quando la situazione si ripresenta, scoprite di non aver imparato assolutamente niente! (State tenendo il diario di trading, vero?) Di solito questa è la fase in cui prendete coscienza e cominciate a capire il processo, vi rendete conto che l'avidità è più forte di voi e che dovete elaborare un piano di prevenzione.

Il giorno successivo alla perdita iniziate una nuova giornata di negoziazioni e incontrate nuovi problemi. Adesso esitate a premere il tasto di acquisto. Evitate di negoziare, perdete buone occasioni e scoprite che è passato un altro giorno senza aver guadagnato niente. Ricordando la sofferenza di ieri è ovvio che cerchiate di evitare di riviverla. L'impatto psicologico vi pietrifica. Qual è la soluzione? Evitate di farvi condizionare dalla perdita nella prima giornata, identificando subito il problema e adottando misure preventive. Cercate di capire che anche i migliori trader perdono e imparate a lasciarvi alle spalle i problemi passati.

Se usata in modo produttivo, la vostra avversione alle perdite può trasformarsi in un guadagno significativo. Per questo motivo ritengo che dobbiamo usarla a nostro vantaggio, per imparare a limitare i danni prima che diventino troppo grandi, e tenerci lontani da uno stato psicologico che induce ulteriori perdite, che, come una bacchetta magica, faranno presto sparire il nostro conto di trading!

Conoscere il nemico esterno

Chi è il vostro nemico? Ricordate che, in ogni negoziazione, si è in due a ballare il tango. Naturalmente acquirenti e venditori pensano di fare una negoziazione vantaggiosa, ma soltanto una fazione alla fine ha ragione. Se i venditori guadagnano (ossia acquistano a prezzo basso e vendono a prezzo alto), pensano che il titolo abbia fatto il suo dovere. D'altra parte anche nel caso in cui perdono (acquistando a prezzo alto e vendendo a prezzo basso), sentono di aver concluso un buon affare, uscendo dal titolo che stava procurando perdite e avrebbe potuto continuare a farlo. Comunque sia, ogni fazione è convinta di essere quella furba, mentre l'altra è stupida.

Dunque, chi è più furbo? A volte i trader pensano di acquistare azioni da una macchina che non fa altro che soddisfare le loro esigenze. Forse ritengono che, poiché la parola *muro* (in inglese *wall*) fa parte del nome di Wall Street, stanno giocando a squash contro se stessi. Questo è il loro grande errore: a Wall Street i trader giocano a tennis. Dall'altro lato della negoziazione ci sono un investitore, un trader intraday, un market maker e uno specialista, ognuno dei quali vuole appropriarsi di tutto il denaro su cui può mettere le mani. Non si tratta di colleghi, ma di crudeli, acerrimi nemici che non fanno prigionieri.

Ricordare che su ogni lato della negoziazione ci sono persone in carne ed ossa come voi, guidate da paura e avidità, vi aiuterà a mantenere il vantaggio e a negoziare con successo. Guardate il grafico di un titolo che sta crollando. Riuscite ad avvertire la sofferenza?

E anche la serpe in seno

Nel corso dei colloqui di lavoro ricorre spesso la domanda: «Quali sono i tuoi difetti?». Tipicamente, si cerca di evitare di presentare un tratto negativo, esaltando una qualità positiva: «Sono un po' troppo scrupoloso».

Il trading intraday è un business come un altro. Siete voi il direttore generale. Sottoponete voi stessi a un colloquio di lavoro e chiedetevi: «Qual è il mio difetto?». Rispondete onestamente, senza elusioni, senza abbellimenti, perché il tipo di risposta influenzerà pesantemente la vostra capacità di fare trading. Siete impulsivi? Sapete gestire bene la pressione? Sopportate le perdite? Siete avidi?

| **IN PILLOLE** | *Il peggior nemico del trader è se stesso!* |

Le regole del comportamento psicologico

Per buona parte del tempo viviamo nella negazione. Dovremmo ammettere i gravi errori che compiamo, ma quando siamo sotto pressione psicologica è molto difficile farlo. Negare il nostro stato d'animo causa maggiori perdite o ci induce a realizzare troppo presto dei profitti. Un modo per gestire la negazione è quello di riconoscere l'esistenza di questo meccanismo che ci porta in situazioni problematiche, prima che si trasformi in una spirale discendente. Dobbiamo abbandonare le azioni che minano le nostre capacità e fermarle mentre sono in atto. Credo che pochi di noi sarebbero disposti a confessare di non esserne capaci, ma dare atto che il processo esiste e stabilire adeguate regole di comportamento ci farà superare la riluttanza ad ammettere di essere in un cattivo stato d'animo. Quindi, cerchiamo di stabilire delle regole.

- **Tre sconfitte consecutive**

  È risaputo che le sconfitte consecutive inducono un'inibizione psicologica. Avete iniziato la giornata di trading. La prima negoziazione è una perdita. Non è così terribile. La successiva, un'altra perdita. Non va tanto bene. Se la terza è una perdita, non siete in una condizione psicologica adatta per fare trading con competenza e responsabilità. Forse non volete ammetterlo o la cosa potrebbe non piacervi, ma spegnete il computer e fate qualcos'altro. Notate che non ho detto di allontanarvi dal computer, ma di spegnerlo. Se non lo fate, sarete tentati di dare un'occhiata, poi di cercare "solo" di recuperare le perdite e ci ritroveremo di nuovo al punto di partenza, ancora in uno stato psicologico compromesso.

- **Stabilite il limite di perdita giornaliero**

  Impostate una cifra per la perdita massima giornaliera e attenetevi a essa. Se la raggiungete, spegnete il computer. In realtà vorreste continuare a negoziare per recuperare, ma nel 70% dei casi finirete soltanto col peggiorare le cose. Quando superate il limite massimo, non siete più in grado di operare in modo responsabile e il vostro stato psicologico è alterato.

- **Non tornate mai su un titolo fallimentare**

  Uscite da un titolo fallimentare? Allora non pensateci più. Di solito rientrarci porta solo a perdere di più. Quando un titolo vi causa una perdita, è naturale che vogliate compensare. Si tende a negare di aver commesso un errore e a cercare una seconda possibilità di operare bene. A volte ci proviamo perfino una terza volta! È il risultato di una nota reazione umana, del tipo: «Ti faccio vedere io!». Quando uscite da un titolo che perde, non ritornateci nella stessa giornata. Mantenete le distanze come in caso d'incendio, altrimenti finireste gravemente ustionati.

- **Uscite da un titolo che non va da nessuna parte**
  Avete acquistato un titolo e non succede niente. Son dieci minuti che il prezzo si muove lateralmente, in bilico tra profitti e perdite? Uscite immediatamente. Forse funzionerà, forse no, ma l'unico motivo per cui state ancora tenendo il titolo è il vostro ego. Non siete pronti a riconoscere che l'acquisto è stato un errore. Forza, ammettetelo! E dite a voi stessi che il titolo non si sta comportando come pensavate. Nel giro di dieci minuti, avreste dovuto vedere una perdita o un profitto, comunque sia non un movimento laterale continuo. Se il titolo non ha deciso che direzione prendere, entrambe le opzioni sono ancora aperte ovvero esiste una probabilità del 50% di guadagnare. Ma anche di perdere! Rinunciate alla negoziazione e uscite da quell'azione. Liberate spazio vitale sullo schermo, liberate potere d'acquisto e concentratevi su qualcos'altro. Altrimenti si tratterebbe solo di gioco d'azzardo.

La Top Ten. I dieci argomenti dei trader perdenti

1. **Non voglio subire una perdita.**
   Ogni grossa perdita inizia con una piccola. Dovete avere un piano di uscita ben definito. Siate disciplinati e attenetevi a esso. Molti trader trovano psicologicamente difficile rimanere fedeli al punto di stop, che sembrava molto logico prima che l'azione cominciasse a muoversi in perdita, ma che adesso sembra perfettamente possibile spostare solo un po'.

2. **Aspetterò finché il titolo in perdita non tornerà al valore d'ingresso.**

   Ma davvero? Come se al mercato importasse di un recupero del "vostro" titolo! Sapete una cosa? Tanto per continuare la discussione, diciamo che recupererà. Supponendo che il vostro investimento sia limitato, state sprecando un bel po' di denaro con un titolo sbagliato, perdendo altre occasioni. Liberatevene, dimenticatelo e concentrate l'attenzione su opzioni più vantaggiose. Capita di perdere!

3. **Se non vendo adesso, scenderà!**

   È risaputo che i trader inesperti vendono troppo presto le azioni vincenti ed escono troppo tardi da quelle che perdono. Invece di liquidare velocemente un buon titolo, prendete un parziale e definite il punto di stop sulla quantità rimasta. Tenetevi stretto un titolo che mostra un trend vincente.

4. **Ho perso 100 dollari con una certa azione, ma ne ho guadagnati altrettanti con un'altra.**

   Da quando una perdita su un titolo è connessa al guadagno su un altro? Gestite le vostre azioni vincenti e dimenticate le perdite con le altre, nonostante la difficoltà psicologica e indipendentemente da quanto recenti siano. Da un punto di vista statistico, se operate correttamente, dovreste aver successo in più del 50% delle negoziazioni. Ogni scambio è a se stante, non avendo alcun rapporto con i risultati di quelli precedenti.

5. **Non prendo parziali. Acquisto e vendo una sola azione, una sola volta.**

   Mantenere una corretta gestione del denaro vi aiuterà ad avere successo. Se prendete un parziale su un titolo vincente, vi costruirete un buon margine di profitto che vi permetterà di gestire meglio la quantità residua di azioni. Esatto, non è nient'altro che una soluzione psicologica che contribuirà a vincere il bisogno di vendere quando l'azione si sta ancora muovendo bene, ma ricordate: la corretta gestione del denaro eviterà di svegliare i demoni che si celano nel profondo di tutti noi.

6. **Mi annoio. Devo comprare qualcosa!**

Nessun giorno è uguale all'altro. Talvolta, il mercato è "pesante". Vi annoiate? Uscite a godervi la giornata lontano dal trading. La malattia nota come *overtrading* è grave e in certi casi è difficile curarla. Quand'erano principianti, alcuni dei migliori trader in circolazione ne erano disperatamente affetti. Qualcuno si ammala così gravemente che finisce per perdere l'intero conto di trading. L'urgenza psicologica e il bisogno, malgrado tutto, di premere il pulsante porta molti bravi trader al fallimento. A proposito, la malattia ha un nome: *clickitis*.

7. **Avrei dovuto operare diversamente.**

È facile ragionare col senno di poi: tutto sembra semplice. Fidatevi dell'istinto, della vostra conoscenza e fate le mosse giuste in tempo reale. Dopo non abbiate rimpianti. Ogni fallimento è un'occasione per imparare. La strada del successo è lastricata di simili occasioni.

8. **Medierò al ribasso solo per questa volta!**

Permettetemi di ricordarvi che un trader che ragiona in questo modo ha già subito una serie di perdite e ha aumentato la quantità di azioni per mediare al ribasso. Il trader spera che il prezzo correggerà al rialzo, permettendo un'uscita senza guadagno, ma anche senza perdita. L'unica cosa che posso dire su questo metodo è: «Ah, ah, ah». A chi mi dice che ha funzionato una volta e vale la pena riprovare, vorrei aggiungere un altro «ah».

9. **Investo solo a lungo termine.**

Gli investimenti a lungo termine hanno dimostrato la loro efficacia nel corso degli anni, ma stanno diventando sempre più difficili da mantenere. Ai tempi dei nostri genitori si potevano comprare azioni IBM, per esempio, metterle sotto il cuscino (sì, un tempo il compratore riceveva veri certificati cartacei!), andare a dormire, svegliarsi il giorno dopo e sapere che tutto era ancora a posto. Quell'epoca è finita. Non mi oppongo agli investimenti a lungo termine, soprattutto se il metodo per voi funziona, ma cercate almeno di diversificare il portfolio con qualche attività a breve termine.

10. È colpa del mercato.

È molto facile dare la colpa al mercato: «Non sono stato ben istruito», «mi hanno promesso milioni», «è facile scivolare», «si sa che il mercato azionario è un luogo ingrato» e via dicendo. Non tutti sono portati per il trading intraday e il mercato non è adatto a tutti. In chiusura di capitolo, vorrei citare John Burroughs: «Un uomo può fallire molte volte, ma non diventa un fallito finché non comincia a dar la colpa a qualcun altro».

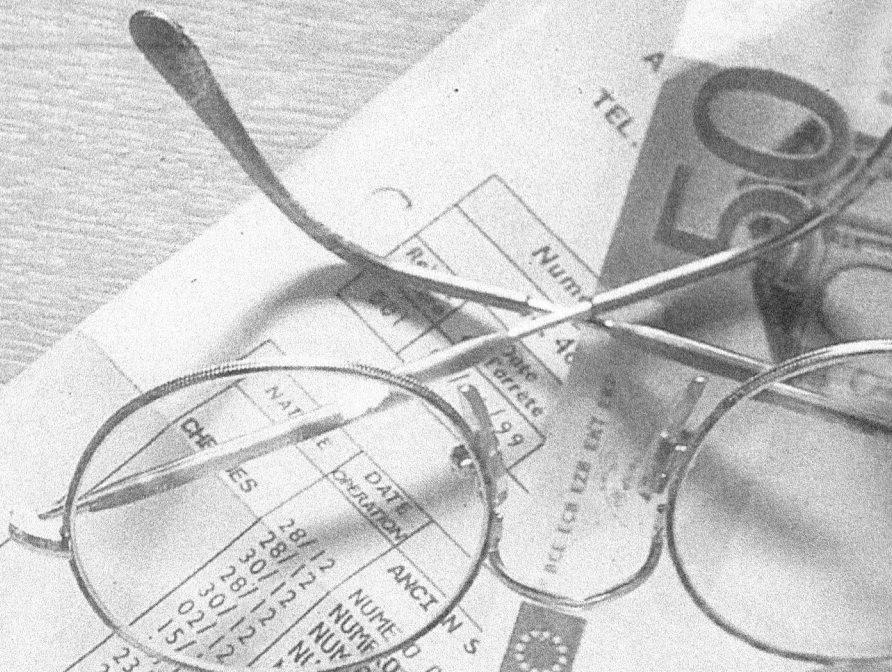

15

Circostanze speciali, regole speciali

Il mercato, come le persone, ha bisogno di giornate speciali

Preparatevi al prevedibile

Ci sono giorni e momenti ben precisi, noti in anticipo, in cui il mercato mostra comportamenti particolari. Sono situazioni che richiedono una speciale preparazione, il che a volte può semplicemente voler dire che in quel giorno si deve evitare di negoziare. Altre volte, invece, significa che proprio in quelle occasioni potrebbero esserci opportunità straordinariamente interessanti. Ognuna ha le sue peculiarità.

L'ultimo giorno della settimana

Venerdì è l'ultimo giorno della settimana di trading. È il momento in cui cala la tensione dei trader azionari e di solito nella sala delle contrattazioni il volume di attività diminuisce in modo sensibile nella seconda parte della giornata lavorativa, segnalando anche a noi trader che è il momento di chiudere la settimana. Senza volume e senza molti trader non c'è volatilità né direzione e il mercato è soggetto alle manipolazioni dei grandi attori e dei market maker che operano negli spazi vuoti.

Il venerdì gran parte delle occasioni di trading si manifesta nelle prime due ore di attività. Le negoziazioni nel resto della giornata dipendono dal comportamento del mercato, che può dimostrarsi molto debole, sebbene sia capace a volte di riservare sorprese positive. Mia moglie diceva sempre che se avessi evitato di negoziare di venerdì, il mio conto di trading avrebbe mostrato un saldo migliore. Beh, non è proprio così, ma devo ammettere che in quella giornata di successi non se ne verificano molti.

Osservate il comportamento del mercato in un tipico venerdì.

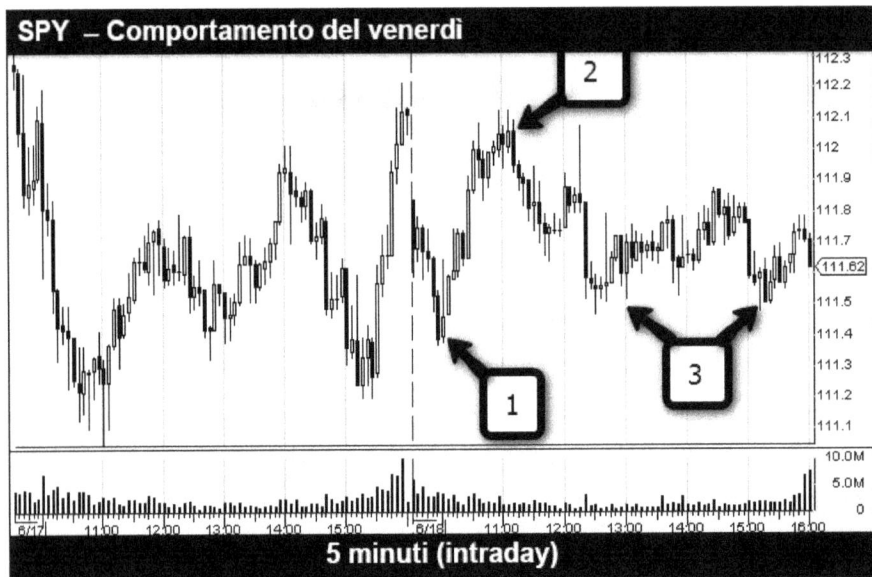

Un venerdì classico. Un perfetto *inside day*, vale a dire una giornata in cui il trading si è svolto entro i limiti della giornata precedente (a sinistra della linea tratteggiata). In poche parole è una giornata deludente, priva di direzione. Si apre con un gap down e scende a un minimo [1], cambia direzione, fa fallire tutti i miei short e chiude il gap [2]. Quando finalmente mi convinco a effettuare qualche long, falliscono anche quelli, mentre il mercato si muove lateralmente per tutto il tempo [3].

Il venerdì ho l'abitudine di chiudere o quantomeno di ridurre notevolmente la quantità degli swing aperti. Se pensate di tenere qualche titolo durante il weekend, sappiate che state correndo un rischio, perché non potete sapere se in quei due lunghi giorni scoppierà una crisi. Il discorso vale ancora di più se prendete un giorno di ferie prolungando il weekend. Più a lungo tenete quei titoli, maggiori rischi correte. Personalmente tendo a tenere azioni nel weekend solo se ho preso un parziale sui tre quarti della quantità acquistata originariamente e ne ho ricavato un buon profitto.

Le date di scadenza delle opzioni

Sono giorni molto importanti. Ogni terzo venerdì del mese sulla Borsa di Chicago scadono le *stock options*. Questo libro non tratta il trading di opzioni, che è una professione a sé stante, ma è necessario capire il significato di queste scadenze. È il momento in cui i grandi operatori di opzioni, le organizzazioni professionali, sono in grado di decidere la direzione del mercato. Ovviamente vi chiederete che rapporto ci sia tra la scadenza delle opzioni e il trading intraday. Ebbene, esiste. Il trading di opzioni è molto variegato e molte negoziazioni sono influenzate dalle attività del loro mercato. Pertanto, come spiegherò più avanti, la loro scadenza influenza notevolmente il trading intraday, soprattutto nel giorno stesso.

Cos'è un'opzione?

Per capire l'influenza delle opzioni sul prezzo dei titoli, cercherò di darne una descrizione generale. Un'opzione è un contratto tra un *writer* (il venditore) e un acquirente, in base al quale il venditore, in cambio di un prezzo fisso (il prezzo dell'opzione), permette al compratore di acquistare o vendere un titolo per una quantità e un prezzo prestabiliti (il prezzo di esercizio). Invece di cercare di capire la frase precedente, concentriamoci su questo esempio: supponiamo che pensiate che il prezzo delle azioni Apple scenderà. Ci sono due modi di guadagnare dal ribasso: con uno short (come abbiamo già imparato) oppure con l'acquisto di opzioni chiamate *put option*. Se invece pensate che salirà, potete acquistare le azioni o le opzioni conosciute come *call option*. Immaginiamo che abbiate acquistato una put option e che il prezzo sia effettivamente sceso. Alla scadenza dell'opzione (il terzo venerdì del mese) potrete realizzare un buon utile. Ma se non è calato o se lo ha fatto un po' meno di quanto vi aspettavate, potrete perdere l'intero costo di acquisto dell'opzione facendo guadagnare il venditore. Ovviamente l'intero processo è un po' più complesso e comprende varie date di scadenza e vari prezzi di esercizio, ma quanto detto basta a capire il funzionamento.

I professionisti guadagnano sempre

I writer sono professionisti esperti che si guadagnano da vivere con il trading di opzioni. Sanno valutare la probabilità di ribasso delle azioni Apple, per esempio, meglio della maggior parte degli investitori e sono in grado di quotare l'opzione in base alla loro valutazione in modo da ridurre il loro rischio di perdita. Le statistiche indicano che la maggioranza delle opzioni scade senza profitto e chi ci guadagna sono i professionisti, com'è facile immaginare.

IN PILLOLE | *Nella settimana di scadenza delle opzioni, aspettatevi volatilità nel mercato azionario il martedì e/o il mercoledì, anche se è più frequente di mercoledì, e movimenti laterali il giovedì e il venerdì.*

Cosa succede se buona parte del pubblico pensa che Apple subirà un ribasso, acquista una grande quantità di put option e, in prossimità della data di scadenza, Apple scende veramente? Significa che i professionisti hanno subito una perdita? Occasionalmente sì, ma non sempre. I professionisti che sottoscrivono le opzioni dispongono di vasti fondi e sono in grado di far tornare quasi tutte le azioni al prezzo per cui molte opzioni scadono senza produrre un utile. Inoltre, eseguendo uno short sul titolo si proteggono da qualsiasi ribasso del prezzo di Apple. Così facendo, guadagnano dal ribasso del valore delle azioni e vi possono pagare un profitto sulla put option. Quando chiudono il loro short, cioè acquistano? Lo stesso giorno della scadenza. Quando chiudono gli short, cioè acquistano azioni, contribuiscono all'aumento del prezzo del titolo e spesso lo fanno tornare esattamente al punto in cui molte put option scadono senza produrre guadagni.

Un esercizio di logica: ipotizziamo che il pubblico acquisti molte put option sull'indice di mercato. Il che significa che buona parte del pubblico ritiene che il mercato stia per scendere. Cosa pensate che succederà al mercato con l'avvicinarsi della scadenza delle opzioni? Esatto: salirà! Chi sottoscrive le opzioni potrebbe subire delle perdite per un ribasso dei prezzi di mercato, quindi porterà il mercato al livello di prezzo in cui le opzioni scadono senza profitto. Ricordate che i sottoscrittori di opzioni sono veri professionisti e come tali non perdono mai.

Quando ci accorgiamo dell'attività degli esperti? Generalmente iniziano a spostare la tendenza del mercato verso il prezzo richiesto tra il martedì e il mercoledì della settimana di scadenza. Una volta raggiunto quel valore nella prima metà della settimana, giovedì e venerdì sono solitamente giornate piatte.

Conclusione: aspettatevi un mercato altamente volatile il martedì e/o il mercoledì della settimana di scadenza delle opzioni.

Il periodo che esaminiamo è la settimana che si conclude col 18 luglio 2010. È un momento piuttosto instabile, con la crisi finanziaria che si sta esaurendo e molti paesi europei deboli sull'orlo della bancarotta. Esiste il timore reale di un forte ribasso del mercato azionario. Molti fondi e molti investitori temono che il mercato crolli e acquistano le put option SPY per proteggere i propri investimenti a lungo termine.

Questi grandi investitori credono che, se il mercato cala, subiranno perdite sui loro titoli, ma potranno coprirle con i guadagni sulle opzioni. È un po' come comprare un'assicurazione con l'intento principale di coprirvi le spalle, piuttosto che di aiutare realmente i vostri clienti. Chi vende le opzioni ai grandi investitori? I professionisti! Trattandosi di un periodo particolarmente agitato, le put option sono molte di più delle call option. Agli esperti non resta altro che far salire il prezzo di mercato il martedì [1] fino al livello in cui le put option scadono senza produrre utili e mantenere l'obiettivo fino al venerdì [2]. Non ci vuole un genio per prevedere l'esito. Basta conoscere le regole del mercato.

Settimana di scadenza (grafico giornaliero).

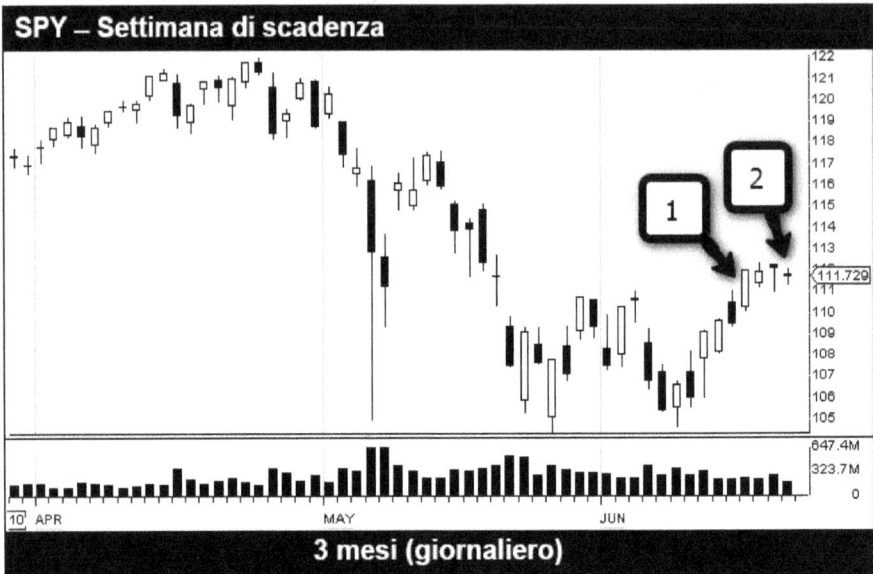

Il terzo venerdì di ogni trimestre (cioè a marzo, giugno, settembre e dicembre) scadono tre tipi di opzioni: azioni, futures, commodities e indici. Anche per questo motivo la giornata è conosciuta come il *triple witching day* ovvero il *giorno delle tre streghe*. Per noi trader vuol dire che l'attività di mercato sarà ancora più estrema di un normale venerdì in cui scadono le opzioni. La volatilità sarà più elevata e l'assenza di un chiaro orientamento del mercato si farà maggiormente sentire. In quei giorni dovete essere estremamente cauti.

Un altro fenomeno molto interessante è quello che riguarda la scadenza delle opzioni per i titoli a cifra tonda. Le opzioni vengono emesse in cifre tonde: per esempio, potete acquistare put option e call option per XYZ al prezzo, supponiamo, di 50 dollari. Vuol dire che guadagnate se avete acquistato una put option da 50 dollari che nel giorno di scadenza scende sotto quel prezzo. Nel caso di una call option da 50 dollari, avrete degli utili se alla scadenza ha un prezzo superiore. Come per i numeri bianchi della roulette che fanno sempre vincere il banco, anche qui abbiamo un unico prezzo, dove chi guadagna è solo il sottoscrittore delle opzioni. Qual è questo prezzo?

Esatto: 50 dollari! Vuol dire che, all'approssimarsi della data di scadenza, cioè alla conclusione delle negoziazioni del venerdì, il sottoscrittore delle opzioni cercherà di portare il prezzo esattamente alla cifra tonda. Per scoprire qual è la possibile cifra tonda di un titolo nel giorno di scadenza, controllate la finestra *Opzioni* sulla vostra piattaforma di trading (se il broker vi fornisce l'informazione) e verificate il prezzo a cui le opzioni sono state vendute. Se alla scadenza è vicino alla cifra tonda a cui è stata acquistata la maggioranza delle opzioni, in linea di massima potete supporre che l'azione chiuderà esattamente con quella cifra. Quel che intendo dire è che molte opzioni scadranno senza un utile per gli acquirenti, ma dandone uno ai sottoscrittori. È un gioco talmente truccato da far ridere.

Diamo ora un'occhiata alla quantità di opzioni di Legg Mason Inc., una società di gestione del capitale.

Legg Mason Inc., LM – Opzioni

Trading #1 - 31866769 - LEGG MASON INC - NYSE

Stocks Options Adv.Opt LM: 32.005

LM

☑ Calls ☑ Puts Jun 19 '10

Strike	Symbol	Last	Net	Bid	Ask	Vol	Open Int	Implied ...
26.00	LM 06/19				5.80	6.60	0	0	299.
27.00	LM 06/19				4.80	5.60	0	0	257.
28.00	LM 06/19				3.80	4.30	0	10	151.
29.00	LM 06/19				2.80	3.50	0	218	158.
30.00	LM 06/19	2.09	-0.26	1.95	2.35	750	810	117.
31.00	LM 06/19	1.10	+0.07	0.90	1.10	40	1,105	0.
32.00	LM 06/19	0.05	-0.24		0.05	1,865	7,265	3.
33.00	M 06/19				0.05	0	1,094	41.
34.00	L 06/19				0.05	0	867	70.
35.00	LM				0.05		257	95.
36.00	LM				0.05		89	119.
37.00	LM				0.05		256	142.
38.00	LM 06/19				0.05	0	21	163.
39.00	LM 06/19				0.05	0	11	183.
40.00	LM 06/19				0.05	0	81	203.

Osservate che alla cifra tonda di 32 dollari [1] troviamo il volume maggiore, che ammonta a 7.265 opzioni [2] sul titolo (noto come *open interest*). Quale pensate sarà il prezzo nel giorno di scadenza in chiusura di contrattazioni? Come abbiamo detto in precedenza, c'è un solo prezzo al quale i professionisti che sottoscrivono le opzioni sono gli unici a guadagnare.

Ora guardiamo un po' più avanti.

Legg Mason Inc., LM – Candele di cinque minuti nel giorno di scadenza

Come vedete, nel giorno di scadenza l'ultima negoziazione è stata eseguita a 32 dollari [1]. Ora prestate attenzione alla linea dei 32 dollari che attraversa il grafico. LM è sceso a questo valore già all'inizio della giornata e, una volta raggiunto, non deve fare altro che consolidarsi al di sopra o al di sotto di questa cifra, finché la giornata non si conclude a 32 dollari [1]. I professionisti sanno esattamente dove devono portare il prezzo ed è lì che lo troverete.

IN PILLOLE

I sottoscrittori di opzioni vogliono guadagnare nel giorno di scadenza, perciò in quella giornata cercheranno di portare il prezzo del titolo vicino a quello di esercizio della maggioranza delle posizioni aperte delle opzioni.

Per riassumere: se volete negoziare con azioni nel giorno di scadenza, verificate prima il prezzo di vendita delle relative opzioni. Se volete eseguire uno short su LM ritenendo che potrebbe scendere sotto i 32 dollari, cercate di capire che le probabilità di successo sono quasi inesistenti. È molto più ragionevole concludere che il titolo chiuderà esattamente al prezzo a cui è stata sottoscritta la maggioranza delle opzioni, cioè al prezzo che fa guadagnare solo i professionisti. Proprio così.

Il giorno del tasso d'interesse

L'annuncio del tasso d'interesse periodico è la decisione più importante e ha un forte impatto immediato non solo sui mercati degli Stati Uniti, ma anche su quelli mondiali. Si sa che le decisioni sui tassi d'interesse hanno un effetto determinante sul comportamento del mercato azionario sia a breve che a lungo termine. La risoluzione viene annunciata otto volte l'anno, in date fisse, quando si riunisce il Federal Open Market Committee (FOMC), che stabilisce l'interesse a breve termine, influenzando così il prezzo del credito e l'intero mercato.

Come sappiamo, l'interesse è il *prezzo del denaro*. Più alto è l'interesse, più caro è il denaro. Più basso è l'interesse, più il denaro è conveniente. Quando i soldi sono a buon mercato, vale la pena comprarli e lo facciamo prendendo prestiti. Quando sono cari, conviene venderli, concedendo prestiti. Un conto di risparmio è un modo di prestare denaro alla banca. Semplice, no?

Come si traduce tutto questo nel mercato? È altrettanto elementare. Quando il denaro è conveniente, il ritorno, ovvero il rendimento dei prestiti in denaro (risparmio), è basso. Le persone che possiedono fondi e temono che il loro valore venga compromesso (noto come inflazione) si rivolgono verso altri canali d'investimento, come il mercato immobiliare e azionario, nella speranza di ottenere rendimenti migliori. Denaro a buon prezzo significa più soldi a disposizione del mercato azionario ovvero più acquirenti, il che determina l'aumento dei tassi. In effetti conviene addirittura farsi prestare soldi dalla banca per investirli altrove, come azioni e immobili. Inoltre, quando il denaro è a buon mercato, la quantità a disposizione è maggiore e quindi è opportuno metterlo a frutto, spingendo l'economia e aumentando i profitti delle società quotate in borsa.

IN PILLOLE

Nel giorno in cui si decide il tasso d'interesse è meglio operare solo nelle prime due ore, perché successivamente il mercato attenderà la decisione e mostrerà una volatilità molto bassa. Subito dopo l'annuncio la volatilità spesso sarà troppo alta per negoziare.

Se sembra tutto così positivo, perché l'interesse non viene mantenuto costantemente basso? Il denaro a buon mercato può determinare due circostanze. Innanzitutto può causare inflazione, cioè un rialzo dei prezzi dovuto al minor valore del denaro. La seconda situazione è la formazione di una bolla, in cui i prezzi degli immobili e dei titoli si gonfiano in modo sproporzionato rispetto al loro valore reale.

Quando la Federal Reserve Bank americana alza l'interesse, incrementa il risparmio e limita le altre attività economiche, come gli investimenti e il consumo. Quando invece abbassa i tassi d'interesse, riduce il risparmio e favorisce le attività economiche di mercato. La politica degli interessi della Federal Reserve Bank determina il valore a medio e lungo termine degli investimenti e dei risparmi e assume grande importanza per tutti gli operatori del mercato azionario.

La settimana in cui viene rilasciato l'annuncio del tasso d'interesse è caratterizzata di solito da una certa agitazione, visto che molti trader professionisti preferiscono restare con le mani in mano, piuttosto che negoziare all'approssimarsi di una comunicazione del genere. Una volta divulgata la decisione, il mercato impazzisce! Subito dopo si muove usualmente in tre ondate del tutto imprevedibili. Chi ci tiene al denaro non cerca di cavalcare quelle onde.

Se non si può prevedere la direzione del mercato subito dopo l'annuncio della FOMC, il tasso d'interesse è invece ampiamente prevedibile. Se è così facile prevedere questo dato, da cosa dipende il comportamento irregolare del mercato? Dal modo in cui l'annuncio viene formulato, che è importante tanto quanto la decisione stessa. Leggendo il comunicato si possono comprendere i probabili cambiamenti futuri dei tassi d'interesse e l'umore economico previsto dai membri della commissione. Si può concludere che la causa dell'agitazione del mercato è la formulazione dell'annuncio, piuttosto che il tasso d'interesse in sé.

Cosa dovremmo fare il giorno in cui si comunica il tasso d'interesse? In linea di massima è meglio fare trading solo nelle prime due ore. Successivamente ci si può aspettare che il mercato si mantenga statico fino all'annuncio, che viene sempre dato alle 14:15 (ora di New York), mentre dopo l'elevata volatilità è di solito eccessiva e si presenta troppo tardi. Prima dell'annuncio uscite da tutte le negoziazioni che mostrano valori vicini al vostro stop loss. È molto probabile che la volatilità innescata dalla comunicazione faccia salire e scendere le vostre azioni in modo talmente incontrollato, che i vostri ordini di stop verrebbero eseguiti anche se le azioni alla fine si dovessero muovere nella giusta direzione.

L'aggiustamento di bilancio a fine trimestre

I gestori affidabili di fondi e di denaro che amministrano le finanze del pubblico devono comunicare i risultati degli investimenti alla fine di ogni trimestre. Tra tutte le informazioni ce ne sono due particolarmente importanti: la lista delle azioni in cui i fondi investono e il rendimento degli investimenti. Tuttavia i gestori vogliono presentare un quadro roseo agli investitori, perciò tendono a fare un po' di *window dressing,* cioè abbelliscono i portfolio degli investimenti con alcuni ritocchi. Uno di questi consiste nello sbarazzarsi dei titoli deboli, che hanno determinato delle perdite, acquistando quelli forti. È così che, alla fine del trimestre, i gestori mostrano agli azionisti un elenco diverso da quello con cui hanno realmente operato per gran parte dei tre mesi precedenti. L'elenco "migliorato" induce i clienti a pensare che gli amministratori del fondo sappiano come scegliere le azioni giuste. L'ultimo giorno del trimestre tendono inoltre a sostenere il prezzo delle azioni che possiedono impedendo loro di scendere. Poiché la maggior parte del denaro che circola nel mercato appartiene ai fondi, il risultato è che, a fine trimestre, il mercato di solito non scende, anzi talvolta addirittura sale. Naturalmente, i risultati monetari deludenti alla fine vengono a galla, ma il fenomeno del window dressing è noto e probabilmente non sparirà.

Cosa significa per voi? Semplicemente che non dovete aspettarvi dei ribassi del mercato negli ultimi giorni del trimestre. Se deve scendere, il mercato lo farà all'inizio del trimestre successivo. Potete anche prevedere che le azioni deboli del trimestre precedente continuino a scendere, perché i fondi se ne liberano a favore di quelle più solide. D'altro canto le azioni forti acquistate dai fondi continueranno a salire.

Il mercato di fine anno

Cosa succede a fine anno a un titolo che si è mostrato forte durante tutti i dodici mesi? Indietreggerà? Gli acquirenti realizzeranno profitti?

Senza dubbio il pullback generalmente non avverrà a fine anno, per motivi solitamente legati alla tassazione. Negli Stati Uniti si pagano le tasse solo sui ricavi provenienti dalla vendita di azioni che hanno dato profitto nel corso dell'anno solare, dall'1 gennaio al 31 dicembre. Un investitore che rimanda la vendita di azioni che danno degli utili all'inizio dell'anno fiscale successivo può posticipare il pagamento delle tasse di un intero anno fiscale e magari, potrebbe alla fine anche non pagare nulla; tutto dipende dalla situazione generale del successivo anno fiscale.

Conclusione: è lecito pensare che le azioni forti, che sono salite nel corso dell'anno, continuino a farlo nelle ultime settimane di fine anno, perché certi investitori posticiperanno le vendite per via delle leggi fiscali. C'è invece da aspettarsi che vengano vendute le azioni deboli per arginare le perdite. Quel che intendo dire è che un anno forte si chiuderà generalmente con nuovi massimi continuativi, mentre un anno debole vedrà tipicamente minimi consecutivi fino alla fine dell'anno fiscale.

Si pensa comunemente che gli investitori che hanno evitato di bloccare i profitti a fine anno li realizzeranno all'inizio di gennaio. Non è necessariamente vero. Non è facile vendere azioni forti. Più il prezzo sale, meno interesse c'è di venderle. È molto probabile che gli investitori continuino a tenere le azioni vincenti anche per il nuovo anno fiscale. Per quanto tempo le conserveranno? Finché non ci sarà altra scelta che vendere.

Negli Stati Uniti, il 15 aprile è la data entro cui si deve presentare la dichiarazione dei redditi, pagare le tasse e far pervenire i bonifici sul conto dell'ufficio federale delle imposte (Internal Revenue Service o IRS). Molti investitori, quindi, vendono le azioni solo a fine marzo o a inizio aprile, per raccogliere fondi per pagare le tasse.

Un investitore che ha bisogno di contanti venderà in linea di massima fino alla prima settimana di aprile, dal momento che i broker hanno tre giorni per versare il denaro ai clienti. Il terzo giorno è conosciuto come *giorno di liquidazione*. Il cliente vedrà il pagamento sul conto corrente dopo due giorni.

Vacanze

Le borse sono aperte quasi tutti i giorni, ad eccezione di certe festività. Circa una settimana prima, il vostro broker vi invierà un promemoria sulla settimana corta di trading con tutti i dettagli.

Prestate attenzione al fatto che, in qualche caso, si potrà negoziare solo nella prima metà della giornata. Il vostro broker dovrebbe informarvi anche a questo riguardo. Le giornate di trading ridotte sono di solito ponti tra i giorni di vacanza ed è risaputo che hanno volumi bassi, per questo è meglio evitare del tutto di fare trading.

Naturalmente, tenere le azioni per uno swing su più giorni consecutivi di vacanza comporta un rischio superiore a quello di un normale fine settimana. Una serie di giorni di vacanza implica un maggior rischio che qualcosa di negativo possa accadere. In prossimità di vacanze e weekend lunghi, cerco di ridurre le quantità di azioni che tengo per lo swing.

Riepilogo

Qui di seguito c'è un riepilogo dei giorni speciali, che dovreste tenere aggiornati e segnare in anticipo sul vostro calendario (fortemente consigliato!).

Occasioni speciali	Cosa dovete ricordare
Ultimo giorno della settimana di trading	I volumi sono probabilmente bassi. Generalmente il mercato non è volatile dopo le prime due ore di trading. È saggio ridurre le quantità di titoli tenuti per uno swing.
Giorni di scadenza delle opzioni: il terzo venerdì di ogni mese	Non si prevede volatilità di mercato. I prezzi delle azioni tendono a muoversi attorno a cifre tonde.
Settimana di scadenza delle opzioni	Si prevede un'elevata volatilità il martedì e/o il mercoledì, una bassa il giovedì e il venerdì.
Scadenza tripla delle opzioni (triple witching day): il terzo venerdì di ogni trimestre	Come sopra, ma il comportamento è ancora più estremo.
Il giorno in cui si comunica il tasso d'interesse	Non effettuate negoziazioni dopo le prime due ore. Diminuite i quantitativi prima dell'annuncio. Immediatamente dopo, il trading tende a essere estremamente volatile e può essere molto rischioso.
La settimana in cui si comunica il tasso d'interesse	La settimana dell'annuncio è caratterizzata da un trading estremamente agitato prima dell'annuncio pubblico.
Fine di trimestre (window dressing)	Si prevede che i trader istituzionali evitino la formazione di minimi sul mercato, acquistando azioni forti e uscendo da quelle deboli.
Fine anno	Aspettatevi che le azioni deboli vengano vendute, mentre quelle forti mantengano un trend rialzista. Alla fine di un anno debole il mercato tendenzialmente continua a scendere. Invece, alla fine di uno forte il mercato tende a continuare a salire.

Giorno di pagamento delle imposte sul reddito negli Stati Uniti	15 aprile. 7-10 giorni prima aspettatevi che gli investitori vendano azioni per finanziare il pagamento delle tasse.
Vacanze	Nessun trading oppure orari ridotti di trading con poca volatilità e scarsi volumi. Evitate di fare trading.

16

Prontezza e potenziamento

Tenetevi pronti,
prendete il toro per le corna
e abbiate successo

La paura di correre rischi

È la forza di volontà a guidare una persona e a permetterle di raggiungere gli obiettivi. Il solo fatto che abbiate letto questo libro indica che avete un sogno, un obiettivo e la determinazione di farcela.

La forza di volontà spinge le persone verso il successo finanziario, ma la verità è che la maggior parte non ci riesce. Il fallimento può dipendere da due ragioni principali: non sanno cosa fare per diventare ricchi oppure lo sanno, ma non agiscono per paura di correre rischi. Gli esseri umani sono guidati dalla paura. I pericoli che generano la paura nel 90% dei casi non si materializzano negli scenari da incubo che la gente s'immagina.

La strada verso il successo è lastricata di rischi. Chi sceglie di rimanere al sicuro per tutta la vita non andrà mai da nessuna parte. La paura mentale del rischio deriva dall'educazione. Fin dal principio siamo stati programmati per evitare i pericoli, imparare una professione sicura, formare una famiglia, ottenere un posto di lavoro e raggiungere la sicurezza finanziaria. Esatto: la sicurezza finanziaria, ma non l'indipendenza finanziaria!

L'educazione che abbiamo ricevuto ci infonde il timore di uscire dagli schemi e di provare il cambiamento. La paura del rischio ci paralizza e ci riconduce all'interno del modello strutturato che erroneamente percepiamo come sicuro. Per liberarci dalle catene della paura dobbiamo riconoscere di esser capaci di superare gli ostacoli, vale a dire accrescere la fiducia in noi stessi.

Fiducia in se stessi

Sulla strada del successo nel trading azionario, come nella vita e negli affari, ci sono ostacoli da affrontare. Molti evitano di farlo, perché fin dall'inizio pensano di avere scarse possibilità di riuscire. La mancanza di fiducia in se stessi denota carenza di sicurezza e di autostima. Sono pochissime le persone dotate per natura di una forte autostima; il resto di noi ha bisogno di imparare come migliorarla.

L'autostima si costruisce da giovani. In un primo tempo sviluppiamo intuizioni come: «Sono bravo a» oppure: «Ho un problema con». Poi nel cervello scattano certe procedure automatiche che ci spingono ad adottare alcuni processi mentali, positivi e negativi, come se fossero un dato di fatto. L'insuccesso sporadico può creare una sensazione di fallimento, che ci spinge ad accettare passivamente il fatto che quel che è accaduto è dovuto ai nostri tratti negativi. Il fallimento potrebbe tradursi in delusione, depressione, mancanza di appetito, eccessiva sonnolenza. Di fatto tendiamo a interpretare la realtà attraverso i sentimenti che derivano dal fallimento, ma possiamo anche fare una scelta diversa: tradurre il fallimento in sfida, in bisogno di migliorare, per sentire l'adrenalina in circolo. Solo voi potete decidere come interpretare la vostra realtà. Cosa differenzia un atleta di successo da uno che non riesce? La percezione della realtà. La sicurezza di vincere porta l'atleta di successo a interpretare positivamente la realtà. I campioni sportivi vedono la realtà esattamente come i trader di successo. Quando gli chiesero se sentiva di aver fallito dopo settecento tentativi di sviluppare la perfetta lampadina elettrica, Thomas Edison rispose di aver scoperto settecento sistemi che non funzionavano.

Se per natura non siete dotati della fiducia di Edison, non perdete le speranze. La fiducia in se stessi si può migliorare con delle tecniche conosciute come *comunicazione interiore.*

Accrescere l'autostima con la comunicazione interiore

La comunicazione interiore comprende le mille parole che ricorrono più spesso nella nostra mente. Quando pensiamo, facciamo uso di un vocabolario personale, con cui diciamo a noi stessi cosa è consentito e cosa non lo è, chi siamo e quali crediamo siano le nostre capacità e limiti. La chiave dell'autostima è nelle parole che scegliamo. Per migliorare l'autostima e la fiducia in noi stessi, dobbiamo esaminare il nostro vocabolario interiore e, se necessario, modificarlo.

Dobbiamo abolire tutte le parole che non offrono un contributo positivo, come «forse», «cercherò», «non posso» e così via. Queste parole vi rafforzano o vi indeboliscono? Sostituitele con «posso» e «ci riuscirò». Ripetete a voi stessi in prima persona: «Sono una persona di successo, sono una macchina da soldi, sono una calamita per gli altri, sono sicuro di me, sono felice, sono contento». Più termini costruttivi usiamo, più migliora la nostra autopercezione. Credete in voi stessi e nelle vostre capacità, perché le opinioni degli altri hanno poca importanza. Finché manterrete l'autostima e la sicurezza, avrete successo e crescerà di pari passo anche il vostro successo finanziario. Una buona comunicazione interiore migliora la vostra qualità di vita, la fiducia in voi stessi e, non meno importante, la comunicazione esterna.

Comunicazione esterna

Le parole che usate, il linguaggio del corpo, le espressioni facciali sono i mezzi con cui vi esprimete. La comunicazione esterna è potere, potere di influenzare gli altri e il modo in cui vi vedono. Tutto quello a cui mirate, tutto quel che vi manca, lo potete ottenere proprio da quelle persone. Innanzitutto dovete trovarle e mettervi in contatto con loro. Se frequentate gente facoltosa, prima o poi un po' di denaro vi resterà tra le mani. Se invece vi vedete soltanto con le persone con cui siete cresciuti, non andrete lontano. Nel periodo della mia vita più impegnativo dal punto di vista finanziario (vedete cosa intendo? Ho sostituito *difficile* con *impegnativo)*, quando non avevo un soldo da parte, mi sono iscritto a un esclusivo club di golf. Questo è stato il mio modo di mescolarmi con i ricchi piuttosto che con i non abbienti.

Come ho fatto a gestire un'adeguata comunicazione esterna da pari a pari con i milionari, malgrado la mia pessima situazione finanziaria? Provenendo da una classe economica inferiore, non è facile comportarsi in modo naturale con qualcuno che è spanne sopra di voi. Provate a immaginare cosa fareste se foste invitati a pranzo, in privato, da Donald Trump. Comunichereste in modo naturale? Ora provate a immaginare la comunicazione tra Trump e Warren Buffet. Sarebbe più naturale? Certamente.

Come fa un milionario ad approcciarne un altro di pari livello? Quando parla, lo guarda dritto negli occhi o abbassa lo sguardo? Personalmente ho costruito una buona comunicazione esterna creandone una interiore costruttiva. Mi ripetevo sempre: «Sono un milionario. Sul mio conto corrente sta per essere depositato un assegno da un milione di dollari, che deve ancora arrivare». Una volta convinto di essere milionario e che l'assegno era in ritardo per la posta, essere un milionario è diventato un dato di fatto. Lasciatomi alle spalle il problema, la mia comunicazione esterna è cambiata. Ho pagato in breve tempo le costose tasse d'iscrizione, che mi sono sembrate irrisorie rispetto alla quantità di affari milionari che ho concluso al corso di golf.

La comunicazione esterna dà uno straordinario potere a chi la sa usare. Guardate dove ha portato persone come Barack Obama o, all'estremo opposto, Mussolini e Hitler. Una solida comunicazione esterna è il risultato della corretta applicazione di quella interiore, che è la fonte del potere delle persone di successo.

Aspirare al potere

Nella storia umana l'aspirazione al potere ha avuto un impatto superiore a tutte le forze naturali messe assieme. Per chi ha il controllo, il potere è positivo; chi viene controllato lo vede in maniera negativa. Non importa cosa proviate nei confronti del potere: dovete accettare il fatto che, nel mondo in cui viviamo, chi ha il potere controlla e chi non ce l'ha viene controllato. Dunque, cosa preferite? Organizzare da soli i vostri programmi o vivere la vita in base ai piani decisi da qualcun altro? In poche parole: siete pecore o lupi?

Anche il potere si può controllare e non vuol dire necessariamente avere il controllo sul destino delle altre persone. Possiamo acquisire un grande potere, ma usarlo solo per gestire in modo completamente autonomo il nostro destino. Il potere non deve per forza avere tratti negativi; lo si può invece utilizzare positivamente per aiutare gli altri. Ho l'abitudine di tenere lezioni gratuite agli studenti delle scuole superiori, agli universitari e ai soldati. Quando viene richiesto il mio sapere, ho la netta sensazione di essere forte, in un modo diverso.

Il significato di potere è cambiato nella storia. Nella preistoria l'individuo fisicamente più forte era anche il più potente. Nel corso del tempo, via via che il mondo si trasformava in un'organizzazione economica, il centro del potere si è spostato verso chi deteneva il capitale. Il più ricco era il più potente. A un certo punto abbiamo assistito a un interessante cambiamento, quando è divenuta una norma socialmente accettata che il potere dell'aristocrazia sarebbe stato tramandato per via ereditaria alla discendenza. Se non eravate nati nobili, non avevate nessuna probabilità di aver successo, influenza, beni e potere. L'unico modo per farlo era essere in qualche modo vicini al nobile. Quei tempi bui, in cui l'aristocrazia era riccamente retribuita e il popolo non riceveva alcun impulso positivo, caratterizzavano il Medioevo, un periodo in cui il mondo smise quasi di progredire. La rivoluzione industriale, quando chi deteneva il capitale, quindi il potere, erano coloro che possedevano i macchinari, pose fine al potere dell'aristocrazia.

Ai giorni nostri il potere è nuovamente passato di mano, da chi detiene i beni e il capitale a chi possiede la conoscenza. Fino a qualche decennio fa sarebbe stato impossibile competere con aziende che attiravano forti investimenti come General Motors o IBM. Per farlo, sarebbe servito un capitale favoloso di miliardi di dollari. Tutto questo rimase vero finché un *geek* in jeans di nome Bill Gates non ha rovesciato IBM dall'alto, grazie all'iniziativa e alla conoscenza. Lo stesso vale anche per Apple, Facebook, Google e decine di altre società che ora controllano le nostre vite, che non sono state fondate da detentori di capitale, ma di conoscenza. Il bello dei tempi moderni è che le opportunità di successo sono alla portata di ogni individuo, anche se non possiede prestanza fisica, capitale o un titolo nobiliare. Sapere è potere. La conoscenza è la chiave del successo. E la conoscenza si può comprare.

Sapere e azione

Il sapere muove il mondo. Fino alla fine del XIX secolo senza capitale né titolo non si poteva abbandonare la classe sociale in cui si era nati. In quell'epoca il sapere era in mano a pochi privilegiati e le banche finanziavano solo le classi elevate e non chi aveva conoscenza. Il nostro mondo è completamente diverso: viviamo in un'epoca in cui il sapere è a portata di mano e il capitale è alla ricerca di buone idee, anche se chi le propone è giovane, ha i capelli lunghi e non ha nemmeno finito l'università. Miliardari come Bill Gates non sono nati aristocratici, sono semplicemente nati nell'epoca giusta. E non sono laureati.

Il sapere e le idee sono a disposizione di chiunque le cerchi. Ma se è così, com'è possibile che non ci siano più persone di successo, felici, che guidano una Ferrari e vivono nelle ville di Beverly Hills? Perché la conoscenza da sola non basta. È il potenziale per avere potere, ma bisogna agire per realizzarlo. Il successo parte con il sapere e finisce con l'azione.

Anche nel trading azionario la conoscenza è accessibile per chiunque la cerchi, quindi perché non siamo tutti ricchi? Perché operare nel mercato azionario richiede di integrare il sapere con l'azione. Il mondo è pieno di persone dotate di una vasta conoscenza, ma inattive. Quel che caratterizza le persone di successo è il fatto che agiscono, diversamente dalla gran parte del pubblico. Il loro successo, il loro potere di controllare il proprio futuro, deriva dalle conoscenze maturate e dall'insieme delle azioni.

Se volete aver successo, utilizzate le conoscenze delle altre persone ed emulate chi ce l'ha fatta. Non serve nemmeno formulare un'idea originale. Steve Jobs ha forse inventato l'interfaccia grafica di Apple, il mouse o l'iPad? No. Ha preso idee esistenti e le ha sviluppate a un livello tale di perfezione da creare un mercato completamente nuovo. Ha messo a punto soluzioni e ha agito. Nemmeno Bill Gates ha inventato il DOS, che lo ha reso immensamente ricco. Lo ha comprato da un inventore ignaro del potenziale intrinseco del sistema.

Un modello

Per avere successo non occorre reinventare la ruota. Trovate un modello che funziona e copiatelo. Non vi sto suggerendo di rinunciare a essere il prossimo fondatore di un'impresa dot.com. Sto solo cercando di rimanere pragmatico. Ho imparato dalla mia esperienza decennale che le possibilità di successo sono maggiori quando si copiano e si migliorano prodotti, conoscenze e metodi già esistenti. Nel periodo della bolla delle dot.com, tentavo di inventare prodotti e servizi che ero certo avrebbero cambiato il mondo, ma ho fallito. Sono però riuscito a migliorare idee e prodotti esistenti. Non ho inventato il day trading, ma sono stato il primo a farlo diventare un modello per le scuole e per le società di intermediazione operanti in vari paesi fuori dagli Stati Uniti. Ho creato un modello di successo che non ha richiesto capitale. Ho messo sul tavolo conoscenza e iniziativa imprenditoriale e ho attratto fondi dagli investitori. La mia vita non è solo costellata di successi. Ho subito alcune dure sconfitte, ma ho sempre tenuto in mente una cosa: se non provo, non riesco.

Il successo non richiede di seguire un esempio di portata mondiale come Facebook. Se un affare ha grande successo a Los Angeles, non c'è motivo per cui non debba funzionare a San Diego. Vi consiglio di tenere gli occhi aperti, trovare un sistema adeguato, copiarlo e migliorarlo. Se un trader azionario è un modello di successo, perché non contattarlo, imparare e cercare di emularne la fortuna? Dovete credere che, se qualcuno c'è riuscito, potete farlo anche voi! Se non ci credete, allora prima lavorate per migliorare l'autostima.

È difficile nascondere l'affermazione. Le persone di successo lasciano impronte; seguitele e provate a copiarne i passi, uno dopo l'altro. Potete fare di più che copiare: migliorare a tal punto che un giorno potreste diventare il modello per qualcun altro. Non dimenticate mai che per ogni azione che fate c'è un prezzo da pagare, che si misura in risorse come tempo e denaro, dove il denaro è quella più economica. Il tempo è la risorsa più costosa e, se viene sprecata, non la si potrà mai recuperare.

Per aver successo, dovete avere una fede vera e profonda nelle vostre capacità. Dovete infondervi questa fede ogni giorno. Parlate a voi stessi, ripetetevi quanto siete forti, intelligenti e di successo. Convincetevi, credete in voi e, allo stesso tempo, accumulate conoscenza, know-how e correte un rischio, agite.

Credere nel successo

Credere nelle proprie capacità è la chiave per il successo.

Limitare la fiducia vuol dire fare lo stesso con i risultati. Se trasmettete al cervello sicurezza nelle vostre capacità, non c'è limite a quel che potete ottenere. Si nasce con questo tipo di fiducia, nel corso della vita la si guadagna e la si sviluppa. Le attuali convinzioni negative si possono sostituire con nuove convinzioni positive. Se non credete nelle vostre capacità, provate a guardarvi indietro e a trovare la fonte, che può essere nell'infanzia, nella fede religiosa o nella politica. Fin dalla prima infanzia cresciamo all'ombra dei genitori. Quand'ero bambino non mi hanno insegnato a prendere iniziative, correre rischi o raggiungere l'indipendenza finanziaria. Mi è stato detto di scegliere le opzioni più sicure sia perché i miei genitori credevano che fosse giusto, sia perché così erano stati cresciuti loro o perché certe circostanze della vita avevano formato il loro punto di vista. Molte persone non sviluppano opinioni e idee in modo indipendente, ma le ereditano dai genitori e dai media.

Per uscire dai confini in cui vivete, sviluppate da soli idee indipendenti, adottatele con passione e prendete il comando del vostro futuro. Se siete pronti a formulare nuove convinzioni, scegliete un obiettivo, preferibilmente difficile, magari quello che avete fallito in passato, come perdere peso o smettere di fumare. Se di fronte a questo compito la vostra reazione istintiva è: «Troppo difficile, non mi sembra fattibile», allora avete fatto la scelta giusta!

Un piano in cinque fasi

Di seguito vi presento cinque fasi per formulare, interiorizzare e realizzare nuove convinzioni.

PRIMO. Fissatevi ripetutamente in mente la nuova convinzione. Come tutte quelle che avete sviluppato nel corso della vita, una nuova convinzione deve essere meticolosamente radicata nel vostro modo di pensare. Ripetetevi più volte l'obiettivo finché non crederete fermamente che riuscirete a realizzarlo.

I vostri genitori probabilmente vi hanno ripetuto mille volte: «Devi imparare un mestiere». I media influenzano inesorabilmente i messaggi politici che adottate, giorno dopo giorno, anno dopo anno. Persino le vostre convinzioni religiose non sono state assimilate in un solo giorno. Ora dovete scegliere un obiettivo e piantare nel vostro intimo l'abilità di raggiungerlo. Nessuno può farlo per voi.

Quando avevo dodici anni, decisi che sarei diventato milionario. Nel contesto economico in cui mi trovavo non avevo mai incontrato un milionario, ma mi ero fissato l'obiettivo e me lo ripetevo quotidianamente nella mente. Ogni volta che accadeva un fatto importante recitavo il mio mantra: «Voglio essere un milionario». Nel corso degli anni, la convinzione è talmente diventata parte di me, che non ho mai dubitato di aver successo e quindi, dandolo ormai per scontato, non restava altro che decidere come raggiungerlo.

Un metodo efficace per imprimere una convinzione è annotarla ogni giorno in uno speciale taccuino. In questo modo la si rafforza nel subconscio. Suggerirei anche di scriverla sui post-it, da attaccare in giro per casa, ma forse gli amici potrebbero farvi ricoverare prima che siate arrivati alla meta.

SECONDO. Provate a immaginare il successo. Che aspetto avreste se foste molto più magri? Che abiti comprereste? Quanto orgogliosi sareste di stare con amici che sapevano che eravate fumatori e non vi vedono più sparire ogni venti minuti per un tiro di sigaretta? Immaginare aiuta a rafforzare la determinazione e aiuta ad affrontare il percorso per raggiungere l'obiettivo.

Il mio insegnante di golf, Ricardo, in realtà aveva studiato psichiatria prima di diventare un golfista professionista. Durante una lezione, Ricardo mi ha insegnato che un ottimo tiro di golf richiede d'immaginare il risultato. «Prima di colpire, immagina il volo della palla e il tuo obiettivo», ripeteva. E funziona! Il corpo si muove incredibilmente in base alla nostra immaginazione.

TERZO. Diffondete la vostra convinzione. Parlate del vostro obiettivo e della vostra determinazione a realizzarlo a quante più persone possibile. Iniziate da chi vi sta attorno e poi ampliate la cerchia. Più ne parlate, più sentirete forte l'impegno a mantenere l'obiettivo dichiarato. A dodici anni, quando ho deciso di diventare milionario, l'ho detto a tutti i miei amici e negli anni non ho smesso di ricordarglielo. Scherzavo con loro sul fatto che avrebbero finito per lavorare per me e per alcuni è andata proprio così. Più condividevo il mio progetto con gli altri, più mi sentivo obbligato a superare gli ostacoli che incontravo per realizzarlo.

QUARTO. Applicatevi. Ora che la convinzione è parte integrante di voi, siete pronti ad agire. Più siete convinti, più facile sarà affrontare gli ostacoli nella fase di applicazione. Un errore dei più comuni è cercare di agire prima che la convinzione sia completamente radicata. Avete deciso d'impulso di smettere di fumare? Avete scarse probabilità di successo! Ma una volta che avrete veramente interiorizzato la convinzione di poterlo fare, il processo sarà semplice e naturale. Per mettere in pratica la vostra convinzione, dovete stilare un programma organizzato, con una serie di obiettivi e una tabella di marcia.

QUINTO. Fate una valutazione. Impostate obiettivi intermedi, misurate i progressi e concedetevi una piccola ricompensa ogni volta che ne raggiungete uno nuovo. Il processo può essere lungo, ma non c'è motivo per cui non debba essere piacevole. Addestrare un cucciolo richiede tempo e cura. Rieducare un individuo adulto non è semplice e gli obiettivi intermedi raggiunti meritano sicuramente una ricompensa: una cena in un buon ristorante, un gadget elettronico o qualunque cosa vi renda felici. Mentre progredite con successo, aumenta anche la fiducia in voi stessi e nella capacità di raggiungere la meta prefissa. Annotate i risultati, tenete traccia dei progressi e non fate affidamento soltanto sulla memoria.

Affrontare gli ostacoli

Sarete in grado di superare tutti gli ostacoli lungo la via del successo e di realizzare la vostra convinzione?

La risposta è: «Sì, Sì, Sì!».

Sembra folle? Ma è la verità! È una verità storicamente e scientificamente provata. Non esistono ostacoli alla volontà.

Gestire gli ostacoli in modo semplice

Sulla strada per realizzare la vostra convinzione, incontrerete degli ostacoli. Cercate di riconoscere in anticipo il semplice fatto che una difficoltà non indica la fine del processo, si tratta solo di una deviazione temporanea. Se potessi modificare la voce *fallimento* sul dizionario, la sostituirei con *ostacolo*, inteso come sfida. Le sfide acuiscono la creatività e ci inducono a cercare soluzioni. Preferite un cruciverba facile o uno difficile? Affrontare gli ostacoli ci insegna a cercare alternative, ci fa acquisire esperienza, cosicché superare il prossimo diventa più facile. L'esperienza è una delle risorse più importanti sulla strada per il successo. Non esiste un ostacolo al mondo che qualcuno, da qualche parte, non sia riuscito a valicare: se altri ci sono riusciti, potete farlo anche voi.

Il successo, come gli ostacoli, non è definitivo. Cosa accade dopo aver raggiunto la meta prefissata? Molto probabilmente è il momento di stabilirne una nuova, sostenuti da una rinnovata fiducia nella capacità di realizzarla. Nel mio percorso di trader mi sono prefissato l'obiettivo di guadagnare 200 dollari al giorno. Quando l'ho raggiunto, non sembrava così impossibile spostare l'obiettivo a 500 e così via. È questo che rende competitivo l'uomo e lo distingue dagli animali.

Le persone di successo, a differenza del pubblico medio, percepiscono il fallimento o la sfida in modo molto diverso. Lo considerano infatti come un'opportunità per ripartire da un nuovo punto di vista e con sistemi migliori. Non pensate nemmeno per un istante di poter fallire. Da bambini cerchiamo istintivamente dei modi per vincere le sfide, da adulti dobbiamo recuperare il senso innato di potercela fare. Se lasciate all'idea del fallimento anche solo il minimo spiraglio, crescerà, si rafforzerà e vi inghiottirà assieme alla speranza di una vita migliore.

Se avete timore di fallire, la paura vi terrà in pugno. Le persone temono di non riuscire negli studi, nello sport, nelle relazioni, in famiglia e sul lavoro. La paura indebolisce la volontà di affrontare le sfide che la vita ci pone. Vero, si può attribuire parte della colpa a come siamo stati cresciuti ed educati, solitamente con metodi che punivano i fallimenti piuttosto che incoraggiare la tenacia. Gli atleti di successo si distinguono per essere concentrati sull'obiettivo, per possedere una stretta disciplina e una forte determinazione. Sfogliando le storie di famosi atleti, si trova spesso che almeno un genitore ha infuso nel bambino la voglia di vincere, di sconfiggere la paura e il fallimento. Earl Woods, padre di Tiger Woods, il golfista e lo sportivo più ricco nella storia, ha preparato il figlio al gioco fin dall'età di due anni. Earl stesso aveva combattuto in Vietnam in un commando di forze speciali: il concetto di sfida non gli era nuovo. Earl era rimasto fedele alla meta prefissata per sé e per il figlio. Malgrado le sfide, ha creato uno dei più grandi campioni nella storia dello sport.

«Gli ostacoli sono le cose spaventose che si vedono quando si distoglie lo sguardo dall'obiettivo». Henry Ford.

Impegnarsi per avere successo

Tutti conosciamo storie favolose di persone diventate ricche da un giorno all'altro grazie a un'idea brillante. Non lasciatevi ingannare. Il successo si ottiene con il duro lavoro, la determinazione e un impegno illimitato. L'impegno straordinario è la caratteristica delle storie di eccezionale successo.

Questa è anche la storia di Lionel Messi, oggi il calciatore numero uno al mondo. A undici anni a Messi è stato diagnosticato un deficit dell'ormone della crescita o, in un linguaggio semplice, il nanismo. Quando chiesero alla famiglia di pagare circa novecento dollari al mese per il trattamento del deficit ormonale, molto di più di quel che poteva permettersi, Lionel dovette trovare uno sponsor. Si mise a giocare a calcio come nessuno della sua taglia era mai riuscito a fare fino ad allora, in nessuna parte del mondo. L'impegno ha dato i suoi frutti.

A dodici anni entrò a far parte della squadra giovanile del Barcellona e ottenne il finanziamento tanto necessario. A diciassette anni passò alla storia come il più giovane giocatore a entrare a far parte dei calciatori professionisti del Barcellona. La storia di Messi si unisce a tutte le altre famose storie di successo di atleti fisicamente bassi, come il giocatore di basket Tyron Bogues (159 cm), che ha giocato nella NBA per quattordici stagioni ed è stato il giocatore più basso nella storia del campionato di basket.

Controllare l'umore

I nostri stati d'animo cambiano di giorno in giorno e perfino di ora in ora. Quando abbiamo bisogno di molta attenzione e concentrazione, come nel trading, dobbiamo essere nella forma migliore. Qualche giorno ci svegliamo pieni di energia e creatività, il mondo ci sorride e sembra che tutto funzioni. Altre volte, niente sembra andare per il verso giusto, ci sentiamo come se il mondo intero fosse contro di noi e tutto quel che facciamo pare destinato a fallire.

Vi siete mai chiesti quanto sarebbe meraviglioso trasformare una brutta giornata in una buona semplicemente premendo un pulsante? Beh, potete farlo.

In primo luogo, dobbiamo capire da cosa dipendono i cambiamenti d'umore. L'umore è determinato dagli equilibri chimici del cervello, talmente delicati che il più piccolo scompenso può farci passare da felici a tristi. L'equilibrio mentale è influenzato, tra l'altro, da condizioni ambientali come il tempo atmosferico, il vento forte, i profumi, gli odori, i suoni, il gusto, insomma tutte le informazioni percepite dai sensi.

Sin dagli albori gli esseri umani hanno cercato un sistema per controllare gli stati d'animo, incluso l'ipnosi, lo yoga, la religione, lo sport, i farmaci: tutte opzioni che possiamo usare per influenzare l'umore. Siamo tutti sensibili alle situazioni che in un batter d'occhio sovvertono lo stato d'animo. Provate a fare musica rap nei miei paraggi e vedrete cosa mi succede! Cos'è dunque che influenza il vostro di umore? Cosa vi aiuta a rimanere positivi? La musica, il colore, l'illuminazione e il calore hanno effetto su tutti noi. Il caffè e il cioccolato sono rapidi toccasana, ma di solito l'effetto è a breve termine e dopo ci si può anche sentire peggio. Il maggior flusso sanguigno dopo un allenamento può aiutare a migliorare l'umore. Scoprite le cose che vi influenzano positivamente e utilizzatele a vostro vantaggio.

Controllare la frustrazione

Visto che la strada per il successo è lastricata di sfide da affrontare, è naturale che esista la frustrazione. Tuttavia non dobbiamo dimenticare che al di là si trova il successo, perciò dobbiamo innanzitutto trovare il giusto modo per gestirla.

La frustrazione è il modo in cui traduciamo la realtà in cui ci troviamo, quindi la si può affrontare con successo applicando una diversa interpretazione della stessa realtà, come ad esempio trasformando la frustrazione in sfida.

Gli ostacoli sono temporanee battute d'arresto sulla strada del successo. L'abbattimento nasce quando non si possiedono le conoscenze necessarie per affrontare la battuta d'arresto, sia che dipenda dalla sfortuna, dalla stupidità di qualcun altro, da un rifiuto o da qualsiasi altro fattore. Il rifiuto è infatti un componente primario della frustrazione e ne abbiamo costantemente paura: da parte del partner, del capo, di un cliente o della società. I più bravi a gestire il rifiuto sono i venditori e quelli ideali non si lasciano mai sopraffare dalla parola «no», che li spinge invece a cercare alternative e modi creativi per risolvere la situazione.

Perché c'è chi non ha difficoltà a gestire la frustrazione, mentre altri danno in escandescenze? La risposta è nascosta nelle profondità della mente umana: chi è convinto di saper affrontare una situazione, lo fa. Individuate il motivo alla base della vostra frustrazione, definitelo e scegliete un metodo per gestirlo che vi permetta di recuperare la calma. Avete mai pensato a come i registi cinematografici usano la musica per influenzare lo stato d'animo del pubblico? Una scena con una certa melodia vi farà spaventare, ma la stessa abbinata a una musica più spensierata potrebbe persino farvi ridere! Siate il vostro regista cinematografico. Annotate sui post-it frasi che vi aiutino a restare positivi e attaccateli allo specchio. Fate tutto il possibile per controllare la frustrazione. Solo voi sapete qual è la soluzione migliore.

Assumersi le responsabilità

Avete commesso un errore? Mandato all'aria qualcosa? Non cercate altrove i responsabili, ma assumetevi la responsabilità delle vostre azioni. Tendiamo istintivamente a incolpare i genitori, gli insegnanti, i datori di lavoro e il governo. Per tanti di quelli che si sono affermati la partenza è stata molto più dura della media: c'è chi ha vissuto momenti estremamente difficili nella propria vita e malgrado tutto ce l'ha fatta. Gli ostacoli incontrati hanno ridotto l'impegno verso gli obiettivi o lo hanno rafforzato? Per gran parte delle persone di successo le difficoltà sono quel che li ha resi più forti. Il desiderio di riuscire è superiore alla necessità di un pasto caldo alla fine della giornata. Chi ha successo ha grande fiducia di poter riuscire, ma gli altri spesso la scambiano per arroganza. Una persona del genere può andare giustamente fiera dei risultati, ma è altrettanto pronta ad assumersi la responsabilità dei propri errori. Chi ha potere accetta la responsabilità, mentre chi è debole la evita.

Eric Schmidt, ex CEO di Google, ha ammesso di aver fatto un disastro, quando, assieme ad altri top manager di Google, non ha saputo gestire la neonata startup Facebook né reagire contro chi aveva osato sfidare il maggior concorrente su Internet. D'altronde Bill Clinton, con la sua famosa dichiarazione: «Non ho avuto rapporti sessuali con quella donna», ha eluso le responsabilità e l'ha pagata perdendo quasi la presidenza. Il pubblico comprende e rispetta chi si assume responsabilità, mentre vede l'evasione come una sconfitta. Assumersi responsabilità è segno di potere e di maturità e rafforza anche la comprensione e la fiducia nella capacità di vincere gli ostacoli, che sono parte inseparabile della strada verso il successo. Cos'hanno in comune lo scrittore Mark Twain, il re del ketchup Henry Heinz e il colosso dell'automobile Henry Ford? A un certo punto sono tutti andati in bancarotta, si sono assunti le proprie responsabilità, hanno recuperato e sono tornati più grandi e migliori che mai.

Amate il vostro lavoro?

Per aver successo dovete avere un buon motivo per alzarvi dal letto la mattina. Dovete amare il lavoro che fate. Se lo stipendio è l'unica cosa che vi tiene attaccati al tavolo di lavoro, non andrete lontano. Avendo trascorso anni nell'high-tech, posso garantirvi che la massima aspirazione di molti dipendenti di quel settore è uscirne. Per dirla altrimenti, non bastano nemmeno gli alti salari e i grandi benefit a far sì che un dipendente ami il proprio lavoro, figurarsi a eccellervi.

Per aver successo non occorre essere brillanti, basta essere leggermente sopra la media e per esserlo, dovete provare interesse per il lavoro che fate, che deve sembrarvi più un gioco che routine. Trovate un lavoro che vi piaccia così tanto da non dover mai guardare l'orologio. Se quel che inseguite è lo stipendio, potreste probabilmente scoprire di aver dedicato gran parte della vita a una realtà che non ha migliorato molto la vostra situazione finanziaria. A un certo punto, quando sarete proprio stanchi di quel che fate, scoprirete di aver troppa paura per passare a un altro settore o occupazione.

Mi rendo conto che cambiare lavoro non è facile. Ci adagiamo facilmente in una certa routine e in un certo contesto e ogni cambiamento ci turba. Se, d'altro canto, morite dalla voglia di lasciare il lavoro, ma trovate difficile farlo, come superare il dilemma? Molto semplice: progettate il futuro, definite le mete e convincetevi di poterle raggiungere. Ricordate le cinque fasi per costruire la vostra convinzione? Fissare, immaginare, diffondere, applicare, valutare. Il processo è lento e richiede molta pazienza, ma non avete scelta: dovete cominciare da qualche parte e se non ora, quando?

«Scegliete un lavoro che amate e non dovrete lavorare nemmeno un giorno della vostra vita». Confucio.

Prontezza e opportunità

Ho iniziato a fare trading azionario nel 2000, al culmine del crollo delle dot.com. Il mercato esplose e gli shorter ebbero grande successo. Come abbiamo imparato, un mercato che crolla è un paradiso per i profitti, ma, purtroppo per me, non ho potuto partecipare alla festa, dato che in quel momento mi mancava la conoscenza. Ero appena agli inizi, inesperto, privo di autodisciplina e di conoscenza. La possibilità di fare un sacco di soldi era lì, su un piatto d'argento, ma ero un principiante poco preparato.

La fortuna ha poco a che fare con il cammino verso il successo. La fortuna è quando la preparazione incontra l'opportunità. Ogni giorno, centinaia di possibilità ci passano proprio sotto il naso, ma la nostra impreparazione ci impedisce di coglierle. Sviluppate la prontezza e aspettate l'occasione. Il sapere e l'esperienza nel trading azionario durante una bolla o una crisi mettono la prontezza faccia a faccia con l'opportunità. Nel 2008, durante la crisi dei subprime, mi si ripresentò la stessa occasione e la mia prontezza era al massimo.

«Datemi sei ore per tagliare un albero e userò le prime quattro per affilare l'ascia». Abraham Lincoln.

Il successo è una valanga

Come pensate di misurare il successo? Ogni piccolo cambiamento ha importanza. Non importa se avete guadagnato cento dollari anziché mille; il dato principale è che state imparando a ottenere profitti. Il successo è come una valanga: inizia con una palla di neve e continua a crescere. Inizia lentamente e diventa sempre più facile, finché un giorno vi svegliate, guardate il cielo e dite: «Grazie, grazie, grazie. Sono molto grato di essere arrivato fin qui!».

Non fa molta differenza quanto successo avete. La morale della favola è che la vostra vita può migliorare solo se decidete di cambiarla. Tutti hanno il potere di trasformare la propria vita. Non è necessario possedere tre lauree o essere estremamente intelligenti né lavorare sodo fisicamente. Tutto quel che vi serve per cambiare vita si trova proprio lì, nel vostro subconscio.

Prendete una decisione!

Dovete prendere una decisione che vi cambierà la vita e dovete farlo ora. Conoscete quella sensazione di dubbio: «Mi tuffo o no nell'acqua profonda?». Dopo averlo fatto, scoprite che l'acqua è gradevole, anche se inizialmente sembrava un po' fredda. Il mio consiglio? Tuffatevi! Ora! Cambiate vita! Se non ora, quando? Vi ho aiutati fino a questo punto e voglio aiutarvi ancora. Ma adesso, sta a voi!

Al vostro successo!